방법으로서의
한국독립운동사 연구
지역·자료·인물·단체

방법으로서의
한국독립운동사 연구
지역·자료·인물·단체

초판 1쇄 인쇄 2020년 12월 01일
초판 1쇄 발행 2020년 12월 06일
지 은 이 김승일(金勝一)
         사사가와 노리가츠(笹川紀勝)
발 행 인 김승일(金勝一)
디 자 인 조경미
출 판 사 구포출판사
출판등록 제 295-91-00964호

잘못된 책은 바꿔드립니다.
가격은 표지 뒷면에 있습니다.

ISBN 979-11-90585-03-3 (03150)

구포출판사

Tel : 02-2268-9410   Fax : 0502-989-9415   blog : https://blog.naver.com/jojojo4

※ 이 도서의 국립중앙도서관 출판시도서목록(CIP)은 서지정보유통지원시스템 홈페이지(http://seoji.nl.go.kr)와
  국가자료공동목록시스템에서 이용하실 수 있습니다.

방법으로서의
한국독립운동사 연구

지역·자료·인물·단체

김승일(金勝一) · 사사가와 노리가츠(笹川紀勝) 공저

구포 출판사
九鋪出版社

서언

1960년대에 독립운동사 연구가 시작되면서 독립운동사 연구는 우리나라 역사연구의 중요한 장르로 떠오르게 되었다. 이러한 움직임은 2010년경까지 나름대로 훌륭한 연구자들을 배출하면서 그 명맥을 유지해 왔다. 그러던 흐름이 1세대 연구자들이 거의 다 세상을 떠난데다가 그동안 독립운동사 연구를 뒷받침 해주던 국가보훈청의 적극적인 지원과 관심이 어느 새 독립기념관과 그 산하의 독립운동사연구소로 떠넘기는 듯한 움직임을 보이고 있고, 이를 이어받은 두 기관이 과거와 같은 활약상을 보여주지 못한 채 그저 현상유지만 하는 정도의 자세를 보이고 있는데다가 연구자들은 연구 방향의 돌파구를 찾지 못하고 있는 상황에서 과거의 연구열기가 사라져 간 듯한 것이 요즘의 현상이 아닌가 한다. 이러한 상황을 독려해야 할 학계에서도 그동안 독립운동사 연구를 이끌어 오던 한국근현대사학회의 활동이 팬데믹 상황과 맞물려 주춤하면서 이러한 상황을 묵인하고 있는 상황이다. 그러나 무엇보다도 이러한 침체 분위기를 가져온 중요한 원인은 독립운동 연구에 대한 자료나 연구 방법 및 연구방향이 다 소진되는 바람에 새로운 출구가 보이지 않고 있다는데 있는 것이 아닐까 여겨진다. 그 원인은 현재의 연구자들이 새로운 연구방향을 찾으려 하기보다는 기존의 연구방법을 답습하기만 하고 있다는데 근본 원인이 있다고 본다. 즉 지금까지의 연구는 주로 새로운 자료를 발굴하여 소개하거나 인물이나 단체 연구에만 열중하다보니 이제 더 이상 새로운 자료의 발굴이나 연구 대상이 거의 찾기 힘들어진 데다가, 한국 특유의 이데올로기 기준에만 맞추다보니 더욱 연구범위가 축소되었고, 그러다 보니 주변국 학자들과의 의견 대립도 강하게 대두하면서 연구열이 움츠러든 게 아닌가 한다.

하지만 필자가 보기에는 아직도 새로운 연구 대상이나 방향이 많이 남아 있다고 본다. 이러한 방향과 대상에는 어떤 것들이 있는지 하는 것을 보여주고자 하는 것이 이 책을 출간하게 된 주요 목적이다. 당연히 이 책의 내용을 보면 필자가 의도하는 바가 어떤 것인지를 알 수 있겠지만, 특히 독립운동 연구자들에게 제시하고 싶은 것은 학제간 연구가 필요하다는 것이다. 그 중에서도 필자가 경험한 바에 의하면, 법학을 전공한 연구자들과 역사연구자들이 공동연구를 한다면 많은 새로운 연구가 가능하다는 점을 강조하고 싶다. 예를 들면 법학을 전공한 연구자들의 도움을 받아 일제시기의 판결문에 대한 정확한 판독과 이해, 여기에 역사학자들의 지식을 가미하여 분석한다면, 지금까지와는 다른 새로운 관점을 가지고 연구하는 것이 가능하다는 점이다. 즉 3.1운동이 왜 비폭력인가 하는 점을 일본 일부 연구자들처럼 단순히 폭력이나 방화만을 기준으로 해서 판단한다면 이를 증명할 수 없지만, 법학자가 보는 폭력이나 방화의 기준과 범위에 대한 해석을 참고하고, 3심 단계를 거치는 동안의 판결 흐름을 살펴본 위에 역사적 해석을 가미한다면 비폭력의 정확한 증거를 찾을 수 있는 것과 같은 것이다. 또 안중근 의사의 이토 히로부미 척살에 대해서도 암살이 아닌 정당방위로서의 역사적 평가를 내리려면 이 책의 본문에서 논하고 있는 것처럼 법학 이론을 잘 아는 법학자의 도움이 필요한 것과 같은 맥락이다. 이 외에 농학을 연구한 학자나 국문학을 전공한 학자들과의 학제 간 연구도 충분하다고 본다. 예를 들면 일제의 식민지에 대한 농업정책의 목적이 어디에 있었는지, 문학작품 속에 보이는 작가들의 독립운동에 대한 시각을 보면서 독립운동의 진정한 가치가 어디에 있는 것인지 등을 파악하면서 국내외에 비쳐진 독립운동에 대한 시각을 비교해보는 것도 재미있는 연구의 한 방향이 될 것으로 본다. 당연히 이 이외의 학문분야와도 학제간 공동 연구는 얼마든지 가능하다고 본다.

이러한 제안을 하게 된 것은 필자가 경험해본 학제 간 연구의 다양성 및 미지분야에 대한 이해를 통해서 새로운 연구시각을 가질 수 있었던 경험을 바탕으로 해서 제기하는 것이다. 필자의 생각에는 아직도 많은 독립운동에 대한 새로운 연구가 이루어져야 하고, 지금까지의 연구 성과에 대한 재조명 및 반성이 가미되어야 하며, 나아가 새로운 분야에서의 주제를 발견해 낼 수 있는 여지가 많다고 보이기 때문에, 이 책에서 소개한 주제를 통해 다양한 분야 및 방향에서의 독립운동사 연구가 지속될 수 있기를 바라는 마음에서 이 책을 출판하는 것이다. 이러한 마음을 독자들이 이해해 줄 수 있기를 바라며, 동시에 많은 질책 및 고언을 고대하는 바이다.

끝으로 부언하고자 하는 것은 이 책에 수록된 논문들은 30년 동안 역사학자 김승일과 법학자 사사가와 노리가츠 두 사람이 공동으로 학술회의 및 연구회 모임을 주관해 왔고, 또한 판결문 및 유관지역에 대한 공동조사 및 공동연구를 해오면서 서로의 의견교환을 통해 얻어진 이론을 바탕으로 쓰여 진 논문이기 때문에, 논문의 내용에 따라 개인의 견해가 편중된 논문도 있지만, 그럼에도 불구하고 각 논문에는 서로의 견해가 공통으로 녹아들어 있기 때문에 공저(共著)로 표시했음을 주지했으면 한다. 그런 점에서 이 책이 학제 간 연구의 표본이 되었으면 하는 바람이다.

2021년 10월 1일

구포재(九苞齋))에서 김승일

CONTENTS

CONTENTS

제3편 한국독립운동과 인물

CONTENTS

제4편 한국독립운동과 단체

CONTENTS

제1편

한국독립운동과 지역

제1장

지역연구와 한국독립운동사

- 김승일

제1장
지역연구와 한국독립운동사

– 김승일

I. 머리말

1960년대 이후 한국의 독립운동사 연구는 비록 그 시기가 늦기는 했으나 비약적인 발전을 해왔다. 그것은 때늦은 감이 있기는 했지만, 정부의 지원이 뒷받침되기 시작했고, 국사편찬위원회를 위시한 한국 근현대사 전문연구기관 및 한국현대사를 연구하는 학자들이 독립운동사의 중요성을 알게 되면서 독립운동사 연구에 심혈을 기울이게 되어, 이제 독립운동사 연구는 본격적으로 그 학문적 틀을 갖추게 되면서 한국근현대사의 중요한 하나의 연구표제가 되었다.

그리하여 1970년대부터는 엄청난 양의 연구결과가 나타나게 되었고, 또한 많은 연구자들을 배출하는 쾌거를 이룩하게 되었다. 특히 1980년대에 들어서부터는 한국민족운동사연구회를 비롯한 독립운동사 중심의 학회가 하나 둘 씩 생겨나 보다 적극적인 정부 및 유관단체에서의 지원과 학자들의 노력에 의해 독립운동사의 연구는 질적 향상과 동시에 그 연구범위까지도 확대되어 갔다. 그리하여 국내에서 일어났던 독립운동에 대한 연구 외에도, 국외에서 일어났던 독립운동까지도 직접 각 지역을 답사하면서 실질적 고증을 통한 새로운 경지의 독립운동사 연구가 진행되게 되어, 각 지역의 자료 확보는 물론 독립운동이 실제로 행해졌던 지역의 지형을 숙지해 가면서 보다 체계적이고 명확한 연구결과를 내놓게 되었다. 특히 1990년대 초기부터는 한중관계의 해빙무드에 힘입어 그동안 독립운동사 연구의 가장 핵심지역이었던 중국에서의 활동과 그 결과에 대해 궁금증을 가지고 있던 한국 학자들에게 직접 방문할 수 있는 기회를 주게 되었다.[1] 이러한 교류의 확대는 결과적으로 해외에서 독립운동을 하다 순국한 애국지사들의 유해를 국내로 봉환할 수 있는 계기를 만들었고, 또한 국내의 관심 있는 학생 및 국민들이 직접 선조들의 어렵고 고통스럽던 독립운동사의 족적을 직접 체험함으로서 독립정신을 더욱 숭앙하고 국민정신으로 승화시키는 계기를 가져오게 하였다.

이러한 한국학자들에 의한 독립운동사 연구는 해외의 학자들에게도 많은 영향을 주었는데,[2] 초기에는 일본학자들의 관심을 유도함으로써 그들 나름대로의 연구 시각을 정리하면서,[3] 한국의 독립운동사 연구에 대응해 왔지만, 근래에는 자신들 나름대로의 논리적 딜레마에 빠져 최근에는 상당히 침체된 상태에 있다고 할 수 있다.[4] 그 외에

1) 중국지역에서 열린 한국독립운동사 관계 국제학술회의는 1991년 8월 한국민족운동사연구회가 지원하고 연변대학이 주최한 제2차 연변조선학술대회에서 행한 독립운동사분과 토론이 최초였다.
2) 朝鮮歷史研究會譯 『朝鮮民族解放鬪爭史』 (京都, 三一書房, 1952年)
   宮嶋博史 『韓國における民族史學について』 (『歷史研究』 439, 1976年)
3) 山邊健太郎 『日韓併合小史』 (東京, 岩波書店, 1966年)
   梶村秀樹著作發刊委員會編 『梶村秀樹著作集』 全6卷 (東京, 明石書店, 1990年)
4) 竝木眞人 『日本における韓國民族運動史研究の現況』 (『近代韓國民族運動과 對日關係國制 學術大會論文集』 서울, 1996年 8月)

좀 늦기는 했지만, 대만 및 미국에서도 서서히 관심을 갖게 되어 조금씩 연구의 양과 질을 높여나가 이제는 꽤 그 실적을 남기고 있는 상황이다.[5] 그러는 가운데 중시할 것은 1992년 중국과의 수교 이래 중국학계에서 한국연구중심을 설립하여 한국독립운동사 연구에 아주 적극적인 열을 올리고 있다는 사실이다.[6] 정말이지 금석지감을 느끼지 않을 수 없는 일이다. 그럼에도 불구하고 이제 국내외에서의 한국독립운동사 연구는 양적인 발전을 하고는 있지만, 일본학계의 고민처럼 새로운 측면, 즉 독립정신을 국민정신으로 승화시키는 문제라든가, 중국학계의 동북공정에 따른 역사왜곡 문제라든가, 아시아사 내지 세계사적인 측면에서 한국 독립운동사를 조명하여 독립운동사의 역사적 의의의 폭을 좀 더 넓히는 문제라든가, 혹은 이러한 정신을 인류세계의 새로운 정신으로 연계시켜나가는 작업 등에 대해서는 도외시되고 있는 점 등은 반드시 재고해 봐야 할 항목이다. 그런 점에서 앞으로의 한국독립운동사 연구는 그 방법 및 시각을 새롭게 정착시켜야 함은 물론, 더 많은 신진 학자들의 출현이 있어야 한다는 점에 대해서는 서로 인정하고 있다고 하겠다. 사실 이러한 지적은 앞에서도 언급했듯이 일본학계에서는 이미 시작되고 있고, 그에 대한 적절한 대안이 마련되지 않아 아직 답보상태에 있음은 주지의 사실이다. 이에 대해 한국학계에서는 아직 뚜렷한 의기의식은 느끼고 있지

5) 林桶法『臺灣地區有關韓國獨立運動史料及研究槪況』(『韓國獨立運動血史新論』上海, 復旦大學韓國研究中心, 1996年) 參照
6) 金勝一『韓中日學者對中國抗戰期間韓國獨立運動的認識比較』(『紀念七七抗戰六十週年學術研討會』 臺北, 中央研究院近代史研究所, 1997年 7月) 12~15쪽.

않지만, 연구방법 면에서는 여전히 1960년대 초창기의 것을 답습하고 있고, 나아가 많은 자료가 밝혀진 현 상황에서 더 이상 새롭고 신선한 의미에서의 독립운동사 연구가 기대될 수 없다고 하는 인식이 팽배하고 있다고 보여진다. 이러한 갭을 메우기 위해 새로운 연구 방법 등을 제시하지 못한 채, 그저 자꾸만 새로운 것을 의식하다 보니, 독립운동유적지 및 자료에 대한 고증을 주관적으로 하는 경향이 팽배해져 학자들 간에 대립관계현상이 나타나게 되어, 건전한 의미에서의 학파가 성립되기보다는 감정대립에 의한 계파적 성향을 띠게 되었고, 개인적 인기나 자기 계열의 아집에 집착하는 경향이 점점 더해지고 있는 실정이다. 이러한 현상은 독립운동사를 연구하는 젊은 층의 연구자들에게 상당한 마이너스 영향을 주고 있어 이에 대한 해결책이 시급하다고 하겠다. 그런 의미에서 본고에서는 지금까지의 한국독립운동사 연구의 패턴을 지양한다는 관점에서, 이미 역사연구에서 이용되기 시작한 지역연구라는 방법의 개념을 다시 한 번 정리해 보고, 이러한 방법을 한국독립운동사 연구에 어떻게 적용할 것인지 그 방법론에 대해 한계적이나마 제시해 보고자 한다.

Ⅱ. 지역연구의 개념과 그 필요성

지역이라는 문제는 이미 오래전부터 역사연구에서 이용되어 왔던 방법이다. 그러나 지역연구에 대한 체계가 새롭게 이해되고 좀 더 빈번히 사용되게 되는 것은 1980년대 후반에 들어오면서 부터이다.[7] 그처럼 지역연구라는 개념이 체계화 되고 빈번히 사용되게 된 것은 세계화에 따른 지역의 고유성과 다양성이 나타나게 되어, 이전까지와 같은 공통적인 전체상을 파악하는데 한계가 나타나게 되었기 때문이다. 다시 말해서·종래의 역사연구 태도였던 「시간 축」을 중심으로 한 연구에서 이제는 「공간 축」을 연구하는 경향으로 바뀌었기 때문이었다.[8] 이러한 것은 지금까지 연구되어 온 결과나 그 성향을 분석해 보면 곧 알 수 있다. 예를 들면 한국독립운동사 연구에서 1960년대 이후 1980년대 말 이전까지의 연구를 보면, 물론 그 중에는 동시대의 각 지역에서 행하여졌던 독립운동에 대한 연구가 이루어지지 않았던 것은 아니지만, 대부분이 각 시대별로 독립운동이 어떻게 시작됐고, 어떻게 전개 됐는지, 그리고 그 궁극적 결과는 어떠했는지 라는 식의 패턴으로 일관되어 왔음을 알 수 있다. 이러한 연구 성향은 기실 오늘날에도 계속되고 있는데, 사실 오늘날과 같은 국제화시대, 혹은 각 지역별 네트워크가 완벽히 구축된 시대라고 하는 관점에서 보면, 이러한 「시간 축」을 중심으로 하는 「종적」인 방법보다는 「공간 축」을 중심으로 각 지역의 세세한 상황을 분석하여 이들 결과를 중심으로 독립운동의 전체상을 살펴보는 「횡적」 연구가 시기적으로 더 적절한 것이 아닐까 하는 생각이다. 물론 어느 쪽을 더 중시해야 한다는 말은

---

7) 中嶋嶺雄『地域研究としての現代中國學』(『地域研究と第三世界』慶應義塾大學 地域研究センタ, 平成 元年) 參照.

8) 浜下武志『中國の經濟と歷史-地域研究と中國經濟史』(『地域研究と第三世界』慶應義塾大學 地域研究センタ-, 平成 元年) 參照.

아니고, 과거와는 달리 어느 곳이든 갈 수 있고, 또 각 지역의 자료를 골고루 섭렵할 수 있는 현실적 입장을 본다면 이제부터라도 고증이 안 됐거나, 혹은 덜 연구되어진 지역에 대한 집중적 조사와 또 당시 현존하는 사람들의 경험과 기억을 정리하는 일이 무엇보다 필요한 것이 아닌가 하는 점을 강조하는 측면에서의 주장이다. 다시 말해서 시간 축을 대상으로 해서 나타나게 된 각 시대별「지역」에 대한 개념과 이「지역」을 외연적으로 확대시켜 그 확대된 지역의 특징을 밝히려고 할 때의「지역」개념을 먼저 비교분석하려는 것으로부터가 바로 지역연구의 동기와 출발점이 된다고 하는 말이다. 이는 바로「지역」이라는 개념이 갖고 있는「정의(定義)의 다양성」을 연구 상에서 어떻게 도출해야 할 것인가 하는 문제와도 상통되는 말이라고 할 수 있다. 또 이전의 지역연구는 단지 국가의 행정단위로서, 혹은 지리상에서의 단순한 위치에 있던 곳을 지정하여 연구하는 것을 지역연구라는 형식으로 보았는데, 이제는 이들 각 지역이 갖고 있는 역사적 진면목을 파악하여 그 지역이 무엇을 위한 역사적 전개가 필요했던 것인지를 평가하는 가치평가가 동반되어야 한다고 하는 사실이다. 즉 지금까지의 지역연구는 연구자의 시각으로써 그 지역을 판단했는데, 그것은 그 지역에 대한 자신의 주관적 판단에 의한 의식이었지, 그 지역 자체가 갖고 있는 객관적 가치에 대한 판단이라고 까지는 할 수 없었던 것이다. 즉 이러한 종래 여러 학자들의 가치관을 어떻게 재평가할 것인가 하는 문제점이 제기되어 종래의 판단 기준이 불안정해 졌다는 점에서도 지역연구의 필요성이 대두되는 것이라고 하겠다. 예를 들면, 중국 동북지방을 시기상 청 말에서 만주국의 멸망까지로 한해 본다고 할 때, 중국 측에서는 이 지역을 청나라의 본거지로서 개발 제한 지역이던 이곳이 이후 서서히 몰려들어 온 한족들을 중심으로 자신들의 본거지를 구축한 장쭤린(張作霖)·장쉐량(張學良) 두 부자 군벌이 이 지역을 둘러싼 중국과 일본 간의 갈등 속에서 중국혁명의 동기를 가져오게 한 「시안사변(西安事變)을 일으키는 주인공으로 등장하게 된다는 지역으로 인식하고 있는데 대해,[9] 일본인 입장에서는 만주국을 앞세운 이 지역의 공업화 내지 산업화를 통해 중국의 근대화에 기여했다고 하는 시각을 가지고 있다는 점이다.[10] 이에 대해 한국인들은 청 말 이래 한국인들의 주요 이주대상지역으로서 이 지역을 개척하는데 앞장섰고, 동시에 이들이 다져놓은 경제 사회적 배경을 근거로 항일운동의 근거지가 될 수 있었다고 하는 시각을 갖고 있다는 점이다.[11] 이처럼 이 지역에 대한 각각의 견해는 너무 주관적이라서 상치되는 점이 많은데, 이러한 시각차는 결국 중국 동북지역에 대한 객관적 연구를 가져오는데 한계를 가져다주는 것이다. 따라서 이 지역에서의 독립운동사를 연구할 때는 반드시 이들 세 나라의 입장이 과연 어떠했는가를 전체적으로 개괄하면서 이 지역에 대한 공통된 인식을 바탕으로 이 지역에서의 독립운동사를 연구하는 것이 타당한 시각을 가질 수 있지 않겠느냐 하는 생각이다.

---

9) 常城『李鴻文』朱建華『現代東北史』(黑龍江省敎育出版社, 1988年).
10) 岩波講座, 『近代日本と植民地』 4, (東京, 岩波書店, 1993年) 參照.
11) 姜在彦,『朝鮮獨立運動の根據地問題』(『朝鮮民族運動史研究』第1號, 靑丘文庫, 1984年.)

여기서 우리는 「지역」이라는 개념에 대해서 재삼 생각해볼 필요가 있는데, 일반적으로 「지역」이라고 하는 개념은 「국가」라는 단위를 중심으로 해서 「국가」와 「국가」와의 관계인 「국제」가 있고, 이것이 지구 전체에서 작용하는 것을 「세계」라 할 수 있으며, 이에 대해 「국가」의 기초에는 「지방」이 있어 이들 양자는 상하적인 관계에 있다고 할 수 있는 것이다. 이처럼 「지역」이라고 하는 단위는 「지방→국가→국제→세계」라고 하는 위치관계에서 나름대로 작용하는 「공간적 설정」이라고 할 수 있다. 그러나 본고에서 논하고자 하는 「지역」이라는 개념은 이러한 상하위적 관계에서만 보여 지는 개념을 탈피하여, 이들 네 개의 단위 적 요소가 중복되어 겹쳐지면서 전체적인 역사전개의 상을 정립할 수 있는 전체개념에서의 「지역」을 정립하자는 것이다. 즉 「지역」을 개념화 하는 과정에서 이들 네 요소가 각각 갖고 있는 일반적 정의 속에서만 위치시키지 말고, 거꾸로 「지방」에서 「국가」로, 「국가」에서 「국제」로, 그리고 나아가 「세계」로 외연(外延)해 나아가는 지역의 포섭성·복합성을 특정지우며 이를 특정화시키자는 말이다.

　지금까지의 지역 간 관계를 보면 대체로 「중앙-지방의 관계」, 「중심-주변의 관계」, 「공공(公共)-민간의 관계」 등으로 파악할 수 있는데, 이를 지양해서 이제부터는 중앙도 하나의 지방으로, 중심도 하나의 주변으로, 공공의 공통분모도 개인적 민간부분으로 따로 떼어내 생각해 본다면, 각 지역에서의 역사적 전개가 중앙의 통제아래, 혹은 중앙의 간섭에 의해서 이루어진 것이 아니라, 각 지역마다의 독자성에 의해 역사적 전개가 이루어 진 것이라는 사실을 확인할 수 있을 것으로 볼 수 있기 때문이다.

즉 한국독립운동사의 경우 국내에서의 독립운동과 동북지역에서의 독립운동, 혹은 중국내륙에서의 독립운동, 혹은 일본에서의 독립운동이 나름대로 독특한 지역적 상황에 맞게 전개되었다고 하는 사실과 그러한 특성에 의해서 전개됨으로서 한층 더 효과적, 혹은 비효과적인 독립운동이 진행됐다고 하는 객관적 평가를 할 수 있지 않겠느냐 하는 점이다. 그리하여 이러한 평가를 바탕으로 한국독립운동의 전체상을 종합하여 당시의 독립운동이 어느 정도나 효율적으로 이루어졌느냐 하는 평가 및 반성을 할 수 있지 않겠느냐 하는 것이다. 또는 이러한 독립운동이 거족적 운동이었는지, 아니면 일부 지사들에 의한 국부적 운동이었는지를 명확하게 분석할 수 있을 것으로 본다. 나아가 국내적인 안보문제 등에 의해 등한시 연구되어온 보수 좌파계열의 독립운동연구라든지, 사회주의계열의 독립운동연구가 활발히 진행될 수 있는 명분을 주는 동시에, 한국독립운동사의 전체상(全體像)을 재확립할 수 있을 것으로 본다.

Ⅲ. 한국독립운동사와 지역연구

이러한 지역연구를 한국독립운동사 연구에 대입시킬 경우 대체적으로 이 지역연구가 가져야 할 요소로는 분야(Field)·사료·이론 등 세 가지 요소가 동시에 충족되어져야 할 것으로 본다.

먼저 분야라는 점에서 보면 독립운동사를 어떤 분야에서 파악할 것인가 하는 문제시각을 정립해야 한다는 말이다. 다시 말해 사회적 조사·경제적 조사·사상적 유행풍조에 대한 조사·정치외교적 연관관계·독립기지의 지역별 네트워크·독립운동 당지역의 현존인물에 의한 고증 및 확인 조사 등이 각 분야별로 이루어져야 한다는 말이다. 그렇게 되면 사료에서 얻을 수 없는, 혹은 볼 수 없는 각종 정보를 이러한 조사를 통해 얻을 수 있을 것으로 본다. 따라서 이러한 각종 다양한 정보에 의해 이를 정치적 측면과 국제교류학적 측면, 혹은 경제학적 측면 등 다양한 면에서 문제제기가 이루어질 수 있다고 보는 것이다. 이처럼 분야별 연구가 가지고 있는 지역연구와의 밀접한 관계는, 가령 가설에 의한 설명이 될지라도 어느 정도의 타당성을 갖게 될 수 있으므로, 분야별 연구의 성과를 흡수하는 것은 대단히 중요한 것으로 볼 수 있다. 그렇지 않고 한 가지 사건 내지 전투적 실황이나 한 단체의 움직임만을 분석하는 것으로 끝나게 되면 그것은 나무만 보고 숲은 못 본 것과 같은 한 단면적 연구에 그치고 말게 되는 것이다. 그런 점에서 어떤 분야에서의 시각을 가지고 독립운동사 연구에 임할 것이냐 하는 것은 아주 중요한 일이다.

두 번째로는 사료의 문제인데, 일반적으로 현재 사용되고 있는 독립운동사의 자료로는 일본의 외무성·법무성에 남아 있는 판결문·보고서와 각종 관보(官報) 등 신문 잡지 류, 또는 중국·대만·러시아 등의 당안(檔案) 및 신문 잡지 류, 그리고 국내 독립운동가들의 회고록 및 정부 보관 문서 등이 그 주류를 이루고 있다. 이러한 자료들은 아주 중요한 것으로서 반드시 이용되지 않으면 안 되는 자료들이다. 그럼에도 불구하고 이들 자료를 통한 연구는 이제 어느 정도 궤도에 올랐다고 할 수 있고, 더 이상의 새로운 자료가 발견될 가능성도 그다지 많다고는 할 수 없을 정도이다. 물론 러시아지역의 독립운동 및 한인들의 동향에 관한 자료들이 문서보관소 등에 많이 있고, 중국 측이 보관하고 있는 공개 되지 않은 자료들이 많이 있다고는 하나 러시아어 해독이 어렵고 아직 충분한 조사가 이루어지지 않고 있고, 중국의 경우도 이데올로기 문제 등으로 공개된다는 것은 아직 요원한 일이기 때문에, 현실적으로 이를 어떻게 확보하고 해독할 것일까에 대한 숙제가 여전히 남아있다고 하겠다. 그렇지만 일반적으로 우리가 사료로써 인식하고 있는 자료들은 이제 어느 정도는 파악되었다고 할 수 있다. 그러다 보니 새로운 자료가 나타날 때마다 신문 등에 대서 특필될 정도로 집착하는 경향이 갈수록 팽배하고 있는 실정이다. 또 학자들마다 새로운 자료의 발굴을 위해 동분서주 하는 경향이 짙으며, 이처럼 새롭게 입수되는 자료에 대해서는 공개하지 않고 발견자 자신만의 소유물처럼 하며 편협된 연구가 진행되고 있는 것이 현재의 실정이라고 할 수 있다. 따라서 자료에 대한 폭넓은 인식이 재삼 요구되고 있다. 이러한 인식이란 바로 독립운동사 연구를 「지역연구」라는 방법을 통해서 할 경우, 지금까지의 자료를 처리하는 방법, 혹은 이들 자료를 다루는 연구자들의 당 지역에 대한 이해를 종합화해서 다루어야 한다는 말이다. 예를 들어 당시의 자료를 사용함에 있어서 자료 속의 내용만을 취하던 것에서 이제는 이를 당해지역에서 그 당시에 일어났던 사회적·경제적·문화적 제 현상 내지 이를 종합한 자료들과 비교하여 분석하는 것이 필요하다는 말이다. 즉 중국 동북지방의 경우, 이 지역에서 만들어진 지방지 내지 족보, 혹은 사회경제적 조사 통계, 혹은 당해지역 사람들의 문화적 인식과 성격, 혹은 이 지역의 전체적 역사변화과정 및 전개 등을 한국독립운동의 배경·전개 과정·실천방법 등과 연계시켜 한국독립운동의 역사적 면면을 재검토하는 것이 필요하다는 말이다. 이렇게 함으로써 보다 확실한 사건 전개과정이나 독립운동의 효율성, 독립운동가들의 내면의식 등을 새롭게 검토할 수 있지 않나 하는 것이다.

세 번째 요소인 이론이라는 것은 지금까지 행해온 민족주의 전개과정으로 본다든가,[12] 대중투쟁을 기반으로 한 항일해방투쟁이라든가,[13] 혹은 항일민족투쟁을 좌우파의 통일전선[14]으로 파악하는 등의 이론 설정을 해왔지만, 지역연구라는 방법을 통한 연구에서의 이론 설정은 좀더 새로워져야 한다는 것이다. 이상의 이론들은 물론 모든 독립운동사의 전개상황을 종합하여 축출한 이론이지만, 여전히 일정한 지역 혹은 의식구조에 근거하여 전체 독립운동의 성격을 특정 지우려 했던 것이 아닌가 하는 생각이 든다. 예를 들면 민족주의 전개과정

12) 金昌洙《韓國民族運動史研究》(서울, 汎友社, 1995) 尹炳奭〈帝國主義侵略에 대한 韓國의 抵抗-抗日獨立運動의 思潮를 中心으로〉,《韓國近 代社會와 帝國主義》(서울, 三知院, 1985). 趙東杰《韓國民族主義의 成立과 獨立運動史研究》,《서울, 知識産業社, 1989》朴宗根〈韓國近代における民族運動の展開〉《歷史學研究》(서울, 歷史學會, 1978) 李庭植〈韓國民族主義의 運動史〉(서울, 한밭출판사, 1982)

13) 歷史問題研究所〈民族解放運動史의 現段階와 課題〉《爭點과 課題 -民族解放運動史》(서울, 歷史問題研究所, 1990) 頁29.

14) 姜萬吉〈獨立運動過程의 民族國家 建設論〉《韓國民族主義論》(서울, 創作과 批評社, 1982)

으로 보는 견해는 구한말 이래의 민족투쟁을 종적으로 연결해서 중국의 남중부지역을 중심으로 활동했던 대한민국임시정부를 그 중심에 두고 분석하는 경향이 짙고, 대중투쟁이나 좌우 파 통일전선에 의한 투쟁으로 보는 것은 중국공산당의 항일투쟁이론에 접근하여 동북지역에서의 사회주의계열 및 항일연군 등의 활동을 염두에 두고 설정한 이론이 아닌가 하는 점이다. 따라서 이러한 연구들은 비록 지역연구라는 입장에서의 연구가 아니면서도 그 한계성을 갖는다고 할 수 있다. 그러므로 이처럼 편협하게 보기보다는 각 지역별로 독립운동 각 단체 혹은 개인에 의한 독립운동의 성향을 자세히 분석한 후 종합적으로 그 성격을 파악하는 것이 훨씬 타당성이 있는 것이 아닌가 하는 견해이다. 다시 말해 이론 설정을 하되 섣불리 전체적 성격을 단정 짓기보다는 연구자 각인들의 지역연구 성과를 통해 설정된 이론들을 종합하여 독립운동사의 전체사적 성격을 구명하는 것이 좋지 않을까 하는 생각이다. 이상에서 말한 부분·사료·이론 등의 세 요소는 물론 서로 별개의 성격을 띠는 것은 아니다. 이들 세 요소는 지역연구라는 방법을 취할 때 비로소 하나의 학문적 분야로서 동시적으로 정립되게 되는 것이기 때문이다. 그러나 지역이라는 특수성은 비록 이들 세 요소를 동시에 만족시키며 연구에 임한다 해도 때로는 지역이라는 개념자체가 보이지 않게 되기도 하고 스스로 소멸되기도 한다. 그것은 지역이라는 특수성을 도외시 한 채 자기적 주관만으로 보게 되면 그렇게 된다는 말인데, 따라서 지역연구를 할 때 지역이 갖고 있는 특성을 어떻게 내보일까 하는 문제는, 먼저 분야라고 하는 범위를 어떻게 설정하는가에 달려 있다고 하겠다. 그러므로 중국 동북지역, 중국 내륙지역, 국내지역, 일본지역, 러시아지역, 미국지역 등을 단순히 지역경계선 만을 의식해서 구분해서는 안 되는 것이며, 상대방의 특성과 자신의 인식을 대비해 가며 동시에 어떻게 상대방을 인식해야 하는가 하는 것이 지역연구의 「분야」라고 하는 요소를 포착하는 중요 열쇠가 된다고 본다

Ⅳ. 중국 동북지역사 상(像)의 재검토와 한국독립운동사

일반적으로 우리들의 인식 속에는 중국의 동북지역은 현대적 개발이 뒤떨어진 곳, 살기 어려운 곳, 멀리 있는 곳 등으로 각인되어 있어, 같은 중국이면서도 대수롭지 않은 지역으로 인식해 왔던 것이 사실이다. 물론 1992년 중국과의 국교수립이 이루어진 후 많은 국내 인들이 중국의 동북지역을 지나 민족의 성산 백두산을 찾는 과정에서 이제는 동북지역에 대한 그러한 인식이 많이 줄어들었다고는 생각되지만, 아직도 여전히 낙후된 지역으로서의 인식은 남아 있다고 하겠다. 실제로 이곳을 여행하다 보면 그러한 느낌이 들게 마련이고, 사실 경제적·문화적인 면에서 뒤떨어진 곳임을 곧 알 수 있다.

그러나 이러한 현상은 이곳이 충분한 잠재력을 가지고 있음에도 불구하고 중국 자체 내의 개발계획에서 일단 미루어져 있고, 또 자연적·지리적 면에서 상당히 악조건을 가지고 있어 제대로 현대화 계획이 진행되지 않은데 그 연유가 있는 것이지, 결코 이 지역이 충분한

가능성이 없다는 것을 의미하는 것은 아니다.[15] 다시 말해서 이 지역을 우리들의 인식 속에서 어떻게 재정립해야 하는가 하는 문제는 우리 애국지사들의 독립운동 근거지로서, 이 지역에서의 독립운동이 어떤 의의를 가지는 지를 설명하는데 아주 중요한 관건이 되기 때문이다. 이런 점에서 이 지역에 대한 지역사상을 새롭게 정립한다는 것은 앞으로 이 지역에서 행하여졌던 한국독립운동사를 지금보다 더 새롭게 평가할 수 있는 인식의 근거를 제공케 해 준다는 점에서 아주 중요한 일이라고 생각한다. 일반적으로 중국근대사의 출발점을 아편전쟁부터 잡고 있으나, 동북지역에서의 근대사는 20년 뒤인 1861년 잉커우항(營口港)이 개항되는 시기부터 근대사가 시작된다고 할 수 있다.[16] 물론 이러한 개항도 중국 자신에 의한 개항이 아니라 열강들의 압력에 의해 개항되는 것이지만, 어쨌든 이 지역이 국제 상으로 대두되는 계기를 가져왔던 것이다. 이러한 경제적 제요소의 발전을 모토로 하여 장쭤린을 중심으로 한 동북지역에는 봉계(奉系)라고 하는 군벌정권이 들어서게 되는 것이고, 이들은 일본의 동북진출에 장애물이 되어 결국 이들의 우두머리인 장쭤린이 그들에 의해 1928년에 폭사당하고 만다.[17] 그 후 그의 아들인 장쉐량이 그 뒤를 이으나 일본의

---

15) 『文匯報』 1993年 1月 19日字, 홍콩.
16) 岸本英太郎 『滿洲に於ける近代資本=勞動力形成史序說』 (『歷史學研究』第124號, 1946) 33쪽. 동북지역에 있어서의 경지확대 및 농업기술의 발전은 영구의 개항과 철도의 부설을 통해 많은 노동력이 유입되면서 시작되었다. 그리하여 풍부한 천연자원과 광활한 토지를 가지고 있던 이 지역은 이러한 근대적 요소들의 진입과 이들의 촉매적 작용에 의해 20세기 들면서 개벽의 순간을 맞이하게 되는 것이다.
17) 張玉法 『中國現代史(下)』 臺北, 同和書局, 1984年 參照.

계략에 의해 겨우 3년간의 장쉐량시대는 종말을 고하고 일본인들에 의한 만주국이 성립되었던 것이다. 물론 이러한 정치적 과정이 중국 동북지역사에서 중요하다는 말은 아니고, 비록 3년간의 장쉐량 정권이 존속하고 곧바로 만주국이 대두하지만, 그러는 가운데서도 기본적으로는 중국의 민족주의가 태동되고 있었다는 사실이다. 당시 만주국에 대한 중국인의 반만의식(反滿意識)과 일본의 침략에 대한 저항의식 등은 비록 일본의 침략을 저지할 힘은 없었지만, 강력한 민족주의의 자장(磁場)이 중국 국민들의 저변에 팽배하게 되었다는 사실을 충분히 알 수 있는 것이다. 이것이 결국 후에 동북지역에서의 한국독립운동을 중국인들이 적극적으로 돕게 되는 하나의 전기가 되는 요인이 된다. 그러나 한편 일본에 밀려 15,000명의 군사와 함께,[18] 관내(關內)로 들어온 장쉐량은 「일본의 침략에 저항하지 않은 자」로 낙인 되어 전 중국인의 비난을 한 몸에 받는 상황에 처하게 되었다.[19] 이러한 상황에서 장쉐량 주변의 젊은 참모들과 무관들은 자신들의 옛 영지를 되찾고자 하는 열정이 태동되기 시작했고, 나아가 일본에 대한 적극적 항전을 인식하게 된데다 가, 국민당정부가 「안내양외(按內讓外)」 정책을 고집하며 동북군의 철저항전을 만류하여, 동북 삼성(遼寧省·黑龍江省·吉林省)을 고스란히 일본에 넘겨주게 된 사실에 대해 울분을 품지 않을 수 없었던 것이다. 그리하여 이들 중에는 많은

---

18) 張德良 周毅 編 『東北軍史』(遼寧大學出版社, 1987年) 179쪽.
19) 西村成雄 『張學良の政治的肖像 - その四たびの轉機と中國政治』(『現代中國』第63號, 1989年 6 月).

국민당원들이 있었지만, 서서히 중국공산당이 주도하는 항일민족통일전선의 정치적 영향을 받아 공산주의자가 되는 사상적 전환을 가져오는 자도 많아지게 되었다. 이 또한 이후 중국공산당이 만주지역을 자신들의 중심 거점지역으로 목표하게 되는 중요 요인이 되는 것이고, 그로 말미암아 만주국 주도하에 개발된 이 지역의 자원을 이용해 국민당과의 내전에서 이기는 발판을 마련하게 되는 것이다.[20] 이러한 처지에 처한 장쉐량의 내면에서는 장제스(蔣介石)의 국민정부를 도와 국가통일을 이룩하는데 일조할 것인가(救國), 아니면 자신에게 지원도 해주지 않은 국민당정부와 자신에게 「일본의 침략에 저항하지 않은 자」라는 불명예를 회복하기 위해, 나아가 자신의 아버지를 죽이고 만주국을 세운 일본에 끝까지 저항할 것인가(救亡)하는 의식이 분열하고 있었다. 그러다가 이러한 내면적 분열이 클라이막스에 이르게 되면, 결국 국민당과 공산당의 민족통일전선을 통해 구망(救亡)을 준비하는 결정적인 역할을 하게 되는데, 그 계기가 되었던 사건이 바로 「시안사변」이었던 것이다.[21] 이것은 장쉐량 자신에게는 평생을 국민당의 감시 하에 감금당하는 불행으로 이어지지만, 이 사건을 통해 국민적 공감대를 형성하여 전 중국인이 동북지역의 만주국에 대해 저항하는 태세로의 전환을 가져오게 했던 것은, 이후 한국독립운동에 대해 중국정부가 보다 철저히 지원을 하게 되고 중국정부와 협력하면서

---

20) 金勝一『中國東北, 韓國獨立運動史上的新發見』(石源『韓國獨立運動血史新論』上海人民出版社, 1996年). 參照.

21) 西村成雄『東北の植民地化と『抗日救亡』運動』(池田誠編著『抗日戰爭と中國民衆』法律文化史, 1987年) 第2章, 參照.

항일전쟁을 치룰 수 있는 계기를 만들어 주었던 것이다. 이러한 시대적 조성에 발맞추어 동북부지역에서는 이미 중국공산당의 지도하에 동북항일연군이라는 조직이 생겨나 최고 3만여 명[22]이나 되는 대군사력을 가지고 일본군과 만주국에 대치하고 있었다는 점은 주목해야 한다고 본다. 이들은 1938년까지 상당한 세력을 가지고 일본의 침략에 대해 무장역량을 가지고 저항했고, 그 전술은 무력상의 약점을 극복하기 위해 게릴라전술을 사용하여 상당한 효과를 보았다고 한다. 물론 이에 대한 평가는 앞으로 더 이루어져야겠지만, 이미 중국과 일본에서는 이들에 대한 가치를 상당히 평가하고 있다는 점에서 주목할 필요가 있는 것이다. 한편 이들의 저항원리에 대해서도 논란이 그치지 않고 있는데, 대체로 현재까지의 입장은 결과적으로 공산주의 이념으로 무장하여 싸웠다 기 보다는 민족주의적 요소가 강했다는 점이 우세하다고 할 수 있다.[23] 이러한 점에서 볼 때, 현재까지의 한국독립운동사에서 주목하지 않았던 동북항일연군에 대한 연구의 필요성이 요구되는 바이고, 이들이 그토록 많은 병력을 동원해 유력한 전술에 의한 대일항전에서의 성과를 얻었다는 점에 대해서는, 병참·전술·기지건설·주민과의 협조체제·선전전략 등 각종 전략 면에서 우리의 독립운동과 연계하여 살펴볼 수 있는 영역이라고 생각되는 것이다. 한편 연합군의 승리로 인해 제2차 국공합작의 역사적 의의가 재

---

22) 中共中央黨史研究室 『中國共産黨史歷史大事記(1919年 - 1987年 12月)』 (人民出版社, 1989年) 90쪽 『1938年 2月 項』 參照.
23) 西村成雄 『地域史としての中國東北の再發見』 (古廐忠夫 『東北アジア史の再發見』 有信堂, 1995年) 213-214쪽.

평가되기 시작할 무렵, 국민당과 공산당 사이에는 다시 패권다툼이 전개되었다. 1946년 1월 공산당과 국민당은 총칭회담(重慶會談)의 쌍스협정(雙十協定, 1945년 10월 10일)에서 합의된 대로 정치협상회의(政治協商會議)[24]를 시작하여 휴전문제, 즉 내전의 정지문제와 새로운 정부, 즉 민주연합정부(民主聯合政府) 수립을 중심으로 한 논의가 시작되었다. 이는 바로 중국의 동북지역이 국민당의 영향 하로 들어갈 것인지, 아니면 공산당의 영향 하로 들어갈 것인지의 기로 점에 서게 되었던 것이다. 당시 국민당은 발 빠르게 총칭(重慶)의 동북 출신 중앙위원들을 동북지역에 보내 그곳에 해방구를 설립하려고 시도했지만,[25] 공산당은 이미 8로군 계통의 동북인민자치군 27만이 포진하고 있었던 데다, 1946년 1월에는 이를 동북민주연군(東北民主聯軍)으로 개편하여 린뱌오(林彪)를 총사령원(총사령관)으로 하고 펑쩐(彭眞)을 정치위원으로 임명해 놓고 있었던 것이다.[26] 그 외에도 막강한 공산당 지도자들을 이곳으로 급파하여 공산당은 동북해방구의 수립체제를 자기들의 것으로 취하는데 성공했던 것이다.[27] 이후 공산당과 국민당의 알력은 내전으로 치닫게 되었는데, 국민당은 자신들이 가지고 있던 엄청난 재정·군사·화력 면에서의 월등한 이점을 살리지 못하고, 1949년 1월 1일 장제스의 하야 성명과 함께 공산당이 중국 전역을 차

---

24) 張玉法『中國現代史(下)』臺北, 同和書局, 1984年. 參照.

25) ボリソブコスロブ, 『ソ連と中國』 上卷, サイマル出版社, 1979年, 第1章. 參照.

26) 陳恩惠『一次重要的戰略決策會議』(『黨的文獻』雙月刊, 1989年 第5期, 1989年 9月) 12-15쪽.

27) 範征明『解放戰爭時期中共中央派到東北的委員和候補委員』『東北地方史研究』1990年, 第2期(總 第23期) 95-96쪽

지하게 되는 것이다. 그런데 여기서 주목해야 할 것은 동북의 군사지 휘자인 린뱌오가 제4야전군을 지휘해서 일부는 하이난도(海南島)까지 진군했는데, 이 군대가 바로 동북해방구의 병참을 담당했던 부대로 서 중국의 남부 끝에까지 소위 무기·탄약·군사적·경제적 역할을 담 당하는 병참의 선봉부대였다는 사실이다.[28] 바로 국민당의 엄청난 조 건들을 동북의 제 조건으로 대체할 수 있었다고 하는 것을 의미하는 것으로, 바로 신 중국을 건설하는데 가장 중요한 작용을 했다는 발 이다.[29] 이들은 바로 만주국시대에 축적된 일정한 경제적 기반을 해 방구 정권 하에서 토지정책과 광산정책을 근저로 하여 재편성함으로 서 현실화하였던 것이다. 즉 만주국의 멸망과 함께 근대적 생산설비 가 가동되지 않아 엄청난 타격을 동북경제권에 주었던 것을,[30] 토지 개혁과 광공업부분에서의 계획경제 적 생산에 의해 생산력의 회복을 성공시켰던 것이다.[31] 이러한 사실들은 비록 한국의 독립운동과 직접 적인 관계는 없었다 할지라도, 얼마든지 이 지역을 독립운동의 근거 지로서, 또 독립운동의 중심지로서 만들 수 있는 충분한 객관적 조 건이 될 수 있었다는 것을 의미해 주는 것으로서, 왜 우리의 애국지 사들이 처음부터 이 지역을 독립운동의 근거지로 선택했었는가를 재 평가 할 수 있는 근거를 만들어 주는 동시에, 상해지역에서 보다는

28) 앞의 글 20) 245쪽.
29) 앞의 글.
30) 山本有造『植民地經營』 (『日本經濟史』第6卷, 岩波書店, 1989年) 參照.
31) 常城『李鴻文』朱建華『現代東北史』(黑龍江省敎育出版社, 1988年) 616-618쪽(구체적인 동 북지역에서의 경제적 숫자가 명시되어 있다.)

이 지역에서의 독립운동이 보다 직접적이고 효과적이지 않았을 것인가 하는 독립운동사의 역사적 전개과정에 대한 재평가도 할 수 있는 근거가 될 수 있을 것으로 생각된다. 이처럼 중국근현대사 및 한국독립운동사에 있어서 동북지역이 차지하는 위치는 이제까지 잘 이해하지 못한 그 이상의 사실들이 있었다는 것을 의미하는 것으로, 앞으로 이러한 역사적 조건을 전제로 한 독립운동사의 연구를 새로운 시각과 방법을 통해 기도해야 할 것으로 본다.

V. 마치는 말

한국의 독립운동사에 대한 연구의 종주국은 당연히 우리나라일 수밖에 없는 것이지만, 1960년대 이후 독립운동사라는 분야의 연구가 시작되자 주변국, 특히 일본학계에 상당한 영향을 주었다. 이후 그들은 나름대로의 논리적 구심점을 찾으며 다각도로 우리의 독립운동사 연구의 실체를 추적해 왔음을 알 수 있다.[32] 그러나 이들의 작금의 이론은 이제 그 한계에 부딪치고 있다.[33] 그것은 자신들의 논리적 사고의 한계성에서 오는 것으로 한국의 현대사에 대한 몰이해 내지 자가당착적 시각의 결과라고 할 수 있다. 그러나 이러한 논리적 모순은 한국 독립운동사학계에도 일부는 내포하고 있다고 본다. 대체로 지

---

32) 中塚明 『內在的發展論と帝國主義硏究』 朝鮮史硏究會編 『新朝鮮史入門』 龍溪書店, 東京, 1981年) 參照 앞의 글 4) 5~10쪽
33) 앞의 글 10~15쪽.

금까지의 한국독립운동사에 대한 논리적 구조 내지 인식구조는 4가지 정도로 나누어지는데,[34] 이들의 시각자체는 물론 나름대로의 논리성을 가지고 있다고 할 수는 있겠지만, 결국은 그 논리를 좀 더 다양화 하고 새로운 인식으로의 전환을 추구하는 데에는 여전히 부족한 점이 내포되어 있다고 하겠다. 그러다 보니 한국독립운동사학계의 연구도 일본사학계와 마찬가지로 보다 발전지향적인 면을 지니지 못한 채, 언제나 똑 같은 포메이션으로 진행되고 있는 것이다. 그렇기 때문에 이러한 포메이션을 바꾸면서 자신의 시각과 논리를 새롭게 구성할 필요성이 이제 대두하게 되는데, 이를 위한 하나의 방법으로서 지역연구라는 시스템을 적용시켜보자는 것이다. 가령 지역 독립운동사 연구를 중국의 동북지역을 대상으로 할 때, 종래의 지역적 개념만을 가지고 단체 및 인물의 활동·사건의 전개 및 배경·독립운동의 줄거리 등만을 더듬는 것에만 한하지 말고, 앞으로는 이러한 것들이 가능하게 됐던 당지역의 사회경제적·정치사상적, 혹은 문화인류학적 조건을 고려하며 여러 가지 측면에서의 다양성을 추구하는 연구를 하자는 것이다. 다시 말해서 독립운동 각 단체 및 개인 혹은 일어난 사건들과 연계시켜 결과론적인 사실을 증명하거나 고증하는 데에 그치지 말고, 그러한 독립운동이 어느 정도나 실효성이 있었던 것인지, 아니면 어떻게 독립운동을 실행했어야 민족 분단이나 현재의 파행적 정치구조를 막을 수 있었던 것인지 등의 현실적 시각에서의 재조명이 이루어질 것으로 본다. 동시에 앞으로의 우리 민족 내지 국가발전과

---

34) 앞의 글 6쪽.

그들 지역과의 관계설정을 어떻게 해야 될 것인지 하는 문제까지도 염두에 두면서 연구를 하게 될 때, 새로운 연구 성과를 거둘 수 있지 않겠는가 하는 생각이다. 따라서 지역연구라는 특성을 더욱 명확히 이해하고 이를 연구에 적용함으로써, 앞으로의 독립운동사 연구에 새로운 장이 펼쳐지길 바라는 마음이다.

제2장

중국동북지역 항일근거지의 사회경제적 기초

– 김승일

제2장
중국동북지역 항일근거지의 사회경제적 기초

I. 머리말

최근 비교적 자유로워진 전반적인 차원에서의 비판과 평가에 의한 역사학계의 변화는 비단 부정적인 측면에서의 소수의견이 대다수의 의견인양 둔갑되어지는 경향도 있지만, 그동안 침묵으로만 일관될 수밖에 없었던 시대 조명에 새로운 활기를 조성해주는 계기도 가져다주고 있음을 간과할 수 없다. 이러한 새로운 연구 분위기의 도래는 최근의 많은 논문들이 새로운 시각에 의해서 쓰여 지고 있는 데서도 알 수 있는데, 특히 역사학 분야에 있어서의 이러한 연구 환경의 도래는 그 시사하는 바가 다른 타학문보다도 훨씬 더 크다고 할 수 있다. 또한 같은 역사학분야 중에서도 오늘날까지 여전히 그 숨결이 느껴지고 있는 현대사의 제 문제에 대해서는 이제부터라도 지금까지의 비 객관적이고 진부하면서도 천편일률적인 인식을 과감히 청산하고, 진정한 우리민족의 역사적 본질이 무엇인가를 밝혀야 할 때라고 생각한다. 특히 현재까지도 미궁 속에서 그 본질이 왜곡되어지고 있는 근현대사에 있어서의 역사적 과오를 분명하게 분석하고 파악하여 우리민족의 진정한 발전과 영원한 미래상의 정립을 위한 비전을 제시해야 할 때라고 생각된다. 이러한 측면에서 본 논문에서는 그동안 비교적 등한시 연구되어 온 독립운동의 근거지로서 일찍이 민족주의자들에게 주목을 받아왔고,[1] 또한 실질적으로 우리민족의 독립을 위해서는 중요한 정신적·무력적 투쟁의 본거지가 되었던 중국 동북지역의 사회경제적인 환경을 분석해 보고자 하는 것이다. 이러한 연구는 동북지역을 단순히 우리나라와 지역적으로 가깝고, 또한 쉽게 국내의 환난을 피해 이주해 갈 수 있었다고 하는 일반적인 지리 환경적 관념으로서만 파악할 것이 아니라,[2] 20세기를 전후하여 농작물의 개량, 생산방법의 개선, 농업의 집약화, 이를 통한 농산품의 상품화 경향, 대내

---

1) 민족해방을 위한 근거지를 국내가 아닌 국외에 설립하려고 했던 민족주의자들의 생각은, 첫째로 한반도가 삼면의 바다로 둘러싸여진 채 남북으로 좁고 길게 늘어져 있는 반도이기 때문에 이들 투쟁을 철저히 할 수 있는 근거지를 설립할만한 곳이 없었기 때문이었고, 둘째는 러일전쟁 중에 이미 일본이 한반도의 남북을 관통하는 1,000여 킬로에 이르는 경부선·경의선 철도를 완성시켜 이를 중심으로 하여 철도·도로·항만을 점차 정비해 나갔기 때문에, 이러한 견제에서 벗어날 수 있는 근거지의 설립이 근본적으로 어려웠으므로 위정척사파(衛正斥邪派)·개화파(開化派) 등의 민족주의자들은 해외에서의 근거지 설치문제를 1910년을 전후하여 생각하기 시작했던 것이다. 姜在彦,「朝鮮獨立運動の根據地問題」(『朝鮮民族運動史研究』) 第1號, 靑丘文庫, 1984), 11쪽.

2) 지금까지 동북지역이 국권회복을 위한 항일운동의 근거지로써 주목을 받게 된 원인으로는, 첫째 중국과의 국경을 흐르는 압록강과 두만강을 따라 백두산을 중심으로 하는 장백산맥이 달리고 있으면서 한반도 북부의 산맥들과 연결되어 있어, 산악과 밀림으로 덮여 있기 때문에 교통이 발달하지 않았다고 하는 지리적인 조건, 둘째는 조선 말기부터 이곳으로 이주해오기 시작하는 한인 이주민들이 집중하고 있었기 때문에 대중적인 기반이 이곳에 널리 자리 잡고 있었고, 또한 이들이 생활할 수 있도록 충분한 식량을 공급할 수 있는 미개간된 땅이 여전히 많이 남아 있었기 때문이라는 것이며, 세번째로는 일본의 세력이 아직 당시에 이곳까지 미치지 않고 있었고, 동북지역의 중국 군벌 간에 갈등이 생겨 독립운동을 비교적 자유스럽게 할 수 있었다고 하는 객관적 조건을 들고 있다. 물론 이러한 조건이라는 것은 부정할 수 없는 좋은 환경이었지만, 이러한 자연적인 지리적 조건이나 정치적인 환경 등피동적인 조건에 대한 연구는 어느 정도 되어 있는 반면, 이러한 환경을 바탕으로 한 능동적인 요인들 즉 사회경제적 상황이 어떻게 전개되어 가고 있었는지에 대한 연구는 지금까지 전혀 이루어지고 있지 않다는 점을 우리는 주목해야 할 것이다. 松村高夫,「日本帝國主義下に於ける ‘滿洲’ への朝鮮人移動について」(『三田學會雜誌』63卷 6號, 1970, 6)參照.

외적인 교역구조의 개편, 이러한 생산양식의 변화에 따른 사회의 구조변환 등 근대화를 위한 여건이 조성되어 가고 있었음으로 해서,[3] 개인적인 생활문제의 해결뿐만이 아닌 조국의 국권회복을 위한 투쟁도 충분히 진행시켜 나갈 수 있을 만큼의 사회경제적인 환경이 객관적으로 형성되어 있었다는 사실을 규명하고자 하는 것이다. 그리고 이러한 사실을 바탕으로 하여 실질적으로 그곳에 거주하고 있던 한인(漢人)들의 사회경제적 상황이 어떻게 변호되어 갔는지를 살펴, 우리의 국권회복운동이 보다 효과적이고 실질적인 결과를 얻기 위해서는 상해 등지에서의 의열투쟁이나 외교적 방식에 의존하는 간접적인 방식보다는, 동북지역에서의 인적·물적 자원을 바탕으로 한 직접적인 무력항일투쟁과 한, 중, 일, 러 등 동북아 각국의 이해관계가 얽혀 있던 동북지역에서 보다 진일보적인 국권회복을 위한 대응책이 강구되어졌어야 했던 것이 아니었나 하는 관점에 대한 객관적인 근거를 제시하고자 하는 것이다. 다시 말해서 이러한 연구는 1910년 이후 국권회복운동을 위한 근거지로서 동북지역을 택하게 되는 민족주의자들의 전략적인 사상논쟁이 결과적으로 누구의 주장이 옳고 그른가 하는 흑백논리를 따지자는 것이 아니라, 왜 이러한 주의 주장이 대두하게 되었는지에 대한 배경을 밝히고자 하는 것이고, 나아가 우리의 독립운동이 더욱 실질적이고 효과적으로 이루어지기 위해서는 동북

---

3) 동북지역에 있어서의 사회경제적인 근대화 과정에 대한 연구로는 Ramon H, Myers, The Gommercilization of Agriculture in modern China(IEdited by W.E.Willmott, Economic Organization in Chinese Society.] Stanford University Press, Stanford, California, 1972) pp,173-192,가 있다.

지역에서의 직접적이고 실질적인 투쟁이 해방 전후의 국내외 전개상
황과 비교해보았을 때,[4] 더욱 절실한 것이 아니었었던가 하는 문제의
식을 제시해 보고자 하는 것이다. 한편 이러한 관점은 상하이임시정
부를 중심으로 활약했던 우리 독립투사들의 업적을 희석시키거나 평
가절하하려는 것이 아니고, 여러 가지 좋은 환경적인 여건을 바탕으
로 하여 우리 스스로에 의한 주체적이고도 직접적인 항일투쟁이 가
능했던 동북지역에서의 독립활동이 제대로 이루어지지 않았고, 또한
그에 대한 평가가 제대로 이루어지지 않고 있는 독립운동사 연구의
현실적인 아쉬움을 대변해 본다는 차원에서 본 논문의 견해를 제시
하고자 하는 것이다.[5]

Ⅱ. 근대화이전 동북지역의 사회경제적 상황

근대화이전 시기에 있어서 동북지역의 사회경제적 실태에 대한 정
확한 조사는 거의 없다고 할 수 있다. 다만 17세기 초부터 한국인들
이 동북지방으로 이주를 시작하게 되는 이유를 통해서 간접적으로

---

4) 동북지역에서의 항일독립운동에 한국인 민족주의자들이 더 많은 관심과 심혈을 기울여야 했다
고 주장한 학자로는, 양사오첸(陽昭全)이라는 중국학자가 1993년 4월 8일 한국민족운동사연구회
가 주최한 한국독립운동사 국제심포지움 토론석상에서 제언한 바 있다.
5) 중국공산당의 지원 아래 여러 불리한 여건을 감수하면서도 끝까지 분투한 동북항일연군이나 조
선의용군이 해방과 동시에 귀국할 수 있었다고 하는 사실은, 그들이 이후에 정치적인 희생물이
되는 것과 는 별도로 충분히 보다 실질적 항일투쟁을 동북지역에서 전개할 수 있었다는 사실
을 증명해 준다고 할 수 있을 것이다.

알 수 있다고 본다.[6] 원래 이주를 하는 데는 역사상에서 볼 때 두 가지 종류가 있는데, 하나는 정치적인 위협 하에서 피신하거나 유배형식으로 가는 경우가 있고, 또 하나는 경제적인 어려움을 면하려는 마음에서 이주를 하게 되는 경우가 있다고 하겠다. 그러나 한국인들이 17세기 초부터 동북지방으로 이주해가는 경우는 대개가 후자인 경제적인 어려움을 면하려고 하는 이유에서 동북지방으로 이주해 갔던 경우를 자료상에서 볼 수 있다. 특히 이러한 경우에도 두가지 형태로 나눌 수가 있는데, 하나는 단순히 생활을 위한 수단으로서 채삼(采蔘), 수렵, 벌목, 어로 등을 위해 가족이나 집단이 이동하는 경우와 다른 하나는 영구적인 정착을 위해 황무지 개간을 통한 경지 확보를 목적으로 가는 경우로 나눌 수 있다.[7] 이러한 이주상황을 볼 때 물론 그러한 원인에는 여러 가지 요소가 있다고 앞에서도 지적한바 있으나, 역시 가장 중요했던 원인은 경제적 원인에 있었던 것이라고 볼 수 있다. 즉 당시 동북지방의 경제적 조건이 이주자들에 대해서는 아주 적당한 대상지역이 되고 있었다고 생각할 수 있기 때문이다. 물론 국내적으로 삼정문란(三政紊亂)에 의한 정치적인 부패와 관리지주들의 압박, 일본이나 서구제국자본들의 자본적 침입에 의한 경제적인 파탄, 그리고 천재지변 등 여러 국내적인 문제로부터 벗어나

---

6) 『仁祖實錄』 券31, 68쪽. 仁祖13年 11月 丙寅條. 『滿淸入關前與高麗交涉史料』(北京, 國立北平歷史博物館抄本, 民國22年) 116쪽, 崇德5年 5月 12日條.
7) 『漢民越墾和流移事例(1644-1860)』, 참조. 金澤中(『漢民流移東北之研究(1860-1910)』), 國立政治大學歷史研究所碩士論文, 民國74年 6月. 5쪽.

려고 하는 점도 도외시 할 수는 없으나,[8] 그보다는 국외적인 요소 즉 중국 측과 러시아 측에서 이 지역의 개간을 위해 농민들을 불러들이고 있었던 점과 지리적으로 우리와 근접해 있는데다가 토지가 비옥하고 물산이 풍부했던 점 이런 환경들에 의한 작용이 더욱 컸었지 않았겠는가 하는 점이다.[9] 예를 들면 1860년에서 1871년 사이에 러시아는 우수리강지역, 지신허(吉心河)지역 등을 취득한 후에 이 지역을 직접 경영하려고 하나 인구가 적어 노동력이 부족하자 한국인들을 불러다 개간을 시작하였다. 그 수는 수백 명에서 수천 명에 이르렀다고 한다.[10] 또한 청국 측에서도 동북쪽의 수비가 허술함을 느끼고 이주민을 불러들여 변강(邊疆)지역을 개간하려 하였다. 그리하여 1881년부터 한국인 이주민을 불러들이기 시작했는데, 그 후 조선과 청나라 사이에 변계(邊界)문제가 대두하여 여러 논쟁이 일어나면서 한국인 이주민들의 유동을 금하기도 했으나 이주자들은 계속해서 증가하였다.[11] 그 이유는 이곳 동북지역이 겨울에는 얼음 위로, 여름에는 조그만 배로도 얼마든지 왕래할 수가 있었기 때문이고, 더욱이 이들 지역은 장기간 사람의 손길이 닿지 않았던 곳이라 자연적인 물산이 풍부했으므로, 개간하기만 하면 얼마든지 기름진 토지를 얻을 수 있었기 때문이었다.[12] 이러한 역사적 배경을 생각해 볼 때, 18·19세기에

8) 國史編纂委員會, 『韓國史』 第17卷, 東學農民蜂起, (서울, 1974), 165-184쪽.
9) 吳祿貞, 陳昭常, 『延吉邊務報告』, 臺北, 文海出版社, 170-171쪽.
10) 『滿淸入關前與高麗交涉史料』卷3, 앞의 책, 7쪽. 『高宗實錄』 卷25, 高宗25年 10月 6日條.
11) 吳祿貞, 陳昭常, 『延吉邊務報告』, 앞의 책, 17-18쪽.
12) 魏聲龢, 『吉林省地理紀要』, 臺北, 華文書局, 光緒26年, 廣雅書局刊本影印, 民國57年, 17-18쪽.

걸친 중국 내륙 한인(漢人)들의 동북지역에 대한 이주도 이 지역의 경제적 조건에 대한 매력과 사적 토지소유에 대한 동경에서 유발되었던 것임을 알 수 있다 그리하여 이들에 의한 이 지역에서의 근대화를 향한 경제활동이라고 볼 수 있는 개간이 시작되었던 것은 19세기 말부터였다.[13] 즉 한인(漢人)들의 이주에 의한 그들의 노동력과 자본이 동북지방으로 옮겨지게 되면서, 또 남만(南滿)의 잉커우(營口)가 국제적인 개항지역으로 되면서 외국의 자본과 노동력이 유입되기 시작하자 드디어 동북지역이 개발되기 시작했던 것이다. 그렇다면 이 지역에서 근대화의 전개과정은 어떠한 형태로 전개되어 갔는가? 그 가장 대표적인 현상은 무엇보다도 한인들의 만주로의 이전과 함께 활동을 시작한 한인상인들의 자본 이전에 의한 경제적 활성화가 이전의 만한(滿漢)간의 조공무역체제를 공정한 민간무역거래로 전환시켰다는 점이다. 그렇게 될 수 있었던 원인은 한인들이 이주하면서 들여온 그들의 선진적인 경작방식과 효율적인 토지이용에 의한 생산물의 잉여량이 증대된데 있었다.[14] 물론 당시 잉여생산량이라고 하는 것은 20세기 초의 그것과 비교할 때 극히 적은 양에 불과했지만, 당시까지와는 다른 유형의 무역관계가 성립됐다고 하는 것은 거기서 남겨진 상인자본의 재투자를 의미하는 것이고, 농민들이 농업생산 증대의 필

---

13) 漢人의 동북지역으로의 이주와 그 시기구분
  ① 移民獎勵默認時期 : 順治8年 - 乾隆4年(1651-1739)
  ② 移民禁止時期 : 乾隆5年 - 光瑞19年(1740 -1899)
  ③ 自由放任時期 : 光緒20年 以後(1894년 以後)
  小峰和夫,『滿洲一起源, 植民, 覇權』, 東京, 御茶の水書房, 1991, 148쪽.
14) 南滿洲鐵道株式會社調査課,『滿洲經濟年報』, 1993年版, 19쪽.

요성을 인식하게 되는 의식개혁을 의미해 주는 것이며, 이러한 상황의 변화는 이제 다음 장에서 살펴 볼 농업의 상품화 경향과도 상당히 밀접한 관계를 갖게 되는 점이라고 할 수 있다. 그리하여 19세기 전반에 들어서게 되면 동북지방의 남부와 중부에서는 고량(高粱), 콩(大豆), 조(栗) 등이 대량으로 산출되기 시작했다. 그리하여 강희(康熙) 연간에는 수입되던 이것들이 이제는 수출하게 되는 상황에까지 이르게 되었다.[15] 특히 이들 품목을 보더라도 조공무역 당시의 품목은 주로 인삼, 모피, 직물, 은 등이 그 주류였는데, 이제는 이러한 농산품이 공무역이 아닌 사무역을 통해 양자강 지역으로까지 전해지고 있었다고 하는 사실은, 비록 그 양적인 면에서 일정한 한계를 가지고 있었다고 하더라도, 충분한 발전가능성을 제시해 주고 있었다고 보아도 될 것이다. 결국 이러한 생산의 다양화와 대량생산의 가능성은 중국 한인상인들의 주목을 받는 것에만 그치지 않고, 제국주의 열강들의 경제적 침략대상으로까지 비화하게 되었던 것이다.[16] 그러면 여기서 지린(吉林)지방과 헤이룽장(黑龍江)지방이 어떻게 개간되어 갔는지 그 전개상황에 대해 구체적으로 살펴보면 다음과 같다. 지린지방의 경우 그 최초의 개간자는 이곳에 배치되어 이곳을 수비하던 팔기(八旗)가 개간에 필요한 노동력을 제공해 주는 계기를 가져다 주는 것이지만, 실질적으로는 강희, 옹정(雍正), 건륭 연간에 이 지역으로 유배되어온 한인죄수들을 따라 들어왔던 그들 가족들이 이 지역에 대

15) GHARLES, GUTZLAFF, China opened, London, 1838, VOL. I 173쪽.
16) 小峰和夫, 『滿洲一起源, 植民, 覇權』, 앞의 책, 85쪽.

한 한인유민의 유입을 가져오는 계기를 만들었다고 할 수 있다. 특히 1726년 (옹정 4年)에 지린지방의 지린현, 닝꾸타(寧古塔)지방에 타이닝(泰寧)현, 아르츠카·라린지방에 창닝(長寧)현이 각각 설치되었는데, 이는 한인들의 이주가 어느 정도 일단락되었다고 하는 분기점이라고 할 수 있었다.[17] 그로부터는 이주자들이 무질서하게 증가하게 되자 유민에 대한 정리가 시작되었는데도 불구하고, 불법적인 유민 수는 계속 증가하여 갔다.[18] 이들 유민들의 주요 이주 대상 지역은 쌍청보(雙城堡),버두너(伯都訥), 창췬(長春) 등 세 지역이었다. 이들 지역은 상당히 비옥한 지역으로 초기에는 팔기의 둔전(屯田)으로써 개간되었으나, 점차 한인들의 경작지로 화하게 되었다.[19] 특히 아편전쟁 이후 청나라 정부는 재정적인 압박과 군비확충을 위하여 이 지역을 한인들에게 개방하여 이 지역의 황무지를 개간케 하고 그들로부터 세금을 징수할 양으로 19세기 중엽부터 이 지역의 황무지를 개방하기 시작하였다.[20] 특히 광서 28년(1902)년에는 길림지방 전역의 미개지가 일률적으로 개방되기에 이르러 유민들의 이입은 물론 여러 자본들도 유입됨으로써 새로운 발전단계로 접어들게 되었던 것이다. 흑룡강지역은 강희(康熙)시대에 러시아 코사크의 침입을 막기 위해 주방팔기(駐防八旗) 둔정(屯田)을 실시하면서 개간되기 시작하다가 역시 한인들의 유입을 가져왔고, 19세기 후반에 들면서 개방되기 시작하였다. 그러한 경향

---

17) 滿洲事情案內所, 『近世滿洲開拓史』, 1936年, 41쪽.
18) 福昌公司調査課, 『滿蒙通覽』中卷, 1918, 618쪽.
19) 위의 책, 45-46쪽.
20) 위의 책, 42-43쪽.

은 길림지역과 거의 같은 과정을 거쳤다. 이러한 과정에서 북만 최대의 후란평야(呼蘭平野)가 광서(光緖) 11년(1885)에는 개간이 완성됨으로서, 경작이 가능한 토지는 엄청나게 늘어났고,[21] 이들 경작지는 조세의 징수와 함께 개인소유권이 인정되어 많은 생산을 가져오게 되었다.[22] 이러한 만주에서의 토지제도의 변화는 동북지역 전체를 대상으로 할 때, 대략 두 단계로 나눌 수 있다. 첫 단계는 1720년대부터 1830년대까지이고, 두번째 단계는 1840년대부터 1910년대까지로 볼 수 있다.[23] 이러한 구분은 토지체계가 붕괴되어갔던 정도의 차이에 따라 구분한 것이다. 즉 초기적인 형태로 소수인의 황무지개간에 의한 사유화가 시작되었던 시기를 첫 단계로 본 것인데, 그 유형은 첫째로 유민에 의해 임자 없는 황무지를 개간하여 개인적으로 개간해 간 형태와, 두 번째로 왕공(王公)이나 일반 기인(旗人)에 의해서 임자 없는 황무지를 개별적으로 개간해 간 형태, 세 번째는 왕공이나 기인에 의한 영지(領地)의 전매(專賣)에 의한 형태 등으로 나눌 수 있다.[24] 이러한 초기형태는 토지사유를 동경하는 한인들에게 상당한 유혹의 대상이 되었고, 정부의 이들 사유토지에 대한 묵인은 이제 본격적인 유민의 이동을 초래하게 되는 것이다. 후기단계는 이렇게 해서 흘러들어온 유민들이 처음에는 한인 지주가 적었던 관계로 왕공이나 기인

21) 위의 책, 63-64쪽.
22) 위의 책, 619-620쪽.
23) 岸本英太郎,「滿洲に於ける近代資本=勞動力形成史序說」,『歷史學硏究』第124號, 1946, 33쪽.
24) 南滿洲鐵道株式會社調査課, 『滿洲經濟年報』, 앞의 책, 16쪽.

들이 소유하고 있는 장원의 농노(農奴)나 소작농(佃戶)으로 되거나, 한인 지주의 소작농으로 되어 생활하면서 점점 그 주변에 널려 있는 황무지를 개간하며 자신들 스스로가 지주 화되어 가는 시기였다. 이러한 개인소유지의 확대는 결국 농경지의 전반적인 확대로 이어졌고, 한인들의 노동집약적인 농경방법은 이들 토지를 모두 비옥하게 만들게 되었던 것이다. 여기에 이들 한인 농민들의 안정은 중화지역의 상업자본까지를 끌어들여 점점 기인들을 중심한 만주인들의 자본이 한인들의 수중으로 종속되어 가는 그런 단계를 말한다. 이러한 가운데 1904년에는 「기민불교산례(旗民不交産例)」가 폐지되어 기인들의 토지처분이 자유롭게 되자, 경제적으로 어려움을 겪고 있던 그들은 한인들에게 토지전매를 하게 되었다. 이리하여 이 지역에는 초기 토지소유에 대한 희망에서 이주해오던 형태가, 이제는 한인 지주들이 많이 등장하면서 이들 새로운 이주자들은 개간을 위한 노동력을 제공하는 노동자 신분이나, 아니면 소작농이 되어 중화지역의 토지경영 형태와 같은 상황으로 나타났던 것이다.[25] 그러나 이러한 토지불균형에 의한 사회적인 문제는 초기에는 그다지 큰 곤란을 야기하지는 않았고, 오히려 개간지의 확대를 가져오는 자본의 확보와 노동력의 증대라는 이상적인 상황으로 발전하여, 이들 동북지역의 농업발전은 점점 확대되어 가기 시작했던 것이다. 여기에 러시아에 의한 동만철도(東滿鐵道)의 부설은 한인의 이주와 황무지의 개간을 더욱 빠르게 진전시켜 나가

---

25) 天野元之助, 『中國農業の地域的展開』, 東京, 龍溪書店, 1979, 85쪽.

는 기반을 제공하였다.[26] 이러한 경작지의 확대와 더불어 농업경작방법도 상당히 발전되어 갔다. 당시의 일반적인 경작방법은 작물을 높게 쌓아올린 밭두렁에 심는 것이었다. 그것은 동북의 기후조건에 대응하는 농법이었다. 즉 이곳에는 여름에 비가 집중적으로 많이 오기 때문에, 작물이 이들 물에 씻겨 내려갈 위험을 방지하기 위한 작법이었다. 또한 이러한 작법은 뿌리의 발육을 촉성시켜 양분의 섭취량을 증가시키는 작용도 하게 하였다. 이러한 밭두렁은 또한 매년 뒤집어 엎고 다시 만들기 때문에 토지를 일년마다 휴경지화(休耕地化) 시키는 구실을 하게 하여 지력(地力)을 회복시키는 데도 효과가 있었다.[27]

한편 이러한 경작지에는 매년 같은 종류의 작물이 경작되는 것이 아니라, 그 품종 또한 변화하였다. 즉 첫해에는 조의 일종인 미자(麋子)를 경작하였는데 이는 조보다 생산량이 많았다. 경작지의 사정에 따라서는 밀, 검은콩 등을 심기도 했고, 옥수수나 야채 등을 심기도 하였다.[28] 두 번째 해에는 조, 밀, 귀리(燕麥) 등이 경작됐다. 삼년 째가 되는 해에야 다른 지역으로 이출될 정도로 많은 수확을 올리는 대두, 고량, 조, 소맥, 옥수수 등이 본격적으로 경작되었던 것이다. 그것은 이때가 되어야 토지가 비로소 경작하기에 적당한 토양으로 변하게 되는 것이고, 이로부터는 밭이랑의 기반도 정착되었던 것이다.[29]

그리고 이들 지역의 이러한 독특한 경작방법을 가능하게 했던 것

26) 위의 책, 77쪽.
27) 小峰和夫, 『滿洲─起源, 植民, 霸權』, 앞의 책, 161쪽.
28) 福昌公司調査課, 『滿蒙通覽』 中卷, 앞의 책, 620쪽.
29) 小峰和夫, 『滿洲─起源, 植民, 霸權』, 앞의 책, 162쪽.

도, 실은 말, 소 등의 축력을 이용하는 경작이 가능할 수 있도록 많은 가축이 있었다는 것도 간과해서는 안 될 것이다. 왜냐하면 화북, 화중, 화남 등 지역의 토양과는 달라서 이 지역의 토질은 유기질이 없고 아주 점착력(粘着力)이 강하며, 그 대신 저항력이 아주 강한 그런 토양이었기 때문이다. 따라서 인력에 의한 경작은 거의 불가능했던 것인데, 대대로 이 지역에서 살아온 몽고족·여진족들이 갖고 있던 충분한 가축들의 축력은 이 지역에서의 독특한 농법을 가능하게 했던 것이다.[30] 이상에서 살펴본 바와 같이 동북지역에서의 경지확대와 농경의 발전은 잉커우(營口)의 개항과 철도의 부설을 통해 많은 노동력의 유입과 함께 급속히 진전되어갔다. 원래 풍부한 천연자원과 넓은 토지를 갖고 있던 이들 지역은 이러한 근대적 제요소들의 진입과 그들에 의한 촉매적 역할을 통해서 20세기에 들어서면서부터 개벽의 순간에 들어서게 되었던 것이고, 나아가 열강들의 관심이 집중되는 곳으로 전환되어 갔던 것이다. 이러한 제 조건은 우리 한민족들에게도 큰 관심을 불러일으켜 국내적인 상황과 더불어서 이 지역으로의 이동이 활발히 전개되어 갔던 것이다.

Ⅲ. 근대화와 동북지역의 사회경제적 발전

1890년대부터 중국대륙의 농민경제는 점차 시장경제에 의존하기 시

---

30) 南滿洲鐵道株式會社調査課, 『滿洲農業圖誌』, 非凡閣, 1941, 2쪽.,

작했다.[31] 그러나 이러한 시장경제가 형성되기 위해서는 잉여농산물이 있어야만 나타나는 것인데, 실질적으로 전중국의 상황은 제국주의 열강의 경제적 침입이나, 전쟁에 대한 배상, 군벌들의 할거, 각종 천연재해 등 여러 원인으로 인해 이러한 시장경제의 형성은 그렇게 두드러진 것은 아니었다.[32] 그러나 동북지역은 경지의 확대에 따라서 인구가 증가하긴 했으나, 토지에 대한 인구의 비율은 대단히 낮아서 잉여농산물이 많이 생성되게 되었다. 또한 한족이민자들에 의해 개간되거나 토지가 비옥해져서 과거 3~4년마다 윤작(輪作)을 하여 1년에 일모작(一毛作)하던 경지를 3~4개의 지역으로 구분하여 전통적인 농작물이면서 주식인 고량의 경작을 증가시켜 나갔고, 동시에 이것과 윤작시켜야만 되는 콩과 기장(黍)을 또한 확대해 나갔다.[33] 이러한 경작 방법은 극빈 농가까지를 포함하는 전 농가에서 실시되어, 많은 상품 작물인 콩과 잉여농산물로서의 고량, 조, 옥수수(玉蜀黍) 등이 반출되게 되었던 것이다.[34] 1920년대 이들 작물들이 전 경지에서 재배된 비율을 보면, 이들 작물의 전체경작비율은 전 경작지의 약 70%를 차지하였다. 특히 이출을 목적으로 재배된 콩은 전 경지의 30.3%를 점했는데(봉천 20.5%, 길림 35.6%, 흑룡강 35.3%) 남만보다는 북만 쪽에서 더 많이 재배되었다. 고량은 전체 경지면적의 22.5%, 조는 16.2%,

---

31) Ramon H. Myers, 앞의 논문, 1쪽.
32) 金勝一, 「中國農民經濟生活の地域史的研究(1912-1937)-安徽省の農業經營を中心に」, 『東洋史論集』, 第19輯, 1991, 참조.
33) 天野元之助, 『中國農業の地域的展開』, 앞의 책, 60쪽.
34) 위의 책.

옥수수는 6.7%, 밀은 9.9%였는데, 이중 고량은 북만보다 남만이 좀 많이 경작한 편이었으나 나머지는 북만쪽이 더 많이 경작하고 있었다.[35] 이러한 사실은 비록 남만이 개항 등에 의해 경제적인 발전이 더 진전되고 있었다고는 하나, 농업상품화면에서는 오히려 북만쪽이 훨씬 순조롭게 진행되고 있었다는 사실을 증명해 준다고 할 수 있다. 또한 당시 동북지역의 토지이용율을 보면 20세기 시작 전까지는 가경경작지(可耕耕作地)의 1/5에 불과했다.[36] 이는 20세기 들어 중원지역에서 들어오는 한인을 비롯하여 한반도로부터 혹은 러시아로부터 이주해 오는 사람들이 많아지기 시작하는 것을 생각할 때, 더 많은 경작지의 확대와 농산물의 생산이 얼마나 많이 증가될 수 있는가를 보여주는 근거가 된다고 볼 수 있다. 이러한 인구집중과 더불어서 농업의 상품화 경향이 나타나게 되었는데, 이러한 농업의 상품화가 나타나는 데는 몇 가지 필수적인 조건이 필요했다. 즉 도시의 발달과 시장의 확대, 교통의 발전, 유통구조의 개선, 농민의 구매력 등이 바로 그것이다. 먼저 도시의 발전상황을 보면 다음의 〈표1〉과 같다.

〈표 1〉 동삼성에 있어서 도시의 발달

도시인구수	1907년	1915년	1925년	1930년
20만 이상	–	–	3	3
10만~20만	2	3	1	2

---

35) 岡川榮藏, 『滿洲の農業』, 滿鐵調査課, 53-54쪽.
36) Alexander Hosie, 『Manchuria : its people, resources and recenthistory』, Londen, 1901, 173-174쪽.

5만~10만	4	3	9	6
3만~5만	7	10	6	11
1만~3만	24	34	51	53
계	37	50	70	75
도시인구수	1,062	1,544	2,629	3,031
(1,000인)	(100)	(145)	(248)	(285)

자료제공: 天野元之助,「滿洲經濟の發達」,『滿鐵調查月報』第12卷 第7號, 昭和7年, 85쪽.

위 표에서 알 수 있듯이 동북3성에서의 도시인구는 대단히 빠른 속도로 성장해 갔음을 알 수 있다. 이러한 현상은 전반적인 인구의 증가와도 관계가 있는 것이지만, 이러한 도시의 형성은 상공업의 발달이나 이들을 위한 유통의 발달 등이 함께 병행되어야 했기 때문에, 이를 바탕으로 상품경제가 과거 십여 년 전과는 판이하게 다르게 발전하고 있었다는 사실을 엿볼 수 있는 것이다. 한편 이러한 인구증가는 도시지역에만 한했던 것이 아니라 동북3성 전 지역에서 일어났던 현상이었다.

〈표 2〉 동북3성의 인구증가 지수표

성별	종별	1908년	1918년	1928년	1931년
봉천성	인구, 경지	100:100	116:113	134:127	142:213
길림성	인구, 경지	100:100	136:142	189:170	203:185
흑룡강성	인구, 경지	100:100	158:190	275:341	294:369
계	인구, 경지	100:100	126:134	163:171	175:174

자료제공: 天野元之助,「滿洲經濟の發達」,『滿鐵調查月報』第12卷 第7號, 昭和7年, 37쪽.

이 표에서는 중요한 것을 보여주고 있는데, 전체적으로 인구나 경지가 증가하고 있지만, 1918년까지는 경지지수(耕地指數)가 인구성장보다 빨리 증가하는 것을 보여주는데 비하여, 1928년 이후에는 경지 확대보다는 인구성장지수가 빨라지고 있는 것을 볼 수 있다. 특히 개항장과 가까운 곳에 있는 지역일수록 이런 현상이 두드러지고 있는데, 이것은 아무래도 경제적인 활성화 정도와 관계가 깊다는 것을 말해준다고 할 수 있다. 다시 말해 생활상의 경제적 문제해결이 그만큼 용이하다는 것을 의미해주는 것이다. 반대로 그러한 경제적 유대관계가 적을 수밖에 없는 헤이룽장성의 경우는 인구의 증가를 경지의 확대를 통해 해결하고 있는 것을 볼 수 있다. 한편 한반도에서의 이주가 한창 활발했던 시기인 1910년대를 전후하여 가장 이주의 선망대상 지역이었던 지린성과 펑톈성의 경우 1918년까지는 인구의 증가보다는 경지의 확대가 두드러지고 있었던 점을 볼 수 있는데, 이러한 경지의 여유는 한반도로부터 이주하려는 이주자들의 경제적 충분조건이 될 수 있었다고 하겠다. 이러한 인구성장의 결정적인 역할은 철도의 건설과 관계가 깊었다. 이 지역의 중요한 운송수단인 수운과 마차는 여전히 중요한 교통수단으로 지역과 지역 간을 이어주는 역할을 하고 있었다. 그러나 수운은 4월에서 10월까지만이 운행이 가능하였고, 또 하천의 수량은 대량수송을 하기에는 부적합하여 인구의 대량 이동이나 화물의 대량 수송을 할 수가 없었다.[37] 이에 대해 마차는 이러한 수운

---

37) 小峰和夫, 『滿洲─起源, 植民, 覇權』, 앞의 책, 217쪽.

의 역할을 대신해 주었다. 즉 얼음이 어는 10월부터 농한기에 들어가는 농민들은 자신들이 경작을 하는데 필수불가결한 가축을 동원해 운송업에 종사하게 되는 것이다. 이는 이들 가축들에게 겨울동안 먹여야만 하는 사료 값을 버는 계기가 됐기 때문에 하나의 부업으로서 운송업에 종사했던 것이다.[38] 그러나 봄이 되면 이들 마차에 의한 운송은 점점 뜸해지다가 이제 본격적인 농사철이 되게 되면 다시 본업인 경작에 전력해야 하는데다, 도로사정이 아주 나빠 비가오거나 하면 마차들의 운행은 거의 불가능했기 때문에,[39] 이들 가축에 의한 마차 운송은 다시 수운에게 그 자리를 돌려주어야 했다. 이러한 각자의 한계성을 가지고 있던 수운과 마차는 그 수송규모가 적어 실질적으로 어떤 지역시장의 활성화라든가 도시지역의 확대를 가져다주지는 못했다. 그러나 철도는 대량수송을 가능케 함으로서 인구의 대량이동과 물품의 대량 수송을 가능하게 하여 이 지역에 큰 영향을 주게 되었다. 즉 농업의 상품화를 위한 인구의 성장과 중국내륙의 보다 발달된 지역시장과의 연결을 가능하게 해줌으로서 많은 변화를 가져다주었던 것이다. 특히 1920년대에 들어 기차운송의 확대와 발전은 구래의 만주경제를 새로운 자본주의적 기구와 장치에 의해 근대적인 경제체제로 탈바꿈시키는 역할을 하기에 이르렀다.[40] 특히 이 지역의 특산물이 된 콩이 일본뿐만이 아니라 유럽으로까지 대량으로 수

38) 南滿洲鐵道株式會社臨時經濟調查委員會, 『滿蒙に於ける荷馬車』, 1928, 120쪽.
39) デュルガルド=クリスティ-著, 矢內原忠雄, 『奉天三十年』 上卷, 岩波書店, 1938, 37쪽.
40) 石田興平, 『滿洲に於ける植民地經濟の史的展開』, ミネルヴァ書房, 1964, 296-297쪽.

출되게 되자 철도의 수송은 더욱 확대되었고,[41] 이를 통한 농산물의 상품화 경향은 더욱 커져갔다. 더욱이 콩을 비롯한 농산물이 집중적으로 산출되는 가을에는 말할 것도 없지만, 봄 이후 생산물이 산출되지 않는 시기에는 이들 지역에서 필요한 농업노동력을 실어 나르는 역할을 하여 이 지역에서의 생산 활동을 강화시키는 계기를 가져오기도 하였다.[42] 이와 같이 철도를 이용하여 이 변경까지 오게 된 많은 이주자들은 토지의 사유를 위해 초기에는 소작농으로써 지주에 의지하며 살아가는 경우가 많았지만, 그 경작지 주변의 땅을 개간하거나, 자신들의 남은 잉여농산물을 상품화하여 현금으로 만들어 몰락해가는 청의 기인들이나 왕공들의 토지를 서서히 잠식해 들어갔다. 그러나 토지를 소유하기까지에는 많은 시간과 자본이 들었다. 이러한 상황은 지린성의 이통현(伊通縣)의 예에서 엿볼 수 있다. 즉 1935년까지 마을 농호의 약 60%는 여전히 토지를 소유할 수가 없었다. 그렇지만 이들 농민들의 토지소유에 대한 의욕은 대단히 커서 농업의 상품화 경향은 점점 더 확대되어 갔다. 즉 이들 지역에 있는 토지가 비옥한데다 새로운 한인들의 경작방식은 생산력을 높일 수 있었기에 일정한 전부(田賦)를 지주에게 바치고 난 후에는 어느 정도 생활에 여유를 찾을 수가 있었다. 그리하여 그들은 이들 농산물들을 현금화시키려고 하였는데, 콩은 약 60%, 고량 50%, 미 80% 및 약간의 기장(黍)

41) 小峰和夫, 『滿洲―起源, 植民, 覇權』, 앞의 책, 220쪽.
42) 南滿洲鐵道株式會社, 『滿蒙鐵道社會經濟に及ぼせる影向』, 『滿蒙調査資料』 第153編, 1931, 233-234쪽.

을 상품화시켰다.[43] 한편 동북지역 남부 10현의 569농가의 생산과 판매량의 비율을 보면 이러한 상품작물 및 잉여농산물이 거의 부농과 중산층 이상의 농가에서 산출되었던 것을 알 수 있다. 〈참조 표3〉

〈표 3〉 동북 남부 10현 569농가의 생산과 판매량 비솔표 (1935)   (%)

	부농(23)		중농		빈농(84호)		극빈농(135호)	
	생산량	판매량	생산량	판매량	생산량	판매량	생산량	판매량
고량(高粱)	34.1	54.6	32.9	28.0	11.8	7.5	12.4	6.0
조(粟)	29.1	45.1	35.3	41.7	5.9	8.3	11.9	4.1
옥수수 (玉蜀黍)	13.1	28.9	24.3	26.3	25.4	29.1	26.4	8.7
콩(大豆)	42.0	47.1	26.5	19.7	15.6	16.7	12.0	10.3

자료제공 : 天野元之助, 「中國農業の地域史的展開」, 東京, 龍溪書店, 1979, 61쪽.

이러한 상황은 물론 빈농이나 극빈농가에서도 농산물의 반출이 이루어지고 있었지만, 특히 부농과 중산층이 전격적으로 이러한 농업의 상품화를 추진하고 있었다는 것을 보여준다. 결국 이러한 농산물의 반출은 동시에 본토에서 만들어진 제조품과 교환이 되어 자신들의 생활에 필요한 물품을 얻는데 쓰여 지기도 했지만,[44] 여기서 나온 현금으로 그들은 다시 토지를 사들이곤 했던 것이다. 당시 청나라의 대토지 소유자들은 청나라 말의 정권 누수현상에 의해 자신들의 권

43) 위의 책.
44) Chosen Bank, 『Economic History of Manchuria』, seoul, 1920, p.146.

리를 유지하지 못하는 상황에 있었기 때문에, 자신들의 경제적 곤란을 면하기 위해서는 유일한 방법인 한인 자본가에게 자신들의 토지를 저당 잡힐 수밖에 없었다. 그리고 이렇게 저당 잡힌 토지는 자연히 현금을 소지하고 있던 한인들에게 넘어가고 말았던 것인데, 이러한 현상은 반세기 전부터 나타나기 시작하여 20세기 초에 이르면 이들 대농호의 수는 아주 적게 되었고, 혹 지주적 신분을 가지고 있었다 하더라도 그들이 소유하고 있던 토지는 예전에 비해 상당히 규모가 축소되고 있었다. 이러한 당시 이주해온 한인들의 새로운 농법과 자본력에 의한 상품작물과 잉여농산물의 반출은 교통의 발달과 함께 농업의 상품화를 더욱 진전시켰다. 이러한 현상은 당연히 상인들의 활동을 증폭시키는 결과를 가져와 각종 상점과 유통시키는 대규모적인 상업조직까지 탄생케 하여 동북지역의 경제 활성화를 더욱 부채질하는 전기를 마련하게 되었다. 이들 상인들은 이미 19세기 말에 이르게 되면 그들의 자본을 이용하여 이들 동북지역의 상권을 거의 장악하게 되었다. 그들은 개인적인 소규모 자본이 아니라, 중국내륙의 각 지역에 연고를 두고 있는 길드형태의 상업조직의 대자본이었다. 이들은 대개 산시(山西), 산동(山東), 즈리(直隷) 등의 출신자가 많았는데, 이들의 전통은 상당히 뿌리가 깊어 각각 그들의 투자형태는 달랐지만, 그들의 대자본이 이들 지역에 미치는 영향은 대단히 커서 이 지역의 전통적 경제 형태를 완전히 바꾸어 놓는 계기를 가져왔다.[45] 즉 이들은 농민들에게 농산물을 모아가지고 이를 본토로 보냈고, 대

---

45) 小峰和夫, 『滿洲―起源, 植民, 覇權』, 앞의 책, 225-226쪽.

신 본토로부터 수공업품, 향약재(香藥材)를 구입하여 이들 농민들에게 공급하는 역할을 함으로서, 이들 지역과 중국 본토 간에 생산 분업이 이루어지게 했던 것이다. 이러한 상품화 경향을 유도해온 그들은 단순히 이러한 본토와의 관계를 맺어주는 데만 끝나는 것이 아니라, 당시까지 왕공이나 기인들과 통혼, 토지매매, 영리사업 등을 금지하는 금지령을 모두 해제시키는 결과까지 가져오게 하였다.[46] 그리하여 1905년 마침내 기지내(旗地內)에 대한 한인들의 토지소유권을 인정하는 계기를 가져와 이 지역에서의 전통적 농업체계를 급격히 변화시키게 되었다. 그리하여 이들 한인 유민들은 봉건적 농업체계의 붕괴와 더불어 농노 및 반 농노적 신분에서 보통소작인으로, 소작인에서 자장농민 및 영조권자(永租權者)로, 나아가 지주로 되는 자도 있어 농업상의 지위를 확보할 수 있게 되었다. 이상에서 살펴본 바와 같이 청말 이후 정치적인 상황의 급변과 함께, 보다 나은 경제적 환경을 위해 만주지역으로 이주해들어 오기 시작하던 한인들은, 신해혁명과 더불어 숫자적으로 엄청나게 증가했고, 그와 동시에 경지의 사유화를 도모하는 한인들의 노력은 결국 기지(旗地)내에서도 소유권을 인정받게 되었으며, 동시에 교통의 발달과 도시 시장의 확대에 의한 농업상품화 경향은 더욱 진전되어 전통적인 만주지역에서의 사회경제적 구조를 완전히 바꾸어 놓은 결과를 가져오게 하였다. 이러한 토지

---

46) 王公, 旗人들 간의 금지규율이 파괴되는 과정은 본고에서 추구하는 바가 아니기 때문에, 그 과정에 대해서는 생략한다. 다만 이 분야에 대해 참고할만한 자료를 소개한다면 다음과 같다. 天野元之助, 『中國農業の地域的展開』, 龍溪書店, 1979.

소유권의 확대를 통한 사유화의 가능성, 그리고 여전히 개간을 필요
로 하는 황지면적의 무궁함은 당시 일제의 정치적, 경제적 압박으로
부터 벗어나려고 하는 한반도의 이주민들에게는 지극히 이상적인 곳
으로 인식되기에 충분한 여건을 갖추고 있었던 것이다.

Ⅳ. 동북지역의 발전과 한인(韓人)사회

제2절에서 살펴본 바와 같이 한반도로부터 간도 및 만주지역으로 이
주해가기 시작하던 한국인들은 1909년에 이르면 그 수는 19세기 말보
다 거의 배 이상으로 증가하기 시작하였다. 〈참고 표4〉

〈표 4〉 1909년 펑톈성과 지린성의 한국인 분포표

구분	현	臨江	通化	輯安	安東	寬甸	長白	其他	합계
펑톈성	호(戶)	2,000	600	1,500	400	1,000	1,100	1,340	7,940
	인(人)	7,000	2,600	5,000	1,500	5,000	4,500	7,063	32,663
	지방	黑頂子	琿春	局子街	馬牌	銅佛寺	光霽峪	凉水泉子	합계
지린성	인(人)	4,887	3,236	7,236	7,854	1,476	10,868	1,961	
	지방	六道溝	和龍谷	帽兒山	八道溝	稽查處	白草溝	頭道溝	합계
	인(人)	5,108	5,831	10,985	2,578	7,619	593	8,593	78825

資料來源: 『東三省政略(一)』, 471-473쪽. 金澤中, 漢民流移東北之硏究(1860-1910), 앞의 논문, 58쪽에서
인용.

〈표4〉를 보면, 1909년이면 동북의 각지에 한국인들의 이주가 곳곳으로 이루어지고 있음을 알 수 있다. 이러한 경향은 이후에도 계속되어 1910년의 일한병탄과 1919년 3.1운동을 계기로 급속히 확대되었다.[47] 더구나 1920년대 후반부터는 일본 식민지정책의 일환으로 일본인들의 한국남부로의 이주가 이루어지자 그 피해가 극심하게 되었고, 1930년대 중기부터는 일제의 대륙침략 정책이 구체화되면서 이민에 대한 장려와 지원을 통해 만주지역의 오지로까지 한국인을 이주시키게 됨으로써 한국인의 이주는 더욱 가속화 되었다.[48] 그리하여 1942년에는 이민자수가 150만을 넘는다는 통계가 집계되기도 하였다.[49] 특히 이들 이주민들이 주로 목적지로 삼았던 곳은 간도지방(延吉, 和龍, 琿春, 汪淸 等地域)으로, 1929년 말 이 지역에서의 한국인 수는 전인구의 76%를 차지했을 정도였다.[50] 그런데 우리가 여기서 주의해서 보아야 할 점은 이렇게 많은 이주자들이 물론 국내외적인 여러 요인에 의해서 이를 피하려는 목적으로 이주해온 것이지만, 문제는 이주를 하더라도 그곳에서의 생활문제가 해결되지 않으면 이주 대상지역으로 되지 않았을 것이라고 하는 점이다. 다시 말해서 이 지역들은 이주를 하더라도 최소한의 생활을 할 수 있는 기본적인 환경이 갖추어져 있

47) 金正明, 『朝鮮獨立運動』 第5卷, 原書房, 1976. 이형찬, 「1920-1930년대 한국인의 만주이민연구」, (한국사회연구회편, 『일제하 한국의 사회계급과 사회변동』, 서울, 문학과 지성사, 1988. 신용하, 『한국근대사회사연구』, 서울, 일지사, 1987 등을 참조.
48) 「村松高夫」『滿洲國成立以降における移民勞動政策の形成と展開 (滿洲史硏究會, 『日本帝國主義下滿洲』 東京, 御茶の水書房, 1972. 玄圭煥, 『韓國流移民史(上)』, 서울, 三和印刷出版社, 1976, 참조
49) 金哲, 『韓國の經濟と人口』, 東京, 岩波書店, 1965, 28쪽.
50) 李勳求, 『滿洲와 朝鮮人』, 京城, 平壤崇實專門學校經營學硏究室, 1932, 96쪽.

었다고 하는 사실이다. 이러한 점은 앞 장에서도 살펴보았듯이 이주자들이 우리 한국인들뿐만이 아니라, 중국인들에게서도 계속해서 이루어지고 있었다는 상황에서도 알 수 있다. 즉 1925년에서 1931년 사이의 한중 양국의 이주민 증가 추세를 보면, 한국인은 11.2%였던데 비해 중국인은 39.4%나 되고 있었다는 점이다.[51] 결국 이러한 이주민의 증가현상은 만주지역에서의 경지확대와 정치적 변화에 의한 토지소유의 자유, 그리고 중국 내지 상인들의 자본 투자에 의한 경기의 활성화와 그에 따른 농업상품화 등이 진행됨으로 해서, 이들 많은 이주민들은 충분한 생활근거를 찾을 수가 있었던 시대적 환경의 산물이었다. 물론 이러한 내지 중국인들의 상업 자본에 의한 경제발전은 이들 이주민들의 자립을 저해하는 소위 식민지적 경제 지배구조를 형성시키는 모순을 가져왔다고도 볼 수 있지만, 중국내륙의 경제적 곤란을 해갈해주는 역할을 하였고, 나아가 국내적 어려움을 피해 새로운 시대의 도래를 위한 재 추진력을 저장할 수 있는 근거지로서 작용하게 하였다고 하는 점에서 본다면, 오히려 많은 당시의 문제를 해결해주는 역할을 한 것이라고 평가할 수 있을 것이다. 이러한 상황을 대변해 주는 것으로 이곳에 이주해간 한국인들의 경제적 행위도 당시 한창 진행 중에 있던 농업상품화 경향에 편승하여 적극적인 생활을 영위해가고 있었던 모습에서도 찾아볼 수 있다. 〈표5 참조〉

---

51) 東亞海運株式會社, 『北支苦力について』, 發行地未詳, 東亞海運株式會社, 1941, 참조.

〈표 5〉 동북지역 한국인의 농업상품화 경향

지역	상품작물			자급작물				기타		
	콩	밀	계	조(粟)	옥수수	고량	계	메벼	기타	합계
間島	21.6	5.1	36.7	27.6	7.0	4.8	39.4	4.8	19.1	100
南滿	29.1	2.8	31.9	17.0	9.3	27.9	54.2	−	13.9	100
北滿	31.6	18.7	50.3	11.6	18.4	6.4	36.4	−	13.3	100
全滿	30.4	11.2	41.6	19.3	17.8	7.8	44.9	−	3.5	100

資料來源 : 廣瀬進, 「間島及び東邊道地方に於ける鮮農の特殊性」,

『滿鐵調査月報』 第18卷 第9號, 1936. 9) 124쪽.

〈표5〉에서 볼 수 있듯이 동북지역에 거주하고 있던 한국인들은 자급자족을 하기 위한 농업생산을 하면서도 상품경제의 활성화에 의한 현금화를 도모하고, 또 이에 의한 토지소유 및 생활기반의 향상을 위해서 적극적으로 농업의 상품화에 전력을 기울이고 있었음을 알 수 있다. 이는 이민초기 아무런 토지기반이 없던 상태에서 겨우 약간의 토지를 갖게 됐을 때, 이렇게 자기 토지의 약 40%에 상품작물을 경작했다고 하는 사실은 한국 이주민들이 당시의 시대적 경향에 잘 적응하며 적극적인 생활을 영위하고 있었음을 보여주는 것이라고 할 수 있다. 이렇게 하여 이제 1920년대에 이르게 되면 한국인 이주자들은 비록 전체 동북지역에서의 토지 소유액이 중국인들에게는 뒤지지만, 간도지방에서의 토지소유가 중국인을 앞서가게 되는 전기를 맞이하기에 이르는 것이다. 〈참고 표 6〉

〈표6〉에 의하면, 1927년부터 한국인들이 간도지방에서의 토지소유가 중국인들을 앞서가는 상황을 볼 수 있다. 이는 비록 매 호당 토지 소유면적이 중국인보다 적다고 할지라도 전반적인 사회경제 상태가 한국인에 의해 좌우되어가고 있었다고 하는 당시의 상황을 대변해 주는 것으로, 이제 한국인들이 이 지역에서의 생활을 영위하는데 어느 정도는 사회경제적인 기반을 이룩하게 되었다는 것을 증명해 주는 것이라고 할 수 있을 것이다.

〈표 6〉 간도지방 조중(朝中) 양국 농민의 토지소유 상황

	소유면적(畝)			백분비(%)		
	한국인	중국인	합계	한국인	중국인	합계
1924	214,967	229,063	444,030	48.4	51.6	100.0
1925	221,186	244,481	465,667	47.5	52.5	100.0
1926	225,512	256,085	481,597	46.8	53.2	100.0
1927	266,360	226,687	493,047	54.0	46.0	100.0
1928	297,196	265,614	562,810	52.8	47.2	100.0
1929	294,636	248,146	542,782	54.3	45.7	100.0

資料來源: 東亞經濟調査局編,『間島問題の經緯』, 東京, 1931, 6쪽

한편〈표7〉을 보게 되면 한중 농민 각 계층의 토지소유 상황을 볼 수 있는데, 이를 보면 비슷한 인구 상황에서 토지소유가 중국인과 현격한 차이를 보이고 있음을 알 수 있다. 그러나 전반적인 면에서 비교해보면 비록 중국인 지주가 많고, 한국인 소작농이 중국인보다 훨씬 많다고 할 수 있지만, 1930년 초에 한국인 자작농과 반자작농이 약

60%를 차지할 정도로 증가하고 있다는 사실은 본격적인 동북 이주가 시작되는 1910년대를 전후해서 생각할 때, 굉장히 빨리 토지 소유화가 이루어졌다는 것을 알 수 있다. 이것은 현실에 적응하기 위해 열심히 노력하는 한국인의 참모습을 대변해 주는 것이고, 전통적인 한국인의 강인함을 보여주는 본보기라고 할 수 있다.

〈표 7〉 간혼(間琿)지방의 조중(朝中) 양국 농민의 계층별 상황

구분		지주		자작농		자작농 겸 소작농		소작농	
		조선인	중국인	조선인	중국인	조선인	중국인	조선인	중국인
實數	1930	4,361	4,478	21,332	3,301	15,268	973	19,163	1,390
	1931	4,305	4,508	21,638	3,381	15,187	1,044	18,675	1,421
%	1930	7.2	44.2	35.5	32.5	9.6	9.6	31.9	13.7
	1931	7.2	43.5	36.2	32.7	10.1	10.1	31.2	13.7

資料來源 : 李學文,「間琿地方狀況」,『滿鐵調査月報』第13卷 第1號, 1933, 1, 115쪽.

특히〈표8〉을 보게 되면 중국인 지주들은 약 반수에 가까운 지주들이 농촌에 거주하지 않고 도시지역에 거주하고 있었음을 알게 해준다. 물론 이러한 중국인 지주들 중에는 청나라 때부터 권한이 주어졌던 만주인들도 있고, 중국내륙으로부터 이주해온 한인 지주들도 있지만, 도시에 거주하는 지주가 많다는 것은 전통적인 중국인 지주들의 모습이라는 점을 감안해서 생각할 때, 당시 중국인 지주들은 한국인 지주들과는 달리 20세기 초 자신보다는 도시에서의 경제행위나 향락적인 생활에 더 안주했던 것이 아닌가 본다.

이에 대해 한국인 지주들은 여전히 농업경제에 많은 노력을 경주하

여 자신의 토지 확대 및 유지를 도모했던 것이 아닌가 생각된다. 왜냐하면 특히 1930년대 이후에는 중국 관헌들의 방해로 개간지에 대한 토지 취득이 방해되기 시작하여 한국인의 토지 취득은 물론이거니와 기존의 토지에 대한 유지마저 어렵게 되는 상황으로 진행되고 있었기 때문이다.[52] 또 이러한 토지소유 확대 내지 유지의 어려움에 직면한 한국인 지주들은 농업상품화에 더욱 진력하여 현금을 확보하여 언제든지 자신에 대한 위기관리에 총력을 기울였던 것이 아닌가 생각할 수도 있다 이처럼 중국 측으로부터 많은 제한을 받는데다가 후에는 일본인들의 속임수까지 겹쳐져 그동안 이루어 놓았던 경작지의 유지마저 어려운 상황에 처하게 되었으나, 한국의 주민들은 허위 귀화 혹은 중국인을 앞세운 공동 토지소유 형식 등을 동원하여 자신들의 토지소유를 유지해 나갔다.[53] 이상에서 살펴본 바와 같이 한국인 이주자들의 토지소유는 점차 확대되어 갔던 것이고, 이에 대한 중국 측의 방해와 그 외 러시아·일본 등 제국주의 열강들의 간섭은 동북지역에서의 한국인의 사회적 경제적 위치가 안정되어 감으로 해서 그들이 당지 사회에 미치는 영향이 커가고 있었다고 하는 사실을 간접적으로 시사하는 것이라고 볼 수 있다. 이는 다시 말해 그들이 동북지역을 지배하기 위해서는 이 지역에서는 큰 영향력을 행사하고 있는 한국인들에 대한 지배부터 확립해야 한다는 인식을 대변해 주는

---

52) 長野郎, 『滿洲問題關鍵間島』, (『滿洲問題叢書』, 第3卷, 東京, 支那問題硏究所, 1931), 86쪽.
53) 中谷忠治, 「間島農業機構槪要(完)」『滿洲調査月報』第15卷 第12號, 1935, 12, 68쪽.

것이라고 할 수 있다.

〈표8〉 간도지방에 있어서 농촌거주 지주와 부재 지주의 비수

區分	地主(甲)		地主(乙)		合計	
	實數	%	實數	%	實數	%
朝鮮人	1,170	22.9	3,944	77.1	5,114	100
中國人	1,329	43.0	1,760	57.0	3,089	100

說明: 지주(甲)이란 지주 자신이 스스로 경작하지 않고 모든 소유를 타인에게 임대해서 소작
케 하는 지주를 말하며, 지주(乙)이란 소유지의 일부만 자신이 직접 경작하고 나머지는
소작인에게 임대함을 의미함. 資料來源: 中谷忠治, 「問島に於ける農業機構の槪要(完)」,
『滿鐵調査月報』第13卷 第1號, 1935, 12, 80쪽. 『滿鐵調査月報』第13卷 第1號, 1933, 1,
115쪽.

V. 마치는 말–독립운동사연구의 신 전개

최근 두만강 지역개발을 위한 논의가 동북아시아 지역 국가들에 의
해서 상당히 활발하게 논의 논의되고 있다. 특히 일련의 한국기업들
의 이곳에 대한 진출의욕은 대단히 커가고 있고, 한국정부 측에서도
정부차원에서 관심을 고조시키고 있다. 이러한 배경에는 역사적으로
우리의 영토였다고 하는 민족주의적 측면애서의 영토회복이라는 인
식과 본문에서 살펴본 지리적 위치 및 풍부한 자원, 그리고 국제정치
의 전략지역이라는 정치적·경제적인 시각에서 연유한다고 보겠다. 이
러한 현실적인 인식은 대단히 중요한 것이기에 이를 위한 역사적인
근거를 제시해주는 것은 상당히 의의 있는 일이하고 할 수 있다.

그러나 이러한 현실적 차원의 인식과 연계하여 역사적 근거를 제시

해주어야 한다고 하는 당위성을 말할 때, 우리가 생각하지 않으면 안 되는 것이 있다면 그것은 바로 우리의 지나온 역사에 대한 반성일 것이다. 그것은 이 지역이 고대로부터 우리의 확실한 영역으로 될 수 있는 충분한 역사적 계기가 있었음에도 불구하고 이를 방치했다고 하는 이 지역에 대한 우리의 부족한 관념을 반성하는 일은 반드시 선행되어야 한다는 것이다. 이러한 인식구조는 결국 우리의 영토적 관념이 아닌 도피처 내지 불모지라고 하는 관념에서 비롯된 것인데, 그만큼 이 지역에 대한 연구가 부족했었다는 점과도 일맥상통하는 것이라 하겠다. 특히 근대사에 있어서 많은 한국인들이 이곳에 이주하여 대중적인 기반을 갖고 있었고, 동시에 사회적·경제적 기반까지 확고히 구축하고 있었던 이 지역을 중시하지 않고, 별다른 우리의 기반이 없던 중국 내륙지역을 우리의 독립운동 활동중심지로 선택했던 문제는 바로 이러한 동북지역에 대한 부정적인 전통적 인식에서 비롯된 것이 아닌가 한다. 그러나 최근의 이들 지역에 대한 관심은 분명히 이 지역이 우리가 갖고 있는 전통적 관념과는 다른 중요한 지정학적·경제적 위치를 갖고 있는 지역이라는 점을 증명해준다고 하겠다. 따라서 본 논문에서 논한 항일투쟁지역으로서의 사회경제적 제 조건을 갖고 있었던 이 지역에 대한 재평가와 지금까지 이러한 면에 중점을 두지 않았던 연구에 대한 반성은 이제부터라도 재고돼야 할 것이라고 생각한다. 이러한 차원에서 볼 때, 본 논문은 첫 시작이라는 구실에 부쳐 논란이 예상되는 미진한 곳도 있지만, 이러한 연구가 계기가되어 지금까지와 같이 실적만을 논하는 한국독립운동사 연구방향에서 보다 효율적인 독립운동 방향은 무엇이겠는가? 그리하여 우리의 보다 주체적이고도 신속한 독립을 위한 방법은 어떤 것이었는가를 재조명하여, 앞으로의 대외정책이나 민족정기 구현을 위한 목표와 기준의 방향을 설정하는데 필요한 근거와 바탕을 마련해 주어야 한다고 생각한다. 종합해서 본 논문이 의도한 바를 보면, 청말 이후 중국 내륙인들이 청조의 정치력 약화와 더불어서 기존의 사회경제적 체제가 붕괴해 가던 동북지역으로 이주하기 시작하여, 실질적인 사회경제의 주체가 되어갔는데, 이들의 발달된 경작방법에 의한 잉여생산물이 이들의 대규모 상업 자본에 의해 이출되고 대신 타 지역의 제품들을 들여오거나, 아니면 이 지역에서의 도시경제를 활성화 시켜 농업상품화 경향을 촉진시킴으로 말미암아, 이를 따라 나타난 경제적 활성화는 비록 사회계층의 불평등을 초래하기도 했으나, 전반적으로는 동북지역의 생활조건을 많이 향상시켰다는 점을 논증하려는 것이었다.

어떤 연구자들은 상품경제를 식민지적 경제체제를 가져오게 하여 인구가 많은 빈농층을 더욱 경제적으로 핍박하는 계기를 가져왔다고 평가하는 사람도 있지만, 이러한 인식은 과거 일본인 소수학자들에게 보였던 소위 식민사관적 시각에서 비롯된 것이라고 할 수 있다. 모든 역사연구의 시각은 현실적인 변화와 더불어서 변화하기 때문에, 최근 아시아지역의 발전에 의해 과거 「중화질서」에 대한 「봉건적 불평등」이라는 개념이 「호혜평등의 경쟁적 관계」라는 시각으로 변하고 있는 것과 마찬가지로, 농업의 상품화 개념도 근대화의 시작이라는 각도에서 인식되지 않으면 안 된다고 본다.

이러한 상품경제의 활성화는 결국 국내외적으로 한반도를 떠날 수밖에 없던 한국인들에게는 더할 수 없는 천혜의 지역으로 발전시켰고, 한국인 본래의 근면성과 개척성에 입각한 한국인 이주자들의 노력은 곧 이들 지역에서의 사회경제적 지위를 확보하게 되었던 것이다. 물론 그렇다 해도 먼저 이 지역에서 근거를 마련하고 있었던 한족들과는 그 형평 면에서 많은 차이를 갖고 있었던 것은 사실이나, 최근 연변지역의 한국인들의 생활수준이 전 중국의 평균치를 훨씬 웃돌고 있는 통계를 보더라도 한국인들의 위치는 그만큼 성장하고 있었음을 알 수 있는 것이다. 따라서 이러한 조건을 바탕으로 한 한국독립활동이 이 지역을 중심으로 이루어졌다면, 우리의 독립운동이 훨씬 주체적이고 효율적인 운동으로 발전할 수 있었지 않았겠는가 하는 생각이 드는 것이다.

제3장

지역사(地域史)로서
「중국동북지역」의 재발견

– 김승일

제3장

지역사(地域史)로서「중국동북지역」의 재발견

– 김승일

I. 머리말

동북아시아지역이 우리의 역사 속으로 들어온 시기는 19세기 중엽으로부터 보고 있는 것이 일반적인 시각이다. 이 시기는 바로 한국인이 중국동북지역으로 이주하기 시작하는 시기이다. 물론 고조선 성립 이래 발해 멸망(926년)까지 수천 년간을 우리 민족이 횡행하던 무대이기도 했지만, 발해 멸망 이후부터는 우리의 역사 속에서 사라져버렸던 지역이었기에 이곳에 대한 우리의 관심은 일부 지식인들 외에 일반인들의 뇌리에서는 거의 지워져 버렸던 곳이었다. 그러던 것이 19세기 중엽부터 몰아친 국내의 정치적·외교적 불안으로 인한 어려운 상황의 지속은 새로운 희망의 땅으로서 이 지역이 떠오르게 되었던 것이다. 그러는 과정에서 다시 우리의 역사 속으로 돌아오게 된 것이 바로 중국동북지역이었다. 그러나 애석하게도 이 지역 일부(間島)에 대한 우리의 주권은 우리 관료들의 해이함과 일본·북한 등에 의해서 임의로 저질러진 중국과의 조약 체결로 말미암아 이제 되돌릴 수 없는 수준으로까지 되고 말았다. 따라서 향후 이 지역에 대한 우리 민족의 숙원을 풀기 위해서는 다각적인 접근과 타협이 필요할 것으로 보인다. 예를 들면 이 지역에 대한 공동 개발이라든가, 이들 지역에 거주하고 있는 우리 민족의 후손들과의 연계점을 찾아 이들과 협력하면서 우리의 생활영역 권으로 만들어 가는 방법 등이 그러한 경우일 것이다. 이에 반하여 우리의 영토임을 내세우면서 상대국과의 법률적·역사적 논쟁을 벌이는 방법은 이 지역에 대한 모순만을 키울 뿐 서로에게 있어서 실질적인 도움은 안 될 것으로 짐작된다. 즉 과거 체결된 조약에 대해서 당사자인 우리의 의견이 배제된 채 체결된 상황에 대해서 유효냐 무효냐, 합법적이냐 비합법적이냐 하는 것으로는 이미 쉽게 해결될 수 없는 상황에 처해 있다고 볼 수 있기 때문이다. 따라서 이 문제에 대한 우리의 접근법이 어떠한 것이어야 하느냐 하는 것은 매우 중요한 앞으로의 과제이다. 그러한 점에서 1991년 국제연합개발계획(UNDP)[1]이 제시한 인류의 마지막 개발지역으로서 명명한 두만강개발계획 같은 것은 우리에게 이 지역에 대한 새로운 문제해결 방법을 제시해 주고 있다고 할 수 있다. 냉전체제로부터의 탈리(脫離)를 겨냥한 정치적인 논리에서 이루어진 계획이라고 주장하는 사람도 있지만, 이 지역에 대한 경제개발을 통해 첨예하게 대립되어 온 동북아시아지역의 냉각관계를 실타래처럼 뒤엉킨 경제적 관계로

---

1) 두만강개발계획은 북한 청진과 중국 지린성(吉林省), 러시아 연해주 등을 연결하는 삼각지역을 개발하기 위한 정부간 협의체로 1991년 유엔개발계획(UNDP)의 주도로 북한, 한국, 중국, 몽골, 러시아 등 5개국이 참여하고 있다. 주요 사업은 두만강 유역을 중심으로 동북아지역의 교통, 에너지, 관광, 환경 분야의 개발 및 투자 유치 등이며 실질적인 사업은 지린성이 중심이 되어 추진되고 있다. 한국은 매년 회의에 참가하는 수준이었으나, 금년 5월 정부가 강원도, 경북, 부산, 울산 등 동해안 4개 지역이 참여하는 것을 허락하여, 강원도가 적극적으로 참여 의사를 밝히고 있다.

구축하여 이제 더 이상 전쟁을 일으킬 수 없는 평화지역으로서 정립시키자는 취지가 포함되어 있는 계획이기 때문이다. 이러한 프로젝트는 비단 동북아 사람들의 이익만이 아니라 전 세계 인류의 공동이익을 창출할 수 있다는 점에서 매우 중요한 개발사업이라 할 수 있다.[2]

　이처럼 자국화 하려는 영토적 논쟁의 비생산적 방법을 폐기하고 동북아의 공생과 화합을 위한 프로젝트를 통해 동북아 인들이 공통적 이익을 창출해 내는 것은 개발을 통해 얻는 경제적인 이익보다 훨씬 큰 공생(共生) 이라는 인류화합의 동기를 부여해 준다는 점이다. 이러한 거시적인 목적을 성공적으로 이끌어 내기 위해서 우리는 먼저 동북아지역이 갖고 있는 역사적 연원과 그 시기별 기능, 그리고 현재와 미래적 시각에서 동북아지역이 갖고 있는 역할론 등을 이해하는 것이 매우 필요하다. 따라서 본고에서는 이러한 필요성에 일조한다는 차원에서 중국동북지역이 가지고 있는 경제적, 정치적, 군사적 등의 가치를 19세기 중엽 이후 시기별 특징에 따라 기능했던 당시의 상황을 살펴서, 향후 이 지역을 연구하는 연구자들에게 그 역사적 배경과 사적(史的) 단계별 기능을 이해할 수 있는 초보적 자료를 제공하고자 하는 것이다.

---

2) 이처럼 국가 간의 문제라서 쉽게 매듭이 풀리지를 않자 동북아경제포럼(NEAEF)이라고 하는 민간단체가 이에 대한 중요성을 제창하는 국제회의 및 실무진을 구성하여 논의하고 구체적인 행동을 실행하고자 준비하고 있는 점은 매우 고무적인 현상이라 할 수 있다.

Ⅱ. 지역사로서의 「중국동북지역사 상(像)」 정립의 필요성

이러한 분석에 앞서 보다 중요한 것은 지금까지 역사적으로 정립되지 않고 있는 중국동북지역에 대한 역사상(歷史像)을 재정립할 필요가 있다는 점이다. 대체로 지금까지 중국동북지역에 대한 연구는 나라별로 보는 관점이 달랐는데, 그 차이를 비교해 보면 다음과 같다.

먼저 일본의 연구 상황을 보면, 첫째, 중국 근대 동북지역사는 중국근대사의 한 영역이고, 청나라 말과 중화민국 시기를 포함한 역사상이 추구되어 져야 하는데, 현재 만주국에 대한 통사는 있으나 동북지역사로서의 통사는 없다. 둘째, 식민지시기의 분석방법과 그 과제에 대해서 살펴보면, 대체로 현재의 NIEs(신흥공업경제지역)의 경제발전은 모두가 「일본의 식민지」였던 곳이고, 「경제가 발전할 수 있는 제 여건이 식민지 지배 하에서 준비된 것이다」라고 보는 인식이 주류이다. 이러한 시각은 당연히 많은 모순을 가지고 있다. 그것은 식민지라는 원형은 바로 식민지에서 자원을 수탈하여 가공한 후 다시 식민지에다 판매하는 기본적인 수탈기능이 그 내면에 잠재하고 있다는 점을 도외시 하고 있기 때문이다. 이러한 논리에 대한 주변국 학자들의 저항에 대해서 그들은 「개발」이라는 이론을 가지고 대응하는데, 그 논리의 근거로써 계량화한 통계숫자를 들이대는 것이다. 그러나 이는 식민지에 대한 정치적 필요성과는 전혀 무관계한 「선의(善意)=베품」 정도의 일방적인 해석에 불과하다. 즉 식민지시대의 유산을 단순한 생산수단으로서의 물적(物的) 기초만으로 보는 이러한 시각은 누구라도 이해할 수 없는 논리임에도 불구하고 그들 스스로만 모르고 있는 경우라 할 수 있다. 이러한 시각에서의 연구에 대해 비평하는 학자도 있지만,[3] 결국 대부분의 학자는 식민지사관에 입각한 연구에 대해 방법적인 잘못 내지 일방적 시각에 대한 다양성을 제시하여 잘못을 지적하는 것 같지만, 사실 그 결과론적인 맥락은 같다고 할 수 있다.[4] 그런 점에서 일본의 동북아지역에 대한 연구는 아직 식민사관을 탈피 못하고 있다고 지적할 수 있다.[5] 반면 중국에서는 정치사 내지 인물연구 차원에서 연구해 오다가 동북공정(東北工程 즉 東北邊疆歷史與現象系列研究工程)이라는 정부 측 지시에 따라 고대사에 대한 왜곡된 시각으로써 연구해 온 것이 얼마 전까지의 일이다. 최근에는 잠잠해 지고 있지만, 중국학자들의 연구시각은 여전히 이러한 논리를 추종하고 있다고 볼 수 있다.[6] 즉 동북아지역에 대한 국제적 협력관계 및 공생(共生)을 도모하는 논리의 연구는 아직 이루어지지 않고 있는 것이다. 이러한 시각은 사회주의 국가라는 특수한 환경 속에서 어쩔 수 없는 풍토라고도 할 수 있지만, 결국 현 시대를 양분하는 대국가로 나아가고 있는 현 중국의 입장에서 이러한 치학 태도가 결국은 미래지향적이지 못하다고 반성하는 학자들도 나타나고 있다는 점은 고무적인 일이라고 할 수 있다.[7] 이에 비해 한국은 독립운동사 내지 이

---

3) 旗田魏, 『滿鮮史の虛像』, 『鈴木教授回甲東洋史論叢』, 1964, 참조.
4) 예를 들면 西村成雄, 『中國近代東北地域史硏究』(東京, 法律文化社, 1984) 경우가 그러하다.
5) 金子文夫篇, 『戰後日本植民地硏究史』, 1993.
6) 楊軍 「封貢關係的經濟學考察-以淸與朝鮮關係爲例」, (동북아경제포럼, 『인적·물적·지적교류사국제회의논문집』) 동경, 2007, 10, 29.
7) 錢永祥總編, 『天下, 東亞, 臺灣』 台北, 聯經出版社, 2006.

들 지역에 사는 동포들에 대한 문화인류학적 연구에만 거의 할애하고 있다고 할 수 있다. 이 또한 동북아지역에 대한 우리의 관심이 아직은 미시적이라 볼 수 있고, 보다 이 지역에 대한 미래지향적인 연구는 거의 진행되지 않고 있음을 말해준다고 할 수 있다. 최근에 경제 및 국제정치(한반도를 들러 싼 주변국가 간의 이해관계에 대한 외교분쟁) 등에 대한 연구가 부분적으로 이루어지고는 있으나 본격적인 연구는 아직 이루어지고 있지 않은 상황이다.[8] 그러면 어떤 식의 연구가 필요한 것인가? 그것은 무엇보다도 먼저 이 지역은 고대부터 우리 민족이 활동하던 곳이기 때문에 결코 우리와 떨어져서 생각해서는 안 된다는 인식을 확고히 할 필요가 있다는 점이다. 따라서 향후 이 지역이 우리와 어떤 연관을 가지며 발전해 나갈 것인지를 생각해야만 한다. 그러기 위해서는 지금까지 이 지역에서의 역사적 진행상황과 이 지역이 갖고 있는 각종 분야의 요소들이 우리의 역사와 어떤 관계를 맺으며 오늘에 이르렀는지를 파악해야 할 것이다. 이런 식으로 먼저 우리가 이 지역에 대해 접근했던 역사적 단계별 결과에 대해 재평가해 보고, 비록 우리가 역사적으로 이 지역을 잘 활용하지 못했다 하더라도 그에 대한 반성과 가능성을 생각해 보면서, 앞으로의 활

---

8) 동아대 동북아대학원 및 동아시아경제연구원을 비롯한 각 대학 동북아 내지 동아시아 관계 분야 연구기관에서 많은 연구 결과가 쏟아져 나오고는 있으나 현실적인 경제교류 및 외교적 이해관계 등에 관한 내용이 대부분이고, 이 지역에 대한 지역사로서의 상(像)을 정립시키려는 의도, 즉 역사상 이 지역이 어떤 위치를 차지하고 있었는지, 이를 토대로 한 향후의 역할과 기능 및 그 가치에 대한 논의는 아직 다루어지지 않고 있다. 또한 그것은 아직 끝나지 않은 식민지 지배에 대한 역사적 공동의식의 정립의 필요성을 여전히 도외시 하고 있음을 말해주는 것이다. 그렇기 때문에 먼저 이 지역에 대한 역사적 사상을 구체적으로 확립한 위에 현대의 문제 내지 미래의 문제에 대해 다뤄나갈 수 있는 연구 분위기의 정립이 필요하다고 본다.

동에 밑거름이 될 수 있는 근거를 찾아내는 연구를 해야 할 것이다. 그런 차원에서 본 논문에서는 근대 이후 주변국들이 중국동북지역에 대해 왜 그토록 관심을 기울였는지, 또 현대 중국의 역사가 왜 오늘날과 같은 형상으로 발전된 것인지 등의 문제의식을 토대로, 중국동북지역의 역사적 전개과정을 단계별로 나누어 각 단계별의 역사적 기능이 우리 및 주변국들에게서 어떤 작용과 기능을 하였는지를 초보적으로 분석하고자 하는 것이다.

Ⅲ. 「중국동북지역」에서 제국주의 투쟁의 사적(史的) 단계별 기능과 역할

중국동북지역에 대한 이주의 시작은 16, 7세기까지 거슬러 올라가나 자료상 이에 대한 규명이 불가능하므로 1881년 청조정부가 변강지역(邊疆地域)을 개발하기 위해 이주민을 불러들이기 시작하는 시기를 근대 중국동북지역 역사의 시발점으로 보고자 한다. 이 시점을 기준으로 오늘날까지 동북아지역에 대한 이주사의 사적 단계를 도식화해 보면 표1과 같다. 표1 에서는 전체적으로 4단계의 시기구분을 하고 있는데, 이러한 시기구분의 기준은 동북아지역으로의 이주와 그에 따른 이 지역에서의 대처 상황과 그러는 가운데 나타났던 이 지역의 역사적 기능을 토대로 하였다. 물론 이러한 시기구분은 우리의 항일투쟁사에만 연관 지어서 생각한다고 하면, 제3, 4단계가 항일투쟁사의 시대적 범위를 벗어나고 있어 직접적인 연관성에는 한계가 있다고 하겠다. 그러나 항일운동의 근거지로써 이 지역의 중요성을 증명

하기 위해서는 제1, 2단계의 시기에서 느낄 수 없었던 이 지역의 특성이 제3, 4단계에 확실하게 나타나기 때문에, 이들 시기의 역사적 기능을 분석하여 왜 이 지역이 항일운동의 근거지로써 중요했었는가를 증명하여, 항일투쟁사에서 이 지역에서의 활동인물과 활동사항들에 대해 재평가할 수 있다는 점을 이해해야 할 것이다. 먼저 제1단계의 기점이 되는 시기인 1881년에는 청국 측이 동북쪽의 수비가 허술함을 느끼고 이주민을 불러들여 변강지역을 개간하려 하였는데, 이에 필요한 노동력을 얻기 위해 한반도 이주민들을 불러들이기 시작했고, 이때부터 한국인의 이주는 급속히 확대되어 갔다.

〈표 1〉 근대 이후 동북아지역의 사적 단계별 구분과 특징

단계	시기	한민족의 이주특징	중국의 정치적 특징	동북지역의 경제적 특징
제1단계	1881~1910	경제적 이주기	전제주의의 동요	동북지역의 개간
	1911~1919	정치적 이주기	군벌주의의 대결	토지사유화와 자본이입
	1920~1930	군사적 저항기	국공연합과 대립	농업상품화와 시장경제
제2단계	1931~1936	침체적 저항기	반만민족주의의 흥기	일제의 초기 식민지경영
	1937~1945	연합적 저항기	항일민족통일전선	일제의 후기 식민지경영
제3단계	1946~1949	과도적 적응기	국공대립과 분렬	계획경제의 모델화
제4단계	1950~현재	정치적 융화기	중국식 사회주의	중국식 사회주의 경제

資料來源：小峰和夫『滿洲−起源·植民 ·覇權』(御茶の水書房, 1992年) 高凞忠夫編『東北アジア史の再發見』(有信堂高文社, 994年) 姜德相「海外における朝鮮獨立運動の發展」(『朝鮮民族運動史研究』第2集)金勝一「東北抗日根據地社會經濟的 基礎」(『汕耘史學』第7集).

특히 이들 이주민의 확대에 따른 변계문제가 청한(淸韓) 양국 간에 문제의 이슈로 떠올라 이주민의 유동을 금지하는 조처가 1885년에 취해지기도 했으나, 오히려 이것은 한민족 이주자들의 월경을 부추기는 계기가 되어 이주자 수는 급격히 늘어났다.[9] 특히 청조말의 정권 누수현상으로 말미암아 1894년부터는 이주의 자유방임상태로 들어서게 되어 이주자들은 급증하기 시작했다.[10] 이들이 극력으로 이주하게 된 원인은 무엇보다도 무한히 널려 있는 기름진 땅에 대한 소유욕에서였다. 이 지역은 청조의 발원지였던 까닭에 이주 및 개간을 청대 이래 줄곧 금지해 왔기 때문에 한족들이 이 지역으로의 전입이 어려웠으나, 19세기 말경부터는 이 지역에서의 토지소유권이 허락되자 몰려들기 시작하였고, 특히 이 지역에서의 토지관리가 어려워진 기인(旗人)이나 왕경(王公)들이 정부에 제청하여 1904년에는 「기민불교산례(旗民不交産禮)」가 폐지되자 영지의 전매를 위한 한족들의 자본이 유입되면서 이 지역은 대단위 개간지로 전향되어 갔다. 이러한 상황에서 노동력의 부족을 한국인들이 채워주자 서로 간의 필요성에 의해 한국인들의 대량 이주가 나타나기 시작했던 것이다.[11] 1909년에 이르면 이들 수는 19세기 말보다 거의 2배 이상으로 증가하였다.[12] 이 시기에 이렇게 많은 이민자가 증가한 원인은 무엇보다도 경제문제를 해결하

9) 吳祿貞, 陳昭常 『延吉邊務報告』(臺北, 文海出版社) 170~171쪽.
10) 小峰和夫, 앞의 책, 148쪽 시대구분 참조.
11) 南滿洲鐵道株式會社調査課 『滿洲經濟年報』(1933年季版) 16쪽.
12) 『東三省政略(一)』 471~473쪽. (金澤中,「韓民流移東北之研究(1860~1910)」, 臺灣國立政治大學歷史研究所碩士論文, 民國74年) 53쪽.

려는데 있었다고 할 수 있다. 이러는 가운데 1910년 일본의 한국 지배가 시작 되면서 이제는 경제적 측면에서 보다는 정치적 측면에서의 이주자가 증가하기 시작했다. 특히 1919년 3.1운동과 1920년대 일본인들의 한국 남부로의 이주와 함께 피해가 극심해지자 한국인의 중국 동북지역으로의 이주는 더욱 급증하게 되었다.[13] 그리하여 1929년 말 이주민의 주요 대상 지역이었던 간도지방의 경우 한국인 수는 전 인구의 76%를 차지할 정도였다.[14] 그런데 여기서 주목해야 할 사실은 이렇게 많은 이주자들이 이곳에 건너와서도 생활이 가능했다고 하는 사실이다. 19세기 말경부터 시작된 근대적 농업경제는 전 중국적으로는 아직 미진한 상태였지만 인구증가에 따른 경지의 확대가 두드러지고 있던 중국동북지역에서는 토지에 대한 인구비율이 상대적으로 낮으로 잉여생산물이 많아지게 되어 농업의 상품화가 진전되어 가고 있었던 것이다. 특히 한인(漢人)들의 투자와 한국인 이주자들의 경작방법에 의해 토지가 비옥해지고 투종제(套種制)[15]를 실시하여 단일작물(單一作物)을 윤작(輪作)하며 1년에 1모작하던 경영방식을 변화시키면서 농업생산량 또한 급증하게 되었다.[16] 특히 타지로의 반출을 목적으로 한 고량, 조(粟), 기장 등이 중점적으로 재배되면서 농업의 상품

13) 金正明,『朝鮮獨立運動』第5卷(東京, 原書房, 1976年), 이형찬 「1920~1930년대 한국인의 만주이민연구」 (한국사회연구회편『일제하 한국의 사회계급과 사회변동』, 서울, 문학과 지성사, 1988), 신용하『한국근대사회사연구』(서울, 일지사, 1987년) 등 참조.
14) 李勳求『滿洲와 朝鮮人』(京城, 平壤崇實專門學校經濟學研究室, 1932年) 96쪽.
15) 투종제(套種制) : 먼저 심은 작물이 성숙되기 전에 고량이나 작물 사이러 다른 작물을 심는 방법.
16) 天野元之助『中國農業の地域史的展開』(東京, 龍溪書舍, 1979年) 60쪽.

화가 급진전하였다.[17] 또한 이 지역의 토지 이용률을 보면 20세기 초까지는 겨우 가경경작지(可耕耕作地)의 1/5을 활용하던 것이 1920년대 말에 이르면 약 2배로 증가했음을 알 수 있다.[18] 또한 인구의 증가로 도시가 발달하여 시장경제가 활성화 되어 갔고, 그에 따른 교통과 유통의 발달은 충분히 근대식 경영체제로의 전환을 가져오고 있었다.[19]

이러한 전반적인 경제구조의 개편은 새롭게 이주해 오는 한국인 이주자들에게 고용의 기회를 가져다줌과 동시에 약간의 토지로서도 자신의 생계를 유지할 수 있는 상황을 만들어 주었다. 이러한 가운데 나름대로 부를 축적해 간 이주자들은 이민초기 토지소유가 거의 없던 상황에서 1920년대에 들어서게 되면 전체 동북지역에서의 토지소유 면적이 비록 중국인 지주에게는 뒤지지만 간도지방에서만은 중국인들을 앞지르는 경향으로까지 나타나게 되었다.[20] 이는 또한 이 지역에서 한국인 농민계층구조가 자작농, 반 자작농을 합쳐 60%에 이르고 있었다는 사실을 보면 이러한 상황을 잘 대변해 준다고 할 수 있다.[21] 이러한 사실은 비록 매 호(戶) 당 토지소유면적이 중국인보다는 적다고 할지라도 전반적인 사회경제 상태가 한국인에 의해 좌우될 만큼 한국인들의 사회경제적 기반이 확충되어 가고 있었음을 알려준

17) 天野元之助, 앞의 책, 60쪽.
18) 天野元之助「滿洲の經濟發達」(『滿鐵調査月報』第12卷 第7號, 昭和7年) 37쪽.
19) 川野元之助, 위의 論文, 85쪽.
20) 廣瀬進「間島及び東北道地方における鮮農の特殊性」(『滿鐵調査月報』第16卷, 第9號, 1936年 9月) 124쪽.
21) 李學文 「間琿地方狀況」(『滿鐵調査月報』第13卷 第1號, 1933年 1月) 115쪽.

다고 하겠다.[22] 이 처럼 경제적·정치적 이유에서 중국동북지역으로 이주해 오게 된 많은 한국인들이 정착에 성공하고 생활상의 안정과 경제력의 성장은 앞으로 이 지역에서 한국인들의 활동에 충분한 활력소가 될 수 있었음은 누구나 감지할 수 있는 일이었다. 따라서 이들 지역을 중심으로 항일운동이 지속적으로 일어날 수 있었던 것이고, 그에 따른 좋은 성과도 거둘 수 있었던 것이었다.[23]

두 번째 단계에 들어서면 한국인의 이주는 새로운 차원에서 이루어지게 된다. 즉 일본제국주의자들이 식민통치의 일환으로 한반도의 완전한 지배를 위해 만주지역을 점령하고자 하였는데, 이는 자신들의 한반도 식민지를 대내외적으로 고착화시키려는 의도에서 비롯된 것이었다.[24] 그리하여 일제는 한국인 이민자에 대해 장려와 지원을 계속하여 만주지역의 오지(奧地)에까지 이주시키게 되었는데,[25] 1942년의 통계를 보면 이민자수가 150만을 넘었다고 한다.[26] 이렇게 되자 자연히 중국의 관헌들은 한국인 이주자들의 개간지에 대해 토지 취득을 방해함은 물론이거니와 기존의 토지에 대한 유지마저 불안케 할 정도로 압박을 가해 왔다.[27] 그러자 한국인 지주들은 농업의 상품화

22) 金勝一, 앞의 論文, 參照.
23) 이 段階에서의 독립운동 狀況에 대해서는 姜德相「海外における朝鮮독립운동의 發展」(『朝鮮民族運動史研究』第2集)과 朴永錫『滿洲地域에서의 韓國 독립운동』參照.
24) 中塚明『近代日本の朝鮮認識』(研文出版, 1993年)113쪽.
25) 村松高夫「滿洲國成立以降における移民勞動政の策形成と展開」(滿洲史研究會『日本帝國主義下の滿洲』東京, 御茶の水書房, 1972年).
26) 金哲, 『韓國の經濟と人口』(東京, 岩波書店, 1965年) 28쪽.
27) 長野郎『滿洲問題關鍵間島』(支那問題研究所滿洲問題叢書』第3卷, 東京, 1931년) 86쪽.

에 더욱 집착하여 현금을 확보함으로서 언제나 자신에 대한 위기관
리에 총력을 기울이거나 허위 귀화, 혹은 중국인을 앞세운 공동 토지
소유 형식으로 자신들의 토지소유를 유지해 나갔다.[28] 그럼에도 불구
하고 중국인들과의 민족적 감정대립은 심화되어 갔고, 일본인들은 이
러한 상황을 이용하여 속임수를 동원하여 한중 양 국민간 이간질을
시킴으로써 결국 양 국민 간의 감정이 폭발하게 되어 사회가 혼란스
러워 지자 이를 빌미로 일제의 만주침략이 시작되었던 것이다.[29] 이
러는 가운데 일제는 자신들의 이권을 장악하기 위해 지배체제를 더
욱 강화했고, 경계와 감시체제를 더욱 동원하니 일본에 대한 군사적
투쟁은 침체기로 들어갈 수밖에 없게 되었다. 그러다가 1937년 중국
이 국공합작에 의한 대일항전을 선포하면서 중공이 동북지역에서 기
선을 잡게 되자 그들의 영향 하에 한중 연합 항일전선이 형성되게 되
었던 것이다. 그러나 이러한 상황의 전개는 비록 한국인의 항일활동
에 많은 지장을 초래했지만, 중국동북지역이 동아시아의 전반적인 국
면에 큰 영향을 주고 있었다고 하는 사실을 충분히 엿볼 수 있는 것
이다. 그렇기 때문에 이러한 국면을 잘 활용한다면 항일운동을 전
개하는데 많은 중요한 기반으로 작용할 수 있었다는 점을 알 수 있
는 것이다. 즉 1930년 장쉐량(張學良)은 종위안대전(中原大戰)을 계기
로 북경에 주둔하게 되었는데, 바로 그 이듬해에 만주사변이 일어나

---

28) 中谷忠治「間島農業機構槪要(完)」(『滿鐵調査月報』第15卷, 第12號, 1935年 12月)
   68쪽.
29) 中塚明, 앞의 책.

일본군이 만주를 일시에 지배하자 장쉐량은 동북으로 돌아가지 못하고 관내(關內)에 남아 있게 되는 상황이 되고 말았다. 더구나 장제스(蔣介石)의 지시로 일본에 저항하지도 못한 채 관내에서 「부저항장군(不抵抗將軍)」이라는 비난을 받아야 했던 장쉐량은 관내에 남아 있던 2만5천명의 동북군사들을 달래는 수밖에 없는 처지가 되었다. 그러나 젊은 지식 청년 문사(文士)와 장교들이 국민당의 그러한 비민족적 처사에 순종할 리가 없었던 것이기에 항일을 외치고 있던 중국공산당의 정치적 영향을 받지 않을 수 없었으므로 이들은 자연히 민족주의자로부터 공산주의자로 전향해 갔던 것이다. 당시 국민당의 국내통일 정책에도 따라야 했고, 자신의 기반을 침탈한 일본에도 대항하지 않으면 안 되었던 장쉐량은 자신의 진로를 결정해야 했다. 이러한 갈림길에서 한 쪽을 선택해야 했던 그는 자기 휘하 부대원들이 원하는 방향과 자기가 관할하던 지역 즉 만주지역의 인심을 따르는 길밖에는 선택의 여지가 없었던 것이다. 이러한 상황이 결국 1936년 12월 12일 시안사변(西安事變)을 일으키는 동기가 되고 말았던 것이다. 그리하여 장제스로 하여금 국공합작에 동의하지 않으면 안 되게 하여 항일민족통일전선을 구축하게 함으로써 국민당의 「선안내, 후양외(먼저 내부를 안정시키고, 후에 외부의 적을 물리친다)」 정책을 저지시키는 결과를 가져오게 했던 것이다. 그러나 이러한 국면전환의 요인이 단지 장쉐량과 그의 부하들의 민족주의적 정서, 혹은 공산주의적 경향에 의해서만 일어났던 것이 아니라, 동북지역에서 이미 중국공산당을 중심으로 한 동북항일연군 조직이 3만여 명에 달하는 대 군사세력을 형성하면서 일본 및 만주국의 지배에 대치하고 있었던 데다,[30] 이들의 활약이 1938년까지 일본의 침략에 대해 무장저항과 유격전술에 의해 효과적인 성공을 거두고 있었다고 하는 현실적인 측면에서의 업적이 보다 더 큰 작용을 했기 때문이었다. 물론 이들의 행동원리가 당시까지는 공산주의보다는 민족주의에 가까웠다고 한 사실도 우리 측에서 본다면 항일운동의 활성화를 기할 수 있었던 중요한 요소의 하나였다고 볼 수 있다. 시안사변 이후 장제스와 함께 난징(南京)으로 어게 된 장쉐량은 곧 체포되어 군법회의에서 징역 10년의 판결을 받아 감금되게 되었는데, 이듬해 1월 특사 처분을 받았지만 감금생활은 계속 이어졌다. 더구나 10년째가 되는 1946년에도 이러한 감호생활은 풀리지 않고 11월에 대만으로 호송되게 되는데, 그러한 원인에는 다음과 같은 두 가지 점을 염두에 두어야 할 것이다. 하나는 장제스가 동북지역의 중요성을 알고 이 지역을 자신의 통치하에 두어야 했는데, 만일 장쉐량을 놓아주어 그가 동북지역을 장악한 후에는 그에 대한 통제가 쉽지 않을 것이라 생각한 때문이었고, 둘째는 장쉐량과 공산당이 연계한다면 동북지역에 대한 공산당의 지배가 거의 확실했기 때문에 이러한 화를 염려했기 때문이었다. 그러나 동북군의 총수인 장쉐량을 감금한다고 해서 동북지역이 국민당의 지배 하로 들어오는 것도 아니었다. 국민당 군에 냉대를 받고 있던 동북군은 공산당의 지도 아래 점점 공산주의자들로 전향해 가고 있었고, 대일항전

---

30) 中共中央黨史硏究室 『中國共産黨史歷史大事記(1919年5月~1987年 12月)』 (人民出版社, 1989年) 90쪽.

을 통해 국민당의 초공작전(剿共作戰)에 의해서 받았던 피해를 만회하려는 공산당의 노력은 점점 동북지역에서의 공산당 세력을 강화시키는 경향으로 나아갔기 때문이었다. 이처럼 제2단계의 동북지역 상황은 일본의 만주점령과 국민당과 공산당의 동북군 지배를 둘러싼 갈등이 보여주듯이 앞으로의 중국 국면을 결정케하는 중요지역으로 비쳐지고 있었던 것이다. 특히 중일전쟁의 선봉에 섰던 중국공산당들의 영향을 받아야 했던 한국인 이주자들도 항일운동의 침체기로부터 벗어나 서서히 군사적 도약을 위한 준비와 행동으로 점철되고 있었음도 주지의 사실이다. 이러는 가운데 1945년 일본의 항복과 함께 국공 양당은 동북지역의 지배를 둘러싼 본격적인 대립이 격화되는 제3단계로 들어서게 된다. 국민당 측에서는 얄타회담의 합의사항을 근거로 동북지역에 대한 자신들의 통치권 행사를 주장하고, 또 이미 진주해 들어와 있던 소련 측과 「중소우호동맹조약」을 맺어 그들의 간섭을 배제하려는 조치를 내리지만, 일본군에 몰려 쓰촨(四川), 윈난(雲南), 꿰이쩌우(貴州)에 그 주력이 포진해 있던 국민정부군을 아무리 미국공군의 도움을 받아 대량 공수작전을 펴서 동북지역으로 보낸다 하더라도 이미 러허(熱河), 랴오닝(遼寧), 허뻬이(河北), 산동반도(山東半島)에 있던 중공군보다 일찍 동북지역으로 들어가는 것은 무리였다. 공산당은 이미 중앙위원 1/3가량을 동북지구로 보내 해방구를 만들었고, 충칭(重慶)에서 활동하던 「유망동북인(流亡東北人)」들도 속속 귀환시킴으로써 1945년 말에는 이미 27만의 해방군병력을 갖고 있었다. 이들은 1946년 1월 「동북민주연군」으로 개조되어 린뱌오(林彪)를 총사령원으로 하고 펑쩐(彭眞)을 정치위원에 임명하여 조직을 체계화 했고, 이후에는 천윈(陳雲)을 정치위원으로 보강했으며, 자원톈(張聞天)을 파견하여 동북해방구의 체제를 더욱 강화해 갔던 것이다. 그러나 여기서 주목해야 할 것은 중공군의 동북지방 장악이라는 측면보다 그 이후 벌어지는 중국 대륙을 장악하는 헤게모니 싸움이었던 랴오썬(遼瀋, 遼寧省, 瀋陽)전역, 핑진(平津, 北京, 天津)전역, 그리고 화이하이(淮海, 淮河 중심한 전역) 대전에서 이 동북민주연군이 가장 중추적인 활동을 함으로써[31] 국민당 군을 대만으로 몰아내고 중국전역을 통괄하게 되었다는 점이다. 당시 동북군의 지휘자인 린뱌오는 제4 야전군을 지휘해서 일부는 하이난도(海南島)까지 진출했는데, 이들의 주된 임무는 무기, 탄약, 식량 등 동북해방구의 풍부한 물자를 지원하는 병참부대의 역할을 담당했었다는 점이다. 이는 동북해방구가 군사력을 경제적으로 지원했다는 의미로서 동북해방구의 정치적, 군사적, 경제적 역할이 신 중국을 수립하는데 중요한 역할을 했다는 것을 의미한다.[32] 이처럼 동북해방구의 경제력이 강화됐던 것은 일본의 식민지 경영의 일환으로써 축적된 경제적 기반에다 중공의 토지정책과 광공업생산을 중심으로 한 전후 부흥책에 의해서 동북지역의 경제가 재편성됨으로써 현실화 됐기 때문이었다.[33] 특히 1948년과 1949년에 걸쳐 사회주의식 계획경제가 동북지역에서 예행연습으로 진행됐었는데, 이를

---

31) ボリーソフ, コスロフ, 龍澤一郎譯,『ソ聯と中國』上卷, (サイマル出版會, 1979, 제1장, 참조) .
32) 常城, 李鴻文, 朱建華『現代東北史』(黑龍江省敎育出版社, 1986年) 616~618쪽.
33) 山本有造「植民地經營」(『日本經濟史』第6卷, 岩波書店, 1989年) 參照.

담당했던 중심인물인 천원과 리푸춴(李富春)은 1950년대 초에 중앙으로 이동해서 전국적으로 제1차 5개년 계획경제를 담당했고, 또한 이 지역에서 행정 간부들을 양성했으며, 또한 그 이후 문화대혁명 이전까지 실권을 장악하다시피 했던 린뱌오 등이 이 지역을 기반으로 해서 나타났던 인물이었다는 점을 살펴보면,[34] 중국현대사의 변천이 곧 이 지역의 영향 하에서 좌지우지됐다는 점을 알 수 있는 것이다.

1950년대 이후 1980년대 초반까지 중공 당국은 자신들의 정확한 노선을 찾지 못한 채 우왕좌왕하는 혼란기에 빠져들었다. 그리하여 초기의 토지혁명 성공에 의한 전 세계의 주목도 잠깐, 중국은 식량문제도 해결하지 못하는 종이호랑이로 전락하고 말았다. 그러나 1978년부터 덩샤오핑(鄧小平)이 실권을 장악하자마자 개혁개방정책을 실시하면서 실효를 거두기 시작함으로써 이제는 세계에서도 가장 경제성장이 빠른 국가로 발전하여, 미국과 양대 산맥을 형성하며 실로 세계의 중심국이 되고 있는 것이다. 물론 초기에는 여전히 이데올로기적 모순에 처해 있었지만, 냉전체제의 해체라는 국제적 분위기에 편승하여 한국과 국교를 수립하는 등 국제관계에서 탄력성을 보여주며 오늘에 이르고 있는 것이다. 이처럼 변화되어 가는 동북아지역의 상황 속에서 우리가 주목해야 할 것은 우리와 직접적인 관계가 있는 두만강 개발계획이다. 1993년 1월 18일 창춴(長春) 발 전문을 보면 지린성(吉林省)은 러시아 당국과 포시에트만에 있는 자르비노항구를 임대받는 조건으로 이 항구를 수리 확장하여 훈춴(琿春)으로부터 창링즈(長嶺子)

---

34) 竹內實, 『毛澤東』, (岩波書店, 1989, 184-185쪽).

를 거쳐 크라스키노에 이르는 철도를 연내에 건설하여 개통시킬 것이라고 하였다.[35] 이러한 계획은 비록 일개 지방정부의 경제계획에 불과한 것이라고 경시할 수도 있겠지만, 이 루트는 고대로부터 중요시 되어왔던 교통로였다는 점이다.[36] 현재의 상호 경제적 의존도를 감안한다면 아직은 이들 동북지역의 경제권이 덜 성숙된 단계에 있다고 할 수 있을지는 몰라도, 최근 한국·일본 등 기업들이 많은 관심을 쏟고 있고, 또 이 지역의 풍부한 자원의 매장과 지정학적으로 얽혀 있는 주변 4대 강국들과 남북한 간의 이해가 교차되는 지역이기 때문에 이 지역의 자본주의로의 발전은 앞으로 동북아시아 경제의 중심지역이 될 가능성이 충분히 있는 것이므로 중시하지 않으면 안 되는 것이다.[37] 이상에서 살펴보았듯이 근대 이래 제 단계에 있어서 동북지역의 역사적 기능은 상당히 중요한 역할을 해 왔던 곳임을 알 수 있다. 즉 초기 우리의 경제적·정치적 이주지로써 우리민족의 역량을 보존하는데 중요한 역할을 했을 뿐만이 아니라, 이를 바탕으로 우리의 군사적·정치적 항일근거지로서 작용해 왔던 지역이기도 하였다.

또한 이 지역이 일제에 의해 점령된 이후 우리의 항일운동 자체는 많이 위축되었지만, 그동안 축적했던 우리의 항일역량이 중국 측과의 연합 하에서 최후까지 보전할 수 있었다고 하는 것은, 바로 이 지역이 갖고 있는 유리한 환경조건에 의해서 가능했다는 것을 지적하지

---

35) 『文匯報』香港, 1993年 1月 19日 發.
36) 楊軍, 「古代東北亞國際貿易槪說」, 동북아역사재단, 『동북아인적·물적·지적교류사국제회의 논문집』, 2007, 동북아경제포럼, 185-198쪽.
37) 『日本經濟新聞』(夕刊) 1993年 3月 1日. 參照.

않을 수 없는 것이다. 특히 제2기 이후는 우리의 직접적 역량을 통해 이 지역의 중요성을 확인할 수는 없었지만, 중국현대사의 흐름을 뒤바꿔 놓은 동북지역의 역량을 분석해 본다면 우리의 항일운동이 이 지역을 중심으로 하여 좀 더 활성화 되었다면, 우리의 자주적 역량에 의한 국내 진공작전도 가능할 수 있었지 않았겠느냐 하는 주장이 대두될 수 있다는 것이다. 따라서 다음 장에서는 이러한 이 지역의 전략적, 군사적, 정치적 중요성을 인식하고 이 지역에서의 활동을 실천했던 선각자들의 중국동북지역에 대한 관점을 분석하여, 앞으로 이들에 대한 새로운 인물연구와 이 지역에 대한 지역사적 연구가 더욱 진행될 수 있기를 고대해 본다.

Ⅳ. 항일지사들의 「중국동북지역」에 대한 인식과 행동

한국의 지사들이 중국동북지역을 항일운동의 근거지로써 생각한 데에는 공통적인 관점이 있다. 그것은 앞에서 살펴본 여러 요소들을 꿰뚫어 보고 당장의 국내형편으로는 일제의 야욕을 극복할 수 없음을 느낀 지사들이 장기적인 지구전을 행하는데 필요한 적절한 지역으로서 이 동북지역을 선택했다는 점이다. 이들이 제시한 구체적 근거를 들어보면 다음과 같다.

첫째, 그것은 지리적 조건의 이로움이었다. 즉 일본의 막강한 군사력에 대항하기 위해서는 지리적인 유리함을 이용하지 않고서는 한계가 있었기 때문이었다. 이는 한마디로 말해서 유격전술을 효과적으

로 적용할 수 있는 지형지물의 이용을 중시하는 차원에서 나타난 것
이라고 할 수 있다.

> "제일 염두에 두어야 하는 것은 백두산을 나라의 근저로
> 삼고, 부근의 모든 읍내를…아주 절대적으로 험한 지역이
> 기 때문에 적의 공격을 막아낼 수 있는 주요 근거지로 할
> 수 있어, 이곳을 근거지로 할 수만 있다면, 매우 좋은 일이
> 라 할 수 있다."[38]

즉 이러한 안목은 백두산 지역을 중심으로 활동하다가 결정적인 기
회가 닥치면 일시에 국내 진입을 시도하여 독립을 쟁취하겠다는 전
략이었지만, 그렇다고 반드시 이들 지역이 항일운동의 근거지로써 적
합하다는 면을 강조하려 한 것은 아니다. 다시 말해서 우리는 이러한
안목, 즉 중국동북지역이 국내와 지리적으로 가깝고 주변의 험한 산
지를 이용해 무장역량을 비축할 수 있음으로 해서 언제든지 활발한
군사 활동을 함과 동시에, 가장 빠른 시간에 국내 진입을 가능케 할
수 있다고 하는 안목을 높이 평가해야 한다는 점이다.

둘째는, 무장투쟁의 효율적 전개를 위한 사회적 조건으로서 이 지
역을 중시하고 있었다는 점이다. 즉 무장투쟁을 뒷받침 할 수 있는
군중적 기반을 중요시 했다는 것이다. 이러한 측면에서의 이 지역의

---

38) "第念白頭山爲一國根抵, 而附近諸邑, 絶險爲據守要地, 得此爲據, 則可大有事." 柳麟錫 『毅
菴集 卷51.

사회적 조건에 대한 의견을 보면 다음과 같다.

> "서북쪽은 아주 지형이 강하고 험하며 또한 포로써 적을
> 물리치기가 쉽다. 양쪽의 간도는 연결되어 있는데다가 우리
> 나라 사람이 많이 살고 있으며, 듣기에 이미 우리의 투쟁
> 에 대해 성원하는 소리와 기운이 들리고 있으며, 여기에 서
> 로 연계되어 있다. 따라서 병력을 모아 양성할 수 있으며,
> 군자금과 군량을 충분히 확보할 수 있으며, 기계 등을 만
> 들거나 구입할 수가 있다."[39] 즉

군중의 기반이라고 하는 것은 비단 인적 자원의 보충만을 의미하
는 것이 아니라, 병참의 수송과 작물 재배를 통한 군량의 확보, 그리
고 적정을 탐문하는데 필요한 정보원으로서도 절대적으로 필요하다
는 것을 의미한다. 특히 산간벽지에서의 작전은 병참의 통로를 막기
만 하면 커다란 타격을 받아야 하는 것이므로 이들 군중자원에 의한
이런 위험의 타개를 절대적으로 중요시 했던 것이다.

  셋째는 국제적 조건을 들고 있다.
  "청과 러시아 두 나라와도 연결되어 있기 때문에,

---

39) "西北強勁又善砲放, 連兩墾我人甚多, 聞已不無聲氣, 相連於此, 可以聚養兵力, 可以優弁
財穀, 可以造買器械." 앞의 책.

또한 그 길이 없지 않다."[40]

당시 일본에 직접적인 영향을 줄 수 있는 나라로는 중국과 러시아 뿐으로, 마침 이들 나라에게도 일본의 침략이 노골화 되고 있었기 때문에 이들과의 연합전선 구축은 충분한 가능성을 갖고 있었음을 파악하고 있었던 것이다. 나아가 중국동북지역은 이들 양국과 어느 곳으로든 쉽게 연계될 수 있어 그들의 신속한 지원을 얻어낼 수 있을 뿐만 아니라, 작전을 하면서 불리할 때는 언제나 이들 지역으로 도피할 수 있었고, 또 큰 타격을 받더라도 충분히 전력을 재정비 할 수 있는 환경조건을 갖추고 있었다는 점이다. 이러한 모든 점은 바로 이들 국가에서 허락돼야 만이 가능했던 것이므로, 당시의 국제환경상에서 이점을 충분히 고려했던 전략이었다고 할 수 있다.

넷째는 이 지역이 우리민족의 정통성을 갖는 민족영지라는 점에 착안하여 이 지역을 항일운동의 근거지로 해야만 하는 역사적 정당성을 중시하였다는 점이다. 즉

"전 만주는 무릇 부여 이래 우리나라의 근본이 되는 배와 마음과 같은 곳이다. 3천여 년 동안 우리 민족의 유족들의 피와 정신이 있고, 서로가 관계를 맺으며 그 교류가 깊어서 잊을 수 없는 관계가 있다는 것을 알 수 있다.…장차 만주 는 조선의 근본이 될 것이다. 고구려, 발해로써 우리 민족

의 정통성을 이어오며, 누구나 할 것 없이 국통을 존중하
게 하는 국민정신을 배양시켜야 할 것이다.[41] 라 하여, 이
지역은 우리민족의 맥이 계속 이어져 내려오는 곳으로 이
곳에 항일운동의 근거지를 세우는 것은 우리의 국맥(國脈)
을 계승하려는 것이고, 나아가 국통(國統)의 존엄성을 확인
시켜 주어 국민정신을 양성시킬 수 있다고 보았던 것이다."

다섯째는 이 지역에 많은 한국인 이주민이 이미 들어와 있었기 때
문에, 이들이 타민족에게 패망하지 않도록 교육을 시키고, 생활기반
을 확보할 수 있도록 산업을 장려하여 한민족으로서의 권리를 지키
게 해야 이를 기반으로 독립을 맞이할 수 있다고 생각했다는 점이다.

"교육이 지식, 도덕성, 체력단련을 계발해 주기 때문에 승
리할 수 있는 권한을 얻을 수 있는 방법이며 기술이다.…
권리란 우리들의 생명의 근거지이다…그렇기 때문에 진실
로 스스로의 힘으로써 권리를 만들어 내야 한다. 즉 군중
을 단합시키는 것은 이것 외에는 더 이상 다른 방법이 없
다.[42]"고 하였다.

---

41) "蓋滿洲一區, 自夫餘以來, 爲我國根本腹心之地, 三千有餘年, 其遺族之血氣, 互相灌注, 深
有不可忘之關係, 可知矣…以明滿洲之爲朝鮮根本之地, 而以句麗 渤海, 爲血族正統, 4皆
所以尊國統, 而養國民精神也". 李相龍『石洲遺稿』卷6 (高麗大學校出版部, 1973年)
42) "敎育, 所以啓知識 道德性 鍊體力 而取其優勝權之方術也…權利, 吾人生命之根抵也…
我輩, 苟欲以自力, 造出權利, 則群體團合之外, 更無方法也", 李相龍, 앞의 책, 卷5.

이는 다시 말해 이 지역의 한국인 이주자들에게 자력으로 살아나갈 수 있는 용기를 북돋아 주고 이런 실천정신을 바탕으로 한 독립군의 양성을 통해 무장투쟁을 준비할 수 있다고 하는 측면에서의 주장이었다. 그리하여 이를 보다 구체화 시켜줘야 한다는 차원에서 토지 없는 자들에게는 산업장려를 권고했고, 토지를 조차(租借)하여 우리가 갖고 있는 수전 농업의 기술을 이용하여 산지 개간으로 인한 괴질을 피하면서 생산력을 증대토록 하였다.[43]

이러한 이들의 중국동북지역에 대한 인식이 비록 20세기 초기 인물들의 주장이라고 하더라도, 이는 이후 동북지역에서 활동하는 많은 한국지사들의 기본적인 시각이 되었고, 이러한 의식을 바탕으로 활발하게 항일운동이 진행되게 된 바로미터가 됐음은 많은 이 지역에 대한 연구를 통해서 이미 알려진 바와 같다. 즉 이들 지역에 세워진 많은 민족학교들이나, 여러 독립운동단체, 그리고 이들에 의해 길러진 독립군들에 의한 대첩 등이 바로 이러한 시각으로부터 나타난 결과였던 것이다. 또한 1940년대를 전후하여 중국 내지의 독립운동단체나 무장 대오들이 서로 앞 다투어 이들 지역으로 이전해 갔던 배경도 또한 이와 같은 근거지 설립 사상이 일찍부터 애국지사들의 뇌리에 남아 있었던 데다, 전장에서 살펴본 이 지역의 역사적 기능을 그들은 일찍이 감지하고 있었기 때문이었다.

이상에서 살펴보았듯이 중국동북지방이 갖고 있는 역사적 기능이나 앞으로 나타날 이 지역의 국제적 기능을 염두에 두면서 우리 항일

---

43) 李相龍, 앞의 책, 卷6.

운동사의 행적을 더듬어 보면, 좀 더 이 지역을 중심으로 한 항일운동이 활발하게 전개됐었더라면 하는 아쉬움을 느끼게 될 것이다. 특히 해방 이후 전개된 우리현대사의 모순들이 바로 서로 다른 지역에서의 활동으로 인한 사상적, 환경적, 정치적 차이를 극복하지 못함으로 해서 일어났다고 하는 결과론에서 본다면, 전 지역에서의 항일운동을 총괄할 수 있는 지역으로서의 이점과 많은 인적, 물적 자원이 산재해 있던 이 지역이 중심이 돼서 항일운동이 전개됐었어야 하는 것이 아니었던가 하는 생각이 드는 것이다. 물론 항일운동의 경과나 결과를 이 지역 중심으로 재정립한다는 것은 쉬운 일이 아니다. 그렇기 때문에 일단은 그동안 제대로 다루어지지 않은 이 지역에서의 여러 사상적 사조나 계열별 각 파의 활동을 이제 새로 정립할 필요가 있다고 본다. 또 독립운동사 연구의 일환으로써 이제까지 밝혀진 자료나 연구결과에 저애 받지 말고 이제부터는 지금까지 결과적으로 나타나지 않은, 당시 항일운동의 활성화를 기할 수 있었던 모든 경향을 재검토하여 지금까지 나타난 한국현대사의 제 모순의 근저를 밝힐 수 있는 연구가 실행돼야 하겠고, 또한 이를 통해 역사의 객관성을 살릴 수 있는 시각도 아울러 정립돼야 한다고 본다.

V. 마치는 말

본 논문에서는 항일투쟁사에 있어서 나타난 중국동북지역에 대한 시각을 전반적으로 검토하지는 못했다. 주로 중국공산당의 혁명 성공의 원인을 제공했던 동북지역의 사회경제적 기능을 살펴보았고, 한국의 항일지사들의 중국동북지역을 항일근거지로 삼고자 했던 배경을 중심으로 살펴보았다. 사실 이 지역에 대한 일본인들의 시각과 러시아인들의 시각을 비교해 보는 것은 중요한 일이지만, 지면과 시간의 제약으로 이들 두 나라에 대해서는 차후의 연구과제로 남겨두고자 한다. 그렇지만 중국과 한국의 혁명지사들이 이 동북지역을 어떻게 활용했는가를 통해서 이 지역의 역사단계별 기능과 역할을 충분히 살펴볼 수 있다고 보기 때문에 이 지역이 갖는 중요성에 대해서는 어느 정도 이해할 수 있을 것으로 생각된다. 물론 중국동북지역을 충분히 활용할 수 없는 조건 하에서 나타났던 이 지역의 역사적 공과이기 때문에 현대 및 미래세계에서는 이를 토대로 보다 더 큰 기능을 발휘할 수 있도록 활용하는 연구시각이 필요할 것이다. 이를 뒷받침 해주는 것으로서 풍부한 자원과 아직 개발되지 않은 넓은 토지가 그 가능성을 대변해 준다. 세계적으로 점차 고갈되어 가고 있는 원유나 각종 지하자원이 이곳에는 아직 충분히 매장되어 있고, 개간되지 않은 채 남아 있는 넓은 토지는 인류의 인구 증가 및 기후 변화에 따른 식량 감소 문제를 극복해 낼 수 있는 최후의 보루지가 될 수 있기 때문이다. 이러한 조건은 중국동북지역 만이 아니라 주변 지역인 연해주 및 시베리아 남부 지역들까지도 함께 가지고 있기 때문에 그 가능성은 무한하다고 볼수 있다. 만일 이상 기온이 점차 심해져서 온도가 올라가게 된다면 이 지역의 가능성은 더욱 크게 될 수 있다고 보여 진다. 그렇기 때문에 이 지역을 어느 한 나라가 독차지해서는 안 되고 동북아인은 물론 인류

전체가 혜택을 누릴 수 있는 논리로써 개발되어야 할 당위성이 바로 이 지역에 있는 것이다. 그러 점에서 공동 개발에 참여할 수 있는 인접 국가들과의 공조체제가 하루 속히 이루어져야 할 필요성이 대두하고 있는 것이다. 이러한 공동개발 및 공동이익을 창출하기 위해서는 무엇보다도 이곳에 대한 인식의 일치가 필요하고, 그 중요성에 대한 이해가 사전 일로써 반드시 필요한 것이다. 그런 점에서 이러한 이해를 구하는 데 없어서는 안 될 이 지역의 역사적 사실을 먼저 이해할 필요가 있고, 이를 바탕으로 하여 어떤 공조 체제를 만들어 내야 할 것인지 그에 대한 해결책이 강구 될 수 있는 것이다. 그렇기 때문에 본 논문에서는 이러한 점을 강조하기 위해서 기초적으로 이 지역에 대한 역사적 단계별 기능 및 역할을 분석해 본 것이다. 즉 이 지역은 중국혁명을 위한 경제적 기초가 됐고, 새로운 중국건설을 위한 모델이 됐으며, 오늘날 동북공정이라는 기치 하에서 개발이 이루어지고 있는 것이다. 이에 대해 한국 측 입장은 19세기 중엽 이래 이 지역에 이주하기 시작한 한국인들이 중국인들과의 협조와 투쟁이라는 양면적 상황 아래서 군중적 기초를 이뤄갔고, 그것이 곧 항일독립운동근거지로서의 시각을 갖게 하는 밑거름이 됐다는 점으로 파악하게 된 것이다.

이러한 역사적 사실을 통해서 이 지역이 갖고 있는 가치를 재발견하고, 이 지역에 대한 현재 및 미래적 시각을 재조명 할 필요가 있다는 점을 강변하는 것이다. 그렇기 때문에 이제 이 지역에서는 공동 이익을 창출하기 위한 제도적 장치 및 조직체가 이루어 져야만 하고, 미래 지향적으로는 안정과 협력을 바탕으로 한 연합국가적인 공동이익체를

제4장

대만경험에 의한
하이난도(海南島)의 경영

- 김승일

제4장
대만경험에 의한
하이난도(海南島)의 경영

I. 머리말

식민지시기 하이난도(海南島)에 끌려간 한국인들의 상황에 대해 제대로 이해하는 사람은 거의 없다고 본다. 최근 해외여행의 일환으로 휴식과 골프를 위해 하이난도에 가는 한국인이 늘어나면서 하이난도를 그저 관광지 정도로만 알고 있는 것이 거의 그 전부라 할 수 있다.

필자가 하이난도근현대연구회 회원들과 3차례, 한국독립기념관 독립운동연구소 연구원들과 두 차례 총 다섯 차례에 걸쳐 하이난도를 방문하여 수집한 자료 및 논문을 발표하게 되면서 연구자들 사이에 조금 알려졌을 뿐,[1] 아직 다른 연구자의 논문이 한 편도 없다는 것은 한국에서의 하이난도 연구가 여전히 미지의 연구 분야라고 할 수 있다. 강제징용 및 위안부로 끌려간 한국인과 대단히 깊은 관계에 있는 하이난도에 대한 연구가 한국현대사에서 대단히 중요함에도 불구

---

1) 金勝一,〈海南島의 朝鮮報國隊와 韓國人慰安婦의 强制連行 經緯와 暴行慘狀〉《日帝强占下,國外閑人被害實態調査報告書 I》, 獨立記念館韓國獨立運動史研究所, 2005. 金勝一, 〈中國 廣東·海南島 地域 所藏 韓國歷史 資料目錄 및 槪況〉,《中國所在韓國資料調査報告 I》, 國史編纂委員會, 2004.

하고 아직 이에 대해 관심을 갖는 연구자들이 나타나지 않고 있다는 것은 매우 유감스러운 일이라고 생각한다. 그러나 이러한 문제는 한국 연구자에게만 국한된 것이 아니라, 동아시아 연구자들에게도 해당되는 문제라고 할 수 있다는 점에서, 하이난도근현대연구회의 활동은 매우 중요한 역사적 의의를 가지고 있고, 또한 미지의 연구 분야를 개척한다는 사명감을 지닌 단체로써 평가되어야 한다고 생각한다.

이런 상황이다 보니 하이난도에 관한 지금까지의 연구는 질적·양적 면에서 지극히 미미하다고 할 수 있다. 지금까지의 하이난도에 관한 연구 상황을 보면 대체로 다섯 가지 방면으로 나눌 수 있다. 첫째는 "해군과 남진정책"이라는 포인트에 맞춰진 연구로 이 방면에 대한 연구는 양적으로 적지 않다.[2] 이들 연구의 중점은 일본 육해군의 '북진' '남진'에 대한 정치적 논쟁 및 그 확장 방향에 있어서 어떻게 왕징웨이(汪精衛) 정권과 타협하며 실질적인 이익을 취할 수 있을 것인가에 대해 논하고 있는 것이 특징이다. 둘째로는 '해군군정(海軍軍政)' 하에서의 하이난도 상황에 대한 시각이다.[3] 셋째는 일본의 하이난도 점령에 대한 중국 측의 시각을 다룬 논문이다.[4] 이들 논문의 특색

---

2) 대표적 논문, 岸田健司,〈日本海軍の '南進政策' と海南島進出〉,《日本大學大學院法學研究年譜》第20號, 東京, 1990. 相澤淳,〈海軍良識派と南進 - 海南島進出問題を中心にして,《軍事史學》, 第99·100號 '第2次軍事大戰(一) - 發生と擴大 -, 東京, 1990.

3) 水野明,〈海南島における植民地教育政策〉《愛知學員大學教養部紀要》第49卷 第1號, 名古屋, 2001, 8,〈日本海軍の海南島地排-1939年 - 1945年〉(一)(二),《愛知學員大學教養部紀要》第49卷 第2·3號, 2001, 12 - 2002, 2

4) 李琳,〈日本占領海南及其對資源的開發和掠奪〉,《海南大學學報社會科學版》第15卷 2期, 海口, 1997. 王裕秋·張興言,〈日本侵占海南時期的經濟 '開發' 政策及活動〉,《海南大學學報人文社會科學版》第18卷1期, 海口, 2000. 房建昌,〈關於日本侵略海南島的考察〉,《中國邊疆史地研究》, 第3期, 1998, 北京.

은 일본군의 통치 보호 하에서 일본 대기업들의 하이난도 자원 약탈에 대한 고찰 내용이 주류이다. 넷째는 대만인의 하이난도 경험에 대한 토론이고,[5] 다섯째는 하이난도에서의 대만척식회사의 역할과 작용에 대한 연구이다.[6] 본 논문에서는 이들과는 시각을 달리하여 일본정부가 왜 하이난도를 중시하게 되었고, 이러한 일본정부를 대신하여 앞장서서 하이난도를 점령하려는 대만총독부의 추진과정 및 방법 등에 대해 살펴보았으며, 마지막으로 하이난도 점령 후 정치적·사회적·경제적 환경이 비슷했던 대만의 식민통치 경험(소위 '대만경험')을 바탕으로 어떻게 하이난도를 지배하려 했는지에 대해 살펴보고자 한다. 이러한 분석을 통해 일본제국주의 정부의 대외 확장 노력과 방법을 재조명하여 제국주의 성격의 일면을 살펴보고자 한다.

II. 하이난도에 대한 대만총독부의 욕망

근대 이후 하이난도는 청나라에 의해 개발될 기회가 몇 차례 있었다. 그러나 정치적 상황변화에 따라 그 기회를 놓치고 말았다. 이에 비해 일본은 1895년 시모노세키 조약을 토대로 대만을 점령한 후 대만총독부를 세우고 식민통치를 시작하면서 이미 '남진기지'의 필요성을 인식해온 야욕을 달성하기 위해 하이난도 침략을 위한 정책을 추진했다. 이에 앞장 선 자들이 대만 총독들인데, 특히 초기의 대만 총

---

5) 鄭麗玲,〈海南島的臺灣兵(1937-1945)〉,《臺灣風物》49卷 4期, 臺北, 1999.
6) 蘇雲峰,《海南歷史論文輯》, 海口, 海南出版社, 2002.

독들은 모두 군인출신이었기에 이미 군 내부에서 모의해 오던 남진 기지의 중요성을 알고 있던 그들은 하이난도의 지정학적, 경제적 중요성에 대해 누구보다도 잘 알고 있었다. 이 때문에 그들은 하이난도를 점령하기 위해 일찍부터 하이난도에 대한 조사를 시작했다. 그 시작은 1908년 5월 총독부 농사실험장의 기사인 시라키 도쿠이치(素木得一)가 처음으로 하이난도에 건너가 조사를 진행하면서부터였는데, 이듬해 4월에는 식산국(殖産局)의 부탁을 받은 코니시 나리아키(小西成章)가 천잠(天蠶, 참나무산누에나방의 애벌레)를 채집하기 위해 하이난도에 건너갔다.[7] 그러다가 1916년부터 대만총독부 전매국장 카쿠 사가다로(賀來佐賀太郎)가 고위관리로서는 처음으로 제뇌(製腦)[8] 원료를 확보하려고 나카이 슈산(中井宗三) 임업기사를 대만 남부와 위도가 비슷한 하이난도 북부에 파견하여 녹나무의 생장 상황을 조사하게 했다. 뒤이어 전매국 서무과장인 이케다 코진(池田幸甚)도 하이난도에 건너가 조사했다. 당시는 모략가라고 불리는 아카시 모토지로(明石元二郎)가 대만 총독으로 있을 때였다. 그는 만약 대만을 개발한 경험을 도입한다면 하이난도는 군사적으로든 경제적으로든 대만보다 낫다고 인정했던 인물이었다.[9] 그런 그가 1919년 10월 임기 도중 사망했다. 하지만 후임인 덴 겐지로(田健治郎) 총독 역시 하이난도를 중

7) 田中長三郎, "海南島に對する科學的探險", 《臺灣TIMES》233號, 臺北, 1939, 278-279쪽.
8) 제뇌: 장뇌(樟腦)의 향을 이용해 요리 재료로 쓰거나 방부제, 의료용, 그리고 종교 의식에서 사용되는 뇌를 만드는 것.
9) 賀來佐賀太郎, "臺灣の門戸海南島-明石總督の海南島開發企劃書", 《臺灣TIMES》233號 (1939년 타이베이), 256-260쪽.

시했다. 그는 이케다 코진을 '중일협력'에 관심이 많던 광동 독군(督軍) 모룽신(莫榮新)에게 보내 협력을 통해 하이난도를 개발고자 했다. 모룽신은 인뤄리(殷汝酈)와 펑청완(彭程萬)을 대만총독부에 보내 교류하면서 하이난도까지 돌아보며 이를 주관하는 담당자가 되게 하였다. 그 결과 대만총독부와 광동정부 양측은 하이난도를 공동 개발하기로 협의를 맺게 되었다.[10] 그러나 군정부가 하이난도를 매각했다는 소문이 퍼져 민심이 흉흉해지는 바람에 광동정부 측은 협력 합의를 포기할 수밖에 없었다.[11] 그러나 비록 공동 개발 건은 물거품이 되었지만, 이 몇 년 사이에 이케다 코진 등은 총독부의 장뇌(樟腦) 전매와 관련된 업무를 추진한다는 핑계로 계속해서 조사 활동을 했다. 예를 들면, 1919년 7월부터 4년 동안 하이난도를 조사했다.[12] 장뇌 전매 업무와 관련된 업무란 아이펀(艾粉)을 조사하는 작업이었다. 아이펀은 하이난도의 특산품으로 일본인들이 발명한 청량제인 '인단(仁丹)', '천금단(千金丹, 간을 안정시키는데 효능 있음)' 등의 원료로 쓰였다. 그런데 이 아이펀 가격이 폭등하는 바람에 전매국에서는 값이 싼 장뇌정[13](樟腦精, 龍腦)을 아이펀의 대용품으로 사용했지만 용뇌 효과가 아이폰보다 훨씬 못했기 때문에 하이난도를 찾았던 것이다.[14] 특히 전

---

10) 南洋協會臺灣支部,『大支那的眼: 海南島體驗記』, 臺北南洋協會臺灣支部, 1939) 6-16頁.

11) 《上海新聞》

12) 남지나 조사 편람「하이난도 독본」19쪽. 柴山武德『하이난도』9-11쪽.

13) 장나무에서 나오는 진으로 만든 것으로, 강심제, 동상, 옴, 버짐, 문둥병으로 열이 나는 것 등에 치료제로 쓰임.

14) 대만 총독부 조사과『하이난도 상황2』(타이베이, 대만 총독부 1921년) 119쪽. 後藤元宏『남지나해의 대보물고의 한 곳 하이난도』(도쿄 무도사武道社 1932년) 172쪽.

매국에서 파견한 무라가미 캇타(村上勝太)는 1919년 7월부터 1922년 3월 대만으로 돌아올 때까지 3차례나 하이난도를 조사했는데, 체류기간이 거의 2년이나 되었다. 그 조사 복명서를 총독부 조사과에서는 1922년에『하이난도 사정 3』이란 표제로 출판했다.[15]

1920년대 초 광동정부와의 공동개발 기획이 무산된 후 대만총독부의 움직임도 잠시 중단됐다. 이때부터 대만총독부 측에서는 하이난도보다 하이난도 이남의 남해 여러 섬의 자원 예를 들면 시사군도(西沙群島)의 인광(燐鑛)에 눈독을 들이고 중국인·대만인들을 합작하는 식으로 이용하여 경제적 이익을 꾀했다.[16] 이처럼 비록 1920년대와 30년대 초기 대만총독부는 하이난도에서 실질적인 이익을 보지는 못했지만, 하이난도에 대한 관심은 날로 증폭되어 갔다. 특히 일본 해군이 남진을 위해 하이난도의 지리적인 위치를 중시하기 시작하였는데, 그러던 중인 1936년 9월 3일 광동성 남부의 북해(北海)에서 일본인이 살해되는 사건이 일어났다. 그러자 일본 해군 군령부에서 '남양왕(南洋王)'이라는 별명을 가진 나카하라 요시마사(中原義正)가 이 분규를 이용하여 즉시 "북해사건(北海事件) 처리 방침"을 작성하였는데, 향후 중일전쟁이 지구전이 될 수 있으므로 "이번 상황을 이용하여 하이난도를 반드시 점령해야 한다"고 확실하게 밝혔다. 이러한 해군 측의 견해에 대해서 이시하라 간지(石原莞爾)를 우두머리로 하는 육군이 찬

---

15) 대만 총독부 조사과『하이난도 상황3』(타이베이, 대만 총독부 1921년).
16) 남해 제도 섭외 관계 일람표는 한쩐화(韓振華)가 책임 편집을 맡은『우리나라 남해 제도 사료 편람』(베이징: 동방출판사 1988년) 부록 부분을 참고하라.

성하지 않는 바람에 하이난도를 점령하려는 계획은 일시 좌절되었다. 그러나 해군에서는 비록 이 계획을 실현시키지는 못했지만, 해군 고급장교를 대만 총독에 앉히려는 계획은 이룰 수 있었다.[17]

이후 1938년 4월 일본 해군은 대만에 해군 무관부(武官部)를 개설하고, 후쿠다 료죠(福田良三) 소장이 무관장(武官長)을 맡았다. 그는 '총독부 교요가카리(御用掛)'라는 신분을 겸하고, '남지나 남쪽 해양' 조사에서 많은 경험을 가지고 있는 총독부 관원과 함께 "남지나 산업 개발 강령", "광저우 처리 방침", "산터우(汕頭) 처리 방침", "하이난도 처리 방침", "남방 외 지역 통치기구 확충 강화 방침" 등 일련의 중국 남부지역에 대한 대처 정책을 기초했다. 그중에 있던 '남방총독부' 설치 방안에는 대만 총독이 남방 총독을 겸한 다음, 대만 총독, 남양청(南洋廳) 장관 및 해남청(海南廳) 장관을 감독하고 지휘하는 계획이 들어 있었다. 그리고 하이난청이 관할하는 범위는 "하이난도, 도사도(東沙島), 시사도(西沙島) 및 신남군도(新南群島)"라고 밝혔다.

이중의 "하이난도 처리 방침"에는 첫머리에 그 요지가 분명하게 밝혀져 있다.

　　"하이난도의 군사적, 경제적 중요성, 그리고 지리적, 사회

---

17) "1936년 3월에 설립된 '해군 정책과 제도 연구 조사 위원회'라는 기구는 해군 차관 하세가와 기요시(長谷川淸)가 위원장을 맡고, 해군이 남진함에 있어서 '대만을 중심'으로 하는 것과 '영국에 대항'하는 두 가지에 초점을 두었다. 또한 대만 군사령부에서 해군 장교가 총독을 맡는데 대해 의려를 가지기는 했지만, 하세가와 기요시가 대만에 남진론(南進論) 풍조를 고취하면서 열심히 활동한 덕에 고바야시 세이조(小林礒造) 예비역 대장을 대만 총독에 앉히는데 성공했던 것이다." 角田順, 『일중 전쟁 3』『현대사 자료 10』, 도쿄, 미스즈서방, 1963, 해설 부분.

적 특수성을 감안할 때 이 섬을 처리함에 있어서 당연히 기타 점령지역과는 달라야 하는데, 총체적인 통치권을 확립함과 아울러 제국의 외지에 대한 통치이념을 확충하는 것을 주된 목표로 삼아야 한다. 첫째, 이 섬을 통치하려면 대만을 통치하던 경험을 활용하고, 남방 외지의 일환으로 취급해야 한다. 둘째, 이 섬을 개발하려면 국책을 통해 필요한 자원을 확보해줘야 하며 일본, 만주, 중국의 경제협력을 강화함과 아울러 민생 안정을 도모해야 한다. 셋째, 이 섬을 중심으로 하여 도사도·시사도·신남군도에 대한 지배권을 확립해야 한다. 동시에 대만 그리고 위임 통치 영토를 포괄한 남방 외지를 통일하여 제국의 남방정책을 추진하는 거점으로 만듦으로써 우리나라의 정책을 강화하도록 해야 한다."[18]

여기서 이미 하이난도를 영구적으로 점령해야 하는 지역으로 간주했을 뿐만 아니라, 나아가 일본제국 밖의 지역으로 삼으려 기획했음을 알 수 있다. 다른 지역에서 정치를 시행함에 있어서 대만을 모델

---

[18] 당시 대만군 사령이었던 하타 슌로쿠(畑俊六)는 일기에서 육군 측의 우려를 밝혔다. 육군은, 문관 총독은 통제하기 쉽지만 해군의 무관 총독은 반대로 육군 군사령관과 잘 어울리지 않을까봐 걱정했다. 1936년 7월 1일과 8월 13일 일기를 보면 알 수 있다. 그리고 육군이 해군에 대한 불신임 역시 일기에 분명히 적혀있다. 예컨대 1938년 1월 11일 일기에, 해병대가 칭다오를 점령한데 관한 평론이 나온다. 일기는, '육군이 칭다오를 점령할까봐 걱정하던 중 칭다오에 대항하는 적군이 없는 것을 보고 즉시 해병대를 파견하여 국기를 꽂았다, 이는 훈장을 얻기 위한 싸움이었다.'고 밝혔다. 심지어 한 젊은 장교는 우리 최대 적은 해군이라고 외친 적이 있었다. 伊藤隆 편 『육군 畑俊六 일기』『(현대사료 4』, 東京, 미즈즈서점, 1983)

로 삼아 경제를 발전시키는 것이 일본제국의 그룹경제를 발전시키는 일환이라고 간주하면서 경제권에서 필요한 것을 보충하려 했던 것인데, 하이난도 또한 이러한 방침에 의해서 경영되었다. 즉 "하이난도 원료자원 개발 방침은, 대만이 처리할 수 있고, 대만 산업화에 도움을 줄 수 있는 원칙을 채택한다"고 한 방침 같은 것은, 일본과 식민지 대만의 경제관계를 대만과 하이난도에도 도입하려는 생각이었음을 알 수 있다. 하이난도를 특수화해야 한다는 견해는 1938년 1월, 대만 척식회사 가토 쿄헤이(加藤恭平) 사장이 제안한 "대만 주식회사의 남지나 개발에 대한 희망"이라는 의견서에서 구체화 되었다. 즉 대만척식회사 사업기획을 푸젠(福建)성과 하이난도 두 부분으로 나누어 설명했는데, 그는 제안서에 다음과 같이 밝혔다. "푸젠성은 일본군이 점령하기 전에 일본 측이 중대한 재산상의 손실을 보았으므로 일본에 특수한 권익이 관계되어 있는 지역이다. 그러므로 반드시 거액의 손해 배상을 요구해야 한다. 그 방식은 '괴뢰 정권을 수립하고, 푸타(福大)회사에서 총괄해야 한다"고 했다. 하지만 광동성과 일본은 조약을 맺은 적이 없는 특수한 관계였고, 게다가 영국이 광동성에 대해 절대적인 실력을 가지고 있었기 때문에 하이난도에 괴뢰정권을 수립한다는 것은 푸젠성처럼 그리 쉬운 일이 아니었다. 그러나 당시 일본 입장에서는 하이난도를 세력 범위에 넣지 않으면 안 되었다. 하이난도를 점령하면 하이난도의 풍부한 농업자원, 임업자원, 광산자원을 개발하는데 도움이 될 뿐만 아니라, 일본의 국책인 남진정책에도 부합되어 국방, 군사, 남방 경영에 모두 중요했기 때문이었다. 그리고 산업적으로도 하이난도를 일본의 국토에 편입시키는 것이 최상의 방법이었다. 그러나 이를 위해서는 영국과의 국교를 고려하지 않으면 안되었기에, 독립적인 자치정부를 수립한 다음 친일파들로 하여금 괴뢰정부를 편성토록 해야 했고, 산업, 금융, 기타 하이난도(海南島) 개발시설에 관해서는 대만척식회사에 전부 위임하여 경영토록 해야만 했다.[19] 이는 대만총독부가 대만경험을 하이난도에 보급하려고 했던 절박한 심정을 잘 드러낸 것이라 할 수 있다. 그러다가 결국 1939년 2월 10일 일본 해군이 주도하는 가운데 대만혼성여단과 연합하여 하이난도 북안의 하이커우(海口)를 침입하였고, 그런 후 4일 후에는 최남단에 있는 산야(三亞)까지 점령하였다. 당시 이 지역을 지키던 중국 측 부대는 거의 저항도 못한 채 산 속으로 도망치고 말았다. 이렇게 해서 하이난도는 일본이 패전할 때까지 6년 동안 일본의 점령 하에 놓이게 되는데, 이처럼 하이난도를 점령하기 위한 대만총독부의 야욕이 얼마나 집요했었는가를 이상의 설명을 통해 엿볼 수 있을 것이다.

Ⅲ. 대만경험이란 무슨 의미인가?

1895년 일본이 대만을 접수한 이후 대만을 통치하면서 누적해 온 정치, 경제, 사회, 산업 등 각 방면의 경험을 소위 '대만 경험'이라고 말한다. 유명한 경제잡지인 『다이아몬드(ダイヤモンド)』의 기자인 이시야마 겐기치(石山賢吉)는 소위 '대만경험'에 대해 깊이 있게 관찰하여

---

19) "海南島處理方枕" 全文은 角田順이 海雪한 『日中戰爭 3』 451-463頁參考.

말한 바 있다.

"일본은 하이난도를 점령하자마자 곧바로 대만을 중시하기 시작했다. 왜냐하면 하이난도를 통치할 때 대만 통치의 경험이 매우 효과적일 것이라고 생각했기 때문이었다. 간단히 예를 들면 순사의 경우 일본 내지에서 온 자들보다 대만에서 채용한 순사들이 훨씬 효과적이었기 때문이었다. 왜냐하면 그들은 기후에 습관이 되어 있었고, 중국인을 다루었던 경험이 있기 때문이었다. 노동자 또한 대만인들이 아주 적합했다. 농작물 재배방면에서도 대만의 경험에 따라 응용될 수 있었기 때문이었다. 이번 하이난도에 대한 개발은 우리 해군 당국은 자본과 기술자를 활용함에 있어서 경험이 있거나 실력 있는 자를 환영한다는 방침을 세웠다. 그리하여 우리 해군은 이러한 방침에 따라 하이난도 토지를 나누어주었는데, 그 결과 모두 30여 개 회사에 하이난도 개발을 지정 분담해 주었다. 그러나 이들 회사의 하이난도에 대한 개발은 그리 열정적이지 않았고 단지 기회만을 엿보고 있을 따름이다. 왜냐하면 그들의 경험은 모두 내지에서의 경험이기 때문에 열대 농업에 대해서는 잘 몰랐으므로 전혀 손을 댈 수가 없는 것이다. 그러나 그중 가장 특출한 회사가 있으니 바로 대만척식회사이다.

대만척식회사는 이미 시험 재배를 해봤고 정지작업도 한 바 있어 그 성적이 아주 뛰어났다. 이러한 대만척식회사의 경험은 하이난도 내의 모든 면에서 아주 유용하다. 여러 가지 대만 경험은 하이난도를 개발하는데 있어서 얼마나 많은 작용을 할 수 있는지 모르겠지만, 대만을 통치하면서 고심하며 얻어낸 것이기에 그만큼 보답을 할 것이기에 대만은 남진기지를 건설하는데 온 힘을 다해야 하는 사명을 가지고 있다고 할 것이다."[20] 이를 보면 일본의 대만경험이 새로운 점령지에 대해 얼마나 크게 작용했는지를 알게 해준다. 그러면 이러한 '대만경험'이란 과연 어떻게 얻어질 수 있었고, 축적되어 질 수 있었는가? 본고에서는 이를 쉽게 납득시킨다는 관점에서 세 가지 측면으로 요약하여 설명하고자 한다. 첫째는 일본정부가 대만총독에게 군사집권 독재 전제를 할 수 있는 권한을 주었기에 '대만경험'을 얻을 수 있었다고 본다. 둘째는 다양한 방면에서의 특수 업무를 수행하는 경찰기관을 설립하여 공포통치를 통해 저항세력을 봉쇄함으로써 자신들의 계획을 추진해 갈 수 있었기 대문에 '대만경험'을 축적할 수 있었다고 본다. 셋째는 이들 두 가지 목표를 효과적으로 달성하기 위해 "대만으로써 대만을 다스린다(以台治台)"는 정책을 실시했다고 본다. 이 정책의 주요 방법은 바로 엄밀한 보갑제도(保甲制度)와 연좌법(連坐法)이었다. 먼저 일본정부는 대만에서의 식민통치를 효과적으로 실시하기 위해 대만총독에게 행정·군사 면에서의 최고 권력을 주었다. 이는 일본의 내각총리대신인 이토 히로부미가 반포한 "부임 시의 정치대강에 관한 훈령"에 의거하여 대만총독에게 최고의 전제 독재정치를 실행할 수 있는 특권을 줌으로써 가능하게 됐던 것이다.[21] 이 훈령은 일본이 대만을 통치하는데 필요한 기본방침을 규정한 것이었고, 특히 대만 총독에게 군정(軍政)방면의 지고지상의 직접통치권을 규정해 주

---

20) 石山賢吉, 『紀行滿洲臺灣海南島』, 동방, ダイヤモンド社, 1942, 588-590.
21) 外務省編, 《日本外交文書》第28卷, 第2冊, 日本國際聯合會, 1981, 553頁.

었다는 점에 특징이 있다. 이러한 직접통치권이란 유사시, 즉 대만인들의 저항이 있거나 식민통치를 위해 특단의 조치가 필요할 때면 본국정부에 보고하지 않고 총독 자신이 독단적으로 처리할 수 있는 권력을 말하는데, 거기에는 군대를 동원하여 무력을 사용해도 된다는 내용이 포함되어 있었던 것이다.[22] 거기에다 이 훈령에 포함되지 않은 내용이라도 필요한 경우에는 총독이 결단을 내릴 수 있는 권한까지 허락하고 있는 것이다.[23] 이는 대만총독이 입법·사법·행정·군사 각부문에서 독재자로서의 권력을 인정했던 것인데, 이는 말할 것도 없이 대만에서의 식민통치를 강화하라는 특수한 사명을 부여해 준 '특수정책'이었다는 점을 대변해 주는 것이다. 이러한 규정에 의해 대만에 대한 식민통치 50년 동안 임명된 19인의 총독은 《비도징벌령(匪徒懲罰令)》, 《대만감옥령(臺灣監獄令)》, 《범죄즉결령(犯罪卽決令)》, 《대만형사령(臺灣刑事令)》 등 총 466건의 율령을 반포했는데, 이들 법령에 의해 일제에 저항하는 대만인들은 부지기수로 처형당했거나 징역을 살아야 했던 것이다.[24]

둘째는 일본 국내에서 실시하던 경찰통치제도를 대만에 이식했다는 점이다. 그것은 은밀하게 식민통치 질서를 안정화시키는 효과를 건립하기 위함에서였다. 일본은 대만 점령 후 중앙과 지방에 경찰통치기구를 건립했는데, 점차 그 규모를 확대해갔다. 먼저 대만총독부 내

22) 黃昭堂, 《臺灣總督府》, 敎育史, 1981年版, 212頁.
23) 外務省編, 《日本外交文書》 第28卷, 第2冊, 日本國際聯合會 1981年版, 553頁.
24) 陳碧笙, 《臺灣地方史》, 中國社會科學出版社, 1982, 224頁.

에 내무부를 설치하여 대만의 경찰사무를 전문적으로 관리하는 중앙기구로 삼았다. 동시에 주요 현에 경찰부(警察部) 및 경찰과(警察課)를 설치하여 지방의 통치기구로 삼았다. 그리고 중요한 특수지역에는 경찰서를 설치하여 관리했다. 그리고 이들 기구에 경찰 인수를 대폭으로 증가시켜 갔다. 예를 들면 1896년에는 대만 전지역에 경부(警部) 230명, 순사(巡査) 1,387명이 있었는데, 1년 후인 1897년에는 경부 250명, 순사 3,100명으로 증가했던 것이다. 1901년부터는 대만의 각급 경찰 제도를 더욱 완전하게 조직했다. 그것은 경찰 직무를 보통행정사무를 맡는 경찰과 경찰업무를 전문적으로 보게 하는 경찰의 사무기능을 명확히 구분시켰던 것이다. 이는 식민통치질서를 강화시키기 위해 경찰기능을 특화시키려 했던 것이었음을 알 수 있다. 또 다른 하나는 지방행정을 관리하기 위해 기구를 조정하기 위함에서였다. 즉 당시까지 경찰조직이 없던 작은 행정구역까지 경찰기구를 두어 관리하게 하고, 경찰의 직능을 전문화시켜 각종 부문을 간섭하고 감시 통제케 했던 것이다. 예를 들면 경무국에 경찰비행기반·조사반 등을 설치하여 긴급사태에 대응할 수 있는 능력을 키우려 했던 점에서 알 수 있고, 특히 1931년 9.18사변 후에는 사상경찰과 경제경찰을 설치하여 대만민중에 대한 사상통제 및 대만경제의 관제검사(官制檢查)를 강화하였다는 점에서 경찰조직의 확대목적을 알 수 있는 것이다. 이렇게 증가한 경찰기관 및 경찰인수는 1901년 1,043개소, 10,043명이었는데, 이후 점점 늘어나 가장 많을 때는 1,612개소 18,000명까지 이르렀던 것이다. 이처럼 일제가 대만의 식민통치를 위해 실행했던 정책은 바로 '경찰정치'였던 것이다.[25] 일제가 대만의 경찰기관을 통해 식민 통치질서를 강화하기 위해 취한 공포적 수단에는 몇 가지 형식이 있었다. 첫째는 항일하는 민중들에 대해 무장진압을 함으로써 수천 명의 희생자를 내게 했고, 둘째는 대만 각계의 민주인사에 대해 구금, 체포, 감금 등을 통해 정치활동을 탄압했는데, 특히 이를 위해 '치안 경찰법'을 만들어 이를 위반할 경우 위와 같은 방법으로 탄압하여 철저히 정치활동을 억압하였던 것이다. 이러한 일제의 행위에 대해 대만 민중들은 '치안경찰법 위반사건'이라고 비난했다.[26] 셋째는 사상을 감시하고 통제했다는 점인데, 이를 위해 신문과 출판물에 대한 엄격한 관리통제를 실행했다. 이를 위해 '고등경찰관'을 설치하여 전적으로 대만민중의 반일사상 정서를 감시하고 통제했다. 넷째는 명목이 번잡하기 그지없는 각 분야의 전문경찰을 두어 식민통치를 강화했다는 점이다. 그 종류는 형사, 교통, 치안, 경제, 외사(外事), 호적, 위생 등 10여 종에 이르는데, 이들 전업경찰들은 각자의 영역에서 책임지고 식민통치를 보조했던 것이다.[27] 1942년의 통계를 보면, 대만경찰기관이 법정에 재판을 송부한 대만 평민의 위법사건은 총 42만 건에 이르고 있는데, 이를 통해 일본경찰의 대만 민중에 대한 탄압이 얼마나 혹독했었는지를 알 수 있다. 그러나 대만에서의 식민통치 질서를 안정시키기 위해 아무리 혹독한 통제와 탄압을 가해도 일제 식민

---

25) 中央設計局臺灣調査委員會編,《日本統治下的臺灣警察制度》, 中央訓練團, 1945, 3頁.
26) 《臺灣事典》, 南開大學出版社, 1990, 144頁.
27) 臺灣總督府法務部編,《臺灣匪亂小史》, 臺南新報支局, 1930, 第7章, 第1節.

통치자들이 생각하는 만큼 효과를 거두는 데는 한계가 있었다. 그래서 일제식민통치자들이 생각해 낸 것이 바로 "대만으로써 대만을 다스린다"는 '이대치대(以台治台)'의 정책이었다. 그 방법으로써 특히 중시했던 것이 보갑제도였다. 1898년 8월에 대만총독은 '보갑조례(保甲條例)'를 규정하여 전 대만인들을 압박하였다. 이러한 보갑제도란 토지관계나 가족관계를 이용하여 10호를 1갑(甲)으로 하고, 갑장(甲長) 1인을 세웠으며, 10갑을 1보(保)로 했고, 보정(保正) 1인을 두었다. 보정과 갑장은 위법행위가 없는 양민을 선발하여 세웠는데, 이들의 직책은 경찰기관에 협조하여 사회의 치안질서를 유지케 하는 책임을 지어야 했다. 그리고 보갑에 소속된 매호 별 호적을 정리해야 했고, 왕래하는 사람들을 조사 감시해야 했으며, 여기에 소속된 거류민들의 사상과 행동을 감독 관리해야 하고, 세금 수납을 담당해야 했다.[28] 통계에 의하면 1943년 대만 각지에는 6,074 보가, 58,378 갑이 건립되어 있었다.[29] 이들 보갑제도를 위한 '보갑조례'의 규정에서 가장 큰 문제는 서로를 감시하고 자신들이 행하는 모든 일에 대해 보증을 서야 하는 '연좌법' 조항이었다.[30] 이는 대만민중들 사이를 이간질시켜 대만 민중의 화목한 관계를 파괴하여 서로를 감시하고 서로를 고발케 함으로써 서로 원수지게 하여 일제가 식민통치를 하는데 이롭게 작용토록 하였다. 통계에 의하면 1919년부터 1934년까지 대만민중이 연좌법에

---

28) 臺灣總督府編, 《臺灣統治槪要》(一), 臺灣成文出版社, 1985, 83頁.

29) 위의 책.

30) 위의 책, 84頁

의해 연좌되어 혹독한 처벌을 받은 사례는 891건이나 되었다. 이러한 수단에 의해 대만에서 진행된 식민통치는 대만을 자의적으로 유린하는데 아주 편리했고, 대만인들을 노예화 시키는데 매우 적절하여 대만의 재부와 자원을 약탈하는데 효과적이었다. 이러한 통치수단은 그대로 하이난도 점령 후의 식민통치에도 적용되어 대만과 마찬가지로 하이난도 민중에게 고통을 안기고 하이난도의 자원을 유린하는데 큰 작용을 하였던 것이다.

Ⅳ. 하이난도 경영에 응용된 '대만경험'

이처럼 일본정부는 소위 '대만경험'에 의한 하이난도 지배를 극대화하였다.

> "하이난도와 대만 사이에는 아주 일찍부터 많은 교섭이 있
> 었다. 왕년에 남진론을 고취할 때, 선배들은 하이난도의 개
> 발에 대해 상당히 많은 고심을 했다. 점령 후 하이난도를
> 어찌할 것인가?…결국 대만총독부는 군부 측에게 지리상
> 의 각종 유리한 조건을 기초로 하여 하이난도를 친일지역
> 으로 만들기를 요구하면서 '대만경험'을 바탕으로 군부 측
> 의 활동을 대대적으로 지원하였다."[31]

---

31) 南支調査會編,《海南島讀本》, 동경, 1939, 162-163頁.

이는 다시 말해서 군부 측에 모든 권한을 주고 강력한 지원을 통해서 하이난도에서도 대만처럼 확고한 식민통치를 위한 기반을 확보하라는 요구였다. 그러면서 대만총독부 스스로도 인원을 파견하여 군부를 도왔던 것이다. 즉 1939년 2월 22일 광동주재 사무관인 가즈야마 에이이치(數山英一, 총독부 소속 니타 사다오(新田定雄), 박애회(博愛會) 사무를 담당하는 기사 고바야시 요시오(小林義雄)·가와타 고이치(河田幸一) 등을 하이난도에 파견하였고, 대만척식회사 사원 2명, 대만은행 행원 1명을 동행케 하였다. 이에 맞춰 해군·육군·외무 등은 '삼성연합회의(三省聯合會議)'를 하이난도에서 구성하여 회의 후 대만총독부가 분담해 주는 업무에 대해 응급적인 조치를 취하기로 결정했다. 그 내용에는 "① 박애회는 의료방역반을 파견하고, 연구기관에 의원을 부설한다. ② 대만과 하이난도 간 정기항행선을 개설한다. ③ 각종 기본 조사를 실시한다. ④ 열대 산업 실험기구를 설치한다. ⑤ 일본어 학교를 개설한다. ⑥ 영화선무반(映畵宣撫班)을 파견한다. ⑦ 대만척식회사가 건축 사업을 관할하고, 버스사업을 운영한다. ⑧ 대만은행의 하이커우출장소(海口出張所)를 설치한다"는 등의 내용이 들어 있었다.[32] 그러나 이러한 결정은 이미 1938년 대만총독부 내부에서 미리 정해 놓았던 "하이난도처리방침"과 거의 같은 내용이었다. 그런 점에서 대만총독부와 군부는 이미 하이난도 점령을 위한 암묵적인 연계가 있었음을 알 수 있는 것이다. 이러한 결정에 대한 집행은 1939년 4월 1일 총독부 사무관이 탑승한 가운데 처음으로 출항하는

---

32) 臺灣總督府,《支那事變ニ伴ウ對南支施策狀況》, 臺北, 臺灣總督府, 1940, 246頁

정기선 '메나도마루(めなど丸)'가 하이커우(海口)로 가서 총독부사무소를 개설하면서 시작되었다. 이 사무소의 임무는 삼성연합회의 및 기타 파견된 주재기관과 배합하며 일을 처리하고, 박애회 등 총독부 관계 제반 단체 및 시설, 그리고 조사단에 대한 총괄 지휘, 대만은행·대만척식회사·각종 상사 등을 지휘하며 연락을 취하는 일이었고, 관계자들에 대한 지도 알선 등의 사무 및 하이난도에 대한 제반 조사 등을 관장하는 것이었다.[33] 대만총독부는 이러한 응급조치를 관장하여 그 기능을 발휘케 하는 것 외에, "이민족 통치, 열대농림업, 열대의학" 등 영역에서 누적해온 지식경험을 토대로 '남방건설'에 필요한 경우가 보이면 곧바로 관계자들을 투입할 수 있도록 항상 대기시켜 두었던 것이다.[34] 대만총독부는 또한 해군특무부의 '군정요원(軍政要員)'을 파견하여 교육관계, 일본어학교, 농림, 축산, 수산관계, 전매관계, 전기통신관계, 도량형관계, 산업시험장, 식물검사소 등 각 방면을 담당하도록 했다. 이들은 모두 대만에서 식민지행정 경험이 있었던 자들이었다.[35] 따라서 이들 파견된 관원 및 특무부원과 대만총독부와의 연계 상황을 보면 바로 '대만경험'이 하이난도로 수출되어 하이난도 경영을 주도했었음을 자연스럽게 알게 되는 것이다. 그러한 대표적인 것을 예로 든다면 대만총독부의 세수에서 중요한 지위를 차지하던 '전매사업'을 하이난도에서도 시행했었다는 사실을 들

---

33) 위의 책, 246-247頁.
34) 西村德一,〈長谷川總督と齊藤長官〉, (寺崎隆治編,《長谷川淸傳》, 東京, 長谷川淸傳刊行會, 1972), 349頁.
35) 太田弘毅,〈戰前海南島における日本海軍の統治組織〉, 《アジア文化》第7號, 108-110頁.

수 있다. 즉 하이난도에서 아편제도의 확립은 배후에 대만총독부 전매국의 기술지도가 있었다는 사실인데, 이는 하이난도를 대만 아편의 판매시장으로 만들어[36] 그 수입금으로 일본군이 '치안유지'를 하는데 필요한 비용을 충당하려는 의도에서 실시했던 것이다.[37] 대만총독부가 이 아편정책에 적극적으로 협조했던 것은 당연한 일이었다. 이 외에도 대만총독부는 독특한 천연제염기술을 가진 전매국 기사를 파견하여 염전 개발에 협조하도록 하기도 하였다.[38] 대만에서의 '경찰행정' 또한 하이난도로 이식하는 중점항목이었다. 일본군의 요구 하에서 대만총독부는 대만 각 주(州)에서 파견한 경찰 320명으로 하이커우에 경찰대를 조직하여 치안 및 보갑공작에 종사토록 했다.[39] 더불어서 하이커우 외에도 총산(瓊山)에 경찰훈련소를 설치하여 하이난도 상황에 익숙한 현지인들을 채용하여 지도했다.[40] 하이난도 개발 사업을 담당하는 회사들도 대만에서 경험을 쌓았던 회사들이 중심이 되었다. 그중에서도 중심적인 역할을 했던 것은 국책회사인 대만척식회사였다. 그들은 하이난도에서 농림, 교통, 목축, 건축, 제빙 등 다각적인 경영을 통해 많은 재원을 마련하여 식민통치에 필요한 자금을 대었다. 이외에 해군이 지정하여 개발에 참여한 회사들도 대부분이 대만에서 척간(拓墾)을 경험했던 회사들이었다. 그리고 최초의 하이난

---

36) 臺灣總督官房情報課,《大東亞戰爭と臺灣》, 臺北, 1943, 197頁.

37) 江口圭一,〈日中戰爭期海南島のアヘン生産〉,《愛知大學國際問題研究所紀要》97號, 120頁.

38) 臺灣總督官房情報課, 《大東亞戰爭と臺灣》, 앞의 책, 197頁.

39) 海南海軍特務部組成,〈海南島政務概況〉, 外務省紀錄,《支那事變關係一件-占居地內施政關係·海南島關係》10-11頁.

40) 山崎光美, 《海南島一周産業經濟視察記》, 臺北, 臺灣總督府衛生部, 1942, 30-31頁.

도 거류민 1,000여 명도 대만에서 들어왔고, 필요한 물자도 무역을 통제하는 '교역공사(交易公司)'에서 주관했는데, 여기에 관계하는 사람들도 모두 대만에서 온 사람들이었다.[41] 하지만 '대만경험'이 하이난도에서 가장 두드러지게 작용했던 것은 농정사업(農政事業) 및 이와 관계되는 조사사업이었다. 하이난도의 풍부한 자원을 어떻게 개발할 것인가 하는 문제는 대만총독부의 최대 관심사였다. 그들은 처음에는 열대농작물을 중점적으로 재배할 것을 지시했으나, 점차 토양, 기후, 노동력 부족 등의 상황이 심각하여 생산성이 떨어질 것이라는 것을 알고는 대만에서의 경험을 통해 '쌀' '설탕' 중심의 농업으로 전환해 나가도록 명령했다.[42] 이러한 판단은 총독부 식산국 관원들에 의해서 내려졌는데, 바로 '대만경영'에 기초한 판단이었고, 그 결과   하이난도 농업의 방향이 변경되어지게 됐던 것이다. 즉 그들은 하이난도 농정을 조사한 후 '쌀' '설탕' 중심의 농업이 하이난도의 자연조건에 부합할 뿐만 아니라,[43] 대만경험에 의해 볼 때 하이난도에서 농업생산기술을 쉽게 제고시킬 수 있다는 점을 알게 되었기 때문이었다. 이것은 바로 '쌀' '설탕'을 위주로 한 농업 및 이와 관련한 식품공업의 발전이 식민지시기 대만경제의 주축이었던 관계로 이러한 산업경험이 하이난도에 적용되었던 것이다. 그러나 대만총독부의 이러한 의도는 생산성

---

41) 위의 책, 21頁.
42) 野口彌吉, 騰原彰夫, 高橋晴貞이 調査한 《海南島農業調査報告》, 東京, 1940.
43) 대만총독부에서는 1940년 대만척식회사의 陵水농장에서 蓬萊米를 시험 삼아 재배했는데, 결과적으로 수확량과 품질이 좋아 이를 瓊海, 儋縣 등지로 확대시키면서 적극적으로 재배케 하여 식민통치에 필요한 경비를 지원토록 하였던 것도 대만에서의 농업경험이 있었기에 가능했던 것이었다.

제고만을 위한 것이 아니라 전쟁을 하면서 자급자족을 못하고 있던 당시 본국 내외의 상황을 타개하기 위한 고육지책이기도 했다.[44] 이처럼 일제의 대외확장 과정에서 활용된 '대만경험'은 새로운 지역의 식민지 경영에서 큰 작용을 발휘했던 것이다. 하이난도에 포인트를 맞춰서 말한다면, 대만총독부는 외교권을 갖고 있지 않았지만, 일본 본국이 '남진정책'을 확립하기 전에 이미 하이난도에 대해 각종 조사를 실시해왔고, 하이난도를 담당하고 있던 광동정부와 하이난도 진출을 위한 교류를 하는 등 일본정부의 남진정책을 실시하기 위한 기초를 쌓는 과정에서 '대만경험'은 큰 작용을 했던 것이다. 후에 잠정적으로 일본해군과 대만총독부가 함께 정했던 '하이난도처리방침'을 하이난도에서 실행할 때 소위 '대만경험'을 소지한 자들이 맹활약했던 상황이 이를 잘 설명해 주고 있다. 이처럼 일제가 대만에서 경험했던 식민통치 경험은 '대동아공영권'을 건설하는데 실질적으로 큰 도움이 되었고, 하이난도 또한 그러한 포석의 희생지가 되었던 것이다.

V. 마치는 말

일본은 본국 밖의 지역에서 정치를 시행함에 있어서, 대만을 모델로 삼아 경제를 발전시키는 것을 일본제국의 경제를 발전시키는 일환으로 간주하면서 경제권에서 필요한 것을 보충하려 했다. 이런 기본 원칙은 하이난도에도 그대로 적용되어 아주 놀라운 방책이 제안되었

---

44) 鈴木政, 《大東亞に於ける米》, 東京, 白揚社, 1943, 314頁.

으니, 그것은 첫째 주민들의 황민화(皇民化)를 근본 방책으로 했다는 것이고, 둘째는 계획경제를 기반으로 산업발전을 이끌어 가겠다는 방책이었으며, 셋째는 대만경험을 활용하여 모든 정책을 구체적으로 수립하고 운용한다는 방책이었다. 그리고 이러한 방책을 실시하는데 있어서 '대만경험'을 활용하여, 약 10년 사이에 현재의 대만과 같은 수준의 통치 성과를 거두는 것을 목표로 한다고 하였다.[45] 10년 사이에 대만과 같은 '통치 성과'를 이룩해야 한다고 계획한 것은 그만큼 '대만경험'에 대한 자부심에서 비롯되었다는 것을 엿볼 수 있다. 이처럼 '대만경험'을 하이난도에 보급하려는 절박한 심정은 일본정부의 오랜 숙원인 남진정책을 실현할 수 있는 교두보를 마련하자는 것이었고, 하이난도의 풍부한 농업자원, 임업자원, 광산자원을 개발하여 식민지통치 및 전쟁에 필요한 자금을 지원하려는 차원에서 이루어졌던 것이다. 다시 말해서 국방, 군사, 남방 경영, 산업 발전이라는 측면에서 고려하더라도 하이난도를 일본의 국토에 편입시키는 것은 당시 일본의 입장에서 최상의 방법이었고, 편입 후 최대의 효과를 얻기 위해서는 '대만경험'에 의한 경영이 절대로 필요했었다는 사실을 알 수 있는 것이다.[46]

---

45) 角田順 解說『日中戰爭3』 464-465頁.
46) "海南島處理方枕" 全文은 角田順이 海雪한『日中戰爭 3』451-463頁을 參照.

제2편

한국독립운동과 자료

제5장

일제의 식민지법과 식민지재판소의
지역별 특징 연구

- 김승일, 사사가와 노리가츠

제5장
일제의 식민지법과 식민지재판소의 지역별 특징 연구

– 김승일, 사사가와 노리가츠

Ⅰ. 머리말

최근 한일 양국의 관계는 국제가 원하는 방향과는 전혀 다르게 진행되고 있다. 그러나 외면적인 흐름과는 달리 내면적으로는 양국 관계의 보다 친밀함을 원하고 있다. 이는 향후 세계적인 흐름에서 볼 때 동아시아의 역할이 매우 중요하다는 점과, 이러한 관점 하에서 이를 구성하는 중심축인 한중일 삼국의 절대적인 협력관계가 매우 필요하다는 시대적 요구와 깊은 관련이 있다. 그렇기 때문에 이러한 중심축의 보다 강력한 협력을 구축하기 위해서는 현재 서로 간에 갈등의 요인이 되고 있는 역사 인식문제, 그리고 이에 바탕 한 경쟁관계를 해소하지 않으면 안 된다고 보는 것이다. 이를 위해서 최근 다양한 차원에서의 공동연구 및 회의가 진행되고 있지만 이를 해결하기 위한 결정적인 방향은 아직 나타나지 않고 있다. 이러한 상황에서 본인은 오늘날 분쟁의 요인이 되고 있는 일제 침략의 인식문제에 대한 정확한 이해를 갖기 위한 하나의 방편으로서 각 지역에서 행해졌던 일본 식민지재판소의 재판 판결문에 대한 공동연구의 필요성을 제기하고자 한다. 그것은 당시의 재판이 일본인 재판관, 검사, 변호사에 의해서 이루어졌고, 그러한 결과가 판결문으로서 현존하고 있기 때문이다. 이 판결문에는 당시 일본 통치자 및 통치기관의 식민지 지배에 대한 인식이 그대로 담겨 있어, 이를 분석한다면 당시의 식민지 지배가 얼마나 모순이었고, 또한 일본인 스스로가 그러한 모순을 스스로 자백하고 있다는 점에서, 현재의 주관적 역사인식 내지 그에 대한 왜곡을 불식시킬 수 있다고 보기 때문이다. 따라서 이러한 판결문에 대한 법학자, 역사학자, 문화인류학자 등이 공동으로 연구를 진행한다면, 식민지시대에 대한 각국의 역사인식을 종합화 내지 공유할 수 있을 것으로 보이며, 이를 바탕으로 현재 나타나고 있는 쓸데없는 분쟁을 종식시킬 수 있을 것으로 보이며, 나아가 동아시아의 협력을 이끌어 냄으로써 전 인류적 공생의 길을 주도해 나갈 수 있다고 보기 때문이다.

II. 일제 식민지법의 특징

일제 식민지법의 특징을 서술하면 다음과 같다.

첫째, 1918(大正7)년의 공통법(共通法) 제1조는 이 법률이 적용되는 지역을 「내지(內地), 조선, 타이완(臺灣), 관동주(關東州) 또는 남양군도(南洋群島)」로 분류하고 있다. 여기서 우선 「내지」와 「조선」의 구별에 주의할 필요가 있다. 내지라는 것은 일본 본토를 말하는 것이고, 조선이라는 것은 조선총독부가 지배하는 지역을 말하는데, 「내지」에는 가라후도(樺太, 사할린)가 포함되어 있다(동법 제1조 제2항). 따라서 속지주의를 취하고 있음을 알 수 있다.

둘째, 속지주의가 전제되기 위해서는 본토에서 적용되는 법률이 당연히 조선에도 적용된다는 사실이 이해되지 않고 있다는 점이다. 예를 들면 조선형사령(朝鮮刑事令, 1912[메이지45], 제령[制令] 제11호)에는 형사에 관한 사항이 본령(本令) 기타 법령에 특별 규정을 한 경우를 제외하고는 「좌의 법률에 의한다」고 해서, 형법·형사소송법 등 다수의 법률을 제정 열거하고 있다. 중요한 것은 이들 법률에 "의거한다"고 말하고 있다는 사실이다. "의거한다"라는 것에 대해 당시의 학설은 "의거하여 사용한다"라고 설명하고 있다.[1] 그리고 의거하여 사용되는 내지법과 외지법은 그 내용이 같은 것이라 해도 "각각 별개의 법령으로서 독립적으로 통용되었다"라고 이해되고 있었다.[2]

셋째, 본토와 조선에서는 재판소가 독립 별개로 조직되어 있었기 때문에, 같은 법률(예: 치안유지법)이 어디에서나 적용되었지만, 그러나 적용 방식이 달랐다. 치안유지법에 근거해서 말하자면, 본토에서는 사형판결이 없었지만, 조선에서는 사형판결이 여러 개 있었다는 점이다.[3]

넷째, 식민지법의 가장 두드러진 특징으로서 「예심제도」라는 것이 있었다. 이를 구체적으로 살펴보면 다음과 같다.

---

1) 清宮四郎, 『外地法序說』 1944년, 89쪽 이하.
2) 앞의 책, 98쪽.
3) 朴慶植, 『天皇制國家와 在日朝鮮人』 1976년, 103쪽이하 참조.

① 조선형사령에 의거하여 사용된 형사소송법(1890, 메이지23)년)에 의하면, 먼저 공소(公訴)는 기소(起訴)·예심(豫審)·공판(公判) 등 세 단계의 수순으로 나뉘어 져 있었다.[4] 기소는 중죄의 경우 지방재판소 검사가 조사하고, 검사가 조사를 마치면 예심판사에게 예심을 요구했다.[5] 이러한 검사의 청구는 「예심청구」라 하고, 작성된 서면을 「예심청구서」라고 불렀다. 예심판사는 기소에 의해서 사건을 수리할 때는 피고인에게 소환장을 발급한다(형소 제69조). 영장에 의해서 잠닉(潛匿)한 피고인의 수색을 순사·헌병에게 명할 수 있고, 혹은 검사장에게 조사·체포를 청구할 수 있다.[6] 또 직권으로서 사실 발견을 위해 필요한 증거 등을 집취(集取)할 수 있었다.[7] 한편 자백을 얻기 위해서는 공갈 협박 및 속이는 말을 사용하지 않으면 안 되었지만, 피고인에게 심문하고, 그 내용을 읽어서 들려주어, 피고인에게 그 공술이 서로 다르지 않게 하거나 부인하는 것을 물어서 서명날인토록 하고 조서를 작성하였다.[8] 재판소 서기와 예심판사가 서명해서 작성된 조서를 「심문조서」라고 불렀다. 그리고 예심종결을 결정하기 전에 검사의 의견을 요구했다.[9] 예심판사가 예심종결 전에 검사에게 의견을 구하는 서면을 「구의견서(求意見書)」(이것은 검사에게 의견표명을 재촉하는 형식적인 서면)라 하고, 이에 응해서 검사가 예심판사에게 돌려

---

4) 刑訴 제12조, 동 제2장 「起訴」, 제3장 「예심」, 제4편 「公判」 참조.
5) 刑訴, 제62조 제1호
6) 刑訴, 제79조, 80조.
7) 刑訴, 동 91조.
8) 刑訴 제92조, 93조-95조, 103조 등 참조.
9) 刑訴 제161조

주는 서면을 「의견서」라 하며」, 예심판사가 예심종결을 판단하는 결정을 「예심종결결정」이라 불렀다.[10] 예심종결결정에는 사실·적용법조·이유가 첨부되어졌다.[11] 그러나 「주문(主文)」이라고 하는 말은 요구하지는 않았지만, 종종 사용되었기 때문에 실제로 그 결정은 판결의 형식에 따르고 있었다.

② 예심제도라고 하더라도 지방법원의 예심제도와 고등법원특별형사부의 예심제도에는 진행 상황 상에서 약간의 다른 점이 있었다. 즉 지방법원 예심의 경우, 예심판사는 예심종결 결정을 내리기 전에 검사의 「의견」을 구하지 않으면 안 되었지만, 고등법원특별형사부의 예심 경우에는 형사소송법 제7편 제314조에 의해서 고등법원의 예심판사는 고등법원검사장의 「의견」을 들을 필요는 없었다. 물론 대심원을 고등법원과 달리 이해하지 않으면 안 되겠지만, 형사소송법 제7편 제314조에 의하면 대심원의 특별권한에 속하는 사건의 경우 소송 절차로서 대법원장으로부터 명을 받은 예심판사가 그에게 취조를 요할 필요가 없다고 판단했을 때, 소송기록에 「의견」을 첨부해서 대법원에 제출해야만 했다. 그리고 그 예심판사의 「의견」을 받은 대심원은 이후부터 검사총장의 「의견」을 들은 위에서 그 사건을 대심원 공판에 첨부해야만 하는가 아닌가를 결정하지 않으면 안 되었다. 그 때문에 대심원과 고등법원은 그 특별권한에 해당하는 사건에서는 외견상으로

---

10) 刑訴 제163조.
11) 刑訴 제169조.

는 하급심보다도 강한 리더십을 발휘할 수 있었을지도 모른다.

③ 당시의 학설에 의하면 예심제도는 공판전의 절차였고, 피고사건을 공판에 첨부해야 할 것인가 아닌가를 결정하기 위해서 필요한 사항을 취조할 것을 목적으로 하고 있었다고 한다.[12] 그 때문에 예심제도는 한편으로는 복잡한 사건을 밝혀내고, 다른 한편으로는 조사기관으로부터 독립한 재판관이 공평하게 공판준비를 행하여 사건을 다룬다고 하는 점에서 평가되었다. 그러나 강제적인 방법에 의한 조사절차의 연장이고, 또 재판소의 심리수속을 하는 「중간적 제도」였기 때문에, 예심은 폐지되어야 한다고 하는 의견도 있었다고 말하여지고 있다.[13] 그리고 이미 서술한 바와 같이 예심판사는 검사의 기소를 받아 피고인에게 심문을 행하였다. 예심은 비공개로서 비밀주의에 기초하여 구두변론주의를 취하지 않았다. 그 때문에 예심에서 조사와 공판 어느 쪽으로도 갈 수 있는 위험성이 있었다.

④ 그러한 조사 연장과 공판 준비의 양면성을 갖는 예심제도에 기초하여 공판이 전개되었기 때문에, 공판에서는 예심의 조서가 중요하게 되었다. 그리고 재판소 서기가 공판에서의 변론 모습, 심문과 공술의 모양 등 소송 수속에 관한 사항의 일체를 기록하는 「공판시말

---

12) 牧野英一, 『改定刑事訴訟法』 1942 〈1916〉 년, 381쪽 이하 참조.
13) 我妻榮·橫田喜三郎·宮澤俊義編, 『岩波法律學小辭典』, 東京, 岩波書店, 1937년, 1109쪽. 그리고 渡部萬藏, 『法律辭書』, 1926년에서는 「예심폐지론」에 있어서 예심을 불필요로 하는 독일의 의논을 소개하고 있다.

서」가 작성되었다. 「공판시말서」라는 것은 오늘날 구두변론조서에 상
당하는데, 재판장 및 재판소 서기가 서명 날인했다. 판결과 공판시말
서의 원본은 소송기록에 첨부해서 그 재판소에서 보관하고 상고(上
訴)가 있을 때는 그것을 상소재판부(上訴裁判所)에 송부하였다. 서류는
원본 외에도 「정본(正本) 또는 등본(謄本)」[14]이 작성되었다. 「정본」이라
는 것은 「등본」과 다른 것은 아니었다.

Ⅲ. 일제 식민지재판소의 지역별 특징

식민지의 법적 지위와는 상관없는 차원에서 말한다면, 일본의 「외지」
즉 식민지에 몇 개의 재판소가 있었는가, 그리고 이들 재판소의 성격
은 어떠했는가를 아는 것은 일본의 식민지 지배를 위한 방법·의식·
변화 등을 이해할 수 있는 지름길이 될 것이다. 이를 위해서 야마자
키 탄쇼(山崎丹照)의 『외지통치구구의 연구(外地統治機構の研究)』[15]에 기
술되어 있는 내용을 중심으로 그 진상을 알아보자.
　첫째, 한국의 경우를 보면 다음과 같다.
　사법기구은 1910년 한국병탄 이전에 설치된 통감부 시대로 거슬러
올라가는데, 1905년 11월 17일 「제2차한일협약」 체결 후인 1906년 2
월 1일 통감부를 설치하고, 이토 히로부미(伊藤博文)가 초대 통감이 되
었다. 그는 「한국 백폐(百弊)의 근원은 사법과 행정의 혼효(混淆)에 있

---

14) 재판소송법 제21조.
15) 山崎丹照의 『外地統治機構の研究』, 東京, 高山書院版, 1943年.

다,」[16]고 하면서 그것을 폐지시켜야 한다는 구실로 한국 법부(法部)에 일본인 참여관(參与官) 1인, 주요 재판소에 일본인 법무보좌관 또는 법무보좌관보 각 1인을 「용빙(傭聘)」토록 하였고, 「사법사무의 지도유액(指導誘掖)」을 하도록 했다. 그러나 한국의 「적년(積年)의 숙폐(宿弊)」인 「행정·사법의 혼효」는 쉽게 고쳐지지 않았다.[17] 그 후 1907년에 이토 통감과 한국대표 총리대신 이완용(李完用)과의 사이에서 「일한신협약(日韓新協約)」이 체결되었고, 그 제3조에 「한국의 사법사무는 보통 행정사무와 구별할 것」이라고 명기하였다. 이에 의해서 「행정과 사법의 분리」가 실현됐고, 동년 도쿄공소원(東京控訴院) 검사장 쿠라토미 유자부로(倉富勇三郎)를 초빙하여 법무차관(法部次官) 겸 통감부 참사관(參事官)을 맡게 하여 한국의 사법제도 개선사업에 참여시켰는데, 그 결과 「한국에서는 종래의 제도를 일신시키고, 선진국의 범례에 의해서 완비한 재판소를 설치한다는 방침이 결정되었다」. 그리하여 재판소구성법,재판소구성 법시행법(法施行法),재판소설치법 등이 공포되었다.[18] 통감부재판소령(令)은 1910년 한일병탄 후 「간판을 바꾸어」 조선총독부재판소령으로 되었다. 그러나 「내지」의 재판관과 비교해서 신분보장은 「매우 유동적이었으며 협소했다」[19]고 했다. 그러나 야마자키 탄쇼(山崎丹照)가 「행정과 사법의 혼효」라고 평가한 한국의 역사적 실태는 어떤 것을 두고 그렇게 말한 것인지 명확하지가 않다. 그러나

16) 앞의 책, 371쪽.
17) 앞의 책, 372쪽
18) 앞의 책, 372쪽.
19) 앞의 책, 379~380쪽.

식민지에서 행정은 권력을 행사할 수가 있었다. 이러한 상황은 무단 통치를 실행한 상황에 대해 논술하고 있는 나가노 시미즈(永野淸)·다구치 하루지로(田口春二郎)의 『조선행정법요론(朝鮮行政法要論)』[20]을 참조하면 곧 알 수 있다. 이러한 권력적인 행정과 비교해서 사법은 「법」을 지켰는지, 안 지켰는지를 따져볼 필요가 있다. 만일 야마자키(山崎)가 말했듯이 재판에 있어서 재판관의 독립이 가능했다고 한다면, 예를 들어 3·1독립운동에 직면했던 조선총독부재판소는 「법」을 지켰는지, 안 지켰는지를 따져보는 것은 매우 중요하다. 실제적으로 당시 구미 제국도 일본의 근대화를 주시하고 있었는데, 만일 사법은 「법」을 준수하는 것이라고 일본인 재판관들이 의식하고 있었다면, 이것은 3·1독립운동의 재판에 반영되지 않을 리가 없었던 것이다.

3·1독립운동 당시 권력적이었던 군대와 경찰에 의해서 사망한 한국인은 약 7,000여 명이나 되었다. 동시에 단기간에 약 47,000여 명이 체포되어 재판을 받았다. 이때의 판결문이 엄청나게 많이 남아 있다. 바로 이것은 당시까지는 법이 제대로 지켜지고 있었다는 것을 의미하는 것은 아닐까 여겨진다. 세계에서 이러한 독립운동 사건에 대해서 판결한 수가 이처럼 많다는 것은 듣지 못했을 것이다. 이런 점에서 지배자인 조선총독부재판소는 3.1운동 직후까지는 사법이 가지고 있는 바를 관철시켰다는 것을 의미하고 있는 것이다. 따라서 야마자키 탄쇼가 말한 당시 한국에 있어서의 「행정과 사법의 혼효」라는 표현은 잘 못된 평가라고 보여 진다. 그런 점에서 3.1운동과 관련한 수많은

---

20) 永野淸, 田口春二郎, 『朝鮮行政法要論』, 東京, 1915.

판결문은 일제의 잘못된 식민통치를 스스로 진단하고 스스로에게 철퇴를 내렸음을 보여주는 훌륭한 증거라고 평가할 수 있다. 동시에 이들 판결문에는 피고인인 한국인이 스스로의 권리보장과 나라의 독립옹호를 위해서 싸우고 있는 모습을 엿보게 해준다. 그리고 이들에 대해 일본인 재판관은 이러한 한국인의 활동에 대해 「법」에 근거하여 공정한 평가를 내리고 있다. 이처럼 1920년대 초반까지 이루어진 3.1운동 관련자에 대한 판결문은 3.1운동의 비폭력성, 한국인 전체의 독립에 대한 의지, 일제 식민지 정책의 모순 등 여러 가지를 분석할 수 있는 기초적인 자료가 되어, 이를 공동으로 연구한다면 한국과 한국인에 대한 잘못된 인식구조의 원천이 어디로부터 시작되는지를 구명할 수 있는 계기가 될 것으로 본다.

둘째, 타이완(臺湾)의 경우는 다음과 같다.

일본은 1895년에 대만을 일본의 영토로 편입시키고 군정(軍政)을 실시하였다. 그리고 다음 해인 1896년에는 민정(民政)으로 바꾸었다. 그리고 태만총독부 법원조례를 공포하였다. 그리고 일본패전까지 지방법원,복심법원(覆審法院), 고등법원을 두었다. 그 후 1898년에 법원조례가 개정되었는데, 고등법원이 폐지되어 복심법원 및 지방법원의 이심급제(二審級制)로 만들었다. 그리고 총독 재량으로 재판관에게 휴직 명을 내릴 수가 있었고, 검사국(檢事局)은 법원에 부속되어 설치되었으며, 총독에게 직속되게 하였다. 재판관은 5인에서 3인의 합의제(合議制)로 되었다. 그러나 「내지」는 물론 조선도 3심제였기 때문에 타이완에 거주하는 내지인 및 타니완인은 2심제로써 종심(終審)이 되는 불합리한 상황이 되었다. 그리하여 1919년의 개정에서 3심제로 다시 복귀되었다. 그리하여 지방법원과 고등법원이 생겨나게 되었고, 그 고등법원은 다시 복심부(覆審部)와 상고부(上告部)로 나뉘어졌다. 동시에 재판관에 대한 휴직을 시키는 명령도 폐지되었다. 그 판결원본은 약간만 남아 있는데, 판례집으로 인쇄된 것이 현존하고 있는 실정이다.

셋째, 관동주(關東州)의 경우 재판소의 성격 변화를 다음과 같이 시기별로 나눌 수 있다.

① 군정시대(軍政時代, 1905~1906)
② 심리소시대(審理所時代, 1906)
③ 법원시대(法院時代, 1906~1908)
④ 재판령(裁判令)에 의한 2급심제법원시대
   (2級審制法院時代, 1908~1924)
⑤ 일본의 패전까지(1924~1945).

1905년 일러강화조약(日露講和條約) 및 추가약관(追加約款)에 의해서 일본은 관동주의 조차권(租借權) 기타를 취득하자 군정을 끝내고, 민정으로 옮겼다. 사법에 대해서는 1906년 관동주심리소조례(關東州審理所條例[關東總督府令第5号])公布 施行. 최초 재판소가 따롄(大連)에 두어졌다. 시심부(始審部) 및 복심부(覆審部)의 2급심제. 그 후 관동도독부관제(官制)가 공포되었다. 재판사무는 전문적 지식을 가진 사법관이 담당했다. 관동도독부법원령에 의해서 고등법원과 지방법원이 설치됐고, 재판사무중, 경미한 것은 행정관인 민정서장(民政署長)의 권한에 맡겨졌다. 따라서 재판의 정확성과 공정성은 기대할 수가 없었다. 그러면서 서서히 관내주민의 권리사상이 발전하자, 재판사무는 이것을 순연적으로 사법기관에 맡겨야 한다는 필요성을 통감하기에 이르렀다. 그리하여 1919년 6월 칙령 제272호에 의해 관동주재판령을 개정하게 되었다. 이후 재판사무는 모두 법원이 관장하게 되었다. 동시에 종래의 명칭도 변경되어 관동청고등법원 및 관동청지방법원으로 칭해지게 되었다. 그렇다면 재판소의 판결은 어찌되었을까? 1924년 관동주재판령의 개정에 의해 3심제가 채용되어, 주민의 권리이익이 옹호되게 되었다.[21] 그러나 관동법원은 「만주국주차특명전권대사(滿州國駐箚特命全權大使)에 직속」하게 되었기 때문에, 「삼권분립—사법권의 독립—으로 이어지게 되는 현상은, 관동주에서는 구현되지 않았다.」[22]

재판관에 대해서도 「법률소정(法律所定)의 자격을 갖출 필요가 없었고」, 신분상·직무상의 보장도 없었다. 그 때문에 관동주에는 제국헌법이 적용되지 않아 관동주 법원은 「소위 재판소라는 것이 아니었고 그렇다고 특별재판소도 아니었다. 그것은 다만 필요성에 의해 실질적인 재판을 하는 행정기관에 지나지 않았다.」[23] 여기서 생각해 봐야할 문제는 1919년 4월 관동청관제(關東廳官制)가 공포되자 관동도독부관제(關東都督府官制)가 폐지되어 도독(都督)에 종래 육군대·중장(陸軍

---

21) 앞의 책, 401쪽.
22) 앞의 책, 402쪽.
23) 앞의 책, 403쪽.

大·中將)이 임명되던 것이 폐지되었고, 관동장관의 문관제가 확립되었다. 동시에 1919년 6월 칙령 제272호에 의한 재판령이 개정되었는데, 왜 이 시점에서 이들의 개정이 있게 되었는가 하는 점이다. 이러한 문제와 관련해서 당시 일본 본토에서는 한국의 3·1독립운동에 대한 대처가 긴급하게 요구되고 있던 시기였고, 조선총독인 하세가와 요시미치(長谷川好道)가 퇴임했으며, 륙해군대장으로 하여금 조선총독을 담임하게 하는 규정이 폐지되었고, 문관이 총독이 되는 조선총독부기구의 대개정(大改正, 칙령 제386호)이 8월에 행해졌는데, 이러한 것은 모두 하라다카시(原敬) 내각 때 일어난 일이었다. 이처럼 문관제 채용과 거의 같은 시기에 이러한 개정이 이루어졌다고 하는 점에서 볼 때, 한국과 관동주와의 식민지정책을 연계시켜서 비교 연구할 필요가 있는 것이다. 그렇게 함으로서 문관제 채용을 하게 된 이유가 무엇 때문이었는지, 관동주에서 법치주의가 있었는지 없었는지 등을 구명할 수 있을 것으로 본다. 동시에 야마자키 탄쇼가 말했듯이 "단순히 「시세의 추이」[24]였을까?" 하는 점도 검토될 수 있을 것이다.

넷째, 가라후도(樺太, 사할린)에서 실시된 가라후도청관제(樺太廳官制, 1907)는 일반적으로 내지법을 적용하였는데, 재판소의 판결은 어떻게 되었는지, 한국의 경우와 비교해서 공동 연구할 필요가 있다고 본다. 그것은 오늘날까지도 해결되지 않고 있는 사할린 한국인의 이주문제, 국적문제, 보상문제 등과 연계해서 살펴볼 수 있는 문제라고 여겨진다.

---

24) 앞의 책, 401쪽.

다섯째, 남양군도(南洋群島)에서는 남양청관제(南洋廳官制, 1922)가 있었는데, 장관은 그 직권 또는 특별 위임에 의해서 립법권을 행사할 뿐만 아니라, 1년 이하의 징역, 금고, 구류, 200엔 이하의 벌금 또는 과료(科料, 과태료)의 벌칙을 붙이는 것이 허용되었다. 군정시대는 별도로 하고, 1922년에 남양청관제가 실시되면서 동시에 남양군도재판령(南洋群島裁判令)이 공포되었는데, 장관에게 남양청법원이 직속되게 되었고, 여기서 민형사(民刑事)를 취급했다. 2심제로써 고등법원과 지방법원이 있었지만, 제국헌법이 시행되지 않았기 때문에, 법원은 관동청과 마찬가지로 재판소는 아니었다. 이상 일본이 식민통치를 하던 5곳의 재판소 상황을 살펴보았는데, 각 지역마다 그 특징에 맞게 「법」이 운용되었던 것임을 볼 수 있다. 그것은 각 지역의 특성에 따라 구별되게 된 것으로 보여 지는데, 이러한 지역별 특성을 비교하고 일제의 그러한 시각을 비교 연구한다면, 일제의 식민지통치의 성격을 명확히 파악할 수 있을 것으로 보인다. 동시에 이러한 파악을 위해서는 각 지역의 연구자들이 공동으로 연구할 필요성이 있으므로, 이러한 공동연구의 네트워크 구축을 제의하는 바이다.

Ⅳ. 조선총독부 재판소의 특징

다음에는 조선총독부 재판소의 특징에 대하여 설명하고자 한다.

첫째, 3·1독립운동에 즈음하여 조선에서 시행되고 있던 조선총독부 재판소령[25]에 의하면, 조선총독부 재판소는 "조선 총독에 직속한다"[26]고 하였고, 그 재판소는 지방법원·복심법원·고등법원으로 되어 있었다.[27] 그리고 검사국(檢事局)은 재판소에 병치(竝置)되어 조선총독의 관리에 속하였다.[28]

둘째, 고등법원에 대해 주목하면, 고등법원은 지방법원 및 복심법원 재판의 상고심이다.[29] 그런데 그것만이 아니고 본토의 재판소 구성법이 정한 대심원의 특별권한에 속하는 직무도 행하였다.[30] 따라서 고등법원은 통상의 형사사건을 가지고 말하면, 형사부가 재판하고, 특별권한에 속하는 사건에서는 특별형사부가 재판하였다.

셋째, 특별형사부가 다루는 권한을 보면, 1890(명치23)년의 재판소 구성법[31]은 내란죄(형법 제77조)·내란예비죄(형법 제78조)·내란방조죄(형법 제79조)의 예심과 재판을 대심원의 전속적인 관할권에 적용시켰다.[32]

넷째, 고등법원에 대해서 말한다면, 내란죄의 경우는 "고등법원장은 각별(各別) 사건에 관련하여 그 원(院)의 판사 또는 하급재판소의 판사에게 예심을 하도록 명한다"[33]로 되어 있었다. 그렇지만, 내란죄

25) 1909(明治42)년 칙령 제236호.
26) 조선총독부 재판소령, 제1조.
27) 조선총독부 재판소령, 제2조.
28) 조선총독부 재판소령, 제9조, 제1항, 2항.
29) 조선총독부 재판소령, 제3조 제2항
30) 조선총독부 재판소령, 제3조 제3항
31) 조선총독부 재판소령, 제50조 제2항
32) 이하 이들 세 개의 범죄를 총칭해서 내란죄로 불렀다.
33) 재판소구성법 제7조

가 아니고 통상 범죄인 경우에는 조선총독이 지방법원 판사에게 예심을 하도록 명하였다.[34] 따라서 내란죄와 통상의 범죄가 서로 다른 것은 본토의 형사소송법에서도 같았다. 즉 통상적인 범죄에서는 대법원장이 대심원의 판사를 예심판사로 임명했던 것이다.[35] 그렇기 때문에 내란죄에 관해서는 식민지였던 조선에서도 본토의 대심원과 같이 고등법원장이 주도권을 휘두를 수 있게 되어 있었던 것이다. 실제로 고등법원이 3·1독립운동에 관한 사건에서 내란죄 사건을 관리할 경우에는, 고등법원장 와타나베 도루(渡邊暢)가 사건마다 예심판사를 임명하고 있었다.

다섯째, 본토의 재판소구성법에는 없는 것이 조선총독부재판소령에는 있었다. 즉 본토의 재판소구성법 제44조 제2항은 대심원장의 권한에 대해서 다음과 같이 정하고 있다.

"대심원장은 대심원의 일반 사무를 지휘하고 그 행정사무
를 감독한다."

이에 비해서 1909(明治42)년 칙령 제236호의 조선총독부 재판소령은 다음과 같이 정하고 있다.

"고등법원장은 조선총독의 지휘감독을 계승하고 그 원(院)

---

34) 재판소구성법 제6조
35) 재판소구성법 제55조.

의 행정사무를 장악 관리한다."[36]

즉 고등법원장은 대심원장과는 달리 상급기관으로서 조선총독의 지휘감독을 받으면서 고등법원의 사법행정사무를 행하였다. 따라서 고등법원의 사법행정사무는 조선총독으로부터 독립해서 결정을 내리지 못했던 것이다. 그 때문에 어느 재판관을 어느 사건 어떤 법정에 배치할 것인가 하는 것은 조선총독의 지휘감독 영향 하에 있었다고 말할 수 있다. 그러나 반대로 해석해 보면 사법행정사무가 아닌 재판 자체에 대해 말한다면, 재판소 구성법과 마찬가지로 조선총독부 재판소령도 재판관이 개개의 사건에서 어떤 판결을 내려야만 할 것인가를 지시할 수 있는 근거를 제공하지는 못했음을 알 수 있다. 따라서 판결을 내리는 재판이라고 하는 기능적인 측면으로 좁혀서 말한다면 사법권의 독립이 존재할 가능성은 있었다고 생각된다. 즉 판결을 내려버리면 총독이라 할지라도 그것을 뒤엎을 방법은 없었던 것이다. 그 때문에 재판이라고 하는 것의 성질상 고등법원이 반드시 총독 혹은 검사의 의향에 연연하지 않고 판결을 내릴 수 있는 여지가 있었음은 당연했다고 말할 수 있다.

V. 마치는말

이상의 내용을 종합해서 일제의 식민지재판소 운용과 판결이라는

---

36) 조선총독부 재판소령, 제12조 제2항.

의미를 생각할 때, 다음과 같은 마치는말과 문제점을 제시할 수 있을 것이다.

첫째, 이들 식민지에 설치한 재판소는 오늘날 일본에 없는 재판소였다는 점에서 볼 때, 엄밀하게 말해서 식민지재판소는 크게 두 종류로 나뉘어 진다. 하나는 제국헌법의 적용을 전제로 하였다는 점이다. 타이완·조선·가라후토의 재판소가 그런 류에 속한다. 그런 점에서 식민지를 통치하기 위한 새로운 법이 만들어지기까지, 한국의 경우 적어도 1920년 상반기까지는 법치주의가 행해졌다고 볼 수 있다. 이것은 아마도 당지의 피식민지 사람들의 저항이 있었다는 것을 의미하기도 한다. 다른 하나는 제국헌법의 적용을 전제로 하지 않았다는 것인데, 관동주·남양군도가 그런 경우이다. 이곳에서는 법치주의가 행해지지 않았다고 할 수 있다. 이처럼 법치주의가 없었다고 하는 것은 전제적인 강권지배가 통했기 때문이 아닌가 여겨진다.

둘째, 그러나 시간이 흐르면서 모든 식민지 지역에서 강권지배가 나타났는데, 이러한 상황 하에서의 재판 실태는 어떻게 진행되었는지를 분석해야 할 것이다. 그러기 위해서는 강권지배가 나타나기 이전의 상황과 어떤 차이가 있는지를 비교 연구해야 할 것이고, 동시에 공동연구로써 논의되어져야 할 것이다.

셋째, 만일 이상과 같이 말할 수 있다고 한다면, 한국에 있어서「행정과 사법의 분리」라는 시점은 지배자 내부에 있어서 강권적인「행정」과 법치주의적인「사법」의 차이, 혹은 이들 양자 간의 모순을 명확히 해주는데 도움이 되지 않았을까 여겨진다. 그리고 3·1독립운동의 판결은 이러한 양자 간의 모순을 해결해 주는 중요한 역사적 자료가 된다는 점에서 향후 주목할 필요가 있다. 동시에 피지배자인 한국인이 식민지지배를 끝내겠다는 저항을 증거해 주는 역사적 자료이기 때문에, 일본 역사가들의 일반적인 인식인 "3.1운동은 폭력운동이다"라고 하는 인식을 바꿀 수 있는 근거가 될 수 있을 것으로 본다.

제6장

국가기록원 소장 3.1운동 판결문의
가치와 보존 상황

- 김승일, 사사가와 노리가츠

제6장
국가기록원 소장 3.1운동판결문의
가치와 보존 상황

- 김승일, 사사가와 노리가츠

I. 머리말

동아시아사 연구 및 상호협력이라는 차원에 있어서의 화두는 역시 "과거문제를 어떻게 매듭지을 것인가?" 하는 문제일 것이다. 이를 위해 공동역사연구위원회가 만들어지고 오랜 기간 토론과 의견교환을 해 왔지만, 역시 결과물을 내지 못하고 있다. 설혹 마치는말을 냈다고 할지라도 결국은 자신들 의견 중심으로 결과물을 발표하고 있는 상황이다. 이러한 상황에서 역사학자들이 할 수 있는 일은 과거의 역사적 사실에 대한 객관적 평가를 내리는 길 뿐이다. 그런 차원에서 판결문이 가지고 있는 의의는 대단히 중요하다고 할 수 있다. 특히 3.1운동이 끝나는 1920년대 초까지의 판결문은 이러한 연구를 위해서 가지고 있는 가치는 매우 중요하다. 왜냐하면 이때까지의 모든 판결이 일본인 재판관, 일본인 검사, 일본인 변호사, 일본인 서기 등에 의해서 재판이 이루어졌기 때문에, 그 최종 판결문에 나타나는 결정을 통해 당시 사건의 진정한 의미를 알 수 있기 때문이다. 다시 말한다면, 1920년대 초 이전까지 식민지 한국에서의 재판은 일본 내지

방법으로서의 한국독립운동사 연구

법(국내법)에 의해서 재판이 이루어졌다. 그렇기 때문에 일본 내지법에 의한 판결은 내지인과 피식민지국인 모두에게 일괄적으로 적용되어, 객관적인 재판이 이루어졌다고 볼 수 있기 때문이다. 예를 들어 일본 내지법에는 "국가의 독립을 위해 일어나는 시위행진이나 독립운동은 정당한 행위로써 구속받지 않는다"는 의미의 내용이 들어있었기에, 비록 일본인 재판관, 검사, 변호사 등에 의해 재판이 진행되었어도 모두 풀려나올 수 있었기 때문이다. 그러다가 독립운동을 억제할 수 없는 상황에 이르자 사안별로 죄를 인정하는 제령(制令)을 만들어 독립운동을 탄압하기 시작했던 것이다. 그렇기 때문에 이 시기에 내려진 3.1운동 관련 판결문을 분석 연구하게 되면 일제의 식민지지배 성격을 이해할 수 있고, 동시에 3.1운동이 왜 비폭력운동인가를 알 수 있는 단서가 되는 것이다. 이러한 연구를 함으로써 각국이 가지고 있는 역사적 반목을 조금이라도 바꿀 수 있는 계기가 될 것이고, 그러한 역사인식의 변화를 통해 동아시아의 협력을 도모할 수 있지 않겠나 하는 것이 본 연구가 목적하는 바이다. 따라서 이러한 판결문이 현재 어디에 어떻게 존재하고 있고, 동시에 이를 사용하기 위해서는 어떠한 이해가 필요하며, 역사연구자들이 비교적 덜 활용하고 있는 이 판결문을 적극적으로 활용할 수 있는 계기를 제공하고자 하는 것이 본 논문이 목적으로 하는 바이다.

Ⅱ. 기존 3.1독립운동 판결 모음집의 성과와 문제점

3·1독립운동의 재판과 관련한 선구적 업적 물로는 한글로 이병헌 (李炳憲)이 편집 출판한 『3·1운동비사(秘史)』가 있다.[1] 이 자료집은 학술사적으로는 일본에서 강덕상(姜德相)이 편집 출판한 『현대사자료』[2] 와 김정명(金正明)이 편집한 『조선독립운동 I 』[3] 이치가와 마사아키(市川正明)가 편집한 『3·1독립운동』[4] 등과 함께 이 방면 연구의 원형이라고 할 수 있다. 한국과 일본에서 1950년대부터 공간되기 시작한 이들 연구는 출전(出典)이 명시되지 않았다. 그 원인에 대해서는 잘 모르겠으나, 당시의 시대상황과 무관하지 않을 것으로 짐작된다. 그러나 어떤 식으로든 이들 자료집들도 나름대로의 방법을 통해 원전에 근거해서 편집되었다고 생각되기에 이들 자료집에 수록된 내용은 올바르다고 하겠다. 실제로 이들 자료집은 그동안의 연구에 많은 공헌을 했기에 높이 평가되어 왔다. 한국에서 이병헌 편저인 『3·1독립운동비사』가 출간된 때부터 30년 가까이, 그리고 강덕상과 김정명의 연구로부터 20년이 지나서야 한국에서는 국사편찬위원회에서 출간한 『한민족독립운동사자료집』이 등장했다. 국사편찬위원회는 원래 일본어로써 필사한 원자료(일본어 초서[草書]로 쓰여짐)를 기초로 해서 각 권 전

---

1) 李炳憲編著『三·一運動秘史』時事時報社出版局(1959)
2) 姜德相編著『現代史資料(26/朝鮮2)』みすず書房(1967)
3) 金正明編著『朝鮮獨立運動1分冊/民族主義運動篇』原書房(1967).
4) 市川正明編著『三·一獨立運動/朝鮮獨立運動·別卷』原書房(1984)＝市川編『三·一獨立運動』(金正明＝市川正明)

체를 한글로 번역하여 실었고, 뒤에는 일본어로도 번역하여 싣는 대역(對譯) 방법을 취했다. 그러나 국사편찬위원회에서도 원 자료를 보유하고 있으면서 출전을 명시하지 않았다. 그렇게 한 이유 또한 이전의 연구가 그랬던 것과 무관하지 않다고 본다. 이처럼 이병헌 편저의 『3·1운동비사』 및 강덕상, 김정명의 편저, 그리고 국사편찬위원회의 자료집이 긴 시간적 간격이 있음에도 불구하고 출전을 명시하지 않고 있다는 것은 이들 자료들이 재판자료라고 하는 특수성 때문일 것이라고 보여 진다. 즉 경찰조서·보석청구(保釋請求)와 기각결정(棄却決定)·예심청구서(豫審請求書)·검사의견서·검사의 고등법원에 대한 예심청구서·예심신문조서(豫審訊問調書)·예심재판관(豫審裁判官)의 검사에 대한 구의견서(求意見書)·공판시말서(公判始末書, 公判記錄)·예심종결결정(豫審終結決定)·고등법원장(高等法院長)의 예심재판관 임명·고등법원예심판사의견서·예심청구에 대한 고등법원의 약간의 결정·지방법원·복심법원·고등법원의 약간의 판결 등을 법학적 견지에서 볼 때, 이들 연구의 주요한 대상은 당해 재판소가 최종적으로 판결한 것과는 달리 그 판결을 산출하기까지의 과정에 있어서의 여러 가지 조사서류 및 공판시말서라 할 수 있는 소위 재판과정에서 필요한 모든 자료들을 망라하고 있다는 점이다. 이처럼 이=강=김=국사편의 연구는 최종 판결을 위주로 체계적으로 재판 진행과정에서의 자료를 수록해 놓은 것이 아니라, 자신들의 구상대로 독자적으로 수록해 놓았기 때문에 출전을 명시하지 않았던 것으로 볼 수 있다. 따라서 이들 연구들은 나름대로의 독자성은 가지고 있다고 볼 수 있으나, 각 판결의 성격을 조명하는데 필요한 예심에서 고등법원 판결까지의 판결의 흐름을 알기에는 한계가 있는 선에서 집록된 것이라 할 수 있다. 이런 상황에서 주목되는 선행연구로는 『독립운동사자료집』 제5집 『3·1운동재판기록』이 있다.[5] 이것은 원래 일본어로 쓰여 진 조선총독부재판소의 판결을 한글로 번역해서 수록한 것인데, 그 때문에 원본과 일치하고 있는지 어떤지, 그리고 한글번역이 적절하게 됐는지 안 됐는지에 대한 문제점을 안고 있다.[6] 그러나 이들 문제보다도 주목해야 할 것은 『독립운동사자료집』이 일본 식민지시대의 판결을 실제로 많이 수록하고 있다는 사실이다. 그러나 이 『독립운동사자료집』에는 많은 판결들을 수록하고 있기 때문에, 「3·1운동재판기록」 만의 자료집이라고는 할 수 없다. 동시에 당시의 재판제도 특히 예심제도를 충분히 고려하지 않은 채 수록하고 있기 때문에 전반적인 정리라고는 할 수 없다는 한계가 있다. 따라서 당시의 재판제도에 따른 예심부터 제3심인 고등법원 판결까지의 체계적인 수록이 필요하다고 하겠다. 그렇게 될 경우 3.1운동의 성격(비폭력) 등을 파악하는데 편리할 것이다.

---

5) 『獨立運動史資料集』獨立運動史編纂委員會編, 獨立有功者協會基金運用委員會發行, 獨立運動史飜刻發行處(高麗書林), 第5輯『三·一運動裁判記錄』(1973年) 第10輯『獨立軍戰鬪史資料集』(1976/1984) 및 第13輯『學生獨立運動史資料集』(1977/1984), 別集1『義兵抗爭裁判記錄』(1971·1985)(= 『獨立運動史資料集』) 이들은 판결을 한글로 번역하고 있다.

6) 이 자료집이 한글로 번역되어 있기 때문에 일본학자 대부분이 이 책에 쉽게 접근하기에는 한계가 있다고 본다.

Ⅲ. 대륙법에 있어서 판례집의 의의

이러한 판결문의 성격을 이해하기 위해서는 당시의 법에 대한 성격을 이해해 둘 필요가 있다.

(1) 다나카 히데오(田中英夫)가 편집대표인 『영미법사전(英美法辭典)』(동경대학출판회, 1991년)의 색인에 의하면, 「판결」로 번역되는 말은 judgment·decision·sentsion·ruling·determination·adjudication·decree 등이고, 「결정」으로 번역되는 말은 decision·ruling·order·determination 등이다. 따라서 영어로 보게 되면 「판결」과 「결정」이라는 말은 아주 복잡하게 뒤얽혀져서 쓰여 지고 있음을 알 수 있다. 그러나 이러한 애매함과는 달리 영미법에서는 일반적으로 개개의 사건에 대한 재판소의 의사표시인 판결(결정을 포함해서)은 다음 사건에 대해서 구속력을 갖는다고 이해되고 있다. 이 구속력을 갖는 판결을 판례법(case law)이라든가 혹은 선례(precedent)라고 부르고 있다. 그 때문인지는 몰라도 영미의 재판소에서는 많은 판결을 모아서 그것을 판례집·판결록·판결집(law reports·report·reporter)이라고 부르면서 출판하는 전통이 있다. 이 전통을 거슬러 올라가면 중세 기독교 연보(Year Books), 1283-1535)와 만나게 되는데, 이처럼 판결에 선례구속력(先例拘束力)을 부여하는 것이 영국과 미국 등에서 적용하고 있는 영미법의 전통이다.

(2) 독일과 프랑스 등에서도 19세기 초부터 법령집(Preubische

Gesetzsammlung)이 간행되기 시작했지만, 판례집은 그것보다 늦어서 독일 전체에서도 19세기 중엽부터서야 나타나기 시작했다. 그렇기 때문에 판례집이 대륙법에서 없었다고는 할 수 없다. 그러나 이전의 판결이 새롭게 사건을 해결할 때 재판관을 구속하는 준칙이 되지는 않았고, 다만 재판관 판단의 보조적 참고가 되는 것이라고 이해되고 있을 정도다. 전전(戰前) 일본에서는 대륙법의 영향이 아주 강했지만, 메이지 초기인 1878년에는 『재판잡지(裁判雜誌)』라고 하는 이름으로 판례집이 출판되었다. 이 판례집이 말해주는 의미는 아주 재미있는데, 즉 영국과 미국에서는 사건을 부를 때 「Marbury vs Madison」이라고 한다. 이것은 「원고(原告) 대 피고(被告)」를 의미하는 것이다. 이를 일본의 판례집이 배워서 「대」로 표기하고 있다. 그러나 한편으로는 대륙법에서 배워 「건(件)」이라고 부르는 법도 채용하고 있었다. 그 때문에 영미법과 대륙법을 섞어서 사건을 칭하게 되었다. 예를 들면, 사토 마츠고로(佐藤松五郞) 외 1명 대 오쿠다 칸쇼(奧田貫照) 외 2명의 대금청구권(貸金請求件)이라는 식이다.[7] 이러한 「대」의 표기방법은 오래도록 지속되지는 않았다. 1892년부터 시작된 『대심원판결록(大審院判決錄)』에는 「……건(件)」으로 표기한 후에 소송당사자를 명시하는 「원고, 피고」라고 하였다. 형사라면 「피고」라고 한다. 대체로 이 「……건」과 「원고, 피고」로 만들어지는 사건의 표기방법은 오늘날까지 판례집을 통해 답습되고 있다. 그래서 형사사건의 경우에는 『……의 건』이라는 명칭이 생략되어 사건 목차로서는 단순히 「보안법 위반(保安法違

---

7) 『再版粹誌』 제8권, 210쪽.

反」, 「조선아편취체령위반(朝鮮阿片取締令違反)」, 「사문서위조(私文書僞造)」
라는 식으로 불리어지고 있다. 한편 판례집 명칭에 대해서 말하면 시
대가 내려가 1922년부터는 『대심원판례집』(민형사)라는 명칭이 사용
되고 있다. 그러다가 제2차 세계대전 후부터는 대심원이 없어져 최고
재판소가 일본국 헌법으로 정해졌기 때문에, 판례집은 『최고재판소
판례집』(민형사)으로 불려 지게 되었다. 이에 대해 일본의 식민지였던
조선에서는 『고등법원판결록』이 1914년에 출판되었는데, 이를 보면 조
선고등법원은 「판결록」이라는 용어를 가지고 대심원의 역할을 대행했
다고 볼 수 있다. 그리고 판례의 요지를 모은 것으로는 고등법원서기
과편찬, 『조선사법제요(朝鮮司法提要)』(1920년), 『조선고등법원판례요지
서류(朝鮮高等法院判例要旨類集)』, 사법협회편(1937년)이 있다.[8] 한편 제
2차 세계대전 후 미국의 위헌법형심사권(違憲法令審査卷)이 세계적으
로 영향을 주게 되자 이러한 영향으로 인해 대륙법계의 모든 나라에
서는 변화가 일어나기 시작하였다. 예를 들면, 독일은 전문적인 연방
헌법재판소를 설치하여 거기서 법률의 위헌·합헌을 판단토록 하였다.
전후 일본으로부터 독립한 한국의 헌법은 독일에서 배워 헌법재판소
를 설치하였다. 한편 일본국 헌법은 점령한 미국의 영향을 받아 통
상 재판소에 위헌 심사권을 부여하고 있다. 따라서 한국에서나 일본
에서나 재판소에 의한 법률의 위헌·합헌의 판단을 통해서 나오는 판

---

8) 일본의 각종 재판의 판례를 속보적으로 출판한 신문에는 『法律新聞』이 있는데, 그중에서는 약간
만이 조선고등법원의 판결을 수록하고 있다. 잡지로서는 『朝鮮司法協會雜誌』 司法協會 제1권-8
권(1922 - 1929년)과 『司法協會雜誌』 京城司法協會 제9권-23권(1930- 1944년)이 있다.

결은 실질적으로 헌법운용에 커다란 영향을 주게 되었고, 전전의 고전적인 대륙법과는 다른 새로운 기능을 갖게 되었다. 그 때문에 영미법처럼 판결의 선례구속력(先例拘束力)까지 이전되지는 않았지만, 판례집의 의의는 극단적으로 높아지고 있다. 이처럼 영미법에서는 재판관이 선례에 구속되어 법의 지배에 복종하지 않으면 안 되지만, 대륙법에서는 재판관이 선례에 구속되지 않기 때문에 그만큼 법으로부터 해방되어 있음을 알 수 있다. 다른 각도에서 보면 판결에는 개개의 재판관이 사건에 대한 자세가 강하게 나타나 있다. 그래서 재판관은 판결을 내리기 위해서는 사건과 관계된 각종의 사실문제를 파악하여 정리하지 않으면 안 되기 때문에, 재판을 통해서 어떤 사건이 일어나고 있는가를 상당한 정도 이해하고 있지 않으면 안 된다. 그 때문에 국가기관인 재판소가 인정한 역사적 사실의 진실성은 재차 검증되지 않으면 안 되는 것이다. 따라서 3.1운동 당시의 판결문을 통해 3·1독립운동이 어떤 사건으로 일본인 재판관에게 인식되어져 있는가에 대한 검증은 지금부터의 연구 과제라고 할 수 있다. 이러한 판결의 연구를 통해 식민지지배의 일단이 명확하게 밝혀질 것으로 믿어 의심치 않는데, 만일 이러한 문제가 조금이라도 밝혀지게 된다면 제학문의 연구 성과와 병합하여 일본의 식민지 지배의 전체상이 한층 더 더 명확하게 밝혀질 수 있을 것이라 확신한다. 그리고 이러한 연구를 통해 과거에 대한 청산을 해 나아가야 하는 것이 아닌가 여겨진다.

Ⅳ. 조선총독부시대 재판소 판결문의 보존 상황과 이용방법

조선총독부시대의 판결문이 세계 어느 곳에 얼마나 보존되어 있는지는 불분명하지만, 미국의 대학에서 보관하고 있을지도 모른다거나, 개인이 판결문을 소장하고 있을지도 모른다는 정보가 들리고 있다. 그러나 이들에 대해서는 현재 조사가 미치지 못하고 있기 때문에 원 자료에 기초해서 이용 가능한 원 자료 만을 연구대상으로 해야 할 것이다. 원 자료인 판결문 가운데 민사사건의 판결문은 공개하고 있지 않다. 형사사건에 관한 판결은 주로 한국의 국가기록원(이전에는 정부기록보존소 "Government Archives Records Service" 부산지소)에 보관되어 있다. 그리고 지소를 총괄하는 국가기록원 본부는 대전시에 있다.(이전에는 서울시에 있었는데, 현재에는 서울 지소가 있다). 그리고 이 보관소들 가운데는 국사편찬위원회가 관리하는 재판과정과 관계된 제 자료의 하나인 예심종결결정(豫審終結決定)을 보존하고 있는 경우도 있다. 제 자료의 보존 상태는 양호하다고 할 수 있는데, 그렇다고 당시의 모든 판결이 보존되어 있다는 것은 아니다. 일본의 패전과 한국전쟁 등을 통해 분산되거나 소실되어 없어진 것이 상당수에 이른다고 한다. 실제로 북한에 있는 평양복심법원 관계의 것은 정부기록보존소에는 거의 없다. 그 때문에 보존되어 있는 것은 총독부재판소 판결의 일부에 지나지 않는다. 그러나 일부라고는 할 수 없을 정도로 그 분량은 방대하다. 판결문의 보존 형태에 대해 말한다면, 판결문은 당시의 일반적인 사무서류용지를 둘로 접은 갱지에 붓으로, 때로는 펜으로, 그리고 종서(縱書)로 쓰여 져 있으며, 부책(簿冊) 형식으로 철되어 있다. 그리고 부책별(簿冊別)로 부책번호(簿冊番號)와 통하는 번호인 정수(丁數)가 붙여져 있다.(1장의 종이를 둘로 접을 때 속과 겉의 두 쪽분을 1정(丁)이라고 한다.) 그리고 부책에는 표지가 있는데, 표지에는 기재항목과 이들 각 항목의 배치가 재판소 별로 반드시 통일되어 있지는 않다. 예를 들어 기재항목과 기재의 예를 표시해 보면, 「년도」(예: 「쇼와16년」), 「부책의 명칭」(예: 「형사판결원본제5책(刑事判決原本第5冊)」), 「보존종별(保存種別)」(예: 「갑종(甲種)·영구(永久)」), 「검사국명(檢事局名)」(예: 「경성지방법원검사국」), 그리고 부책의 뒤표지는 조선총독부재판소가 작성한 경우도 있지만, 때로는 명확하게 전후 정부기록보존소가 작성한 한글로 쓴 종이조각이 부책의 뒤표지에 첨부되어 있는 것도 있다. 그 때문에 부책 표지의 기재항목과 뒤표지의 기술을 통일적으로 확인할 필요는 없다. 그리고 부책의 보존과 열람의 편의를 위해서 판결은 마이크로필름으로 복사되어 부산과 서울 두 지소에서 공개하고 있다. 판독할 수 없을 정도로 마이크로필름 중에는 촬영상태가 나쁜 것도 있지만, 그것은 촬영 이전의 원 자료 상태가 그렇게 된 것이기 때문에 어쩔 수 없다고 본다. 원 자료의 열람과 그것의 복사를 위해서는 부산 지소까지 가야 하는데, 물론 이는 불가능한 일은 아니지만 쉽게 허락되지는 않고 있는 상황이다. 마이크로필름의 열람은 무료이나 그것을 복사하는 것은 유료이다. 대전시에 있는 국가기록원에서는 피고명을 알면 컴퓨터로 찾고 싶은 판결을 불러낼 수 있으나 서울에서는 아직 컴퓨터로 검색할 수가 없는 실정이다. 원전(原典) 가운데서 특별히 도움이 되는 것으로는『정부기록 보존문서 색인 목록-제2집 제1권 일정편(日政編)』총무처 정부기록보존소(1985)가 있다. 이 목록은 보존문서 내지 그 마이크로필름에 조선총독부시대의 검사국(현재는 검찰청) 별로 배열되어 있다. 따라서 검사국에 상응하는 재판소마다 판결 목록이 게재되어 있다. 그렇지만 이 색인 목록의 필름번호는 마이크로필름이 새롭게 작성되었기 때문에 변경되었다. 그러나「문서번호」로 문서에 부기되어 있는「정수(丁數)」는 변경되지 않았다. 그러나 현재까지도 새로운 마이크로필름의 색인목록은 만들어지지 않고 있다. 그 때문에 예전의 색인목록은 현재까지도 출전을 아는데 도움이 되고 있지 않다. 그렇다면 출전 명시에 필요한 단서는 어디에 있는가가 문제가 될 것이다. 국가기록원의 마이크로필름에는 하나하나의 보관케스에 수납되어 있다. 그리고 보관케스에는「케스번호」가 붙어 있고, 마이크로필름 내용을 표시하는 단순한 기술이 있다. 다음으로 마이크로필름 자체를 보면 거기에는「케스번호」를 나타내는 것은 촬영되어 있지 않다. 그 때문에「케스번호」와 마이크로필름 사이에는 반드시 동일하다는 보장이 없다. 물리적으로 다를 수도 있다는 것이다. 그러나 실제로 관리상의 배려 하에서 동일성은 확보되어 있다고 하겠다. 새로운 마이크로필름의 처음 부분에는「필름증명서」가 붙여져 있다. 그곳에는「이 필름은 문서원본으로부터 마이크로필름화한 것을 증명한다」라는 말과, 마이크로필름화 한「년월일」,「정부기록보존소 부산지소장」이라는 증명 주체 이름이 기록되어 있다. 이「필름증명서」에서 중요한 기재항목은

「필름번호」와 「문서번호」이다. 그러나 실제로는 이들 항목만으로는 그 마이크로필름에 들어 있는 많은 개개의 판결을 특정(特定)할 수는 없다. 다시 말해서 마이크로필름의 처음에 붙어 있는 「목록」은 마이크로필름의 모든 내용을 명기하고 있는 것은 아니고, 참고로 할 정도의 것이라는 말이다. 그 때문에 3·1독립운동에 관련되는 사건의 판결을 찾으려면 하나하나 필름 내용을 점검하는 외에 발견할 수 있는 방법은 없다. 이처럼 인내를 요하는 작업을 거쳐서 특정한 판결을 발견했을 때, 그 특정을 나타내는 것이 마이크로필름에 붙어 있는 해당 정수(쪽수)라는 것을 알 수 있다. 이렇게 보면 출전의 특정에 결함이 없는 정보는 마이크로필름의 「케스번호」·「필름번호」·「문서번호」·「시작쪽수」 등 4가지라고 생각된다.

이 네 가지를 사용해서 출전의 예를 표시해 보면 다음과 같다.

즉, 국가기록원을 G, 그 마이크로필름을 F, 마이크로필름이 들어 있는 케스를 C, 케스번호를 N, 마이크로필름화 된 보존문서를 D, 마이크로필름화 된 보존문서 마다의 시작 쪽수를 P, 정부기록보존소의 마이크로필름에 들어 있는 케스번호를 GCN, 그 마이크로필름 번호를 GFN, 그 마이크로필름화 된 보존문서 번호를 GDN, 그 마이크로필름화된 보존문서 마다의 시작 쪽수를 GDP로 한다고 했을 때, 예를 들어 손병희 외 47명 사건의 경성지방법원 판결 1920(대정9)년 8월 9일의 것을 표기한다면, 다음과 같다. 즉 GCN 113-8-4-15, GFN 93-0909, GDN 77-2245, GDP 40가 된다.

V. 재판과정의 제 자료의 특정 문제

(1) 판결 그 자체는 아니고 경찰의 조서·예심심문조서·예심종결결정·공판시말서 등 재판소의 판결이 나오기까지의 여러 가지 제 자료는 쉽게 알 수 있지만, 판결 이상으로 방대한 양이라서인지는 몰라도 이것이 출판된 전통은 없다. 만일 있다 하더라도 그것은 관련된 기록의 일부이고, 많은 경우 관계자의 노력에 의해 이루어졌다. 거기서 재판소의 판단 즉 마치는말이 되는 판결이 나오기까지의 일련의 과정을 볼 때, 판결에 역점을 둔 판결집의 출판과 판결 이외의 여러 가지 제 자료의 출판은 자연히 그 다루는 바가 다르게 된다. 그런데 많은 법률가는 판결의 내재적인 논리적 정합성(整合性)을 분석하는 것을 판례연구라든가 사법심사의 연구 등으로 부르고 있다. 그러나 판결은 어떤 논리의 산물이 아니라 다양한 요인에 의해 규정된 역사적 산물이다. 그 때문에 판결은 반드시 그 내재적인 논리의 분석으로써 이해되는 것만으로 끝나는 것이 아니다. 오히려 다양한 역사적·문화적·정치적 제약을 받고 있다. 그 때문에 판결을 판결에 앞서 재판과정의 의론으로부터 떨어져서 이해하는 것이 아니라, 일련의 과정에 있어서 의논을 거쳐 탄생된 결과라고 보는 것이 더 타당하다고 할 수 있다. 즉 이=강=김=국사편의 선행연구는 그러한 일련의 재판과정의 제 자료에 강한 관심을 기울이고 있다. 그 때문에 바꾸어 말하면 이들 선행연구가 지방법원·복심법원·고등법원 등의 판결을 그 정도로 많이 수록하고 있지 않은 사정을 이해할 수 있을 것이다. 실질적인 문제로

서 많은 판결을 찾고, 한편으로 재판과정에 관련한 많은 제 자료를 찾는다는 것은 쉬운 일이 아니다. 그것뿐만이 아니라 역사적 사정 때문에 분산되고 소실된 것이 있는데다가, 사건의 재판과정에 관련된 제 자료에 직접 상응하는 판결을 찾는다는 것은 더더욱 쉬운 일이 아니다. 그러나 다행스러운 것은 판결문이 이미 국가기록원에 많이 보관되어 있고, 재판과정의 제 자료는 국사편찬위원회에 많이 보관되어 있다는 점이다. 그 때문에 금후의 연구조사가 진전한다면 재판과정의 제 자료와 판결과의 대응관계는 상당히 밝혀질 것으로 본다.

(2) 다음은 국사편찬위원회에 보관되어 있는 재판과정의 제 자료의 특정 문제에 대해서 서술하고자 한다.

먼저 재판과정의 제 자료도 판결의 경우와 마찬가지로, 부책의 형태로 되어 있다. 보관상태도 양호하다고 볼 수 있다. 그런데 원 자료를 열람하는 것은 불가능하지는 않지만 쉽게 허가되지는 않고 있다. 열람은 일반인에게 마이크로필름에 한해서만 허가되고 있다(이 마이크로필름은 국가기록원에는 없다). 이미 서술했듯이 이=강=김=국사편 등 선행연구의 주요 대상은 재판소의 활동과 관계되는 제 자료 속의 판결문이 아니고, 다양한 제 자료이다. 그래서 그 제 자료 중에는 예심과 관계있는 것으로서 중요한 것이 포함되어 있는 경우가 있다. 거기서 출전에 대한 추적조사가 가능하다는 의미에서 보면, 국사편찬위원회(National History Compilation Committe)의 마이크로필름은 대단히 중요한 것이다.

(3) 이곳에 있는 원전을 찾는 방법은 다음과 같다. 국사편찬위원회에는 3·1독립운동과 관계된 대략적인 항목을 기술한 도서카드는 있다. 실제로는 도서카드로 해당사건을 조사해 그것에 기초하여 마이크로필름을 열람하게 되어 있다. 그런데 마이크로필름 상태는 좋지 않은 편이다. 그렇게 말할 수 있는 것은 원 자료를 마이크로필름화 할 때, 부책으로써 철이 된 원 자료를 그대로 촬영했기 때문에 안쪽의 문자가 겉으로 비쳐지고 있기 때문이다. 그리하여 안쪽의 문자와 겉쪽의 문자가 겹쳐져서 촬영되어 버린 것이다. 그 때문에 문자 판독이 불가능한 경우가 드물지 않다. 마이크로필름화 시킬 때 부책을 철한 사이에 백지를 넣어 겉과 속의 문자가 겹쳐 보이지 않도록 하는 작업이 이루어지 않았던 것이다. 그런데 국사편찬위원회가 『한민족독립운동사자료집』을 출판할 때,[9] 그 편찬에 관계한 연구원들은 마이크로필름을 이용하지 않고, 원 자료를 사용했기 때문에 마이크로필름의 문자가 겉과 속의 문자가 겹쳐져서 판독 곤란한 문제를 극복했던 것이다. 따라서 원 자료를 직접 사용하든지, 원 자료의 재마이크로필름화가 기대된다.

(4) 그러나 비록 마이크로필름 상태에 문제가 있다 하더라도, 이용 가능한 것도 존재하기 때문에, 그 이용 가능한 것을 이용하려 한다면 국사편찬위원회의 마이크로필름의 특정화, 즉 출전의 명시를 어떻

---

9) 한국의 國史編纂委員會編纂, 『韓民族獨立運動史資料集』, 探求堂(1986부터 간행 중으로 현재 64권에 이르고 있으며, 금년 말까지는 68권이 나올 예정이다. (비매품)

게 할 것인가를 생각하지 않으면 안 될 것이다. 여기서도 실제상에서 마이크로필름에 들어 있는 보관 케스는 중요하다. 그 케스에는 번호와 마이크로필름 안의 내용을 나타내는 대략적인 기술이 있다. 그리고 마이크로필름에는 대략적인 목록이 촬영되어 있다. 여기서 그 목록을 통해 해당하는 마이크로필름에서 조사하고 싶은 사건을 찾아 이것을 다시 하나하나 필름 내용을 점검하는 이외에 따로 발견할 방법은 없다. 이러한 인내를 요하는 작업을 통해 특정의 자료를 발견하게 되는데, 그 특정을 나타내는 것이 마이크로필름에 붙여진 해당하는 정수(쪽수) 이다. 이렇게 보면 출전의 특정에 결함이 없는 정보로는 마이크로필름의 「케스 번호」와 특정 자료의 「시작 쪽수」 2 가지뿐이다. 이 두 가지 점을 가지고 출전의 예를 나타내 보면 다음과 같다.

즉 국사편찬위원회의 마이크로필름을 H, 마이크로필름이 들어 있는 케스를 C, 번호를 N, 마이크로필름 화된 보존문서를 D, 마이크로필름 화된 보존문서 마다의 시작 쪽수를 P, 국사편찬위원회의 마이크로필름에 들어 있는 케스 번호를 HCN, 마이크로필름화 된 보존문서 마다의 시작 쪽수를 HDP로 규정한다고 했을 때, "김현묵(金賢默) 외 26명 사건의 고등법원 예심판사 의견서 1919(대정 8)년 9월 12일"를 표시해 보면, HCN 18, HDP 3008이 된다. 이상에서 처럼 판결 그것과 재판과정의 제 자료를 각각 관리하는 부국(部局)이 다르고, 또 그 관리 방법이나 출전의 명시 방법이 달라 혼동되기 쉽겠지만, 이런 식으로 규정을 한 후 찾아보면 상당히 편리하게 사용할 수 있을 것이라고 생각한다.

Ⅵ. 마치는 말

김승일과 메이지대학 법학부의 사사가와 노리가츠(笹川紀勝) 명예교수는 2000년부터 3.1운동 판결문의 중요성을 교감하고 그동안 약 4,000여 건의 3.1운동 판결문을 한국 국가기록원에서 복사를 하여 지방법원, 복심법원, 고등법원 순으로 판결문을 정리하여 그 일람표를 작성한 바 있다. 이것은 일본 토요타재단의 지원 하에서 이루어진 업적인데, 이미 그 결과로써 한국국가보훈처 등에서 독립유공자 선정자료로써 활용되고 있고, 이에 관한 국제학술대회를 일본, 미국, 중국, 한국 등에서 6회에 걸쳐 거행한 바 있다. 그 결과물은 일본기독교대학 COE프로그램의 한 업적으로써 출간되었다. 이들 연구를 통해 3.1운동이 왜 비폭력운동이었는지, 당시 일본의 식민지법이 어떻게 변화되어 갔는지, 일제의 식민통치 성격이 어떻게 변화되어 갔는지를 어느 정도는 파악하게 되었다. 그러나 이 방대한 양의 판결문은 몇몇의 학자가 소화하는 데에는 한계가 있으므로 여러 연구자들이 참여하여 충분히 검토 활용할 필요가 있다고 본다. 물론 지금까지 몇몇 유명한 학자들이 그 중요성을 알고 많이 참고하고 있으나, 판결문이 가지고 있는 특성이나, 법률적 이해에 대한 한계로 인해 자신의 입맛에 맞는 것만을 골라 자신의 이론을 뒷받침하는 정도로만 이용하여, 전체적인 판결문의 특성을 뒤로한 채 역사의 객관적 진실을 오도하거나, 혹은 그 진실성을 충분히 전달하지 못하고 있는 실정이다. 그렇기 때문에 최종판결이 내려지기까지의 판결과정을 판결문 등 여러 자료를 충분히 분석하여 이해하고, 그 판결 내용이 어떻게 변화되어 최종판결이 내려지게 되는가를 이해하게 된다면, 객관적이고도 명확한 역사적 진실을 밝혀낼 수 있다고 보는 것이다. 그런 점에서 3.1운동 판결문이 갖고 있는 자료적 가치는 매우 중요하고, 또한 양적으로 방대하여 식민지법 내지 식민지 통치성격을 밝혀내는데 매우 중요한 자료가 된다는 점을 강조하고자 한다.

제7장

일본 식민통치시기 한국농민운동에 관한
연구 성과 분석 및 자료로서의 판결문 소개

- 김승일, 사사가와 노리가츠

제7장
일본 식민통치시기 한국농민운동에 관한
연구 성과 분석 및 자료로서의 판결문 소개

– 김승일, 사사가와 노리가츠

I. 머리말

2021년은 일본에 의해 식민지가 시작된 1905년 을사늑약을 맺은 지 116년이 되는 해이다. 그러나 한편으로는 1965년 한일기본조약(韓日基本條約)을 시작으로 국교를 재개한지 56주년이 되는 해이기도 하다. 그러나 아직도 일본은 과거에 자신들이 아시아에서 저질렀던 만행에 대한 반성은커녕, 오히려 더욱 왜곡하고 자신들의 행위를 합리화시키려 하고 있다. 그동안 관계 개선을 위해 노력한 결과가 일대 위기를 맞고 있는 것이다. 이로써 동아시아시대의 개막을 기치로 하며 21세기를 연 동아시아의 대단결 구호도 실현 불가능한 처지에 놓이게 되었다. 이런 상황에서 일본은 이러한 자신들의 행위를 국제적으로 인정받기 위해 온갖 수단을 써가며 UN 안보리 상임이사국에 들어가고자 노력하고 있다. 이처럼 자신들의 행위가 옳다고 여기고 있는 일본인들의 주장과 생각은 자신들의 경제력과 학문적 우위라는 자신감에서 비롯되고 있다. 물론 학자적 양심에서 이런 생각을 갖고 있는 일본학자는 극히 일부라고 할 수 있지만, 정치가들은 이를 근거로 자신들의 언행을 긍정 화시키고 있고, 이를 일본국민들은 추종해 가고 있는 실정이다. 이런 측면에서 한국 역사학계의 상황을 되돌아보면, 그동안의 연구성과는 다양성과 깊이가 결여되어 있고, 또한 일본학자들의 이론을 극복할 수 있는 학문적 열정과 진지한 연구자세에도 아직은 많은 한계성을 갖고 있다고 할 수 있다. 그렇기 때문에 아직도 일본 학자들의 이론에 동조하거나, 한 발 더 나아가 일부 학자는 식민지시기의 일본통치 행위를 미화 내지 찬양하기까지 하고 있는 것이다. 학문적 차원에서 객관성을 가져야 한다는 것이 그들의 논리지만, 이러한 사고는 학문적 자신감의 결여와 식민지시기에 대한 시대인식의 부족에서 오는 결과라고 보지 않을 수 없다. 그렇기 때문에 오늘날과 같은 상황에서 식민지시기에 대한 역사연구의 중요성은 더욱 강조되어져야 하는 것이다. 이런 측면에서 볼 때 농민이 90%를 점하고 있던 식민지 한국에서, 일제의 농촌·농민에 대한 통치정책의 모순과 그에 대한 농민의 대응을 연구하는 것은 현재 일본에서 전개되고 있는 역사왜곡이나 과거사에 대한 비 반성의 잘못을 일깨워주는 중요한 연구대상이라 할 수 있다. 그러나 아직 이 분야에 대한 연구는 매우 부진하다고 할 수 있고, 또한 그나마 1990년대 중반 이후에는 연구가 제대로 안 되고 있는 실정이다. 따라서 본 논문에서는 그동안 한국에서 행해진 이 분야에서의 연구성과를 종합하고, 전반적으로는 농민운동에 대해 어떤 인식을 가지고 있는지, 그리고 농민운동에 대해 시대에 따라 어떤 시각으로써 연구의 초점이 맞추어져 왔는지를 살펴 본 후, 현재 연구가 정체되고 있는 원인을 분석하고 이를 극복할 수 있는 연구방향을 제시하고자 하는 것이다. 이를 위해서는 새로운 시각과 이를 뒷받침할 수 있는 신 자료가 필요한데, 이에 그동안 역사학계에서 주목하지 않았던 조선총독부재판소가 판결한 판결문의 가치와 이용방법에 대해서 소개하고자 하는 것이다.

Ⅱ. 농민운동 연구의 시대배경과 과제

해방 이후 한국사에서 가장 중요한 연구방향은 일제에 의해 정립된 식민사관을 극복하고 우리 민족의 주체적인 발전 모습을 밝혀냄으로써 정당한 한국사상(韓國史像)을 정립하려는 것이었다. 일제관학자(日帝官學者)들에 의해 성립된 식민사관은 정체성론과 타율성론에 입각하여 일본제국주의에 의한 이식자본주의(移植資本主義)를 근거로 하여 한국근대사를 설명한 것이다. 이는 일본의 식민지 지배를 합리화시키기 위한 학문적 이데올로기의 역할을 담당해 왔다는 주장이다. 즉 일본의 도움 없이는 한국민 자체에 의한 근대화는 달성할 수 없다는 것으로, 한민족의 내재적인 발전론리를 부정하는 역사인식이었다. 이를 극복하기 위한 노력이 해방 이후부터 일부 한국의 선각자들에 의해 진행되어 왔지만, 본격적으로 시작된 것은 1960년 4.19혁명 이후부터였다. 이로부터 한국사회경제사는 모든 초점이 이에 맞추어져 내재적 논리를 밝히는데 주력했다. 그 결과 어느 정도는 식민사관을 극복하는데 성과를 얻었으나, 개항 이후 일제의 경제침략 속에서 어떻게 억압당하고 왜곡되어 갔으며, 일본제국주의 경제체제 속으로 어떻게 재편되어 갔는지, 그리고 그러한 과정 속에서 나타난 민족내부의 모순은 어떻게 변화되어 갔는지에 대한 연구는 결여되어 있었다. 그렇게 된 것은 모든 초점이 17세기 중엽 이후부터 한국병탄 이전까지(조선중후기)의 시기에 초점을 맞춰 연구했기 때문이다. 다시 말해서 일본식민지시기의 사회경제문제를 어떻게 볼 것인가 하는 문제에 대해 민감하게 반응하는 한국내의 현실상황이 고려된 연구였던 것이다. 그러다가 이러한 모순을 과감히 떨쳐 버리기 위한 소장파 학자들의 연구가 대두하기 시작한 것이니 바로 1970년대 초기부터였다. 이는 군사독재에 대한 저항 심리에서 비롯된 연구태도로, 일본식민지시기 농민운동의 특징을 현실사회에 어떻게 반영하여 민중을 현실참여 시킬 것인가 하는 쪽으로 연구방향이 설정되었던 것이다. 즉 1970년대 이후 한국의 민주화 과정에서 필요했던 민중의 힘을 현실적으로 사회참여 방향으로 이끌어내고자 하는 차원에서 그러한 민중의 사회참여를 정당화 내지 당위성을 강조하고자 하는 데 있었던 것이니, 소위 민중사관이라는 것이 그것이었다. 다시 말해서 일제강점기 사회경제적 조건 속에서 노동자·농민을 중심으로 한 민중세력이 일본 제국주의 대 식민지 민중이라는 식민지 사회의 대결구도 아래에서 가장 현실적인 변혁주체로서, 그리고 독립운동의 주력군으로서 이해한 것이다. 따라서 독립운동의 주체를 부르주아 민족주의자가 아니라 일본 제국주의 식민지 지배체제가 만들어 낸 민족모순과 계급모순의 질곡 속에서 그것을 타파하려고 몸을 던져 헤쳐 왔던 민중, 즉 노동자·농민으로 인식하였던 것이다. 이와 함께 1928년 코민테른의 12테제(강령결정) 이후 노동자·농민 등 민중 속으로 들어가 그들에게 과학적 세계관을 심어주고, 그들과 함께 민족해방운동을 전개했던 사회주의 자들의 역할도 높게 평가되게 되었다. 그러나 이러한 연구는 해방 이후 지속되어 오던 식민지사관 청산이라는 대전제로부터는 그 성격이 다르게 전개되었다. 즉 일부 소장학자들은 일단 식민사관은 극복되었다고 봄으로써 과거의 연구로부터 벗어나려 했던 것이고, 다른 일부 학자들은 먼저 내부문제인 독재청산을 실현한 다음 다른 문제를 생각해야 한다는 시각에서 비롯된 것이었다. 이러한 연구경향은 1980년 5.18 광주항쟁을 기점으로 더욱 증폭되어 일본제국주의 시대의 농민운동에 대한 연구가 매우 활발하게 되었다. 이러한 연구 태도는 민중운동의 정당성을 입증하려는 목적을 지향하는 연구태 였기에 역사적 실체로부터 멀어질 수 있는 문제점도 안고 있었다. 그러나 이러한 연구태도는 1987년 1월 박종철(朴鍾哲) 학생의 죽음을 계기로 전두환 타도를 외치는 열기가 더욱 뜨거워짐에 따라 더 많은 각광을 받게 되었다. 그러는 과정에서 전두환 군사정부가 4.13 호헌조치를 발표하자 이에 저항하는 운동은 점점 더 극렬하게 되었고, 그러는 가운데 유한렬(柳漢烈) 학생의 죽음이 알려지자 6월 10일 항쟁이 전국적으로 일어나 민주화운동이 정점으로 치닫게 되었던 것이다. 이에 군사정권은 백기를 들고 노태우 대통령 후보의 6.29선언을 끌어내게 되었고, 이를 통해 직선제 개헌과 김대중에 대한 사면복권을 이루어내 민주화를 진일보 발전시키는 전기를 맞이하게 되었다. 역사학의 현실참여 논쟁을 불러일으켰던 '폭풍의 1980년대'가 지나고, 1990년대에 들어와 민주화가 성숙되면서 여러 학문적·사상적 제약이 풀리게 되었다. 특히 1993년 김영삼 문민정부가 들어서면서 이제 민중사관은 잠적해 들어가게 되었고, 대신 "민주화의 열린 공간" 속에서 농민운동사 연구는 보다 자유로운 관점에서, 자유로운 시각으로 다양성을 띠게 되었다. 즉 지금까지의 '침략'과 '저항'의 운동사로부터 미시사적인 생활사·문화사 쪽으로 관심이 확대되어 갔던 것이다. 그러면서 한편으로는 김대중 정권의 시작과 더불어 북한에 대한 "햇볕정책"이 실시되자 그에 동조하는 일부 학자들은 민중사관의 연장선상에서 통일문제에 관심을 두고 사회주의를 이해하려는 차원으로의 연구를 추진하는 부류도 나타났다. 그 결과 일본식민지 시기의 농민문제에 대한 관심도 '대중투쟁'적인 관점에서 노동자·농민의 이념문제와 사상문제에 관심을 돌리게 되었다. 그것은 일본식민지시기 농민운동의 분석을 통한 식민지지배의 본질을 규명하려는 차원과는 동떨어진 것이었다. 그렇기 때문에 연구의 다양성을 가져오기는 했지만, 사회적 이슈가 적어짐으로 해서 일본식민지시기의 농민운동에 대한 연구는 그리 활발하게 되지를 못했다. 그것이 1990년대 후반 이후 농민운동에 대한 연구 열기가 감소하게 된 원인이다. 그렇기 때문에 향후 일본식민지시기의 농민문제를 어떤 각도에서 어떻게 연구할 것인가 하는 방향성과 새로운 연구방법을 찾아야 하는 것이 현재 한국근현대사 학계의 과제라 할 수 있다. 즉 과거 식민사관 극복 차원의 연구와 연계되는 각도에서의 연구를 계승해 가야 할 것인가? 아니면 민중사관과 사회주의사관에서 나타난 문제점을 해결하여 한국의 민주화를 완성하는 방향으로의 연구를 지속해야 할 것인가? 아니면 지금까지 시도되지 않았던 새로운 연구방향을 모색해야 할 것인가? 하는 문제가 현재 한국사학계의 딜레마라고 할 수 있다. 이런 상황에서 본인은 이런 문제를 극복하는 하나의 방편으로, 나아가서는 최근 불거지고 있는 일본의 역사왜곡과 과거사에 대한 비 반성태도에 대응하기 위해서, 일제는 농민운동에 대해서 어떻게 법 적용을 하며 탄압했는가 하는 문제와 농민생활과 관련한 문화적 탄압을 통해 민족말살의도를 어떤 식으로 행하였는가를 밝히는 쪽으로의 연구가 필요하다고 보고 있다. 그런 차원에서 조선총독부재판소가 판결한 판결문을 이용하는 연구의 필요성을 제언하려는 것이다.

Ⅲ. 분야 별 농민운동의 연구 성과 소개

앞에서 살펴본 것처럼, 1970년대 이후 민중사관에 의한 일본식민지 시기 농민운동에 대한 연구에는 어떤 것들이 있는지, 사회주의사관이 집중 조명되기 시작하는 1990년대 중엽 이전까지의 연구 성과를 정리하여,[1] 한국의 농민운동 연구가 어떤 시각에 의해서 어떤 방향으로 전개되었는가를 소개하여, 향후 식민지시기의 농민운동을 어떻게 다루어나가야 할지를 의논해 보자는 차원에서 소개하고자 한다.

대체로 일본식민지시기의 농민운동에 대한 연구는 「저항운동(소작

---

1) 民衆史觀에 의한 日治時期 韓國農民運動에 관한 研究書 및 論文中, 碩士論文 등을 除外한 重要論文約 80%를 소개하였다.

쟁의, 조합운동, 계몽운동)」·「농민생활」·「경제수탈」·「노농운동」·「동양척식주식회사」·「농민의 이민」·「농촌사회 및 농민계층의 분해」·「농촌조직(단체)」·「농업정책」 등 10가지 분야로 나뉘어져 행해졌다. 이들 분야별 연구 성과 및 연구방향을 분석 소개해 보면 다음과 같다. 먼저 「저항운동(소작쟁의, 조합운동, 계몽운동)」 분야의 연구 성과를 보면 다음과 같다. 이 분야에서 가장 먼저 나온 논문은 고정수(高貞洙)의 「1920년대 말~1930년대 초 반일농민운동의 새로운 앙양」(『역사과학』, 제2호, 1958)으로 농민운동연구의 선구자적 논문이라 할 수 있다. 그 다음으로는 조영건(曺永建)의 「1920년대 한국농민운동」(『건대사학』 2,1971)과 권두영(權斗榮)의 「일제 하 한국농민운동사연구」(『사회과학논총』 3, 고려대, 1974)를 들 수 있다. 이러한 연구 성과를 포함하여 농민운동사를 전반적으로 조명해 본 연구로는 조동걸(趙東杰)의 『일제 하 한국농민운동사』(한길사, 1979)를 들 수 있다. 이 연구서는 최초로 한국의 농민운동사를 종합한 책으로 후배 연구자들의 길잡이가 되었고, 그의 영향 하에 많은 논문들이 나오게 되는 기본 텍스트가 되었다. 이러한 그의 영향 하에서 나온 대표적인 논문들을 소개하면 다음과 같다. 즉 강정숙(姜貞淑)의 「일제 하 안동(安東)지방 농민운동에 관한 연구」(『한국근대농촌사회와 농민운동』, 열음사, 1988), 강훈덕(姜薰德)의 「일제 하 소작쟁의 성격에 대한 일 고찰」(『한국사논총』 4, 성신여대, 1981)과 「일제 하 소작쟁의의 성격에 대한 연구」(경희대박사학위론문, 1988), 고승제(高承濟)의 「식민지 예농(隸農)체제의 전개와 소작쟁의의 사회경제적 성격」(『학술원논문집』 21 인문사회과학

편, 1982), 김명구(金明龜)의 「1920년대 전반기 사회운동 리념에 있어서 농민운동론」(『한국근대농촌사회와 농민운동』, 열음사, 1988), 김용달 (金容達)의 「일제 하 용천(龍川)지방의 농민운동에 관한 연구」(『북악사론』 2, 국민대, 1990), 노영택(盧永澤)의 「일제하 농민의 계(契)와 조합운동 연구」(『한국사연구』 42, 1983)과 「일제 하 천도교의 농민운동연구」(『한국사연구』 52, 1986), 서승갑(徐承甲)의 「일제 하 수리조합 구역 내 증수량(增收量)의 분배와 농민운동」(『사학연구』 41, 1990), 주봉규 (朱鳳圭)의 「일제 하 농민운동전개에 관한 연구」(『경제논집』 23-1, 서울대, 1984) 등이 있다. 이들 논문들은 진보적 성향인 그를 따르는 제자나 연구자들 것으로, 1980년대 민주화운동이 활발하던 당시의 한국적 분위기에서 나타난 결과라고 하겠다. 따라서 이들의 시각과 논조는 거의 동일성을 띠고 있으며, 그의 종합적인 연구에서 힌트를 얻어 지방사적 측면에서의 연구를 밀도 있게 다루고 있음을 알 수 있다. 이들 연구를 보면 한국 농민운동에 대한 전반적인 연구경향과 시각을 이해할 수 있을 것이다.

「농민생활」과 관계되는 연구로는 문소정(文素貞)의 「일제 하 농촌가족에 관한 연구」(『한국사회사연구회론문집』 12, 1988)과 「1920-30년대 소작농가 자녀들의 생활과 교육」(『한국사회사연구회론문집』 20, 1990)이 유일하다.

「경제수탈」에 관한 연구로는 김문식(金文植)의 「일제의 경제침탈사」 (고려대아세아문제연구소, 1976)가 제일 먼저 출판됐는데, 일제의 경제 전반에 걸친 수탈역사를 시대별로 정리한 책이다. 이에 비해 미승우(米昇右)의 『일제농촌수탈상』(녹원출판사, 1983)은 농촌에 있어서 일제의 수탈 상을 분석한 것으로, 두 책 모두 수탈상황을 개괄적으로 서술하고 있다. 이에 비해 정덕기(鄭德基)의 「일제의 한국농촌 수탈사연구—1940년대 농산물공출제도를 중심으로」(『박성봉(朴成峰)교수회갑기념논총』, 1987)은 1940년대의 공출제도에 의한 수탈상황을 비교적 자세히 분석하고 있다.

「노농운동」에 관한 논문으로는, 김윤환(金允煥)의 「농민운동과 로동운동」(『한국사』 22, 국사편찬위원회, 1976)가 있는데, 이는 노동운동과 농민운동과의 연계성에 대해 논술하고 있다. 이에 대해 김경일(金慶逸)이 편찬한 『북한학계의 1920·30년대 노농운동연구』(창작과 비평사, 1989)는 사회주의 국가에서 연구되고 있는 노농운동의 진면목을 잘 분석하고 있다고 하겠다. 다만 론술의 초점이 진보주의적 관점에 서 있기에 북한학계의 립장을 수용하는 측면이 있으니, 이 또한 민주화 과정에서 나타난 시대적 산물이라고 평할 수 있다.

「동양척식주식회사」의 설립목적과 그들의 행위가 한국의 농촌·농민에 미친 영향과 피해상황을 서술한 것으로는 유일하게 김석준(金錫俊)의 「동양척식주식회사의 농장확장과 그 경영형태」(『한국의 사회와 문화』 9, 1988.)가 있다.

「농민의 이민」 문제에 대한 초기론문은 조기준(趙璣濬)의 「일제의 토지점탈과 농업이민」(『한국자본주의성립사론』, 1973)과 「일인 농업이민과 동양척식주식회사」(『한국근대사론』 I, 지식산업사, 1975)으로, 일본인의 이민과 한국 농민의 이민이 어떤 차이를 가지고 있나 하는 것을 비교할 수 있는 글이다. 이러한 전반적인 이민연구에 대해 최원규(崔元圭)의 「일제의 초기 한국식민정책과 일본인 농업이민」(『동방학지』 77, 78, 79합집, 1993)은 식민통치 초기의 일본인 이민상황을 구체적으로 서술하였다. 「농촌사회 및 농민계층의 분해」에 관한 논문은 연구 성과가 비교적 많은 편인데, 김문식(金文植)의 「일제 하 농업공황과 농촌분해에 관한 연구」(『농업경제연구』 12, 1970)를 기점으로 하여, 김상기(金祥基)의 「일본 식민지시대의 농민층 분해에 관한 연구」(『인문사회과학론문집』, 충북대, 1984), 신용하(愼鏞廈)의 「일제하의 지주제도와 농민계층의 분화」(『한국의 사회와 문화』 9, 1988), 오홍수(吳興洙)의 「일제 하 농업구조의 변화와 농민층분해에 관한 연구」(『청주교대론문집』 26, 1988), 장시원(張始源)의 「일제 하 농민층 분해의 양상과 그 성격」(『일제의 한국식민통치』, 정음사, 1985), 전운성(全雲星)의 「식민지하의 토지소유에 관한 고찰」(『사회과학연구』 29집, 강원대, 1989) 등이 있다. 이들 외에 일제 하에 정착된 지주제의 특성과 지주경영에 의해 농촌사회와 농민계층이 분화되는 원인으로 보고 분석한 지방사적 연구는 여러 편이 있으나 지면상 생략한다.

「농촌조직(단체)」에 관한 논문도 상당수 있는데, 이들 조직을 이용하여 농민운동을 어떻게 전개했는가에 대한 연구들이다. 그 대표적인 것을 들면 다음과 같다. 김현숙(金賢淑)의 「일제 하 민간협동조합 운동에 관한 연구」(『한국사회사연구회론문집』 9, 문학과 지성사, 1987), 노영택(盧榮澤)의 「일제 하 천도교의 농민운동 연구 (1)(2)」(『한국사연구』 52, 54, 1986, 1989), 정용욱(鄭龍昱), 「1907–1918 '지방금융

조합' 활동의 전개」(『한국사론』 16, 서울대 국사학과, 1987), 지수걸(池洙杰), 「조선농민사의 단체 성격에 관한 연구」(『역사학보』 106, 1985), 한도현(韓燾玄), 「반제반봉건투쟁의 전개와 농민조합」(『한국사회사연구회론문집』 9, 1987) 이들 논문은 각 단체의 활동을 시기별로 나누어 분석한 것들이고, 지역별로 분석한 논문들로는 이종범(李鍾範)의 「1920·30년대 진도(珍島)지방의 농촌사정과 농민조합운동」(『역사학보』 109집, 1986), 지수걸의 「일제 하 전남 완도(莞島)·해남(海南)지역의 농민조합운동 연구」(『역사교육』 49, 1991) 등이 있다.

일제의 「농업정책」에 관한 논문이 가장 많은데, 그 대표적인 것들은 다음과 같다. 신용하의 『한국토지조사사업연구』(『지식산업사』), 권태억(權泰檍), 「일제의 육지면(陸地棉) 재배 강제정책」(『변태섭(邊太燮)박사화갑기념사학논총』, 1985), 박기서(朴基瑞), 「식민지하의 농촌진흥운동」(『산업논총』 3, 경희대, 1978), 정문종(鄭文鍾), 「산미증식계획과 농업생산력 정체에 관한 연구」(『한국근대농촌사회와 농민운동』, 열음사, 1988), 정연태(鄭延泰), 「1910년대 일제의 농업정책과 식민지 지주제 -이른바 미작개량정책을 중심으로」(『한국사론』 20, 1988)과 「1930년대 조선농지령과 일제의 농촌통제」(『역사와 현실』 4, 1990).

이 분야에 있어서 북한학자의 연구로는 김한주(金漢周), 「일제의 조선에 대한 토지정책(1)」(『역사과학』 1955년 제3호)와 허종호(許鍾浩)의 「일제의 토지조사사업은 조선농민들을 파산 몰락시킨 강도적 수탈행위」(『역사과학』 1984년 제3호) 등이 있다. 이상 10개 분야로 나누어 대표적인 논문들을 소개했는데, 이들 연구의 전반적인 론점과 흐름에 대해서는 다음 장에서 종합하여 논술하고자 한다.

Ⅳ. 농민운동의 성질에 관한 일반적 시각

일본식민지 시기의 농민운동에 대해서 지금까지의 연구를 종합해 보면, 전반적인 인식은 대체로 일치하고 있음을 알 수 있다. 비록 민족주의적인 시각[2]과 사회주의적인 시각,[3] 그리고 이러한 두 시각을 절충한 시각[4] 등 나름대로의 문제의식을 갖고 연구하고는 있지만, 일단 시대적으로 나타나는 농민운동의 특색에 대한 관점은 비슷하다고 할 수 있다. 따라서 일본식민지시기 전 기간에 걸쳐서 일어났던 한국농민운동의 흐름과 그 성격을 이해한다는 차원에서, 본 장에서는 이들의 연구성과를 종합하여 농민운동의 전개과정과 단계별 특징에 대해 소개할까 한다. 그러기 위해서는 식민지시기 일제의 농촌·농민에 대한 정책변화와 그에 반응에서 나타나는 농민운동의 특색을 중심으로 대체로 다섯 단계로 나누어 살펴 볼 수가 있다. 그 다섯 단계를 시대별로 구분해 보면 다음과 같이 나눌 수가 있다.

첫째 단계, 1910년 경술국치 이전시기

둘째 단계, 1910년 한일병탄 이후 1919년 3.1운동 이전까지의 시기

2) 盧永澤, 『日帝下 農民의 契와 組合運動研究』, 『韓國史研究』 42, 1983과 『日帝下天道敎의 農民運動研究』, 『韓國史研究』 52, 1986.
3) 申周白, 『1930年代革命的勞農運動의 組織問題에 關한 研究』, 『歷史批評』, 1980年 겨울호 및 『1930年代咸鏡南道地方革命的 農民組合에 關한 一研究』, 『成大士林』 5, 1989.
4) 趙東杰, 『日帝下韓國農民運動史』, 한길사, 1979.

셋째 단계, 1919년 3.1운동 이후부터 1920년대 말까지의 시기

넷째 단계, 1920년대 말부터 1937년 중일전쟁 시작 이전까지의 시기

다섯째 단계, 1937년 중일전쟁 개전부터 종전까지의 시기

이러한 다섯 단계에 따라 나타났던 시대별 농민운동의 성격을 살펴보면 다음과 같다.

첫 번째 단계, 일본제국주의의 한반도 진출과 농촌 수탈에 대한 반감으로 동학과 의병운동에 다수의 농민이 참여했던 단계였다. 한국인의 근대적 민족의식은 일제침략에 항거하는 민족자존의 운동과정에서 성장해 왔다. 특히 대부분 농민으로 구성된 민중이 민족적으로 성장하는 것은 구 한 말 일제의 침략으로 말미암아 나타난 피해에 대한 반발과 항쟁 속에서 촉진되었다. 누구보다 농민은 이러한 일제의 침략을 피부로 느낄 수 있는 처지에 있었다. 즉 일제의 토지점탈과 일제상품의 시장지배로 인해 농촌경제가 붕괴되자 일제의 침략이 농민의 생존권을 위협한다는 것을 실감하게 되었던 것이다. 그리하여 일제침략 초기과정에서 일어난 동학운동은 농민혁명운동으로 발전되어 갔던 것이고, 반봉건 반제국주의를 외치는 농민운동으로 성숙해 갔던 것이다. 그러나 일제의 침략이 더욱 노골화 되어 가던 1904년 한일의정서(韓日議定書)부터 비롯된 일제의 본격적인 한국 병탄 의도는 을사늑약·정미 7조약 등을 통해 노골화 되었고, 동학혁명운동이 일본군대의 진입과 청일전쟁에서의 승리로 말미암아 소멸되게 되자, 이제 농민들은 의병항쟁에 참여하는 형태로 전개되어 갔다. 이처럼 민족운동의 일환으로서 농민이 참여하는 가운데, 민족의식이 성장해 가

는 그런 단계였다. 그러나 이들 항쟁의 구성자 대부분이 농민이기는 했으나 유학자 등 지방 엘리트들이 이들 항쟁의 주역이었다는 점에서 아직은 순수한 농민운동 단계에는 이르지 못했던 시기였다고 하겠다.[5] 두 번째 단계는, 일제가 한국을 병탄한 후 한국에 대한 경영을 타이완 약탈의 경험[6]을 바탕으로 실시한 시기이다. 즉 그들은 조선은행권(朝鮮銀行券)의 남발을 통해 인플레와 농업공황을 조장했고,[7] 1912년 미곡수입의 관세를 폐지하면서 조선 쌀의 이출을 조작하여 자신들의 이익을 높였으며, 식민지의 장기적인 기초공사로 토지조사사업을 추진하였다.[8] 이는 경제적 측면만이 아니라 치안행정이나 식민지적 사회건설을 위한 기초 정리작업이었다. 이러한 토지조사사업은 1918년에 끝나게 되는데, 이를 통해서 지주와 소작인을 분리시켜 사회적으로 지주계층과 소작계층을 형성시켜 엄격한 상하계층 구조를 생성해냈다. 이러한 상황은 법적체제에서 사회체제로의 전환을 의미하는 것이었다.[9] 이처럼 농민계층의 분화로 인해 소작농이 늘어간 농촌에서는 더 이상 생활하기가 어려워지자 해외로 나간 농민들에 의해 정착지에 대한 개척이 이루어지기 시작했고, 국내에서는 집단적 폭력항쟁이 간혹 일어나기도 했으나, 대체적으로는 항의하는 수준의

---

5) 黃性模, 『韓國農民意識의 歷史的發展』, 『曉岡崔文煥博士追慕論文集』, 1977, 545-547 參照.
6) 1894년 淸日戰爭으로 台湾을 정복한 일제는 1898년 臨時土地調査局을 설치하여 토지를 그들 통치에 편리하게 整理區劃하고 無主地國有의 원칙 아래 광대한 토지를 탈취했다. 林野의 겨우는 94%를 점탈했고, 1909년을 전후해서는 경찰력으로 개인토지를 강탈했다. 矢內原忠雄, 『帝國主義下의 台湾』, 1937, 岩波書店, 23, 32, 36쪽.
7) 金俊輔, 『韓日合併 初期의 인플레이션과 農業恐慌』, 『韓國近代史論』 I, 26쪽.
8) 朴玄埰, 『民族經濟論』, 한길사, 1978, 51쪽, 108쪽.
9) 趙東杰, 『日帝下 韓國農民運動史』, 한길사, 1979, 56쪽.

농민운동적 성격이었다. 다만 이러한 항의를 하는 과정에서 일제 침략의 본질을 이해하게 되면서 농민의식이 서서히 눈을 띠기 시작하는 농민운동의 맹아기 단계였다고 할 수 있다.

세 번째 단계는, 3.1운동을 계기로 농민의식이 성장하게 된 농민들이 이전의 자연발생적 성격의 농민운동으로부터 조직적 기반 위에서 전개되는 민족운동으로 발전해 가는 시기를 말한다. 예를 들어 농민 스스로 전개한 소작쟁의[10]도 그렇고, 협동조합운동[11]도 그러했다. 그리고 조선노동총동맹이나 천도교의 조선농민사,[12] 그 밖의 종교단체의 계몽주의적 농민운동도 모두 조직적인 전개양상을 보이고 있었던 시기였다.[13] 1920년대의 이러한 농민운동의 조직화와 발전은 이 시기 독립운동의 전반적인 발전과 더불어서 민중적 민족역량이 성장하게

---

10) 日帝의 소위 '文化政治'의 일환으로 전개된 産米增産計劃은 小作農民 또는 農業勞動力의 極大化를 통해 日帝의 地主的利益을 增加시켜 보자는 것과, 水利組合設置에 의해 開墾地 確保 및 韓國人農土에 대한 農業支配를 圖謀하고자 실시했던 植民地經濟收奪의 代表的인 帝國主義 政策이었다. 즉 小作農을 채찍질 하여 收穫量을 높이려 한 것이었으나, 준비없이 施行하는 바람에 곧 失敗함으로써 小作人들의 怨聲만을 사게 되어 小作料 引下, 小作權 還收 등의 형태로 全國的으로 展開된 民衆鬪爭 形式의 農民運動이었다.

〈1920年代 後半期 小作關係 訴訟事件(第1審)〉					
1926年	1927年	1928年	1929年	1930年	計
640件	905件	671件	618件	564件	3398件
資料來源: 『獨立運動史』 第10卷, 『大衆鬪爭史』에서 作成.					

11) 文定昌, 『朝鮮農村團體史』, 東京, 日本評論史, 1942, 324-328쪽.
12) 朝鮮農民社, 『農民』, 1932年 10月 號, 42-44쪽, 1933, 各 號 參照.
13) 農民團體 보다는 勞動團體가 먼저 組織되었으나, 勞動者 보다는 農民數가 많았던 韓國에서 小作會, 朝鮮農民社 등 農民團體가 地方으로 擴散되며 훨씬 많았고, 勞動團體는 朝鮮勞農總同盟처럼 서울 등 都市地域에 少數가 있었다. 金昌順, 金俊燁, 『韓國共産主義運動史』 第2卷, 高麗大學校 亞細亞問題研究所, 1969, 57-100쪽, 249쪽. 第3卷, 100-141쪽.

되는데, 이는 한국민족운동사에서 중요한 모(母) 역량으로 되었다. 그러나 이 시기에는 국제적으로 여러 사조가 나타나 한국의 농민운동에도 큰 영향을 주기 시작했는데, 이는 자기들 나름대로의 독립투쟁을 효과적으로 하겠다는 의도에서 비롯된 것이기는 하지만, 이러한 국제적 조류[14]에 따라 일제의 한국인 분렬정책으로 말미암아 3.1운동으로 인해 만들어진 민족적 총화가 분산되는 시련기로 나아가게 하기도 했다.

네 번째 단계는, 직접 저항하는 형식의 농민운동이 효과를 거둘 수 없음을 안 농민들이 거시적인 시각에서 민족독립과 연계되게 하기 위한 차원의 농민운동을 전개하는 단계이다. 그 주요 방법은 농촌계몽운동을 발흥시키는 시기였다. 이를 위해 농민야학을 개설하고[15] 귀농운동[16]을 통해 농민의 권익과 지위 향상을 위해 노력하던 시기였다. 농촌계몽운동이란 민족의 역량을 성장시키기 위한 민족교육적 요구에 의해서 추진된 농촌운동이었다. 그러나 이는 1910년대 교육사업의 추진을 통해 3.1운동과 같은 민족운동으로 발전시킨 그런 계몽운동과는 다른 것이었다.[17] 즉 농민을 대상으로 강연과 생활교육을

---

14) 當時의 國際的인 潮流로는 民族主義社會主義無政府主義 등이 主流를 이루었는데, 獨立運動 및 農民運動도 이러한 潮流에 反應하였으므로, 日帝는 韓國人에 대한 懷柔와 分裂 政策을 통해 이러한 時局을 最大로 利用하였다. 中野天樂,『天樂覺書』,『獨立運動史資料集』第10卷, 201쪽. 大阪每日新聞社, 東京日日新聞社,『半島裏面史』, 290쪽.

15) 趙東杰,『朝鮮農民史의 農民運動과 農民夜學』,『韓國思想』 第16集, 147-172쪽.

16) 啓蒙主義的 限界의 典型的인 運動으로, 農民의 權益과 地位向上을 꾀하는 운동이면서 農民이 主體가 아니라 學生이나 知識靑年에 의해서 展開된 運動이다. 그 目的은 民衆的民族力量의 成長에 있었는데, 1920年代에 伸張된 民族力量을 民衆化시킨다는 것이 主目的이었다.『東亞日報社史』第1卷, 341쪽.

17) 趙東杰,『1910年代의 民族敎育과 그 評價上의 問題』,『韓國學報』 第6集, 109쪽.

통해 농민의 역량을 성장시키려 한 사회교육에 의한 농촌개량운동이었다고 할 수 있다. 그러다 보니 농민운동의 주체가 농민이 아니라 지식층이 주체가 되었고, 농민이 오히려 그 대상이 되었기에 농민운동이라기 보다는 농촌운동의 일환이었다고 할 수 있다. 이렇게 된 원인은 1929년에 광주학생운동이 일어나 일제의 가혹한 탄압이 더욱 심해져 민족운동의 길이 막히게 됨으로서 직접적인 저항운동이 불가능하게 되었고, 1931년에는 일제가 만주사변을 일으켜 식민지 한국을 대륙침략의 전초기지로 이용하려는 소위 병참화정책이 실시됐기 때문에, 직접적으로 민족운동을 고양시킬 수 있는 모든 근원이 파괴되었던 데 있었다. 따라서 2차 적인 방법으로 의식 있는 지식청년들이 시골로 파고들어 농민의 민족의식을 앙양시키는 차원의 운동으로 전화되어 갔던 시기이다.

다섯 번째 단계는 일제의 중일전쟁 발동으로 인해, 한반도에는 전시체제로 접어들게 되어 군대 및 전쟁물자의 공급지로 전환되어 갔다. 그러나 이러한 전략기지 화가 되기 위한 조건들이 성숙되지를 못했다. 그것은 그동안 총독부가 실시했던 산미증산계획 등의 정책이 실패로 돌아갔고, 세계적인 공황이 덮쳐옴으로써 자신들의 의도대로 전시체제로의 돌입이 어렵게 되었다. 그리하여 궁색한 나머지 고안해 낸 것이 농업진흥정책 또는 자력갱생운동이었다.[18] 그리고 산업면에서는 남면북양(南棉北羊)정책을 실시했다. 그리하여 진흥운동 조직이 마을마다 확대되어 가게 되자 농민에 의해 만들어진 자생적 단체의

18) 獨立運動史編纂委員會, 『獨立運動史資料集』(14), 1978, 255쪽.

해체가 강요되었고,[19] 그로 인해 그나마 일고 있던 농촌운동으로서
의 농민운동마저 봉쇄되게 되었다. 그 결과 강연회는 중단되게 되고,
야학당은 폐쇄되었으며, 공산진영이 이끌던 소작쟁의[20]도 더 이상 계
속될 수가 없었다.[21] 그리하여 모든 농민운동을 주도하는 조직들은
지하로 잠입하여 활동하지 않으면 안 되게 되었으니, 민족진영이던,
공산진영이던 모두 지하로 잠적하여 들어가게 되었던 것이다.[22]

특히 종전기에 들어서면서 농산물의 강제 수탈과 농민에 대한 징용
과 징발이 강행되자 농촌이 거의 파산되는 상황에 이르자 농민운동
은 근본적으로 불가능하게 되었다.[23] 그러나 그러한 가운데서도 지하
에 잠입해 있던 지식청년들은 계몽운동 차원의 농촌운동을 지속하
여, 농촌사회경제를 향상케 함으로서 광복의 력량을 키우려는 노력
은 계속되어 갔던 것이다.

V. 판결문의 보존현황과 사료적 가치-향후 연구에 대한 제언

그동안 일부 역사학자들이 판결문(判決文)을 이용하는 연구를 하
기는 했으나, 법에 대한 지식이 없어 예심-지방법원-복심법원-고등

19) 金文植 等, 『日帝의 經濟侵奪史』, 高麗大亞細亞問題研究所, 1977, 85쪽.
20) 金昌順金俊燁, 앞의 책, 第3卷, 135-138쪽.
21) 이런 形式의 어떤 農民運動도 日帝는 赤色 農民組合처럼 共産主義的 運動이라고 規程하
여 一括的으로 處罰하였는데, 그렇게 한 것은 治安維持法 適用이 쉬워 어떤 處罰도 可能했
기 때문이었다. 趙東杰, 앞의 책, 263쪽.
22) 『朝鮮農村團體史』, 앞의 책, 346-347쪽.
23) 近澤書店, 『朝鮮의 回顧』, 京城, 1945, 320쪽.

법원으로 재판이 진행되면서 나타나는 새로운 판결 양상에 대해서는 주목하지 않고, 단지 자신이 필요로 하는 부분만을 취사선택하여 자신의 주장을 뒷받침하는 근거로 사용해 온 것이 일반적인 상황이다. 그러나 그러한 역사학자마저도 극히 소수에 불과했다고 해도 과언이 아닐 것이다. 필자는 최근 5년여에 걸쳐 법학자들과 한일조약문제에 대해 공동연구를 하면서 판결문의 가치를 새롭게 인식하게 되었고, 이에 대한 조사와 연구를 계속해 왔다.[24] 따라서 판결문이 가지고 있는 1차 사료로서의 가치와 이를 이용하는데 편리함을 제공한다는 차원에서 한국에서의 보존상황과 열람방법에 대해 먼저 논하고자 한다. 물론 이러한 소개는 한국농민운동을 새로운 차원에서 연구하는데 일조하기 위함이다. 조선총독부시대의 재판소 판결문 그것은 원 자료라고 할 수 있다. 물론 이것이 어느 정도나 있는가 하는 것은 불분명하다. 예를 들어, 미국의 대학에서 보관하고 있을지도 모른다거나, 개인이 판결문을 소장하고 있는지도 모른다는 정보가 들리고 있다. 그러나 이들에 대해서는 현재 조사가 미치지 못하고 있기 때문에 이하에서 서술하듯이 원 자료에 기초해서 이용 가능한 원 자료를 연구대상으로 하지 않으면 안 된다. 이하 판결문에 대한 구체적인 보존상황과 열람방법 등은 이 책의 "국가기록원 소장 3.1운동판결문의 가치와 보존 상황"이라는 논문을 참조하고, 식민지법의 특징을 이해

---

24) 필자는 日本明治大法學部笹川紀勝 교수와 공동으로 4년여에 걸친 공동작업을 통해 3.1운동에 관한 판결문 4,000여 건을 수집정리하여 『3.1運動判決精選』 4冊과 이들 내용을 일목요연하게 정리한 『3.1運動 關係 判決一覽表』를 출간한 바 있다.

하려면 "일제의 식민지법과 식민지재판소의 지역별 특징 연구"라는 논문을 참고하기 바란다. 다만 이들 판결문을 이용할 때 주의할 점에 대해서 당부하고 싶은 말은 다음과 같다. 영미법계와 대륙법계에서 판결을 다루는 방법이 다르기 때문에 한국의 판결문을 이용할 때는 일본의 식민지였던 조선을 다룬 것이기 때문에, 대륙법의 이해에 따라서 다루지 않으면 안 된다는 점이다. 즉 영미법에서는 재판관이 선례에 구속되어 법의 지배에 복종하지 않으면 안 되지만, 대륙법에서는 재판관이 선례에 구속되지 않기 때문에 그만큼 법으로부터 해방되어 있다는 것이다. 다른 각도에서 보면 판결에는 개개의 재판관이 사건에 대한 자세가 강하게 나타나 있다. 그래서 재판관은 판결을 내리기 위해서는 사건과 관계된 각종의 사실문제를 파악하여 정리하지 않으면 안 되기 때문에, 재판을 통해서 어떤 사건이 일어나고 있는가를 상당한 정도 이해하고 있다. 그 때문에 국가기관인 재판소가 인정한 역사적 사실의 진실성은 재차 검증되지 않으면 안 되는 것이다. 어쨌든 농민운동이 어떤 식으로 인식되어져 있는가에 대한 검증은 지금부터의 연구 과제라 할 수 있다. 이런 특징을 가진 판결문을 연구하여 이들 판결문을 편리하게 사용할 수 있도록 집약한 연구는 없다. 따라서 농민운동과 관계된 판결문을 따로 모아 편집한 연구집이나 마이크로필름도 없는 것이다. 그렇기 때문에 농민운동과 관계있는 판결을 전체적으로 이해하고자 하려면, 일반적인 형사판결 중에 분산되어 들어가 있는 유관한 판결 모두를 일일이 눈으로 확인하면서 보아야만 한다. 그러나 요즘은 편리한 세상이 되어 국가기록원에서는 관계법령명을 나열하고 있기에 그것과 관계있는 판결의 일람을 컴퓨터로 찾아낼 수 있도록 하였다. 그러나 컴퓨터로 아직 입력이 다 안 된 상태이고, 또 농민운동에 관계되지 않은 것도 대량으로 검색하여 표시하기 때문에, 실질적으로 검색만으로는 한계가 있다. 더구나 농민운동 관계의 판결을 포괄적으로 다룬 종래의 연구가 한국·일본 어디에도 없기 때문에, 농민운동과 관계있는 판결문에 대한 포괄적인 해명은 애석하지만 독자적으로 연구할 수밖에는 없는 실정이다.

제8장

매헌 윤봉길 의사와 그의 문학세계
- 매헌의 시문집을 중심으로 -

- 김승일

제8장
매헌 윤봉길 의사와 그의 문학세계
- 매헌의 시문집을 중심으로 -

I. 매헌의 시문집 소개

매헌 윤봉길 의사에 대한 연구는 지금까지 여러 각도에서 이루어져 왔다. 그러나 그의 시문학에 대해서는 거의 주목한 글이 없다고 해도 과언이 아니다. 그것은 윤봉길 의사가 홍커우(虹口)공원에서 일으킨 폭탄투척의거의 영향이 너무나 컸기 때문에 무력투쟁에만 관심을 쏟았지 이러한 독립투쟁을 위한 그의 내면세계를 이해하는 데에는 그다지 관심을 두지 않았기 때문이 아닌가 한다. 이처럼 거대한 의거를 일으키게 되는 데에는 독립에 대한 그의 신념과 의지가 없이는 불가능하다는 점에서, 그의 의식세계를 파악하지 않고서는 그의 독립정신을 살펴볼 수가 없다는 말이다. 이러한 그의 의식세계를 살펴보려면 그가 남긴 문장들을 분석하는 것 외는 다른 방법이 없다. 그런데 다행이도 매헌은 다수의 시문학 작품을 남겨놓고 있다. 그 대표적인 것이 충남 예산 충의사(忠義祠)에 보물 제568호로 지정되어 현재 전시되어 있는 윤봉길 의사가 직접 짓고 필사한 시문집 5권을 들 수 있다. 이 시문집의 내용을 살펴보면 다음과 같다.

시문집 5권의 편명은 『명추(鳴推)』·『임추(壬推)』·『옥타(玉唾)』·『한시집(漢詩集)』·『염락(濂洛)』 등이다. 이 중 『명추』와 『임추』는 칠언율시를 중심으로 해서 엮은 시집이고, 『옥타』와 『한시집』은 시와 문장이 섞여 있는 시문집이며, 『염락』은 중국의 시를 모아놓은 선집류이다.

이들 시집을 각각 내용적으로 분석해 보면 또한 다음과 같이 분류할 수 있다. 곧 『옥타』의 경우는 앞부분과 뒷부분으로 나눌 수 있는데, 앞부분에는 비교적 큰 행초로 쓰여진 9편의 시와 서문이 실려 있다. 시로는 혜정(蕙亭) 강치헌(姜致憲)의 시 4편, 매곡(梅谷) 성주록(成周錄)과 아산둔포인(牙山屯浦人)의 시가 각각 1편씩 있고, 중국 당나라 시인 두보(杜甫)의 「한별(恨別)」이라는 시 1편, 기타 작자를 알 수 없는 시 2편이 실려 있으며, 서(序)로는 간재(艮齋) 전우(田愚)가 쓴 「매죽헌선생문집중간후서(梅竹軒先生文集重刊後序)」가 실려 있다. 뒷부분은 『옥타』의 중간으로부터 시작되는데, 윤 의사의 한시로 알려진 37편의 시가 각각의 제목 하에 가지런히 실려 있는데, 모두 칠언율시로 되어 있다. 뒷부분에 실려 있는 시 중에는 「봉혜만죽호유각필(逢蕙晚竹好遊却筆), 추후음(追後吟)과 「만지산장(輓志山長)과 같은 만시(輓詩)도 있기는 하나 주로 거미·입석·이끼·노송·부채·파리 등의 사물을 대상으로 읊은 영물시(靈物詩)가 대부분이다. 이는 『한시집』·『명추』·『임추』·『염락』 등 다른 시문집에서는 볼 수 없는 특징이라고 하겠다.

『한시집』에는 적지 않은 분량의 시가 실려 있는데, 칠언율시가 200여 편 가량 되고, 칠언절구가 6편, 오언절구가 2편이 있다. 그 사이에 「의령남병희관례서(宜寧南秉熙冠禮序)」·「증조창행가관서(贈趙昌行加冠

序)」·「증이우미석(贈李友帽石)」·「몽산별업(蒙山別業)」이라고 하는 글들이 실려 있고, 특히 「몽산별업」에 이어 「경술대여상한강치헌서(庚戌大呂上瀚姜致憲序)」라는 제목이 나오고 있는 것이 주목된다. 네 편의 문장에 이어 다시 상당수의 칠언율시가 나오는데, 이『한시집』에는 인명이 많이 나온다. 예를 들면, 만초(晩樵)·죽초(竹樵)·죽사(竹史)·이고성(李固城)·아우 래규(來圭)·이재헌(李在憲)·우란(又蘭)·미석(帽石)·후암 이월(後菴李粤)·산주 대왕인(汕住大王人)·이모(李茅) 등 일일이 거론할 수 없을 정도로 많다. 여기에서 거론된 인명들은 죽사와 미산을 제외하고는 다른 시문집에서는 거론되지 않고 있다는 점도 하나의 특징이라고 할 수 있다.

『명추』에는 총 20편의 시가 실려 있는데, 대부분이 칠언율시이나 그 중 칠언절구 3편이 있다. 내용에는 주로 학우들이 등장하는 등 글방 분위기가 많이 난다는 점, 그리고 날짜가 명시된 제목이 상대적으로 많다는 점이 특징이라고 하겠다.

『임추』에는 총 58편의 한시가 실려 있는데, 칠언율시가 45편, 오언율시가 13편 실려 있다. 이 시집 또한『명추』처럼 글자체는 물론 시를 배치한 체제가『옥타』·『한시집』과 차이가 있다. 또『임추』에는 「증학반(贈學伴)」이나 「수재종윤권학문(秀才鍾潤勸學文)」 처럼 주로 학우나 학업 및 독서와 관련된 시가 여러 편 등장하고 있는데, 이 점 또한 다른 시문집과 구별되는 점이라 할 수 있다.

『염락』은 그 제목이 말해주듯, 창작시가 아닌 기존에 있던 시를 모아 놓은 것이다. 중국 송나라 때 염낙관민(濂洛關閩)[1]으로 알려진 염계(濂溪)의 주돈이(周敦頤), 낙양(洛陽)의 정호(程顥)와 정이(程頤) 형제, 관중(關中)의 장재(張載), 민중(閩中, 복건 중부)의 주희(朱熹, 朱子)는 물론 소강절양귀산(邵康節楊龜山) 등 여러 사람들의 시를 소개하고 있다. 편집 체제와 필체가 앞의 것들과 또한 많은 차이가 있다.

Ⅱ. 매헌의 시문집에 대한 몇 가지 부언(附言)

매헌의 시문집을 보면서 두 가지 떠오르는 의문점이 있었는데, 그것은 시를 지은 시기와 매헌이 생존했던 시기와 부합되지 않는 시가 두 편 정도 보인다는 점이고, 다른 하나는 시로써 교유한 사람들의 나이가 너무 많다는 점, 그리고 나이가 들어야 지을 수 있는 시들이 상당수 보인다는 점이며, 시풍 또한 윤 의사의 삶과는 다소 거리감이 느껴지는 것이 있다는 점이다. 따라서 이에 대한 상세한 검토가 이루어져야 「매헌의 시문집」에 대한 가치부여가 가능하다고 할 수 있다.[2]

한편 매헌의 한시집을 보면서 해결하기 어려운 점도 있다고 느껴지는 부분도 있다. 즉 이 한시집에는 많은 인명이 등장하고 있다는 것인데, 예를 들면 아래와 같은 이름들이다. "「만김연제씨(輓金建濟氏)」·

---

1) 송학(宋學) 4파(派)로서, 송나라 때의 주돈이, 정호와 정이, 장재, 주의 등이 주장한 성리학을 말하는데, 이 이름은 그들이 출신, 지명을 다서 붙인 이름이다. 주정장주지학(周程張朱之學)이라고도 한다.
2) 이에 대한 구체적인 분석은 『시인 윤봉길과 지인의 서정시 340수』(진영미, 김승일 역, 역사공간, 2004년 출간)를 참고할 것.

「만김동헌(輓金東憲)」·「수재김윤권학문(秀才鍾潤勸學文)」·「증김종윤(贈金鍾潤)」·「증제래규방(贈弟來圭訪)」·「도원이제친봉헌(桃園李弟親奉獻)」·「만이고성(挽李固城)」·「수김필제(壽金弼濟)」·「증이재헌(贈李在憲)」·「만이순성춘장(輓李舜性春丈)」·「화미석운(和嵋石韻)」·「만이요성춘부장(輓李堯性春府丈)」·「만신부김감몰(挽新府金監沒)」·「이석정견방(李石亭見訪)」·「태자봉화(泰子奉和)」·「의령남병희관예서(宜寧南秉熙冠禮序)」·「증조창행가관서(贈趙昌行加冠序)」·「증이우미석(贈李友嵋石)」·「몽산별업(蒙山別業)」·「이우후발암(李友後發菴)」" 따라서 이들 인명을 조사해 본다면 매헌에게 영향을 주었던 주변 인물들을 이해하는데 많은 도움이 될 것으로 보이나 사실 이들을 찾아내어 고증하는 일이 그리 쉽지는 않다는 것이다. 또한 잘 알려진 사람들 인명이 나오기도 하지만, 실제로 그들인지 아닌지를 구별하는 것이 매우 어렵다는 점이다. 가령 김건제(金建濟)는 1925년 8월 30일 예산군 덕산면 면장이었는데, 정말로 그를 지칭하는 것인지에 대한 확답을 내릴 수가 없는 것이 대표적인 예라고 하겠다. 이처럼 윤봉길 의사의 시문집을 분석하는 데는 여러 가지 어려운 문제점들이 있다. 그럼에도 불구하고 이 매헌 시문집의 진위를 가름하려는 것은 먼저 잘못된 발상이라는 것을 인지해야 할 것이다. 윤 의사가 직접 짓던, 자신과 동료들이 함께 다른 사람들의 시를 초사했던 모두가 윤 의사의 손때가 묻어나 있고, 또 이들 시를 통해 정신을 수양했으며, 나아가 조국의 독립을 위해서는 모든 것을 불살라야 한다는 희생정신으로까지 승화시킬 수 있는 의식의 바탕이 되었기 때문이다. 시를 짓는 재주에 대해서는 신동이라는 말까지 들었던 매헌의 전체적인 삶 속에서 이 시문집을 들여다본다면, 진정 매헌의 참모습을 느낄 수 있으므로 이 시문집에 대한 진위 여부나 이 시문집이 가지고 있는 의의 등에 대해 군이 논할 필요가 있겠는가 하고 반문하는 것이 필자의 총평이다. 더군다나 『임추』속에는 매헌이 직접 지은 시가 들어 있을 뿐만 아니라, 『옥타』속에는 매헌이 오치서숙(烏峙書塾)을 다니면서 배웠던 스승 매곡(梅谷) 성주록(成周錄) 선생의 한시도 들어 있고, 나아가 스승의 벗인 혜정(蕙亭) 강치헌(姜致憲)의 한시 역시 여러 수 실려 있기 때문에, 매헌의 내면세계를 이해하는데 기초적인 자료가 된다는 점에서 중요하다고 볼 수 있다. 나아가 이들 시문집에는 구한말 몇몇 유명 인사들 곧 간재(艮齋) 전우(田愚, 1841~1922)·석정(石亭) 이정직(李定稷, 1841~1910)·지산(志山) 김복한(金福漢, 1860~1924)과 관련된 시문들도 실려 있어 당시의 인물 연구나 시문학을 연구하는데 있어서도 중요한 자료가 될 수 있다는 점에서 주목하지 않으면 안 되는 것이다. 그렇기 때문에 이 시문집이 갖는 귀중한 가치는 여러 방면에서 매헌을 연구할 수 있는 1차 사료가 된다는 점이다. 예를 들면 매헌이 어린 시절부터 배우며 익혔을 이 서정시들을 통해 매헌의 인격 형성과정을 살필 수 있을 뿐만 아니라, 매헌의 자작시에서 볼 수 있듯이 절절 넘쳐흐르는 인간에 대한 사랑과 봉사정신, 겨레를 위해 자신을 희생할 수 있는 고결한 자취가 이 시들 속에 고스란히 담겨져 있는 것이다. 홍커우(虹口)공원의 의거를 성공적으로 이루어 낼 수 있었던 독립정신도 바로 그의 인격의 바탕이 되었던 인도주의에서 발현된 것이라는 점을 이 시문집은 대변해

주고 있는 것이다.

Ⅲ. 매헌 시문학 사상의 형성

매헌의 교육은 여섯 살 때부터 시작되었다. 매헌에 대한 교육은 태몽을 통해 자신의 아이가 비범한 아이라는 걸 예견한 어머니 김 씨에 의해 주도적으로 시작되었다. 그는 큰아버지에게 맡겨져『천자문』을 시작으로『소학(小學)』『동몽선습(童蒙先習)』을 학습하였다. 매헌은 말을 더듬는 등 천재성을 가지고 있는 아이는 아니었으나, 선천적인 인내성과 성실함, 거기에다 어머니의 교육열까지 합쳐져 점차 두각을 나타내기 시작하였다. 특히『동몽선습』에는「역대요의(歷代要義)」장절이 있었는데, 여기에는 한국역사와 중국역사가 서술되어 있어 매헌이 민족의식을 높이게 되는 동기가 되었다. 1918년 일제가「서당규칙」을 발표하여 이 책을 가르치지 못하게 할 정도로 민족의식을 고취시키는 교육에 안성맞춤인 책이었기에 매헌은 점차 국가와 민족에 대해 의식하는 계기를 부여해 주었다. 매헌의 어릴 적 일화로 이런 이야기가 있다. 어느 날 매헌이 소에게 풀을 먹이러 산으로 끌고 갔다가 동네 어르신들 이야기에 빠져 듣는 바람에 그만 소를 잃어버리게 되었다. 커다란 꾸지람을 듣게 될 것을 생각한 그는 잔뜩 긴장하여 집에 돌아왔는데, 외양간에 잃어버린 소가 들어와 있었던 것이다. 이를 본 매헌은 속으로 "짐승도 제 집을 찾아오는데 집 없는 거지나 다름없는 우리 백성은 무엇을 하고 있단 말인가?"하고 후에 이때 자신이 느낀 바를 주위사람들에게 말했다고 한다. 당시 어린 나이의 매헌이었지만 이미 민족에 대한 의식이 상당한 수준에 이르고 있었음을 이 이야기를 통해 엿볼 수 있는 것이다. 이러한 의식은 점차 주변에서 회자되는 고향 출신 민족 영웅들에 대한 이야기를 들으면서 더욱 잠재되어 갔고, 이때마다 그의 가슴은 언제나 흥분과 열정으로 가득 차게 되었다. 그러다 보니 이들 영웅들이 남긴 시를 읊조리는 것이 가장 기쁜 일로 여겨지게 되었다. 특히 성삼문(成三問)과 황현(黃鉉)에 대한 이야기를 어머니로부터 들으면서 장렬하게 죽음을 맞이하는 생사를 초월하는 인간으로서의 굳은 절개를 흠모하게 되었고, 더더욱 그들이 남긴 시를 매일같이 애송하였던 것이다. 그가 성삼문을 얼마나 흠모했는가는 성삼문의 호인 매죽헌(梅竹軒)에서 그의 호 매헌을 빌려왔다는 점에서 그가 얼마나 성삼문의 사상과 생애에 관한 이야기에 감명을 받았었나를 알 수가 있다. 그리고 일제에게 강점당하자 학문적인 양심과 다른 사람의 모범이 되기 위해 절명시(絶命詩)를 남기고 자결한 매천(梅泉) 황현의 애국애족정신도 어린 매헌의 마을을 뒤흔들었다. 이러한 의식을 관념적으로 받아들이게 된 매헌은 비록 어린 나이였지만 대장부의 삶이란 충인의절(忠人義節)의 길을 가는 것이라고 다짐하게 되었던 것이다. 이미 이런 의식이 형성되었던 매헌은 1918년 11살의 나이에 신식 소학교에 들어가게 되었다. 그러나 여기서 매헌이 느낀 것은 일본 중심의 교육에 대한 의식충돌이었다. 자신의 나라를 빼앗은 일본인 교사에게 받는 교육은 어린나이임에도 불구하고 용인할 수 없었다. 특히 3.1운동을 목격하고 유관순 열사에 대한 소식이나 김좌진·홍범도·이범석 장군들에 의한 대첩 소식은 그의 민족주의적 자세를 고취시키는 강력한 밑거름이 되었다. 이러한 의식이 응고되어 가고 있던 매헌은 결국 식민지교육을 받지 않겠다는 판단을 내리고 학교를 그만두었다. 그런 매헌의 굳은 의지를 알게 된 부모님은 그의 결단을 이해해주었고, 그는 자습하는 식으로 공부에 대한 열정을 더욱더 키워갔다. 시간이 지나면서 최병대(崔秉大) 선생 및 오치서숙(烏峙書塾)을 세운 성주록 선생으로부터 예문(禮文)과 경서(經書)를 배웠고, 또 시대 조류에도 밝았던 그들로부터 진충보국(盡忠輔國)하는 큰 길이 어떤 것인지도 배우게 되었다. 이러한 가르침은 매헌이 인격형성을 하는데 바탕이 되었고, 모든 것을 감내하여 자신의 의지대로 살아갈 수 있는 의지력이 함께 자리 잡게 되어, 그의 모든 역량은 점차 민족의 독립을 갈구하는 차원으로 나아가기 시작하였다. 그리하여 점차 학동(學童)에서 시대아(時代兒)로 성장해갔으며, 이는 다시 개혁자로 되고 종극에는 혁명가가 되는 길에 들어서는 발판이 되었다. 그러는 가운데 1922년 15세가 되자 성혼을 하게 되었다. 이는 인생의 새로운 지평을 넓혀가는 계기가 되었고, 그의 의식을 일층 성숙하게 하는 전환점이 되었다. 그는 생활을 이끌어 나가야 하는 처지에서 오치서숙의 접장(接長)이 되어 학생들을 가르쳤고, 곧 존경의 대상으로 성장해 갔다. 그러면서 그는 『고문진보(古文眞寶)』『국조명신록(國朝名臣錄)』『명현록(名賢錄)』 등을 읽으면서 선현들의 가르침과 몸가짐, 그리고 사생관(死生觀)을 체득해 나갔다. 동시에 일본을 알아야 한다는 차원에서 일본어 공부도 시작했으며, 『동아일보』『조선일보』

『개벽』등을 읽기 시작하여 사회 전반에 대한 이해를 넓혀나갔다.

　이러한 변해가는 매헌의 모습을 관찰하고 있던 매곡은 그를 오치서숙에서만 머무르게 해서는 안 된다는 것을 알고 더 큰 세상으로 내보내야겠다는 마음에서 그에게 독립할 것을 권고했다. 막상 독립된 생활을 해야 했던 매헌은 한 때 고독감과 공허함에 괴로워했으나 곧 이를 극복하고 자신에 대한 의지를 재확인 하는 계기로 삼았다. 그러한 내면세계를 표현해 낸 것이 바로 앞에서 소개한 시집들 속의 시였다. 그는 시작(詩作) 활동을 하면서 자신이 해야 할 일들을 점차 확고하게 인식하게 되었으니 바로 계몽활동과 계몽교육을 해야 한다는 것과 향후 무엇을 해야 할 것인가를 확고하게 단정 짓고 있었다. 이는 그의 시문학을 시대별로 분석해 보면 그의 독립정신이 어떻게 발로되었고, 그 발로가 어떤 식으로 전개될 것인가에 대한 장차의 계획을 엿볼 수가 있다.

Ⅳ. 매헌 시문학의 전개와 독립정신의 생성

　매헌이 시재(詩才)가 나타나기 시작한 것은 오치서숙에서 봄가을에 열리는 시회(詩會)에서 였다. 이 시회의 특징은 낙운성시(落韻成詩)라는 것이었는데, 이것은 일정한 글자를 지정하여 운(韻)을 내주면 그 운을 시열(詩列)에 배열하여 오언(五言)이나 칠언(七言)의 시를 짓는 방식이었다. 이 시회에는 인근 지역의 문재(文才)들이 모두 참여하여 기량을 선보이는 대회였는데, 장원은 언제나 매헌 것이었다. 16세가 되던 해 중추절 시회에서 제시된 운자(韻字)는 '명(明)' '청(淸)' '성(聲)'자였고, 시제(試題)는 '만추(晩秋)' '학행(學行)' 중에서 택일하는 것이었다. 이 시회에서 장원을 차지한 매헌이 지은 시는 다음과 같았다.

不朽聲名士氣明

(길이 날릴 명성의 선비 그 기개 맑고)

士氣明明萬古晴

(그 선비의 기개 맑고 맑아 만고에 빛나리니)

萬古晴心都在學

(만고에 빛나는 밝은 마음 모두가 학문 속에 있으니)

都在學行不朽聲

(그 모두가 배움을 행하는데 있으므로 그 이름 영원하리라)

칠언절구(七言絶句)인 이 시는 그의 시재와 장래에 대한 자신의 포부를 아주 함축적으로 표현해 낸 작품이었다. 그는 성삼문의 충절과 기개를 밤마다 되새기며 스스로 갈고 닦은 심성의 결정체를 그대로 이 시속에 표현해 내었던 것이다. 이때까지 그의 의식은 독립정신으로까지 이어지지는 않았지만 앞으로 그가 본보기로 하고자 하는 정신세계의 목표와 방향을 제시하고 있음을 이 시에서 엿볼 수 있다. 이러한 시작을 거듭하던 매헌이 19세가 되는 1922년부터 "자신은 무엇을 해야 하는가?" 하는 마음의 준비를 하는 시기에 들어서는 것을 알 수 있다.

그 대표적인 시가 「意有所感(마음에 느끼는 바 있어)」라는 시에서 엿볼 수 있다.

(전략)

鳥虫隨節聲相報

(새도 벌레도 계절에 따라 소리를 서로 내고)

天地爲秋氣不消

(천지도 가을이 되었건만 기운은 사라지지 않았다)

園裡蒼官持本色

(정원 안의 푸른 나무도 본색을 유지하여)

雪風寒歲未應凋

(눈바람 찬 시절 되어도 푸른 빛 가시지 않으리)

이 시는 자신이 아직 무엇을 어떻게 구체적으로 추진해 나가야 할지를 정하지 않은 상황에 있지만, 자신이 뜻하고 있는 일은 절대로 잊지 않고 언젠가는 그 뜻을 펼치고 말겠다고 하는 의지를 표현하고 있다. 그러는 가운데 매헌은 여러 가지 일들을 목격하게 되면서 자신을 채찍질 하는 심경을 피력하는 시가 나타나기 시작했다.

(전략)

三千疆土秾如杼

(베틀에 가룻실 짜이듯 3천리 강토 밀어내도다)

億兆民金貴若蘭

(억만 백성의 재물 그 귀함이 난초와 같건만)

肉眼蓬心飛敢解

(육안에 보이는 도적들의 마음을 보고도 노여움조차 표하

지 못하누나)

分明利害自然看

(분명히 해가 되는 일이 건만 그대로 보기만 할 것인가!)

  일제의 속을 뻔히 보면서도 속수무책일 수밖에 없는 현실과 자신의 한계적 능력을 감지하면서 울분을 토해낸 이 시는 이제 매헌이 본격적으로 무언가를 해야 한다는 시점에 들어왔음을 시사해 준다. 이러한 현실에 대한 통찰을 바탕으로 매헌은 실력배양론을 외치며 야학(夜學), 부흥원(復興院), 위친계(爲親稧), 월진회(月進會)등을 설립하여 농촌계몽운동에 매진하게 된다. 그런데 여기서 중요한 것은 이러한 운동을 이끌어 가면서 매헌의 내면에 항일민족운동을 위한 독립정신이 서서히 자리해 갔다는 점이다. 매헌은 풍부한 유학사상을 바탕으로 농촌에 뿌리를 내리고 있던 실학과 동학에 대한 새로운 이해, 그리고 성경을 탐독하면서 인식하게 된 자유평등사상을 일체화시켜 민족의 자유를 민중과 더불어서 찾자는 자유에 대한 명쾌한 논리가 위대한 사상가 못지않게 정립되어 가고 있었던 것이다. 이는 그의 시 속에 함축된 그의 자유에 대한 사고에서 엿볼 수가 있다.

인생은 자유의 세상을 찾는다

사람에게는 천부의 자유가 있다

머리를 돌에 눌 리우고 쇠사슬이 걸린 사람은 자유를

잃은 사람이다.

자유의 세상은 우리가 찾는다

자유의 생각은 귀하다

나에 대한 생각·민중에 대한 생각

개인의 자유는 민중의 자유에서 낳아 진다

결국 그는 23세가 되던 1930년 고향을 떠나 자신의 뜻을 펼 수 있는 중국으로 건너가게 되었던 것이다.

V. 매헌 시문학 속의 독립정신 실행

그가 중국 망명을 결심하게 된 이유는 어머니께 올린 두 번째 서신을 통해 알 수 있다. "봉길이는 장구한 시일을 두고 자기 과거사도 묵상하였고, 미래사도 암료(暗料)하였습니다. 대(大)로는 시대에 적응한 요구도 추측해 보았고, 소(小)로는 자기 환경도 돌아보았습니다."라고 한데서 그가 얼마나 자신의 길을 택하는데 신중하였는가를 엿볼 수 있다. 그리고 "부모의 사랑보다, 형제의 사랑보다, 처자의 사랑보다도 일층 더 강렬한 사랑이 있는 것을 각오했습니다."라고 한데서 "이상의 꽃을 피우고, 목적의 열매를 맺는 것이 더 중요하다"는 민족혁명철학을 정립한 후에 중국에 왔음을 알 수가 있다. 칭따오(青島)를 거쳐 상하이(上海)에 온 매헌은 국제정세를 주시하면서 자신이 다니던 회사에서 한인공우회(韓人工友會)를 만들어 노동운동을 전개하였고, 상해 영어학교에서 산학병진(産學竝進)의 주경야독을 하며 적정을 탐색하는 등 자신이 앞으로 해야 할 일을 차근차근 준비해 나갔다. 그러는 가운데 대한민국임시정부 요인들을 만나게 되었고, 결국은 백범을 만나 살신성인(殺身成仁)의 독립정신을 세상 사람들에게 보여주게 되었던 것이다. 그는 거사 전 날 홍커우공원을 현장답사한 후 다음과 같은 시를 지었다.

妻妻 한 芳草 (쓸쓸하고 차가운 날에 풀들이여)
明年 에 春色 이 이르거든(올해에 봄소식 오거든)
王孫 으로 더불어 같이 오세
靑靑 한 芳草 (푸르디푸른 향기로운 풀들이여)
명년에 춘색이 이르거든(올해에 봄소식 오거든)
고려 강산에도 다녀가오(우리나라에도 다녀가거라)
다정한 방초여(내 너를 벗 하거늘)
금년 4월29일에 방포일성(放砲一聲)성으로 맹세하세
(광장에서 폭발소리 나거든 그렇게 하는 걸로 약속하세)

1932년 4월 27일

의거현장 답사 후 지은 의사의 직시(直詩, 즉석에서 쓴 시)이다.

스물다섯의 청년이 자신의 희생을 담보로 하는 거사 전 날 아무런 심적 동요 없이 담담하게 서정적으로 표현한 거사가(擧事歌)인 이 시에서 그의 성숙되고 의연한 모습과 내일의 성공을 다짐하는 절연함이 그대로 배어 있음을 볼 수 있다. 그 다음날 매헌은 천장절(天章節)을 축하하기 위해 모인 일본 요인들을 향해 폭탄을 던지는 거사를 성공적으로 해냈다. 전 세계를 놀라게 하고 한국인이 독립의지를 세상에 알렸던 것이니, 이것은 바로 매헌의 숨겨진 시 의식 세계가 비로소 천하에 공표되었던 것이다. 이 사건이 일어나자 당시 중국의 국민당 총재였던 장제스(蔣介石)는 "중국의 백만 대군이 하지 못한 일을 조선의 청년 한 명이 해냈다"고 극찬했고, 상해 임시정부에게 지원을 하는 계기를 만들어 줌으로써 임시정부의 활동에 불꽃을 지피는 계기를 만들어 주었던 것이다.

Ⅵ. 매헌 시문학 속의 조국사랑

처음 시를 지은 16세부터 홍커우공원 거사 전날에 쓴 500번 째 절시(絶詩)에 이르기까지 그의 시에는 나라의 위급한 상황을 걱정하고, 자신의 조국에 대한 헌신 의지를 확고히 밝힌 애국시도 많지만, 대부분의 시는 자신의 내면을 그대로 밝히지 않고 서정성 짙은 내용들을 통해 은연 중 자신의 심중을 드러내는 은유적 기법의 시들이 대부분을 차지한다. 그렇지만 비록 시의 형식과 표현기법이 다르다고는 해도 그 내용이 추구하는 최고의 가치는 애국 애족하는 마음으로 일관되어 있다. 그러한 그의 마음의 최종적인 표현은 두 아들과 조국의 청년들에게 남긴 시로써 조국이 독립을 이룬 다음 해야 할 과제를 준데서 확인할 수 있다.

「강보에 싸인 두 병정(兵丁)에게－두 아들 모순(模淳)과 담(淡)에게 －」

　너희도 만일 피가 있고 뼈가 있다면
　반드시 조선을 위해 용감한 투사가 되어라
　태극의 깃발을 높이 드날리고
　나의 빈 무덤 앞에 찾아와 한 잔 술을 부어 놓아라
　(후략)

「청년제군(靑年諸君)에게」

　피 끓는 청년제군들은 잠 자는가
　동천(東天)에 서색(曙色)은 점점 밝아오는데
　조용한 아침이나 강풍이 일어날 듯
　피 끓는 청년제군들아 준비하세
　군복입고 총 메고 칼 들며
　군악 나팔에 발맞추어 행진하세

이처럼 매헌은 민족의식에 눈을 뜨기 시작한 이래 그의 시 작품 속에는 언제나 조국 광복을 위해 헌신하겠다는 의지가 담겨 있었고, 그러한 의지는 자신의 희생을 목전에 두기까지 항상 일관된 마음으로 조국과 민족을 생각하며 자신의 시 세계를 펼쳐냈던 것이다. 그의 시 문학 속에 펼쳐진 매헌의 조국 사랑 및 독립정신은 언제나 우리들 가슴 속에 남겨져야 할 것이다.

제3편

한국독립운동과 인물

제9장

3·1독립운동 전후, 쑨원(孫文)의
한국에 대한 인식변화 연구

- 김승일, 사사가와 노리가츠

제9장
3·1독립운동 전후, 쑨원(孫文)의
한국에 대한 인식변화 연구

– 김승일, 사사가와 노리가츠

I. 머리말

일본의 일부 역사교과서에는 3·1독립운동의 성격에 대해 여전히 「폭력적 사건」이라고 기술하고 있다. 3·1독립운동은 당시 주권을 박탈당한 약소국들에게 희망과 용기를 준 범인류적인 평화운동이었고, 그 운동의 성격이 비폭력적이라는 사실은 이미 전 세계적으로 주지된 사실임에도 불구하고, 한국 침략의 당사자이고 역사적으로 고대부터 현대까지 한반도의 협조를 가장 많이 받아 온 일본 만이 자신이 범했던 반인륜적 과오가 밝혀지는 것을 꺼려하여, 역사를 왜곡하고 있는 현실은 대단히 안타까운 일이라고 하지 않을 수 없다. 그러나 21세기 들면서 전 세계적으로 화해(和諧)와 공생(共生)을 추구하려는 분위기가 확산되면서 녹색성장과 G20으로 대표되는 경제적·정치적 갈등의 완충을 목표로 하는 기구의 창설 등은 시기적으로 한일 양국이 서로 질시하고 반목해야 할 명분이 없어졌다고 할 수 있다. 이러한 상황에서 볼 때, 현재 세계가 요구하고 있는 것은 바로 3·1독립운동이 가지고 있는 비폭력주의 같은 정신운동을 부활시키는 등의 일일 것이다. 그동안 우리 학계에서는 3.1운동에 대한 연구가 충분히 적립되었기 때문에,[1] 더 이상 연구할 가치를 느끼지 못하고 있는 것은 아닐까 할 정도로 정체된 분야로 이어지고 있다. 3·1운동 100주년을 맞이했으면서도 평가할만한 학술회의조차 열리지 않았다는 점이 이를 대변해 준다고 하겠다.[2] 아마도 1998년 2월 26일부터 27일까지 서울 프레스센터에서 열린 「3·1 독립정신과 비폭력운동」이라는 주제 하의 국제학술심포지움과, 1999년 8월27일부터 28일까지 일본 동경 YMCA호텔에서 열린 「3·1 독립운동 80주년을 생각한다. 일한의 화해(和諧)와 아시아의 평화」라는 주제의 국제회의가 그나마 의의가 있던 학술회의가 아니었나 생각된다. 왜냐하면 이들 대회를 전후한 3.1 독립운동 관련 학술회의와는 달리 3·1 독립운동이 당시 대내외에 미친 영향은 어떤 민족운동보다도 컸고, 동시에 그 위대한 민중의 승리는 비폭력적인 성격에 기초하여 일어났기 때문에 성공한 것이라는 마치는말을 도출해 낼 수 있었기 때문이었다. 나아가 이들 대회에서는 재삼 3.1 독립운동의 비폭력적 평화정신이야말로 21세기를 주도해 갈 범 인류정신으로 승화시켜야만 한다고 제창되기까지 했다. 좀 더 부연해서 설명한다면 대체로 이들 학술대회가 개최되기 전까지만 해도 3·1독립운동 성격의 비폭력성에 대해서는 역사적 측면에서만 검토되었지, 법적(法的)인 차원에서의 검토가 이루어지지 않았었는데, 이 두

---

1) 3.1운동의 연구 성과 및 그 성과에 대한 검토는 김승일, 『3.1獨立運動 및 그 性格에 관한 硏究成果의 檢討』, 『第3回植民地法制硏究會國際學術會議論文集』(2001년 9월)을 참조할 것.
2) 3.1운동 100주년 기념 논문집인…와…가 그나마 큰 성과로 꼽을 수 있을 것이다.

차례의 회의를 통해서 3·1독립운동의 비폭력적 성격이 법률적 차원에서 검토되었다는 점은 새로운 연구방법을 탄생시켰다고도 볼 수 있기 때문이다. 덕분에 그 연구결과가 역사연구의 결과와 합해져서 3·1독립운동의 비폭력 성격이 더욱 타당성을 가질 수 있는 계기가 되었다. 좀 더 구체적으로 살펴보면 3·1독립운동에 참가하여 체포된 수많은 사람들이, 처음에는 내란죄(內亂罪) 및 소요죄(騷擾罪), 그렇지 않으면 구한국의 법률인 보안법(保安法)과 출판법, 총독부의 정치범죄처형령 등의 법에 적용되어 구속되었었는데, 최종심리가 진행된 고등법원에 이르면 이들 법을 그들에게 적용하기가 곤란하여 당시 판결을 내려야 하는 담당자들이 대단히 난처해하는 것을 이들 학술회의를 통해서 볼 수 있었다. 그 결과 당시 실무자들이 적용한 법률과 그 결과에 대한 재검토가 절실히 필요하다는 사실을 알게 되었고, 이에 의해서 3·1독립운동의 성격을 새롭게 파악하는 것이 가능하다고 하는 사실을 알게 되었던 것이다. 이러한 시각을 통해서 예심(豫審)→지방법원 판결→복심(覆審)법원 판결→고등법원 판결을 계통적으로 정리하면 3·1독립운동의 비폭력적 성격을 보다 명확하게 밝힐 수 있을 것이라는 확신을 가지게 되어, 그 후 일본기독교대학의 사사가와 노리가츠(笹川紀勝) 교수와 필자가 이들 판결문을 수집하고 정리하여『3·1독립운동 판결정선』이라는 책을 출간하게 되었고, 현재까지도 계속해서 판결문을 총 정리하고 있는 중이다. 이처럼 판결문을 중심으로 3·1독립운동의 성격에 대해 재검토하는 과정에서, 3·1독립운동을 옆에서 눈여겨 본 쑨원이 한민족의 역량에 대해 재평가 하게 되었고, 그로 인해 한국의 독립운동을 지원하는 방향으로 변화해 가는 그의 모습을 엿볼 수 있었는데, 본 논문에서는 이와 같은 쑨원의 한국에 대한 인식의 변화 상황을 3·1독립운동이 끝나가는 무렵인 1920년대 전반기를 전후하여 비교 연구해 보고자 하는 것이다. 이러한 검증을 바탕으로 향후에는 3·1독립운동이 쑨원의 삼민주의(三民主義) 사상 정립과 연아용공(聯俄容共) 정책에 미친 영향, 그리고 3·1독립운동을 기점으로 쑨원의 대 일본관 변화의 추세도 추적해 볼 수 있을 것이라고 생각된다. 이를 위해 먼저 3·1독립운동이 가지고 있는 범인류적 가치의 정립을 위한 새로운 접근방법에 대한 최근의 노력과 도출된 마치는말을 가지고, 이러한 3·1독립운동을 전후로 하여 쑨원의 한국관이 어떻게 변화되어 갔는지를 고찰해 보고자 한다.

II. 3·1독립운동에 대한 재검토의 필요성

이를 고찰하기 위해서는 쑨원이 느낀 3.1운동의 위대함이란 과연 어떠한 것이었는지 이에 대한 이해가 먼저 필요하다고 본다. 이러한 3.1운동의 위대성을 살펴보는데 가장 적절한 사료로써 3.1운동과 관련된 일련의 판결문을 들 수가 있다. 왜냐하면 판결문에는 재판관의 사건에 대한 자세가 잘 나타나 있기 때문이다. 다시 말해서 재판관은 판결을 내리기 위해서 사건과 관계된 각종의 사실문제를 파악하여 정리하지 않으면 안 되기 때문에, 재판과 연계된 사건에 대해서는 상당한 정도의 이해와 검증을 해야만 판결을 내릴 수 있기 때문이다. 따라서 국가기관인 재판소가 인정한 역사적 사실의 진실성이 들어 있는 판결문은 충분히 검토할 가치가 있는 것이다. 어쨌든 3·1운동이 어떤 사건으로 인식되어져 있는가에 대한 검증은 어찌 보면 이제부터의 연구 과제라고 할 수 있는데, 그것은 이러한 시각에 의한 분석이 우리 학계에서 아직 이루어지지 않고 있기 때문이라고 할 수 있다. 재차 강조해서 말한다면, 이러한 판결문에 대한 연구를 통해서만이 식민지 지배의 부당한 성격이 밝혀질 수 있다고 생각되고, 또 이러한 연구가 이루어 져야만 모든 분야의 연구 성과와 병합하여 일본의 식민지 지배의 전체상이 한층 더 명확하게 밝혀질 수 있을 것이라고 생각하기 때문이다. 나아가 과거에 대한 청산도 이런 식으로 해 나아가야 한다고 강조하고 싶다. 이에 대한 구체적 근거를 들면 다음과 같다. 조선총독부시대의 재판소 판결문은 1차 사료라고 할 수 있다. 많은 법률가는 이 1차 사료를 통해 판결의 내재적인 논리적 정합성(整合性)을 분석하는 것을 판례연구(判例研究) 혹은 사법심사의 연구 등으로 부르고 있다. 그러나 판결은 어떤 논리의 산물이 아니라, 다양한 요인에 의해 규정된 역사적 산물이므로 판결은 반드시 그 내재적인 논리를 분석하는 것만으로 이해되어서는 안 되는 것이다. 오히려 다양한 역사적·문화적·정치적인 제약을 받고 있기 때문에, 일련의 과정을 통해 이루어진 의논을 바탕으로 나타난 종합적인 결과를 가지고 판결해야만 하는 것이다. 이러한 인식 위에서 3·1독립운동에 관계되는 재판의 주요한 논점 하나를 예로 들어 검토해 보면 다음과 같다. 고등법원 특별형사부에서 내란죄의 성립이 쟁점이 됐던 사건은 전부 7건인데, 그 중 오학수(吳學洙) 사건은 3·1독립운동사건이라기 보다는 이와 같은 시기의 일반적인 사건이라고밖에 할 수 없기 때문에 생략하고, 나머지 6건의 사건은 3·1독립운동과 관계되는 같은 성격의 사건이기 때문에 예심(豫審)의 경향과 고등법원 특별형사부의 경향이 같은가 다른가를 살피는 좋은 예가 될 수 있다. 즉 3·1독립운동과 관계되는 많은 사건 가운데 내란죄가 성립되는가 안 되는가에 대해서 격한 논쟁을 일으켰던 이들 6건은[3] 지방법원의 예심판사와 고등법원의 예심판사가 기본적으로 의견이 일치하여 내란죄가 성립되는 것을 긍정했지만,[4] 고등법원 특별형사부는 내란죄에 해당한다고 한 고등법원 판사의 의견을 부정하고 내란죄의 성립을 인정하지 않는다고 결정을 내렸던 것이다. 여기서 더욱 주목해야 할 것은, 결정을 내린 날짜를 보면 고등법원은 1920년 3월 22일에 집중적으로 결정을 내리고 있다는 사실이다. 더욱 흥미 깊은 것은 이 3월 22일 보다 약 반년 전에 먼저 일어났던 1919년 9월 18일의 허주삼(許冑三) 외 16/13명 사건 판결 중에서 고등법원 형사부는 내란죄에 대한 정의를 말하고 있다는 점이다. 즉 "피고 등의 시위운동은 조헌문란(朝憲紊亂)의 목적을 위한 실행수단은 아니기에 검사의 상고(上告)를 기각한다"는 내용이다. 이미 이 단계에서 실질적으로 내란죄의 성립이 부정된

---

3) 孫秉熙 외 사건, 金賢黙外事件, 崔殷植 外事件. 朴擎得事件 및 安奉夏外事件, 權寧大 外/尹相泰外事件이 이에 해당하는 사건임.

4) 여기서 기본적이라고 하는 것은, 고등법원 판사가 내란죄에 해당하지 않는다고 한 것은 한 사건 뿐이었기 때문이다. (참조 권영대[權寧大] 외 29명 사건(병합)의 고등법원 예심과 판사의견서 1920 〈大正9〉년 2월 12일)

것이라고 볼 수 있다. 이를 좀 더 구체적으로 보면, 손병희(孫秉熙) 외의 재판은 경성(京城)지방법원에 대한 검사의 예심청구로부터 시작되고 있는데, 검사가 예심청구를 하는 이유로서 손병희 외에 여러 명이 3·1독립선언서를 인쇄 배포한 행위에 관련해서 불온한 언론행동과 다른 사람들을 선동해서 치안을 방해했다고만 말하고 있지, 내란이라는 말은 하지 않고 있음을 볼 수 있다.[5] 즉 이 예심청구는 손병희 외의 행동을 통상적인 범죄로서 취급하고 있는 것이다. 그럼에도 불구하고 지방법원에서는 예심심문을 거쳐 예심판사의 구(旧) 의견서에 대한 검사의 의견서 단계가 되면 그것을 내란죄로서 다루고 있다.[6] 그리고 경성지방법원의 8월 1일의 예심종결 결정도 내란죄의 성립을 인정하지만, 이 문제는 고등법원의 특별권한에 속하게 되기 때문에 관할이 틀린다고 판결했다. 그렇다면 검사는 왜 처음부터 3·1독립운동의 사건이 내란죄와 관계된다고 주장하지 않았고, 왜 처음부터 고등법원의 특별권한인 예심심리를 청구하지 않았던 것인가 하는 문제가 제기된다. 즉 그렇게 된 이유는 지방법원의 예심심리를 거치지 않으면 고등법원의 특별권한에 기초한 심리가 시작되지 않는다고 하는 형사소송법의 규정에 맞지 않기 때문이었다. 그렇다면 지방법원의 예심종결 결정을 받아들인 후의 고등법원의 움직임은 어떠했나? 하나는 다음과 같다. 검사는 고등법원에 대해서 예심청구서를 냈다. 그리

---

5) 손병희 외 266/47명사건 경성지방법원검사국 검사 예심청구서 1919(대정8)년 3월 25일.
6) 손병희 외 46명사건 경성지방법원 예심판사의 구 의견서에 대한 검사의견서 1919 〈대정8〉 년 7월 31일.

고 고등법원장 와타나베 아키다(渡邊暢)는 예심판사를 임명했다. 예심판사는 고등법원장 앞으로 의견서를 제출하고 있다. 그로부터 고등법원장은 조선총독부 검사장에게 구(舊) 의견서를 냈고, 검사장(대리) 검사 쿠사바 하야시고로(草場林五郎)[7]를 고등법원장에게 돌려보냈다. 이러한 과정을 거쳐 김현묵(金玄默) 외의 사건에 대해서는 고등법원의 예심판사 구스노키 죠죠(楠常藏)·나가누마 노가타(永沼直方)·나가지마 유조(永島雄藏)는 내란죄의 성립을 인정했다. 그렇지만 권영대(權寧大) 외/윤상태(尹相泰) 외의 사건에 대해서는 고등법원의 예심판사 나가누마 노가타는 내란죄를 인정하는 데에 충분한 증거가 없다고 하였다. 다른 하나는 실질적인 것과 관계가 있다는 점이다. 즉 이상에서 말한 6건의 사건은 고등법원 특별형사부의 결정에 의해서 경성지방법원으로 회부되었고, 그리고 경성복심법원에서 심리를 끝내버렸다. 이들 하급심에서는 사건이 이미 내란죄와는 관계가 없고 통상적인 법령 위반 사건으로서 심리하였던 것이다. 그 심리 내용을 보면 같은 3·1독립운동이라고 할 수 없을 정도로 각 사건의 성격이 다름이 강하게 나타나고 있다. 즉 손병희 외의 사건에서는 일차적으로 폭력은 문제로 되지 않았지만, 최은식(崔殷植) 외의 사건에서는 경찰관주재소(警察官駐在所)·면사무소·우편소에 대한 방화와 전주를 쓰러뜨리는 등 파괴적인 폭력행위가 강하게 다루어지고 있다. 따라서 6건의 사건을 모두 동일한 성격의 사건으로 볼 수가 없는 것이다. 이러한 사건의 성격이 다르다고 하는 재판관들의 인식은 이들 사건이 3·1독립운동과는

---

7) 국사편찬위원회 『한민족독립운동사자료집』 제21권, 433쪽.

직접적인 이해관계가 없다는 것을 의미한다고 할 수 있다. 바꿔 말하면 폭력행위의 측면을 3·1독립운동 전체의 이미지로 보편화 시키는 것은 문제가 된다는 것이다. 이러한 사건 성격의 다름을 인식하지 않으면 만세를 불러 체포된 사건의 특징을 이해하기가 힘든 것이다. 그러나 미리 알아두어야 할 것은, 3·1독립운동에 관한 사건이 모두 내란죄와 관련하여 논쟁되어지지 않으면 안 된다고 하는 점이다. 그럼에도 고등법원형사부는 오히려 통상적인 형사사건으로써 판단한 사건의 수가 많았다. 그렇기 때문에 고등법원에 걸려 있는 그러한 통상사건의 판결을 분석하는 일도 중요한 것이다. 이들 판결을 보면, 한반도 전토의 무수한 시정(市井) 사람들이 3·1독립운동에 바친 열정이 생생하게 살아 있음을 전해주고 있다. 거기에는 드라마가 있는 것이다. 아마도 같은 내용의 재판을 보더라도 하나하나가 구체적인 지역에서 개성적으로 전개되고 있었고, 더구나 전국에서 공통적인 민족의 과제를 해결하기 위해 개개인이 일익을 담당했다고 본다면, 그 한 사람 한 사람이 자신의 인생을 걸었던 것임을 알 수 있기 때문에 매우 중요한 것이다. 이러한 재판의 판결을 읽으면 자기와 같은 사람이 어떻게 그런 에네르기를 불태울 수 있는 것인지, 어찌해서 민중이 자발적으로 저항할 수 있었던 것인지, 국가의 독립을 추구하는 그러한 사람들의 움직임에 생각이 미치게 되고, 주체적으로 살아 있는 모습에 공감을 하게 될 것이다. 이러한 한국인들의 독립에 대한 열정을, 쑨원은 국제적 감각을 통해, 동시에 한국 혁명지사들과의 교류를 통해 느낄 수 있었던 것이고, 5·4운동을 통해 표출된 중국 민족주의의의 모순에 대한 해결책을 찾아보려고 하는 가운데, 한국인의 독립운동에 대해 다시 평가하게 된 것이고, 나아가 적극적으로 지지하는 쪽으로 선회하게 되었던 것이라고 생각된다.

Ⅲ. 3·1독립운동 이전 쑨원의 중화주의적 한국관

1911년 봄 상해로 망명한 신규식(申圭植)은 쑨원·쑹자오런(宋敎仁)·황싱(黃興)·천치메이(陳其美)·따이지타오(戴季陶) 등 국민혁명의 주요 인물들과 교분을 확대해 가고 있었다.[8] 그 결과 그는 1911년 10월의 우창(武昌)혁명에 참가하게 되었고,[9] 1912년 쑨원이 중화민국 초대 임시대총통에 선발되자 「손 총통」이라는 시를 지어 헌정했으며, 중국혁명에 대해 전투적 연대를 표명했다. 그러한 노력에 의해 중국 혁명 전우들과 동지관계를 맺어나갔던 것이다.[10] 조성환(曺成煥)도 혁명파와 함께 북경으로부터 상해로 와 "원래의 한국 군인인 신규식이 동반해 온 한국인들의 대표라고 칭하며 남경에 와 쑨이센(孫逸仙, 쑨원)을 면회하고, 장래 한국의 독립에 조력해 줄 것을 구하자, 송자오럼으

---

8) 辛勝夏,『晩觀申圭植과 中國革命黨人과의 關係』,『金俊燁敎授華甲紀念中國學論叢』, 1983, 599-615 참조.
9) 최근 배경한의 연구에 의해 신규식이 중국에 온 것은 무창혁명의 소식을 듣고 상해를 거쳐 남경으로 온 것이 1912년 초라고 밝히고 있으나, 강덕상 등 기존 연구자들의 시각은 무창혁명에 참가했던 것으로 보고 있어, 이에 대한 철저한 고증이 필요하다고 본다. 본고에서는 기존의 설을 따랐음.
10) 姜德相,『3.1運動の思想と行動- 呂運亨を通して』日韓シンポジウム資料集『3·1獨立運動 80周年を考える - 日韓の和解とアジアの平和』1999 1쪽.

로부터 협조를 해줄 것이라는 취지의 대답을 얻었다"[11]고 하는 등 독립을 위한 활동에 매진하고 있었다. 여운형도 1917년 5월이나 6월을 전후하여 중국의 민족적 권위를 결집하고 있던 쑨원을 처음 만난 것은 『자림보(字林報, NORTH CHINA DAILY NEWS)』의 중국인 기자인 천한밍(陳漢明)의 소개에 의해서였다.[12] 이때를 회상하며 여운형은 리완꿰이(李萬珪)에게 쑨원에 대한 첫 인상을 말했는데, "대단히 냉정하고 교만하여 인상이 나빴다"고 술회하였다.[13] 아마도 『자림보의 취재에 편승해서 초청되어 왔던 내방객이었기에, 그렇게 느끼게 되었는지는 모르지만,[14] 한국인에 대한 쑨원의 객관적 태도를 엿볼 수 있는 말이라고 보여 진다. 그러나 이후 쑨원을 비롯한 중국 혁명파들과 한국 독립운동 지사들은 상해에서 가까운 곳에 같이 거주하면서 자주 접촉하며, 대등한 위치에서 진지하게 국제관계 및 조국통일과 독립운동 등에 대해 토론하면서 서로 간에 많은 것을 배우고 협력하는 가운데 점점 서로를 이해하게 됐고, 그 이해의 깊이가 깊어 가면서 실질적인 합작의 길을 모색해 갔던 것이다.[15] 그러나 그러면서도 쑨원의 심중에는 주변국에 대해 가지고 있던 본래의 인식인 중화주의적 태도를 여전히 떨쳐버리지는 못하고 있었던 듯했다. 즉 그는 중국이 장

---

11) "元韓國軍人申圭植ヲ伴ヒ鮮人代表ト稱シテ南京ニ至リ 孫逸仙ニ面會シ將來韓國ノ恢復ニ助力セムコトヲ求メ宋敎仁ヨリ助力ヲ与フヘキ旨ノ回答ヲ得", 『機密 第二三〇號大正五年九月十一日 政務總監山縣伊三郞在支朝鮮人陰謀ニ關スル件』, 外務部次官幣原喜重郞宛報告.

12) 『呂運亨調書』에서는 『元來私ハ孫逸仙ト大正六年(1917)ヨリ親交アリ』라고 되어 있다. 『呂運亨調書』 II, 304쪽.

13) 李萬珪, 『呂運亨先生鬪爭史』, 民主文化社, 1946, 서울, 80쪽.

14) 姜德相, 『呂運亨評傳1 - 朝鮮三一獨立運動』, 新幹社, 2002, 104쪽.

15) 姜德相, 앞의 책, 216쪽.

래에 강대국이 된다면, 이전의 조공국(朝貢國)들을 다시 중국에 복속시켜야 할 것이라는 주변 약소민족에 대한 중화주의적 영토관념을 가지고 있었고, 중국 중심의 동아시아 질서를 회복하려는 의도를 품고 있었던 것이다.[16] 쑨원의 이러한 의도는 한국과 같은 약소민족 해방운동에 대한 호혜적 지지나 올바른 빤제(反帝)인식을 갖는데 일정한 걸림돌로 작용하였을 것이다. 따라서 3·1독립운동 이전의 그의 한국에 대한 인식은 호혜평등 입장과는 거리가 있었고, 어떤 면에서는 팽창주의적인 입장에서 강대국 중국의 복속 대상으로써 파악하고 있던 측면이 발견됨을 지적하지 않을 수 없다.[17] 이러한 그의 의도는 자신의 정치적 기반의 취약성에 의해 현실적으로는 나타나지 않고 있었는데, 1919년 2월 상해주재 미국총영사 새먼즈(Thomas Sammons)와의 대담에서 이러한 의도를 엿볼 수 있다. "중국은 한국을 일본이나 다른 나라에 양도하지 않았기 때문에, 한국문제는 합리적으로 재개되어야 할 것이지만, 열강들이 어떤 태도를 취할지 모르기 때문에, 중국이 이를 제기하기가 주저 된다"[18]고 했던 것이다. 동시에 자신의 혁명을 성공시키기 위해서는 일본의 재정지원이 필요했기 때문에, 1919년 4월 13일에 성립된 한국임시정부에 대해서도 공식적인 지원을 밝히지 못했던 것이다.[19] 그러나 이러한 쑨원의 의식은 국내외

16) 裴京漢,『쑨원의 '대아시아주의'와 한국』,『부산사학』 30, 147쪽.
17) 裴京漢,『쑨원의 중화의식과 한국독립운동』,『역사비평』 1999년 봄호, 139쪽.
18) 丘大烈,『中國의 韓國政策; 强大國의 地位回復과 韓國問題』,『韓國國際關係史研究所』 2, 歷史批評社, 1995, 125-126쪽.
19) 韓相禱,『한국독립운동과 국제환경』, 한울아카데미, 2000, 289쪽.

적인 상황에 따라서 서서히 변해가고 있었다. 즉 1919년 1월경이 되면 쑨원과 탕사오이(唐紹儀)는 일본의 중국 북방파(北方派)에 대한 차관과 무기 공여 등 원북정책(援北政策)에 대해 강하게 반발하고 있었고, 파리회의에서의 산동문제에 대한 토의 거부, 일화밀약(日華密約)의 공표 등 대일강경자세를 표명하고 있던 데서 알 수 있다. 당시 쑨원은 그 때까지 혁명의 성공적 수행을 위해서 반드시 필요했던 일본의 이해와 원조를 얻어내고자 했기 때문에 취했던 선택적 「친일성」이 많이 희박해져 있었고,[20] 「친일」 때문에 표면적으로 말하고 있지 않던 일본의 치부와 조선정책에 대해 언급하기 시작했던 것이다. 원래 쑨원은 만주문제·산동문제를 조선독립문제와 같은 맥락으로 인식하고 있었던 차에, 일본정부와 요인들의 이기적 행동과 쑨원의 기대에 배반하는 행위가 속출되자 이제 한국문제에 대한 관심이 고조되기 시작했던 것이다. 그러한 요인에는 그의 측근인 쉬첸(徐謙)[21] 등의 조언도 있었고, 이미 상해를 중심으로 활동하고 있던 신한청년당(新韓靑年黨) 등의 독립운동이 중국의 국익 외교에 도움이 될 수 있다고 판단했기

---

20) 여운형과 쑨원이 처음 회견할 때, 쑨원은 중국에 대한 일본의 21조 요구에 대해 "민국의 큰 위험이다. 제5항은 우리나라가 실로 제2의 고려가 되게 하려는 것이다"(陳錫祺編,『孫文年譜』, 上冊, 1915年 5月, 950쪽)라고 하였는데, 이러한 생각을 하고 있던 쑨원을 볼 때, 이미 그의 반일적 내셔널리즘이 선명해 지게 되는 계기가 시작됐다고 할 수 있을 것이다.

21) 徐謙(季龍)은 쑨원의 측근으로 한중호조사의 중국 측을 대표하는 인물이었다. 그는 "한국인의 복국운동은 일본인의 간담을 싸늘하게 해주어 중국에 대한 침략 야심을 저지시켜 줄 수 있다. 그 때문에 한국인들이 스스로 독립을 도모하는 것은 간접적으로 중국을 돕는 것이 된다. 중국이 그 능력을 다 해서 한국인의 독립을 도와주는 것은 중한호조의 정신을 실행하는 것만이 아니라, 중국의 자위 방법이기도 하다." 고 하는 생각을 가졌던 인물이다.『民國日報』1923年 5月 30日字.

때문이었다.[22] 그러나 당시 쑨원의 생각은 이러한 생각으로 조심스럽게 변화되어 가고 있었을 뿐이지, 아직은 확실하게 자신의 생각을 실천하는 단계까지는 이르지 못하고 있었다. 이는 다시 말해서 국제관계나 한국인들의 독립운동을 이용하여 중국문제를 풀려고 하는 차원에 머물러 있었다는 것을 의미한다고 하겠다. 그러한 예로써 그는 당시 중국이 취할 책략으로써 다음과 같은 방안을 가지고 있었다. 즉

"사자가 토끼를 포획하기 위해 전력을 기울일 필요는 없다. 산동문제에 힘을 쏟기 전에 안광(眼光)을 한 걸음 더 멀리 두어, 만주·조선 두 방면에 힘을 쏟아야 한다. 그 첫 번째 방법은 먼저 마관조역(馬關條約)의 취소를 요구하고, 한국인의 독립을 지지하여, 이를 통해 중일 양국의 완충지대로써 활용해야 한다."[23] 는 것이었다.

이러한 그의 인식은 "일본의 조선 점령이 중국인들에게 커다란 위협이 되고 있기 때문에 철회되어야 한다"[24]는 차원에서, 그는 한국문제를 일본의 중국침략 저지나 산동문제 해결 등 중국의 국익을 위한 방편으로써 접근하였던 것이다. 심지어 일본의 침략으로부터 중국

---

22) 姜德相, 『앞의 책』, 121쪽.
23) 『孫文年譜』, 下冊, 1311쪽.
24) 孫文, 『支那人の日本觀』, 『大正日日報』 1920, 1, 1.

을 보호하기 위해 조선을 '완충국'으로 만들어도 좋다[25]는 입장을 보이기도 했던 것이다. 그러나 그러는 중에서도 쑨원의 한국에 대한 관심은 상당히 발전하고 있었다. 그것은 광쩌우(廣州)비상국회가 한국 독립을 승인하기로 결의하는 일에 동조했다는 점에서 엿볼 수 있다. 또 북경정부가 파견하여 파리평화회의에 참석하는 중국대표에게 이 중요한 문제에 대해 신중하게 처리할 것을 요구하는 전문 중에서 쑨원은 "한국은 동양의 발칸반도이다. 이 문제를 해결하기 전에는 영구적인 평화는 올 수가 없다"고 말했던 데서도 알 수 있다.[26] 또 1919년 4월에는 파리회의에 출석하는 중국대표 왕쩡옌(王正延) 등과의 대담 석상에서, 불평등조약의 취소와 침략당한 곳의 회수, 그리고 한국의 독립을 승인하지 않으면 평화회의는 무가치한 일로 중국의 참가 또한 무의미하다고 주장했다.[27] 동시에 이러한 생각은 서서히 실천되기 시작했다. 그 대표적인 현상이 신아동제사(新亞同濟社)의 조직이었다. 3·1독립운동 후에 한중 양국의 인사들은 서로 연락을 취해 양 국민의 우의를 증진시키기 위해 신아동제사를 조직했는데, 한국 측에서는 원 동제사의 성원들이 많이 참가했고, 중국 측은 국민당원·신문계·교육계 등의 저명인사들이 참여했다. 이 단체는 한국혁명당인과

---

25) 『與上海通訊社記者的談話』(1920, 11, 8), 『孫文全集』 5, 399쪽 및 『民族主義第六章』(1924, 3, 2), 『孫中山全集』 9, 246쪽.

26) "韓國, 東洋之巴爾干, 此問題解決之前, 永久的和平不能來也" 朴殷植, 『韓國獨立運動之血史』(下), 102쪽.

27) "宜提出取消中國与列强所訂之不平等條約, 收回被侵掠之各地, 承認高麗之獨立, 庶符民族自決之旨, 苟不能是, 則和會爲無價值, 中國之參加, 尤無意義矣." 孫中山, 『与王正延等的談話(1919年 4月)』, 『孫中山集外集補編』, 上海人民出版社, 1994, 229쪽.

쑨원이 영도하는 국민당인 간의 이해와 우의를 증진시키는 활동을 적극적으로 실행함으로써, 이후 쌍방 간의 합작의 기초를 확립해 놓았던 것이다.[28] 그러는 중에 1919년 4월 5일 일제가 한국의 시위 군중을 도살하며 독립운동을 진압한다는 소식이 전해지자, 쑨원은 즉시 일본정부는 조선독립을 승인하라고 요구하면서, 일본기자 오에(大江)와의 대화에서 다음과 같이 말했다.

> "너희 일본인은 비 아시아인이다. 너희 일본인은 유럽인을 이용하여 아시아인을 침략한 자들이니 어찌 아시아인이라 할 수 있겠느냐! 너희 일본인들이 만약에 아시아인으로써 행세하려면 만주의 권리와 산동문제를 신속히 중국에 돌려주어야 하고 조선의 독립을 허락해 주어야 한다."[29]

즉 일본도 아시아인인데 어찌 아시아인으로서 아시아를 침략하는가 하고 일본을 질책하면서, 조선의 독립을 요구했고, 나아가 조선의 문제는 일본에 큰 어려움을 가져다 줄 것이라고 경고하기까지 했다.

> "조선 문제는 극히 곤란한 문제이다. 나의 의견으로서 보면

28) 徐方民, 『中韓關係史(近代卷)』, 社會科學文獻出版社, 1996, 183쪽.
29) "爾日本人非亞細亞人也. 爾日本人爲歐人使用而侵略吾亞細亞人者, 焉得爲亞細亞人乎! 爾日本人若欲以亞細亞人行世乎, 則將滿洲權利與山東問題, 早行付還中國, 而許朝鮮之獨立" 孫中山, 『与日本記者大江的談話(1919年 4月)』, 『孫中山集外集』, 上海人民出版社, 1990, 237-238쪽.

일본은 한국인의 요구를 들어주어 그 독립을 승인함을 선
언하라. 한일을 합병하여 한인의 원한을 풀어 버리게 함은
물론이고, 중국인 및 기타 민족들의 일본에 대한 의혹도
매우 높으니 일본은 현재의 어려움보다 더 깊은 함정에 빠
지게 될 것이므로 그 막대한 영향을 받게 될 것이다."[30]

이러한 인식은 쑨원이 한국의 독립문제에 관심을 가지기 시작했던
차원에서, 이제는 향후 아시아 정세의 변화에 한국의 독립문제가 큰
요인이 될 것이라고 하는 시각으로의 급선회를 보여주는 것이라고 할
수 있다. 이러한 그의 생각은 이제 본격적으로 한국의 독립운동을 지
원 협조하는 차원으로 이어지게 되었던 것이니, 다음의 글에서 엿볼
수 있다.

"3.1혁명 후 중국의 귀국 동포들은 중국에서 반일 기지를
세울 것을 책동하고, 이에 상해 프랑스 조계에 이를 설립
했다. 여기에는 두 가지 요인이 있다. 첫째는 프랑스가 일
본과의 관계가 그다지 밀접하지 않고, 동시에 약소민족을
비교적 동정하기 때문에 한국의 동지 지사들이 프랑스조
계에서 독립운동을 추진하는 것을 방임해 주고 있는 것이

30) "朝鮮問題, 極其困難之問題. 以余意見, 則日本須容韓人之要求, 而承認其獨立爲宜也. 以
韓日合幷而賣韓人之怨恨勿論, 而中國人及其他對日本疑惑甚高, 使日本陷于現在之苦境,
与其莫大之影響矣" 孫中山, 『与日本記者大江的談話(1919年 4月)』, 앞의 책, 237-238쪽.

다. 둘째는 국부(쑨원을 지칭)가 생각하는 방법은 프랑스 조계에 있는 뚜웨성(杜月笙) 선생 등이 프랑스 조계 당국을 향하여 소통해 줄 것을 요구하는 것으로, 뚜위에성 선생이 경제상에서, 사회상에서 한국을 지원해 줄 것을 창도하는데 대단히 노력하게 하는 것, 이것이 쑨원 선생이 방법이 없는 중에서도 해결할 수 있는 방법의 하나였던것이다."[31] 즉

당시 중국 측에서는 한국인들에게 중국을 반일의 기지로 삼도록 협조해 주자고 의견을 모았었는데, 그 첫 번째 방법은 한국 독립당원들이 프랑스계에서 독립운동을 위해 활동할 수 있도록 추진해 주는 것이고, 두 번째 방법은 프랑스조계 내의 유명한 인사였던 뚜이에성 등에게 프랑스조계 당국과 잘 교섭하여 경제적·사회적으로 한국에 대해 지원해 주자는 것이었다. 여기서 우리는 이 두 번째 방법이 쑨원의 생각이었다는 것을 잘 알 수 있다. 이후 쑨원의 한국 독립운동에 대한 관심은 더욱 높아져 갔다. 특히 3·1독립운동과 5·4운동을 통해 민중의 힘을 목격한 그는 한국 립운동가들과의 접촉을 더욱 빈번히 했고, 한국의 독립에 관해 더욱 목소리를 높여 갔던 것이다.[32] 1919년

---

31) "三一革命之後, 在華貴國同士們, 在中國策動反日的基地, 乃在上海之法租界, 這中間有兩個因所, 第一, 法國對日關係幷不密切, 因此比較同情弱小民族, 故放任韓國同士在法租界推動復國運動, 第二, 國父想方法, 要求法租界聞人杜月笙先生等, 向法租界當局疏導, 於杜月笙先生經濟上与社會上倡導援韓, 非常努力, 這就是孫先生在無法中之辦法之一", 韓國精神文化研究院編, 『韓國獨立運動史資料集』, 博英社, 1983, 193쪽.

32) 姜德相, 앞의 책, 212쪽.

237

6월 13일『오사카아사히신문(大阪朝日新聞)』의 오다 우노스케(太田宇之助) 특파원이 쑨원과 5·4운동과 관련하여 회견하는 자리에서, 그는 일본제국주의의 위협을 역사적 관점에서 파악하면서 먼저 조선·대만의 해방을 제기했고, 반제국주의에 대한 대결자세를 명확히 하고 있음을 볼 수 있다.[33] 이러한 사실은 1919년 7월 3·1독립운동이 5·4운동의 열기와 결합되어 일본에 대한 국제적 반대로 발전할 가능성이 엿보이자, 이를 두려워하여 여운형 유치공작을 위해 상해에 파견되어 있던 무라카미 유기치(村上唯吉)가 다나카(田中) 육군장관(陸相) 및 우쓰노미야 다로(宇都宮太郎) 조선군사령관에게 보고한 내용에서도 확인할 수 있다. 즉

"지난 6월 19일(19년) 상해 제1류 상점에서 모씨를 파견해서 프랑스 조계에 쑨이셴을 방문케 하여 마음을 떠보게 했는데, 특히 지나 청년과 한국인청년단의 근황에 대해 소견을 말하는 손 씨는 실로 좌와 같이 대답했다…"[34]

물론 이러한 보고는 무라카미가 자기 식으로 재편하여 표현된 보고이나, 당시 쑨원이 조선청년단과 밀접한 관계를 맺으며 그들을 돕고 있었다는 사실을 확인해 준다는 점에서 아주 중요한 자료라고 할 수

---

33) 『大阪朝日新聞』, 1919년 6월 23일.
34) "去ル六月十九日(19年)在上海第一流ノ商店ヨリ某ヲ派シテ佛租界ニ孫逸仙ヲ往訪セシメ刻下人心ノ傾向ヲ殊ニ支那靑年ト鮮人靑年団ノ近状ニ付所見ヲ叩キタルニ孫氏ハ實ニ左ノ如ク答ヘタリキ……", 村上唯吉, 大正八年七月『在留鮮人ニ關スル分』『上海視察報告』10쪽.

있다. 이러한 사실을 좀 더 구체적으로 보여주는 것으로, 당시 상해 중일조합교회(上海中日組合敎會) 목사였던 다카야 마고지로(高屋孫次郞)가 쑨원과 회견한 기록에서 볼 수 있다. 즉

"'약한 지나가 어느 곳엔가 의지하여 어떻게 해서든 일본을 견제하고자 하는 것은 당연한 일이 아닙니까? 인정상 그러한 행동을 그만 둘 수는 없는 일입니다'라고 그는 말했다. 이렇게 말하는 쑨원이었기 때문에, 독립운동에 종사하고 있던 한국인들은 그를 대환영했던 것이다.…쑨이센이라고 부르는 사람은 원대한 꿈을 가지고 있는 사람으로,…한국인을 끌어안고, 결국 그것은 하나의 지나가 일본을 배척하기 위한 좋은 간판이 될 것입니다."[35]

이는 바로 조선의 독립운동과 쑨원의 동지적 관계가 중국의 민족모순의 심화와 함께 강화되고 있었음을 대변해 주는 것이라 할 수 있다. 다시 말해서 당시 쑨원은 지나 청년·한국인 청년단과 함께 삼자결합을 통해 현실을 돌파하려 했었음을 말해준다고 할 수 있다. 이처럼 쑨원을 중심으로 한 혁명파는 청년학생 및 민중의 힘에 의지하면서 동시에 조선 망국의 비극을 교훈으로 삼으며, 일본에 대해 침략적 팽창정책을 전환하도록 요구해 나갔던 것이다. 즉 쑨원은 대일투쟁에 온 힘을 기울이던 한국의 현실로부터 많은 것을 배우면서, 그 결과

---

35) 村上唯吉, 大正八年七月『在留鮮人ニ關スル分』『上海視察報告』15쪽.

한국 독립운동을 심도 있게 이해하게 됐고 나아가 적극적으로 원조하는 길로 나아갔던 것이다.[36]

Ⅳ. 3·1독립운동 이후 쑨원의 대아시아주의적 한국관

　이러한 동지적 관계로 돌아선 쑨원과 한국 임시정부는 이제 본격적으로 협력관계를 구축하는 단계로 넘어가고 있었다. 1920년 11월 28일 쑨원이 꽝쩌우로 돌아가 호법군정부(護法軍政府)를 다시 재건할 때, 여운형을 파견하여 축하하는 관계로 이어졌다.[37] 이어서 이러한 관계는 한층 더 진일보하여 1921년 5월 초 쑨원이 호법정부 비상대총통에 취임하자 대한민국임시정부는 여운홍을 광주에 축하사절로 파견하였고,[38] 그 자리에서 호법정부가 대한민국임시정부를 승인해 줄 것을 요청하기에 이르렀다.[39] 다만 이에 대해 쑨원은 프랑스 조계 내의 정부는 승인하기 어렵고, 한국 내에서 며칠간만이라도 정권을 행사할 수 있는 임시정부라면 승인할 것이라며 즉답을 피했다.[40] 그러나 한국 측의 요구는 계속 이어졌다. 1921년 10월 모일,[41] 쑨원은 후

---

36) 李萬珪,『呂運亨先生鬪爭史』, 80쪽.
37) 徐方民, 앞의 책, 187쪽.
38) 呂運亨의 弟
39) 徐方民, 앞의 책, 187쪽.
40) "雖承認爲必然之事, 但難于承認法租界內之政府. 倘臨時政府在韓國內任何一地, 哪怕只行使幾日行政權, 我方卽可立卽承認" 呂運弘,『夢陽呂運亨』, 서울, 靑廈閣, 1967, 72-73쪽.
41) 閔石麟의 기록에 의하면, 쑨원과 신규식의 회견시간은 11월 3일로 기록되어 있으나,『孫中山年譜』(中華書局, 1980)의 기록에 의하면 쑨원은 1921년 10월 29일부터 11월 15일까지 梧州에 있었다고 하고 있다.

한민(胡漢民)과 함께 총통부에서 신규식과 그의 비서 민석린(閔石麟)을 접견했는데, 신규식은 먼저 "중국 혁명이 성공하는 날이 한국이 독립 해방되는 날"이라고 말하면서 쑨원에게 호혜조약 5조를 제출했다.[42] 이에 대해 쑨원은 당연히 이들 요구를 들어주어야 하지만, 북벌이 아직 미완성 단계에 있으므로 광동성 한 성의 역량만으로 이들 요구를 들어 줄 수는 없다고 또 회피하였다.[43] 그러나 10월 중에 신규식은 대한민국임시정부의 대표 자격으로 꽝쩌우 꽌인산(觀音山) 총통 관저에 있는 쑨원을 찾아가 다시 호혜조약 5조에 대한 승인을 요구하였다. 그리하여 결국 제1조와 2조의 내용인 "한국임시정부와 호법정부는 서로 외교 관계를 승인한다(韓國臨時政府与中國護法政府, 互換外交承認)"에 대해서 "원칙상 아무런 문제가 없으며, 중국을 떠돌며 계속해서 어렵게 분투하는 귀국 임시정부에 대해서 깊은 동정을 보내면서 더욱 더 이를 인정하는 바이다(原則上毫無問題, 對于流亡中國而繼續艱苦奮鬪之貴臨時政府, 我護法政府, 自應予以深切同情, 而加以承認)"[44]이라는 쑨원의 대답을 얻어내기에 이르렀던 것이다. 나아가 북벌 완성 이후에 전력을 다해 한국의 독립운동을 원조해 주겠다는 언질까지 받

---

42) 1. 韓國臨時政府与中國護法政府, 互換外交承認. 2. 中國軍事學校收用韓國學生. 3. 中國方面訓令出席泛太洋會議代表, 与韓方派赴會議所在地活動人員, 密取連繫, 協助韓國獨立宣傳. 4. 中國方面租借地區于韓方, 以便訓練韓軍, 幷給予貸款五百万元. 5. 韓國臨時政府得派代表, 常駐廣州, 費用由中國護法政府負擔.

43) "中韓兩國, 同文同種, 本系兄弟之邦, 素有悠遠的歷史關係, 輔車相倚, 唇齒相依, 不可須臾分離. 正如西方之英美. 對韓國復國運動, 中國應有援助義務, 自不待言,……然目前北伐尙未成功, 國家尙未統一, 謹廣東一省力量, 實難援助韓國復國運動." 徐方民, 앞의 책, 188쪽.

44) 徐方民, 앞의 책, 188쪽.

아냈다.[45] 특히 당시 쑨원으로부터 얻어낸 결과 중, 한인의 각급 군사학교 입교에 대한 지원을 허락받아,[46] 광동정부를 지원하던 꿰이쩌우(貴州)·윈난(雲南) 군벌 강무학교(講武學校)에 한국인이 입교할 수 있게 된 것은 향후 한국 자체의 군대조직을 가능하게 한 중요한 토대가 되었다. 이렇게 해서 호법정부로부터 정식 승인을 받은 대한민국임시정부는 1921년 11월 18일 호법정부의 북벌 선언식에 국사(國使)를 파견하였고, 비상대총통 쑨원은 선언식 상에서 한국임시정부 의 국사를 회견하였다.[47] 그 결과 이 두 정부는 통상적인 외교관계를 유지하게 됐고, 외무부 외사국장 박찬익(朴贊翊)을 특파교섭원으로 임명하여 광동에 상주케 하면서 호법정부와의 외교업무에 종사토록 했다.

이렇게 양국 간의 협조가 잘 이루어져 가는 상황에서 1922년 6월 16일 천졍밍(陳炯明)이 반변(叛變)을 일으켜 쑨원이 영도하는 혁명이 일차적으로 실패하게 되었다는 소식이 전해졌다. 이 소식을 들은 신규식은 너무도 절망한 나머지 병을 얻어 끝내 일어나지 못하고 8월 5일 43세의 젊은 나이로 서거하게 되는 것이니,[48] 이는 바로 한국의 독립 인사들이 중국 호법정부에 건 희망이 얼마나 컸었는가를 알려주

---

45) "總之, 一切實力援助, 須待北伐計劃完成以後. 屆時當以全力援助韓國復國運動也"
46) 申圭植, 『한국혼』, 보신각, 1971, 88-89쪽.
47) 閔石麟編著,『中韓外交史話』, 重慶, 東方出版公司, 1942, 28-29쪽. 이에 대해서 당시 비상국회에서 이에 대한 결의안을 통과시키지 않았다거나, 혹은 쑨원 개인의 견해를 표명한 것이라고 하거나, 비공식적으로 임시정부를 승인한 것이라는 비판적인 견해가 있다. 裵京漢, 『從韓國看的中華民國史』, 社會科學文獻出版社, 2004, 50쪽.
48) "中國之不幸, 抑如何是之甚? 中山先生苦心經營之事業, 全成泡影. 此不謹中國之大不幸, 亦韓國之大不幸也" 閔石麟,『申圭植先生傳』,『關內地區朝鮮人反日獨立運動資料匯編』(下), 1406쪽.

는 것이고, 상대적으로 쑨원의 한국 임시정부에 대한 승인이 한국현대사에서 얼마나 큰 의의를 갖는 것이라는 점을 알게 해주는 것이라고 할 수 있다. 이러한 쑨원의 한국에 대한 태도와 관심의 변화는 아시아 약소민족에 대한 관점의 변화로 이어져, 결국 그의 '대아시아주의'를 창도하기에 이르는 것이다. 이러한 그의 사상을 잘 보여주는 것으로 1924년 11월 28일 일본 고베(神戶)여자고등학교에서 개최된 '대아시아주의' 강연에서 잘 나타나 있다. 그는 당면한 세계정세를 동양과 서양의 대립으로 설정하고, 서양문화의 기반은 공리(公利)와 강권에 기반하는 '패도문화(覇道文化)'인 반면, 일본과 중국을 포함하는 동양문화의 기반은 도덕과 인의에 기초하는 '왕도문화(王道文化)'라고 규정하였다. 그리하여 왕도문화의 발양을 위해서는 일본과 중국을 영도세력으로 하는 아시아민족의 대연합 곧 '대아시아주의'가 실현되어야 한다고 주장하였다.[49] 즉 중일 양국이 협력하여 세력을 팽창해 간다면, 하나의 대아시아를 만드는 것은 어렵지 않을 것이며, 나아가 과거의 영광된 역사를 회복할 수 있을 것이라는 설명이었다.[50] 이러한 그의 주장은 얼핏 일본에 대한 맹목적 추종과 같이 보일 수도 있으나, "이전의 조선은 명목상으로는 중국의 속국이었지만, 실제로는 독립된 국가였다. 20년 전만 하더라도 조선은 아직 독립해 있었다. 그러던 것이 최근 일이 십년 사이에 자유를 상실한 것이다."[51]라고 하여,

49) 『對神戶商業會議所等團體的演說』(1924, 11, 28), 『孫中山全集』11, 401-409쪽.
50) 『在日本大岡育造之主持的宴會上的演說』(1923, 2, 19), 『孫中山全集』3, 17쪽.
51) 1924년 3월 34일 『민족주의』제6강, 『三民主義』, 앞의 책, 112쪽.

이전에 가지고 있던 "중국이 상실한 영토는 가장 최근의 것부터 말하자면, 웨이하이웨이(威海衛)와 뤼쉰(旅順)·따롄(大連)·칭따오(靑島)·지우롱(九龍) 그리고 광쩌우만(廣州灣)이 있고, 그전의 것으로는 고려·타이완·펑후(澎湖)열도가 있다."[52]고 하는 중화주의적 사고에서 벗어나 있었다는 점에서, 그의 현실적 입장이 바뀌어 있었음을 알 수 있다. 또 "일본은 중국과 마관조약을 맺고 있지 않는가? 그 조약의 가장 중요한 조건은 조선의 독립을 요구한 것이다. 조선의 독립은 일본 측이 제시한 요구인데다 더구나 일본이 무력으로 이룬 협상이다."[53]라고 한 점에서도 과거와 같은 일본에 대한 추종이 아니라, 진정으로 일본의 정책을 비판하고 그들의 신의 없음을 비판하는 동시에, 진정으로 아시아의 평화를 이룩하고자 하는 자신의 소신을 주장하고 있음을 엿볼 수 있는 것이다. 이러한 보다 거시적이고 자신의 이해관계를 떠난 대정치가로서 진일보 하게 된 동기와 배경 중의 하나가, 바로 3.1독립운동의 진행과정을 보면서 한국독립운동가들과의 교류를 통해 서로 협조하고 배우면서 약소자의 입장을 이해하게 되었다는 점과 동시에 한국인들의 독립에 대한 열정에 공감하게 되면서 한국에 대한 인식이 바뀌게 되었고, 나아가 그의 주의 주장이 변화하게 되는 데까지도 일조하게 되었음을 알 수 있는 것이다.

V. 마치는 말

---

52) 『在桂林對滇贛粤軍的演說』(1921, 12, 10), 『孫中山全集』6, 北京, 1986, 16쪽.
53) 『三民主義』, 앞의 책, 113쪽.

쑨원에 대한 연구는 그동안 양적으로나 질적으로 엄청나게 발전해 왔다. 그러나 그에 대한 연구 결과를 종합하면 주로 중국·미국·일본 등 큰 나라에서 연구되어지는 경향이 많았음을 볼 수 있다. 그리고 이들의 연구 경향은 '쑨원론'에 지나지 않는 사대주의적 시각이 주류를 이루었다고 할 수 있다.[54] 다시 말해서 쑨원의 일본과 미국에 대한 태도의 배후에 있는 것은, 어떤 면에서는 일본과 미국에 대한 외교적 태도보다도 본질적인 제국주의에 대한 태도를 반영하고 있다고 할 수 있다. 따라서 일본의 한국 지배나 미국의 필리핀 지배에 대한 그의 내면적 시각이나, 한국·필리핀의 민족주의 운동에 대한 그의 시각 및 태도의 변화 등에 대해서는 거의 주목하지 않았던 것이다. 그 결과 제국주의 열강인 일본·미국에 대한 쑨원의 입장도 화려한 외교적 표현에 숨겨져 버려 그의 본래의 사상과 관점이 이해되지 않았을 가능성이 크다고 할 수 있다. 그런 점에서 쑨원의 한국에 대한 인식, 쑨원과 한국과의 관계, 한국인의 쑨원에 대한 이해와 평가 등에 대한 작업이 앞으로 필요하다고 본다. 즉 강대국 중심의 이해보다는 널리 보편적인 쑨원의 상을 그려내는 것이 앞으로 쑨원 연구의 과제라고 할 수 있다.[55] 따라서 쑨원에 대한 연구는 지금까지와는 다른 방법, 즉 그는 주변 약소국 인물들과의 교류를 통해 무엇을 얻었고, 동시에 약소국들에 대한 그의 관심과 태도가 어떻게 변화되

---

54) 지금까지의 쑨원에 대한 연구는 중국 측의 兪辛煌, 『孫文の革命運動と日本』과 일본 측의 鈴江言一, 『孫文伝』으로 대표되는 사대주의적 시각의 연구가 중심을 이루었다. 즉 기왕의 쑨원 연구는 강대국의 이해관계를 패턴으로 하는 강대국 중심의 연구라고 할 수 있는 것이다.

55) 裵京漢, 『孫文의 中華意識과 韓國獨立運動』, 『歷史批評』, 1999年 봄, 46호.

어 갔는가를 고찰하면서, 그의 주의 주장이 어떻게 정립되어 갔는지에 대한 새로운 연구방법에 의한 접근이 필요하다고 보여 진다. 본문에서 살펴본 바처럼, 쑨원은 초기에는 한국을 중화주의적 영토관념에서 보아왔고, 그러한 관점 하에서 본 한국의 식민지화는 중국의 것을 일본이 빼앗아 갔다는 강대국 간의 이해관계에만 머물러 있었기에, 초기 한국 독립운동당인들에 대해서는 그다지 관심을 보이지 않았었다고 할 수 있다. 그러나 우창혁명 과정에서 보여 진 한국 독립운동가들의 활동과 본인이 이끌고 있던 호법정부의 미약함에 의한 의지처의 탐색, 그리고 국내외 정세의 변화에 따른 친일적 감정의 쇠퇴 등에 따라 서서히 한국 독립운동가들과의 교류가 본격화 하게 됐고, 급기야 그들과의 교류를 통해 새로운 것을 배우고 주고받으며 약소국들에 대해 관심을 가지게 되었던 것이다. 그러는 과정에서 3·1독립운동과 5·4운동을 통한 민중의 역량을 보면서 중국의 민족모순을 갈파하게 되었고, 그 결과 중국 청년단과 한국인 청년단, 그리고 쑨원 3자가 연결되게 되었으며, 결국 조선의 독립운동과 쑨원의 동지적 관계가 굳건하게 되어져 갔던 것이다. 그러는 가운데 조선 망국의 비극을 교훈으로 삼으며 일본의 침략적 팽창정책을 전환하도록 요구해 나가게 되었던 것이니, 쑨원은 대일투쟁에 온 힘을 기울이던 한국의 현실로부터 많은 것을 배웠던 것이고, 그 결과 한국 독립운동에 대해 열심히 원조하는 자세로 전환해 가게 되었던 것이라고 할 수 있을 것이다.

제10장

대한민국임시정부 성립 전후, 해석 손정도 선생의 활동과 공헌

- 김승일

제10장
대한민국임시정부 성립 전후,
해석 손정도 선생의 활동과 공헌

- 김승일

I. 머리말

필자가 고 김창수 교수님과 공동으로 1999년에 집필한 『해석 손정도의 생애와 사상연구』가 출간되기 이전에 해석 선생(이후 '해석'으로 약칭함)에 대한 연구로는 박화원의 「해석 손정도의 목회와 민족운동」과 이현희가 제1회 아펜젤러 학술강좌에서 발표한 「손정도 목사와 상해임시정부」라는 논문 두 편밖에는 없었다. 이 이외에 해석과 관련한 글로는 1950년 이전에 해석에 대한 약전 및 추모글이 있었고, 1976년 11월 6일부터 10일까지 5일간 『한국일보』에 실린 「나의 이력서」가 전부였다. 그러다 보니 발표자가 해석에 관한 글을 쓸 때는 기존의 연구성과를 참고할 수가 없었고, 더군다나 자료를 충분히 확보할 수 있는 시간적 여유가 없었기 때문에, 비록 최대한 구할 수 있는 자료를 찾아서 집필을 하기는 했지만 많은 부족감을 느낄 수밖에 없었다. 그러다가 20년이 지난 2020년에 이덕주 교수가 『손정도-자유와 평화의 꿈』이라는 대작을 편찬함으로서 해석에 대한 연구가 어느 정도는 정리가 되었다는 느낌이 들었다. 왜냐하면 이 책은 풍부한 자료와 평생

기울여온 신학연구의 경험을 통해 상당히 깊이 있는 연구서로 평가할 수 있기 때문이다. 특히 이 책의 가치는 향후 해석에 대한 연구를 더욱 알차고 풍부하게 연구할 수 있는 자료의 출처를 제공해주고 있는데다가, 다양한 주제를 가지고 연구할 수 있는 출로를 터 주었다는 점에서 이 책의 성과를 평가할 수 있다. 다만 아직도 감리교신학대학교 출판부가 기획한 『손정도 목사의 생애와 사상』이라는 책처럼 기획 시리즈 아니면 유족들의 지원에 의한 연구만 이루어지고 있지, 연구자들 스스로 나서서 다양한 주제와 시각을 통한 연구가 이루어지지 않고 있다는 점은 매우 안타까운 일이 아닐 수 없다. 따라서 일반 연구자들이 관심을 갖고 연구할 수 있는 토양이 마련되어야 하는데, 그런 점에서 이 논문을 시작으로 향후 폭넓은 해석에 대한 연구가 진행되어지는 계기가 되었으면 하는 마음 간절하다. 해석에 대한 연구는 신학적 측면 외에 독립운동사 측면에서의 연구도 여러 방향에서 연구되어 질 수 있다고 생각한다. 그것은 지금까지 활발하게 연구되지 않은 미개척 분야라서가 아니라 연구 방향의 다양성을 가져다 줄 수 있기 때문이다. 즉「교회와 사회」, 「독립운동과 지역」, 「신앙과 정치」, 「이론과 실천」, 「포용과 리더십」, 「독립운동가와 독립단체와의 켄넥션」 등을 주제로 한 여러 분야에서 '해석의 역할과 공헌'에 대한 연구가 가능하다고 볼 수 있다는 말이다. 21세기에 들어서 독립운동사에 대한 연구 열기가 많이 식고 있는 느낌이다. 이러한 때 해석의 활동과 연계된 다양한 연구가 가능하다는 점은, 다른 인물 연구에서도 인용될 수 있다는 점에서 독립운동사 연구가 다시 활기를 찾을 수 있는 새로운 주제가 될 수 있지 않겠나 하는 생각이 든다. 부디 이 논문이 계기가 되어 독립운동사 연구의 새로운 장이 전개되었으면 하는 바람이다.

II. 중국으로의 망명과 임시정부 수립을 위한 활동

해석의 기독교정신의 특징은 종교적 차원의 구원이나 현실 구복적 성격에서 벗어나 당시의 현실을 그대로 반영한 민족과 나라사랑, 그리고 이를 실천하고자 하는 독립사상으로 연계되어 나타나는 '민족 신학'에 바탕을 두고 있었다는 점이다. 이러한 그의 사상적 특징은 다음과 같이 요약 정리할 수 있다. 첫째는 성경에 대한 확실한 믿음을 통해 미래에 대한 낙관적 희망을 갖고 있었다는 점이고, 둘째는 사회에 대한 기독교의 역할을 통해 민중을 계도(啓導)해 갔다는 점이며. 셋째는 대인이나 사회나 국가나 모든 문제의 발생을 다른 외적인 요인에서 찾지 않고 바로 자기 자신에서 찾음으로서 스스로의 반성과 회개에 의해서만 이를 극복할 수 있다고 강조했다는 점이다. 넷째는 개인적인 욕심을 버리고 자신의 모든 것을 동원하여 다른 사람을 도울 때 자기도 또한 잘 살 수 있다는 복지사회건설에 바탕을 둔 기독교 사회주의를 부르짖었다는 점이고, 다섯째는 이방인의 구원을 받을 정도로 국민의 인격이 갖추어져야 나라를 구할 수 있다고 하면서 기독교적 인격자가 될 수 있도록 수행할 것을 강조하였다는 점이며, 여섯째는 덕이 없는 사람은 스스로 망하게 됨으로 개인의 덕을 키워

그것이 공덕심으로 이어지게 하여 우리 국민 및 인류 전체가 행복을 얻도록 해야 한다는 점이다. 마지막 일곱째는 자신의 희생을 통해 나라를 구하라는 정신을 강조했다는 점이다. 이들 특징만으로 해석의 전 사상을 특징지은 것이라고 볼 수는 없지만, 대체로 이러한 사상을 기반으로 자신의 행동을 실천해 나갔다는 점은 그의 전 생애를 통해서 확인할 수가 있다는 점을 강조하기 위해서 정리해본 것이다.

실질적으로 해석은 당시의 현실에서 우리 민족이 거듭날 수 있는 필요한 정신적 요소였고, 이것이 갖추어져야만 독립운동에 뛰어들어 나라의 독립을 되찾을 수 있다고 생각했던 것이다. 이러한 기독교 사상이 바탕이 된 그의 계몽사상은 독립운동에 참여하는 직접적인 동기를 가져다주어 나라의 독립과 민족의 해방을 위해 자신을 불사르는 성인으로서의 지혜를 통해 실천적 행동으로 나아가는 밑거름이 되었던 것이다. 이처럼 멸사봉공을 위한 생각과 자세로 일관하던 해석에게 독립운동의 길로 뛰어들게 하는 인연이 닿게 되었으니, 그것은 세계 제1차 세계대전을 청산하기 위해 열린 파리 평화회의에 대한제국의 밀사를 파견하는 일에 참여하게 된 일이었다.[1] 당시 독립운동계가 독립운동의 일환으로 효과를 얻을 수 있었던 길은 국제사회에 한

---

1) 1907년 네덜란드의 헤이그에서 열린 만국평화회의가 열리는 기회에 을사조약과 일제 침략의 부당성을 폭로하고 호소하여 한국의 국권 회복을 이루고자 밀사를 파견하였지만, 제국주의 열강간의 이해관계를 상호 조정하는 국제회의에서 약소국의 독립을 호소하는 것은 불가능한 일이었던 만큼 실질적인 목적을 달성하지 못한 채 결과적으로 고종 폐위의 계기가 되어버렸다. 그러자 폐위 후 정동의 수창궁에서 지내던 고종은 왕실의 명예도 살리고, 국제적으로 이러한 사실을 호소하여 나라의 위기를 극복해야겠다는 의지로 꽉 차 있었다. 고종의 밀사파견 계획에 대해서는 김창수·김승일 공저한 앞의 책 148-157쪽을 참고바람.

국의 실정을 알리고 한국의 독립을 주장하여 국제사회가 일본정부에 압력을 가하는 일 외에는 달리 방법이 없었기 때문에 상해의 '신한청년단'에서는 김규식을, 미국에서는 서재필과 이승만을 파견하려 했고, 국내에서는 고종의 주도 아래 미국에서 유학했던 그의 다섯 번째 왕자이며, 순종 황제의 이복 아우인 의친왕(義親王) 이강(李堈) 공을 파견하려고 했던 것이다.[2] 이러한 고종의 밀사 파견 계획을 뒷받침할 수 있는 인물로 중국에서 3년간 선교사로 사역한 경험이 있어 중국어와 중국 내지의 교통편을 잘 알고 있던 해석과 미국에서 유학하면서 의친왕과 함께 공부한 적이 있으며, 해외에서 활동하는 국내인사들의 정황과 국제적인 흐름을 잘 알고 있던 하란사(河蘭史) 여사가 선택되었다.[3] 당시 해석은 정동교회에서 성공적인 목회활동을 하여 많은 교인들이 모였고, 이들에게 민족운동의 절실함을 고취시키는 설교에 점점 더 열중하는 해석과 정동교회에 대해 일본경찰이 압박을 가해오자 교회 발전에 지장을 초래할 수 있음을 느끼고 있던 데다가 마침 러시아에서 10월 혁명이 일어났고, 제1차 대전이 끝나갈 무렵이라 일제 식민지 당국이 긴장감을 느낀 나머지 더욱 큰 압박을 가해오는 상황이었다. 이를 감지한 해석은 이때가 자신이 직접 독립운동에 뛰어드는 시기라고 판단하고 곧바로 정동교회를 사임하고 일제의 감

---

2) 미국에서 귀국한 의친왕 이강 공과 하란사를 밀사로 파리평화회의에 파견하는 계획은 헤이그 밀사 파견 문제로 폐위당한 고종 황제의 적극적인 주도하에 이루어졌다. 조선총독부,「조선통치비화, 100년의 뒤안길에서」,『조선일보』, 1999년 10월 1일 자 기사.

3) 이들이 왜 밀사파견 문제에 가담하게 되었는지, 또 왜 비밀리에 추진되어 이에 대한 기록이 남아 있지 않은지에 대해서는 이덕주의 위의 책 206~217쪽과 김창수·김승일의『해석 선정도 선생의 생애와 사상 연구』(1999, 넥서스, 115~120쪽을 참조.

시망을 피하기 위해 서울에서 멀리 떨어진 평양으로 위장이사를 가게 되었다. 평양에 오자마자 해석은 분주하게 사람들을 만나고 다녔는데, 이는 1918년 8월 20일 상해에서 조직된 신한청년당에 22번째의 당원으로 가입하면서[4] 향후의 독립운동을 이끌어 나갈 방도를 마련하기 위함에서였다. 신한청년당은 먼저 3·1운동 거사를 준비하기 위해 국내 및 일본유학생들과 연계하면서 당원들을 국내 각지에 파견하여 만세시위운동을 종용하는 동시에 파리평화회의에 대표 파견을 위한 자금을 모으는데 진력하고 있었다. 당시 해석도 이에 동참하면서 손병희의 애첩인 주산월(朱山月)을 통해 손병희를 33인의 대표가 되게 하면서 경비문제를 해결하는데 앞장섰다.[5] 이러한 활동으로 원래 해석은 3·1운동 거사 때 민족대표 33인 중 한 사람으로 들어갈 예정이었으나, 자신이 먼저 중국으로 들어가 밀사 파견을 위한 준비를 하는 것이 더 중요하다고 생각하여 평양에 와 있었던 것이다.[6] 바로 이 때 밀사로 특파될 예정인 하란사가 감리교 간호원 선교사인 그레이스 하우스에게 밀명을 전달했고, 그것이 다시 미국 감리교 간호사들에 의해 평양 기흘병원에 전해지자 이 병원에서 잡일을 하던 해석 부인과 장로교 장로인 이승훈이 입원해 있어 이곳에서 자주 그들을 만나야 했던 해석은 바로 이 소식을 전달받고는 3.1운동에 직접 참여

4) 「呂運亨公判調書」, 『韓共資料』 I 397쪽. 「呂運亨被告人訊問調書」(第2回, 『韓共資料』) I 369쪽.)
5) 心農 裵亨湜, 『故海石孫貞道牧師小傳』, 基督敎建國傳團事務所, 檀紀4282년(1949), 10쪽.
6) 유동식, 『정동제일교회의 역사(1885-1990)』, 기독교대한감리회 정동제일교회, 1992, 232쪽.

하지 못하고 곧바로 중국으로 망명을 떠나게 되었던 것이다.[7] 그러나 고종이 독살되는 바람에 의친왕 이강 공의 출국이 어려워졌고, 중국에서 자신들을 기다리고 있는 해석을 걱정하여 혼자서 중국으로 온 하란사가 그의 무사 중국 도착을 환영해 주기 위한 만찬회장에서 먹은 음식이 잘못되어 베이징의 셰허(協和)병원에서 운명함으로써 밀사 파견의 일은 전면 중단되고 말았다.[8] 이렇게 사태가 급변하자 해석은 현순과 상의한 끝에 상해로 내려가 새로운 방향에서의 독립운동을 모색하고자 했으니 그것은 바로 대한민국임시정부를 상하이에다 건립하는 일이었다. 이는 또 해석에게 있어서는 밀사 파견 계획이 성공적으로 이루어지면 일제의 압박 때문에 국내로 돌아올 수 없을 것을 안 의친왕 이강 공이 군벌들의 난립으로 거의 국내정치가 방치되고 있던 중국의 틈새를 이용하여 망명정부를 세우고자 했던 계획을 계승해야 한다는 의무감도 있었던 것이다.[9] 당시 베이징에 같이 있던 현순, 최창식, 해석 세 사람은 뜻을 같이 하고 최창식은 국내로 들어가 자금을 모집해 오기로 하여 귀국하였고, 해석과 현순은 1919년 3월 25일 상해로 내려가 이승훈에게서 받은 경비를 이용하여 프랑스 조계 보창로 329호에다 독립임시사무소를 설치하고 외교 및 선전

---

7) 위의 책,
8) 하란사의 돌연사에 대해서는 여러 설이 있지만, 이들 자료를 종합해보면 독살일 가능성이 매우 크다고 할 수 있다. 『玄楯自史』 第16節, 「三一運動과 나의 使命」 (SOON HYUN HISTORICALCOMMITTEE, 『SOON HYUN』 EARLY YEARS TO MARCH 1ST MOVMENT, 1879-1919). 장병욱, 『한국감리교여성사』, 성광문화사, 1972, 67족.
9) 『독립신문』, 1919년 11월 20일. 독립운동사 편찬위원회, 「임시정부사」, 『독립운동사』 제4권, 독립유공자사업기금운용위원회, 1972, 443쪽.

활동을 전개하였다.[10] 그러는 한편 각지에 산재해 있던 애국지사들과 연락을 취하여 독립운동 대본영으로서의 망명정부, 즉 대한민국임시정부를 수립하는데 만전을 기하게 되었던 것이다.[11] 임시정부의 설립은 현순이 전면에 나서고 해석이 뒤에서 지원하는 형식을 띠면서 전개되어 갔다. 그 원인은 자신의 원래 임무인 밀사 파견계획과는 다른 일이었기에 앞에 나서지 않고 뒤에서 도와주려 했기 때문이었다. 그런 해석의 태도였기에 임시정부 조직과 관련한 자료에는 해석의 이름이 나오지 않는 것이다. 하지만 임시정부의 조직 내에도 들어가지 않던 해석이 조직이 체계화되기 위해서는 먼저 입법의 중요성을 알고는 임시의정원의 설치를 건의하게 되었고, 그것이 받아들여져 이 일을 담당하게 되었다는 점에서 그의 임시정부 내 역할의 중요성을 알 수 있는 것이다.[12] 3월 26일 프랑스 조계 모처에서 러시아령에서 온 이동녕, 만주에서 온 이회영, 이시영, 베이징에서 온 이광, 조성환, 조용은(趙鏞殷, 素昻) 그리고 상하이에 와 있던 인사들과 회합하였는데, 이 때의 상황을 『현순자사(玄楯自史)』에서는 다음과 같이 설명하고 있다.

"현순이 회의를 주도했고, 조용은 등이 열변을 토하며 신속히 최고 기관을 수립할 것을 주장했다. 그러자 현순은 국내로부터 명령을 기다려야 한다고 하면서 이들의 주장을

---

10) 『玄楯自史』16節, 「三一運動과 나의 使命」, 앞의 책.
11) 위의 책.
12) 기독교대한감리회 정동제일교회, 『정동샘』 1999년 1·2월호, 통권 157호, 「濯斯 최병헌 목사의 後光」 참조.

물리쳤다."¹³

이를 보면 현순과 해석 두 사람은 다른 인사들과 달리 국내 독립운
동계와 연계를 가지며 활동하고 있었음을 알 수 있다. 이 때 현순은
임시 회장이 되어 회의를 조율하였으며, 국내의 운동을 지원하는 재
외기관 설치안을 통과시켜 연구위원 8명을 선출하였다.¹⁴ 이처럼 해
석·현순 두 사람은 이들 인사들에게 상당한 지위를 인정받고 있었
고, 동시에 국내와 연계하면서 임시정부 수립을 위한 순서를 밟아나
가고 있었다는 점을 알 수 있다. 이렇게 임시정부를 조직하는 가운데
가장 중요한 일은 필요한 자금을 모집하는 일이었는데, 이 또한 해석
이 담당하였다. 그는 천도교와 미국 선교부와 연락하여 자금을 받아
냈고, 받아낸 자금은 공정한 처리를 위해 전면에 나서 일하던 동료
즉 현순, 이승훈, 최창식 등에게 일임하여 사용토록 했으며, 임시정
부 수립 후에는 정부 측에 납부하는 등 뒤에서 자금을 모집했으면서
도 자신이 직접 사용하지 않고 동료들에게 주어 관리사용토록 하는
등 자금 관련의 일에 만전을 기해가면서 주도적으로 이끌어나갔음을
알 수 있다.¹⁵ 그러나 임시정부를 조직하는 과정에서 독립지사들 간
에 의견이 분분하여 일이 쉽게 진척이 되지 않았다. 그 원인은 첫째,
누가 주도권을 잡느냐 하는 문제였고, 둘째는 정부의 수반을 누구로

---

13) 『玄楯自史』16節, 「三─運動과 나의 使命」, 앞의 책.
14) 연구위원 8명 : 이동녕, 이시영, 조소앙, 이광, 조성환, 신헌민, 이광수, 현순
15) 『玄楯自史』16節, 「三─運動과 나의 使命」, 앞의 책.

하느냐의 문제, 셋째는 국호를 대한민국·조선공화국·고려공화국 중 어느 것을 채택하느냐 문제였으며, 넷째는 구황실에 대한 예우문제였다.[16] 이러한 문제로 인해 3.1운동 이후의 국제정세가 더 이상 임시정부 조직을 지체시킬 수 없게 하는 상황에 이르자, 4월 초에 현순을 비롯한 13명이 난징로(南京路) 센스공사여관(先施公司旅館)에 모여 임시정부 조직 안을 토의하기까지 했으나 마치는말을 내리지 못하고 있었다. 그러한 상황에서 3.1운동 후 변호사 홍진(洪震) 등이 주도해 1919년 4월 2일 인천 만국공원(자유공원)에서 13도 대표자들이 극비리에 모여 국민대회를 조직하고 임시정부를 세워 각국에 조선 독립의 승인을 요구할 것 등을 결의했다. 그 의결 결과를 4월 16일 서울에서 국민대회를 열기 이전인 4월 8일 강대현(姜大鉉)을 상하이로 파견하여 이동휘를 집정관 총재로 한 각료 명단과 임시정부 헌법을 가지고 와 임시정부 조직을 추진하고 있던 사람들에게 보여주어 이들을 격노케 했다.[17] 그러나 이러한 분노는 오히려 이들의 단결을 촉진시켜 임시정부를 둘러싸고 대립하던 분위기를 일신하여 최종합의에 이르게 하였다.[18] 이에 해석과 이광수는 임시정부를 수립하기 전의 순서로 먼저 입법기관을 구성하는 것이 순서라고 생각하여 4월 9일 임시의정원 건립을 제의하게 되었다.[19] 이에 8도 강산을 기준으로 하여 8도의 대표

---

16) 독립운동사편찬위원회, 「임시정부사」, 『독립운동사』 제8권, 독립유공자사업기금 운용위원회, 1976, 157-158쪽.
17) 李炫熙 저, 禹尙烈 역, 『大韓民國臨時政府主席李東寧硏究』 東方圖書, 1997, 233쪽.
18) 추헌수, 『자료한국독립운동』 제2권, 참조.
19) 『大韓民國議政院文書』, 大韓民國國會圖書館, 1974, 38쪽.

자와 노령·미국 및 중국 령의 대표자에게까지 동일한 자격을 인정하여 임시의정원을 구성하고자 했다. 하지만 11개 지역 독립운동 대표자들이 근 1000명이나 상하이에 모였기에 이들 모두가 참여하는 직접선거는 무리였으므로 간접선거의 절차를 택하게 되었다. 그 결과 대표자로 선택된 해석과 이동녕 등 임시의정원 의원 29명이 함께 4월 10일과 11일 양일간에 걸쳐 상하이 프랑스 조계 김신부로(金神父路) 22호 3층에 있는 회의장에서 제1회 대한민국 임시의정원 회의를 개최하게 된 것이다. 10일 밤 10시부터 회의가 11일 오전 10시까지 진행되었는데, 먼저 의장에 이동녕, 부의장에 손정도, 이광수와 백남철이 서기로 선출되었다. 그리고 국호를 대한민국으로 정하고, 연호는 대한민국 원년이라 했으며, 이승만을 국무총리로 선임하였다. 이어 조소앙·이시영·신익희가 초안한 10조의 임시헌장과 정강을 심의 통과시켰고, 임시의정원법 기초위원으로 해석, 신익희, 조소앙, 이광수를 선정하였다. 4월 12일에는 임시헌장 10조와 임시정부 조직 선포문을 청년 2인에게 주어 국내에 가지고 들어가 선포토록 하였다. 이어서 임시의정원은 4월 13일에 이미 각 지역에서 상하이로 들어온 많은 독립운동 지도자들을 지방대표 별로 안배하여 구성하자는 의견에 따라 조직을 개편하게 되었다. 그리고 초대 국무총리로 임명된 이승만이 미국에 있었으므로 임시정부 수립을 둘러싼 여러 문제들을 해결하는데 많은 곤란함을 느낀 임시의정원에서는 의장인 이동녕을 임시 국무총리로 임명하면서 의장직을 사임하게 되자 해석을 의정원

의장으로 임명하게 되었던 것이다.[20] 이후 해석은 임시정부의 활동을 지원하는데 매진하게 되었으니, 그 방향은 상하이 임시정부의 존재를 국내외에 알리는 것과, 임시정부의 법과 조직을 정비하는 일이었으며, 여러 독립운동 세력들을 임시정부를 중심으로 규합시키는 일이었다. 이를 통해 임시정부의 정통성을 확립시켜 독립운동의 기능을 더욱 강화시키는 일이었다. 동시에 이를 위해 필요한 자금을 수집하는 일 또한 도맡아서 해야 했다.

III. 임시정부의 기능 강화를 위한 활약과 공헌

이처럼 임시정부의 출범을 위해 온 심혈을 기울였던 해석에게 다시 병원에 입원하지 않으면 안 될 정도로 악화된 위장병이 도지자,[21] 1919년 9월까지 의장으로서의 역할을 부의장인 정인과(鄭仁果)에게 넘겨주어야 했다. 그 결과 임시정부 내에서는 여러 문제점들이 드러나기 시작하였다. 그것은 처음부터 드러났던 문제점들을 해석이 감싸안으며 중재해오던 것이 그가 자리를 뜨자 다시 불거져 나오게 된 것

---

20) 임시정부가 1922년에 만든 달력인 '대한민국4년역서(大韓民國4年曆書)'를 보면 3월 1일 '독립선언일', 10월 3일 '건국기원절'(개천절)과 함께 4월 11일이 '헌법발포일'이라는 이름으로 국경일로 표시되어 있는 것을 보고, 2018년에 임시정부 수립 날짜를 4월 11일로 고치게 되었고, 정부는 이에 따라 기념식을 11일에 거행하고 있다. 그러나 그해 개최된 임시의정원 회의에서 김인준 등이 "헌법을 발포한 4월 11일을 국경일로 정하자"는 제안을 제출했지만, 당시에는 이미 4월 11일이 기념일로 지정돼 있어 국경일로 지정하는 안은 부결됐다."고 한 점과 이승만의 부재로 임시정부의 조직을 개편하여 이동녕을 임시 국무총리로 추대하여 28명의 동지들과 함께 임시정부의 수립을 정식으로 내외에 선포한 날인 13일을 진정으로 임시정부가 수립된 날로 보는 것이 타당하지 않을까 여겨진다.

21) 大韓民國國會圖書館, 『大韓民國臨時議政院文書』, 大韓公論社, 1974, 60쪽.

으로 결국은 임시정부의 조직 체계마저 흔들리게 되는 현상으로까지 돌출되었던 것이다. 이들 문제의 중점은 다음과 같은 것이었다.

첫째는 독립운동에 대한 각자의 의견이 달라 파벌 간 투쟁이 격화되었다는 점이다. 민족주의파와 공산주의 파로 대별 되는 문치파(文治派)와 무단파(武斷派)의 격렬한 대립이었다. 이로 말미암아 임시정부 내 각 부서장들이 취임하지 않게 되어 국정을 수행할 수 없는 지경에 이르렀다. 둘째는 외교정책의 부재로 미국과 파리 평화회의에 기대했던 지원과 협조가 거절당하는 일이 벌어졌다는 점이고, 셋째는 임시정부를 운영하는데 필요한 경비가 엄청나게 부족하게 되었다는 점이었다. 이러한 문제를 해결하기 위해서는 임시정부를 제대로 이끌어 나갈 수 있는 인물이 필요하다는 것을 알고 있던 해석은 1919년 9월 11일 임시정부의 임시대통령으로 선출되었음에도 상하이로 오지 않고 있는 이승만을 불러오는 일에 매진하게 되었다. 해석은 이를 위해 이승만에게 "내지(內地)의 정형(情形)", "상하이의 정형", "중아령(中俄領)의 정형" "각하(이승만)에 대한 인심(각지 동포들의 흠모하는 마음)" 등의 내용을 담은 편지를 보내 그의 마음을 돌리게 했다. 이들 편지에 나타난 해석의 마음은 첫째, 윗사람의 잘못을 당당하게 지적하여 스스로 판단할 수 있는 정보를 주었다는 점, 둘째, 의정원 의장으로서 파악한 당시의 시국 상황과 정세에 대한 정확한 정보를 주었다는 점, 셋째, 상대의 마음을 움직일 수 있는 정확한 논리와 친근한 어법을 구사했다는 점에서 알 수 있다. 그럼에도 차일피일 미루는 이승만이 안 올 수 없도록 하는 임시의정원 내의 토론도 인도해냈다.

그리고 이승만이 올 때까지 내무총장 안창호가 임시정부를 이끌어 나갈 수 있도록 그의 멘토가 되어주었다. 그결과 이승만이 상하이로 와 대통령에 취임하기는 하지만 그 또한 세력 간 대립과 저항을 못 이기고,[22] 다시 해석 등 5인에게 임시정부를 맡긴다는 성명을 내고 대통령의 직책을 내려놓고 떠나고 말았다.[23] 그러자 내면에서 실질적 으로 임시정부를 이끌어 가야 할 사람은 해석과 현순 두 사람 뿐이 었다. 이러한 상황에서 가장 큰 문제는 독립자금을 마련하는 문제였 다. 이를 해결할 사람은 역시 해석뿐이었다. 해석은 국내에 문서를 전 달하는 일을 병행하면서 국내 유지들과 연락을 취하며 독립자금을 임시정부로 들여왔다. 이를 더 효과적으로 하기 위해 해석은 1921년 에 교통총장이 되어 국내와의 비밀 통로를 개설했고, 나아가 비밀결 사 및 애국부인회를 조직하여 그들로 하여금 임시정부를 물심양면으 로 적극 지지토록 하였다.[24] 그럼에도 이러한 일련의 일들이 원활하 게 이루어지지 않자 그는 또 다른 방법을 찾게 되었으니 바로 미국에 있는 한인 교회들에게 자금지원을 부탁하는 방법이었다. 또한 감리 교 동양선교총회를 베이징에서 개최하여 "동양평화의 관건은 오직 조 선의 독립에 있음"을 강조하여 한국 대표와 미국 선교사들에게 적극 적인 지원을 유도하는 행사를 갖기도 하였다. 그러다 보니 당연히 일 본 형사들의 주요 타켓이 되어 언제나 요주의 감시 대상이 될 수밖에

22) 양소전,『대한민국임시정부사』, 길림성사회과학원, 1995, 124-128쪽.
23) 국사편찬위원회,『한국독립운동사』(3), 정음문화사, 1983, 36쪽.
24) 심농 배형식, 앞의 책, 10쪽. 姜德相,『朝鮮』1, (『現代史資料』25, 東京, 精興社, 1990, 624-625쪽)

없었다.[25] 이러한 활약은 해석의 역량이 임시정부 내에서 대단한 비중을 차지하고 있었음을 알게 해준다. 다만 일본 형사들이 주시하고 있는 상황에서 자신에 의해 임시정부나 임시정부 내 요인들이 타격을 받지 않도록 자신과 관련되는 자료는 철저히 없애버렸기 때문에 그에 관한 자료가 거의 없게 되어 그동안 연구 대상에서 멀어지게 된 점은 두고두고 아쉬울 뿐이다. 이러한 임시정부 내에서의 활약 외에 해석은 임시정부를 지원하고 보위하는 외곽단체와의 활동도 이어나갔다. 즉 대한적십자회의 재건과 의용단(義勇團) 의 조직, 한국노병회(韓國勞兵會)의 발기·흥사단(興士團) 원동위원회에서의 활동 등이 그것이다. 해석은 이들 단체의 발기와 설립, 그리고 회장을 담임하며 조직을 주관 또는 주도해 나갔다. 대한적십자회는 원래 구한말에 의친왕 이강 공 등 왕족들이 회장을 맡았던 조직으로 주요 사업은 빈민구제 활동이었다. 그러나 해석이 이 회의 재건을 도모했던 것은 상해 등지에서 독립운동 일을 하면서 형편이 어려워 고생하고 있는 정치 망명자들을 보호하고 지원할 수 있는 단체가 필요하다는 것을 느꼈기 때문이었다.[26] 그리하여 해석은 대한적십자회가 임시정부 내무부의 승인을 얻어 1919년 8월에 발기할 수 있도록 물밑 작업을 하였다.[27] 당시 해석은 임시의정원 의장으로서의 일도 건강상의 문제로 제대로 못하고 있을 때였으므로 간부로 참여하지는 못했지만, 대한적십자회

---

25) 『일본외무성육해군성문서』 제2집 (『한국민족운동사료(중국편)』 , 1976, 63쪽.)
26) 박영석, 『한민족독립운동사연구 - 만주지역을 중심으로』 , 1982, 일조각, 362쪽.
27) 『독립신문』 1920년 5월 1일, 제2면.

가 임시정부의 준 기관 성격을 띠고 있었기에 이를 통해 임시정부를 국제적십자회와 외국인들에게 홍보하여 재정 지원 및 외교적 실리를 올리기 위한 차원에서 활동하는 것이 바람직하다고 생각하여 20여 명 대표 중의 일원이 되어 임시정부의 재정문제를 위해 발 벗고 나섰고,[28] 1920년을 고비로 임시정부의 내분과 재정문제로 임시정부의 활동이 위축되는 기미를 보이자 결국에는 회장이 되어 이 회를 이끌어 나가게 되었던 것이다. 이 회에서 그의 능력이 발휘된 것은 초기 참가 회원이 78명이던 것이 5000명을 넘어섰다는 점에서도 알 수 있다. 이는 당시 임시의정원 교통총장으로 있으면서 인적네트워크를 통해 재정문제 해결에 총력을 기울였던 결과라고 볼 수 있다.[29] 그러는 가운데 "죽음=독립정신"이라는 강력한 내적·외적인 정신무장을 가진 독립투쟁가였던 해석은 유약한 성직자가 아니라 강직한 무장다운 면모도 지니고 있었기에,[30] 1920년 1월 무장단체인 '의용단(義勇團)'을 조직하게 되었다. 이 의용단의 설립 목적은 "국가를 독립시키기 위해서는 먼저 일본의 요로대관 및 친일 조선인을 살육하고, 일본에 대한 선전포고를 해야 한다"는 것이었다.[31] 이러한 해석의 정신은 의용단의 조직 목적을 알리는 「취지서」[32]에서 잘 볼 수 있는데, 여기에 "죽음으로 새로운 싹을 돋게 한다."는 그의 '열매론'이 잘 나타나 있다. 의용단

28) 『일본외무성육해군성문서』 제2집, (『한국민중운동사(중국편)』, 1976, 420쪽.)
29) 위의 책, 407쪽.
30) 「로마서」 1장 18절 "죽음에 나와 인생에 참사람을 얻으라" 『손정도목사설교집』 (미출간) 참조.
31) 독립유공자사업기금 운용위원회, 『독립투쟁사자료집』 제11집, 1976, 95쪽.
32) 독립운동사편찬위원회, 『의열투쟁사자료집』, 1984, 고려서점, 97-98쪽.

의 실질적 지도자가 해석이었다는 점은 의용단의 단장인 김석황(金錫璜)의 활동을 통해 확인할 수 있다.[33] 의용단의 주요활동은 처음에는 임시정부와 무장투쟁을 위한 자금을 확보하는 일에 중점을 두어『독립신문』을 배달하는 등 독립사상을 계몽하면서 임시정부의 독립공채를 모집한다든지, 기타 재정자금을 수합하는 일이었다. 그러다가 26세의 김석황이 이런 일에 회의를 느끼고 다른 독립단체들과 제휴하여 독립전쟁을 개시하는데 중점을 두는 바람에 단계별 계획을 가지고 추진하던 해석을 위시한 임시정부의 뜻과는 엇나가게 되었다. 그러자 안창호 등이 그에게 여러 가지로 권고까지 했음에도 그는 폭탄투척 등 무장투쟁을 결행하다가 결국 일경의 추적 끝에 체포되는 바람에 동지 90여 명도 더불어 체포되자 의용단의 활동은 끝나고 말았다. 다만 이런 단체를 만들면서까지 독립운동의 효율성 제고를 의도했던 해석의 독립의지가 얼마나 강고했었는지를 의용단 활동의 전개 내막을 통해 알 수 있다는데 의의를 두어야 할 것이다. 이렇게 의용단의 활동이 막을 내리자 항일전선을 강화하는데 필수적인 군인양성 및 전비 조성을 위한 단체가 반드시 필요한 것임을 안 해석은 김구, 여운형, 이유필, 양기택 등 7명의 지사들과 논의한 끝에 한국노병회(韓國勞兵會)를 조직하게 되었다. 이 일이 있기 이전에 1921년 베이징에서 열린 군사통일회가 결말을 보지 못한 채 끝나버렸고, 또한 무력한 임시정부 및 의정원을 개조하여 항일전선을 강화시키려고 추진하던 국민대표대회가 코앞에 닥친 상태에서 임시정부가 더 이상 위기에

---

33) 위의 책, 100쪽.

빠지는 것을 막기 위한 하나의 방편으로 한국노병회를 발기하게 된 것이다.[34] 이들 회원은 통상회원과 특별회원으로 나뉘어 있었는데, 회원은 모두 92명이었다.[35] 이 회는 이사회가 운영하였는데 이사장은 김구이고, 이사는 해석 등 6명이었다.[36] 이들 회원들의 뿌리는 신민회·흥사단·신한청년단 출신이 가장 많았는데, 이들은 동시에 임시정부의 핵심 멤버들이었다. 이 회가 목표로 한 것은 향후 10년 동안 1만 명 이상의 노병(노병, 독립적 생계를 영위하는 노공적[勞工的] 기술을 겸비한 군인 자격자)[37]을 양성하는 것과 100만 원 이상의 군자금을 조성하는 것이었다.[38] 이를 위해 해석은 각방으로 노력했으나 국내외적으로 어려운 환경에 처해 있던 독립운동계였기에 이러한 목표를 달성하는 것은 무리였다. 특히 여운형이 좌경화되면서 이념 갈등이 나타나 신한청년당이 붕괴되었고, 그가 임시정부를 통일전선체로 개혁하려 하자 이에 반대한 김구, 윤기섭이 등이 탈퇴하면서 쇠퇴해 갔다. 그러자 이유필 등이 노병회의 명맥을 잇고자 1926년 병인의용대(丙寅義勇隊)[39]를 만들었으나 노병회의 목표를 실행할 수 없다고 여겨 그 방략을 독립투쟁에서 의열투쟁 쪽으로 전환시켜 전개해 갔으나 시대의 요구에 따라 한국독립당의 전위조직인 한인애국단 소속으

---

34) 김희곤, 『중국관내 한국독립운동단체연구』, 1995, 지식산업사, 194쪽.

35) 위의 책, 298쪽.

36) 金正明, 『朝鮮獨立運動』, 東京, 原書房, 1967, 298쪽.

37) 국회도서관, 『한국민족운동사사료』, 중국편, 1967, 418쪽.

38) 독립기념관 소장, 『韓國勞兵會會憲, 附會則及趣旨書』

39) 병인의용대 : 1926년에 중국 상하이를 중심으로 나창헌(羅昌憲)·이유필(李裕弼)·박창세(朴昌世) 등이 일제 밀정에 대한 숙청, 상하이 주재 일본 총영사관 폭탄 투척 등의 활동을 위해 만든 무장독립단체.

로 들어가게 된데다가 저축해 두었던 은행의 은행주 황초구(黃楚九)가 사망하는 바람에 전비마저 잃게 되었고, 활동기간을 10년으로 정해 놓았던 관계로 1932년 10월 제10회 정기총회를 끝으로 해산되고 말았다.[40] 그러나 한국노병회가 원래의 목표를 달성하지는 못했으나 이들 활동이 기초가 되어 한국인을 위한 군사훈련기관이 중국의 각 군사학교에 부설되어 독립군을 양성하여 독립운동의 활성화를 가져오는데 중요한 역할을 했다는 점에서 이 회의 창설을 주도한 해석의 역할을 평가해야 할 것이다.[41] 흥사단 운동은 도산이 국내외 각지를 다니며 흥사단 사업의 필요성을 강조하면서 일으킨 도산의 평생사업이었다. 도산은 임시정부의 내무총장이라는 입장에서 한성정부·노령정부 등으로 나뉘어져 통합된 독립역량을 발휘하지 못하는 것을 보고 임시정부의 단합된 업무추진을 돕기 위해 중국을 중심으로 흥사단 원동위원회를 설치하는데 힘을 쏟고 있었다. 해석이 흥사단 원동위원회에 입단한 것은 설치된 지 2달여가 지난 1920년 3월 초순경이었다. 도산과 친분관계가 두터웠던 해석은 그를 도와 중국에 있는 한인들의 권익을 옹호하고 지위를 향상시키는데 온 힘을 쏟았다. 이 일은 점차 만주지역 및 국내 각 지역에까지 흥사단 운동이 퍼져나가게 하는데 큰 보탬이 되었다. 특히 해석은 독립운동에 뛰어들면서 생각했던 길림지역에 독립근거지를 세우기 위한 포석을 위해 더욱 열정적으로 이

---

40) 『조선민족연감』, 1932년 4월 5일과 13일 기사.
41) 김희곤, 앞의 책, 228쪽.

흥사단 운동을 추진해 갔던 것이다.[42]

Ⅳ. 임시정부와 외부 단체와의 연계 활동 및 업적

임시정부 내에서의 일과 임시정부와 연계된 단체에서의 일을 제외하고도 해석은 상해에 살고 있는 교민들을 위해서도 불철주야 일했다. 그 대표적안 일로 '대한교육회'의 설립을 통해 교육을 실천하는 일이었다. 대한교육회는 1919년 10월 15일 박은식이 상해에 조직한 단체였는데, 여기서 해석은 서무부장으로 활동했다. 이 회는 나라의 독립을 위해서 이곳에 온 사람들이 모두 이해관계에만 집중되어 있고 진정으로 독립을 생각하는 마음이 없음을 한탄하여 교육을 통해 인재를 양성하겠다는 취지에서 만들어 졌다. 해석의 교육관은 그의 설교집에 잘 나타나 있다. 예를 들어 여자의 교육에 대해서 그는 "가정이 잘 되고 못 되는 것의 책임은 남녀가 같지만 여자가 더 큰 책임이 있다. 배우지 못한 여자가 어찌 가정을 잘 운영하겠는가? 그러니 여자도 교육을 잘 받아야 한다."는 것이 그의 여성 교육관이었다. 이러한 교육관을 가진 해석은 발랄하고 총명했던 권기옥(權基玉)을 도와 그녀가 공부할 수 있도록 보살펴준 데다 여류 비행사가 될 수 있도록 지원까지 해주었던 것은 당시로서는 획기적인 사건이었다. 남자도 생각지 못하던 비행사를 한국 최초의 여자비행사로 키워냈던 것이다.[43]

---

42) 흥사단사편찬위원회, 『興士團五十年史』, 대성출판사, 1964, 177쪽.
43) "해석의 둘째 아들 손원태 선생을 회견한 녹취록에서"

이러한 해석이었기에 당연히 상해지역 교민자녀들의 교육을 위해 쏟는 그의 정성은 참으로 지극했다. 1919년 당시 상해에 거주하고 있던 교민이 109세대 688명이었는데, 아이들이 언어상의 문제로 중국인 학교에는 들어가지를 못했고, 일본인 학교에는 민족감정 때문에 다닐 수가 없는 상황이었다. 물론 그 이전에 한국인들을 위한 학교가 있기는 했으나 임시정부 설립 이전에 모두 폐교되었기에[44] 학교의 설립은 매우 중요하고 시급한 일이었다. 그리하여 1916년 4월에 상해교회의 여운형을 중심으로 선우혁·한진교 등이 교민 자녀들의 초등교육을 위해 세운 상해한인기독교소학교를 확대발전 시키기 위해 1917년 2월 공동조계에다 '인성(仁成)학교'로 교명을 바꿔서 정식 초등교육기관으로 출범시키게 되었다. 이를 1919년 '대한교민회'에서 인수했다가, 1920년 의무교육 실시를 목표로 한 대한민국임시정부의 정책 때문에 임시정부 산하의 상해거류민단 소속 공립학교로 만들게 되었다.[45] 교육방침은 대한민국임시정부의 교육이념과 일치했는데, "민족교육을 통해 민족정신과 민족역량을 배양하고, 자활능력을 양성시켜 완전한 민주시민을 배출시킴으로써 궁극적으로는 신 민주국가를 수립하자"는 것이었다. 이 학교의 교장을 해석은 1919년 10월에서 1920년 9월까지 역임했다. 처음 교장으로 부임했을 때의 학생이 19명이었는데 퇴임하는 1920년 가을에는 40여 명으로까지 학생 수가 증가했다.[46] 이 당

---

44) 최기영, 「구한말 대동보국회(大同保國會)에 관한 일고찰」 『박영석교수화갑기념 한민족독립운동사논총』, 탐구당, 1992, 1333쪽.
45) 「Korea School Shanghai, China, August 15, 1920」 독립기념관 한국독립운동사 소장자료.
46) 「上海韓人學校基金募集趣意書」 (金正明, 앞의 책, 426-427쪽.

시 해석은 임시의정원 의장으로서 매우 바쁜 중에 있었지만 건강이 좀 좋아졌기 때문에 교장에 취임하게 되었다. 이는 교육의 중요성을 누구보다 잘 알고 있었기에 이 학교의 교장을 맡아 많은 학생들을 입학시켜 교육시키기 위함에서였다. 그러나 또 다시 건강이 안 좋아져 1년 만에 교장 직을 사직해야 했지만, 특별 찬조자가 되어 이 학교의 유지를 위해 노력을 경주하였다. 이러한 점에서 그의 교육에 대한 열정을 알 수 있는 것이다. 그렇지만 성직자인 그가 손을 놓고 있을 수 없었던 것은 상해한인교회에서 명예 담임목사 및 상의회(商議會) 위원이었다. 건강이 안 좋았음에도 그는 종종 설교도 하고 교육도 하면서 동시에 교회사무도 간헐적으로 처리했다.[47] 특히 한인교회 특성상 유학생 파견, 국내로의 서신왕래, 밀항자 보호, 인성학교 기부금 조달 등 일종의 독립운동과 같은 역할을 수행하고 있는 한인교회이기에 자연히 교회의 운영은 목사와 의정원 의장이라는 직함을 가지고 있던 해석의 의견에 따라 대부분 작용하지 않을 수 없었다.[48] 이와 동시에 해석은 1921년 3월 3일 대한야소교진정회(大韓耶蘇敎陳情會)를 김병조, 이원익 등 6명과 함께 만들어 회장으로 활동하였는데, 이 또한 국내 각지의 교회에 독립을 원조해 줄 것을 청원하는 진정서를 발송하는 일이 주된 일이었기에 정성을 기울였다.[49] 이러한 활동 외에도 해석을 포함한 예수교대표회는 1921년 현순을 이 회의 대표로 선

---

47) 「선고(김병조목사)를 회상하며」 (김형석 편, 『일재 김병조의 민족운동』 1993, 남강문화재단, 99쪽.
48) 위의 책, 70쪽.
49) 『일본외무성육해군성문서』, 앞의 책, 327-328쪽

정하여 소련의 이루크츠크에서 개최되고 있던 동양민족혁명단체 대표회에 파견하여 한민족의 독립운동 상황을 호소하고 그들의 지지와 지원을 받아내고자 하는데도 앞장서서 추진했다. 그러는 중에 제3자 입장에서 중국도 서서히 한국과 같은 식민지 국가로 전락해가는 모습을 보게 되자 해석은 이러한 일이 일어나지 않도록 미연에 자극을 주어야 한다고 생각하게 되었다.[50] 이러한 생각을 하게 된 것은 중국이 안정되어야 한국의 독립을 외면하는 국제 흐름의 방패막이가 될 수 있다고 하는 탁견과 임시정부 및 여러 독립단체들이 중국에서 자유롭게 독립활동을 할 수 있다고 생각했기 때문이었다. 그래서 먼저 중국 교계에 한국의 교회가 일제에게 탄압받고 있는 사정을 알리고자 하였다.[51] 그는 일제가 초기에 행한 기독교에 대한 정책을 비판하고, 3·1독립운동에 대한 잔인한 탄압 상황을 알리며 일제의 만행에 저항해야 한다고 호소하였다. 그의 이러한 호소문은 폐부를 찌르는 뛰어난 문장으로 일관되었다.[52] 해석은 특히 한국의 기독교인으로서 중국까지 와서 독립투쟁을 하지 않으면 안 되는 책임감과 비통함을 중국 교인들에게 호소하며 같은 기독교인으로서 한국의 독립을 위해 기도해 줄 것을 간청하였다. 이러한 호소문 속에서 보여 지는 해석의 사상은 일제의 악행을 단순히 한국의 독립문제와 연계해서만 본 것

50) 「해석이 도산 안창호에게 보낸 편지」 중에서 해석의 의중을 살펴볼 수 있다.
51) 독립운동사편찬위원회, 『문화투쟁사』 (『독립투쟁사』 제8권, 앞의 책, 580-581쪽.)
52) 손정도, 「한국 기독교 대표들이 중국 기독교계에 고하는 글 - 1919년 4월」 (정동제일교회 역사편찬위원회, 『제1회 아펜젤러 학술강좌: "정동제일교회와 애국독립운동" 논문집』, 1999, 대한기독교서회, 부록 「손정도문건」 참조)

이 아니라 그러한 행위는 반인륜적 행위로 이는 전 세계인에 대한 위협이 될 뿐만이 아니라 앞으로 일본 자신에게 불행을 가져올 것이라는 점에 대한 경고 메시지이기도 했다. 이러한 그의 생각은 항상 국제적 감각과 시대적 흐름의 대세를 꿰뚫어 보는 가운데서 발로된 것으로 범국제적 사상으로 연계되었기 때문에 그의 호소를 듣는 사람들은 언제나 공감하고 지원과 협조를 아끼지 않았던 것이다. 이처럼 몸이 아픈 와중에서도 해석은 임시정부 내부의 일은 물론 외부단체와도 연계하며 임시정부에 대한 지원을 이끌어 내고, 대외적인 홍보를 하며, 국내외 한인들의 일상생활과 교육 등에까지 관심을 두지 않을 수 없었던 성직자로서의 사명을 다하는 삶의 길을 걸어갔던 것이다.

V. 마치는 말−상하이(上海)를 떠나 지린(吉林)으로

이러한 해석의 마음과는 달리 대한민국임시정부는 처음 조직되는 순간부터 지역별 향토색을 띤 파벌투쟁이 심각했고, 이합집산하면서 나타나는 대립과 경쟁은 1921년 이후에는 더 이상 대립의 차원이 아니라 적을 대하 듯 하는 상황으로까지 악화되어 갔다.[53] 이처럼 파벌 간의 대립이 혈전으로까지 이어지는 상황에서 해석은 나름대로의 해결방법을 찾으려 노력하였다. 그러한 결과 파벌 간 대립을 일시적인 제휴로까지는 끌고 갔으나 건강이 너무나 안 좋았던 해석이 더 이상

---

53) 「1921년 5월 20일자 자로 조선총독부 경무국장이 외무차관에게 통보한 요지」 『일본외무성육해군성문서』 제2집, 앞의 책, 338쪽.

의 결과를 위해 활동하는 것은 너무나 무리였다. 이들의 대립을 보면서 해석이 가장 마음 아파했던 것은 민족이 위급한 시기에 처해 있는데도 서로의 이해관계만을 다투고 있는 문제였다. 이러한 내막을 잘 알고 있던 해석은 언제나 일선으로 나가지 않고 뒤에서 지원하는 일을 하면서 이들의 갈등을 봉합하고자 노력하는 것이 자신의 본분이라고 생각했다. 그렇게 처신한 것은 목회자로서의 마음가짐이기도 했지만, 무엇보다도 독립운동을 성공시켜야 한다는 뚜렷한 신념을 가지고 있었기 때문이었다. 그러나 이러한 자신의 행동조차도 동조해주는 사람들이 점점 없어지고, 급기야 자금유용설의 주인공이 되어 조사를 받게 되는 모욕적인 일이 일어나자,[54] 해석의 마음은 임시정부를 떠나 예전서부터 생각해왔던 동북지역에 민족의 대동단결과 독립운동근거지를 만드는 일로 점점 향하게 되었다. 자금유용설에 대한 조사가 도산에 의해 직접 이루어졌고 그 결과 "손 의장은 아무 잘못이 없다."는 마치는말을 내린데다가 자금을 보낸 사람도 "손 의장을 믿고 보낸 것이므로 그 분의 뜻에 따라 독립운동을 위해 사용된 데에 이의가 없다"고 하면서 임시정부의 태도에 오히려 항의하는 모습을 보이자,[55] 임시정부 내부의 혼란을 부추길까봐 해석은 결국 상해를 떠나기로 결정하게 되었다. 해석이 선택한 길림지역은 북만 전도사로 파견되기 위해 중국어를 배우고자 베이징으로 갔던 1910년 이전부터 생각하고 있던 지역이었다. 해석은 여기에서 독립운동근거지로서의 농

---

54) 손원일, 「나의 이력서」, 『한국일보』, 1976년 10월 14일자.
55) 「주요한의 증언」, 위의 신문.

민합작사를 설립하겠다는 원대한 계획[56]을 실천하고자 했던 것이다. 상해를 떠나 길림을 향하는 그의 마음에는 희비가 엇갈리고 있었다. 하나는 파벌투쟁으로 얼룩진 임시정부의 미래에 대한 불안감 때문에 오는 슬픔이었고, 다른 하나는 드넓은 만주 땅에서 자신의 뜻을 펼치게 되었다는 희열이었다. 거기에다 떨어져 살던 가족들과 함께 살게 되었다는 것도 해석의 마음을 오랜만에 평온케 했던 것이다.

---

56) 1910년 12월 25일 및 1912년 1월 22일 해석이 도산에게 보낸 편지에서 그들이 이미 이전부터 독립운동근거지 마련을 위해 의기투합해 있었음을 알 수 있다.

제11장

석정 윤세주(尹世冑) 열사의 항일투쟁과 순국
- 항일투쟁 노선과 실천을 중심으로 -

- 김승일

제11장
석정 윤세주(尹世胄) 열사의 항일투쟁과 순국
- 항일투쟁 노선과 실천을 중심으로 -

- 김승일

I. 머리말

약산 김원봉의 뜻을 가장 잘 반영하던 윤세주(이하 그의 호인 '석정
[石正]'으로 호칭함) 열사가 전사하자 조선의용대는 화북의용대 팔로
군과 밀접한 관계를 맺게 되는 방향으로 흘러갔다. 이는 당시 팔로군
(八路軍) 입장에서 볼 때, 조선의용대의 존재가 상당히 중요한 의미를
가지고 있었지만, 독자적인 노선을 추구하던 석정 때문에 자신들 뜻
대로 하지를 못하고 있던 것을 석정이 전사하자 조선의용대를 보호한
다는 명분으로 태항산 깊은 곳으로 이동시킬 수 있었음을 의미하는
일이었다. 그리고 이 일을 계기로 해서 1942년 7월 조선의용대 화북
지대는 조선의용군(朝鮮義勇軍)으로 개편되었으며, 동시에 화북조선청
년연합회(華北朝鮮靑年聯合會)도 화북조선독립동맹(華北朝鮮獨立同盟)으
로 개편되게 되었던 것이다.[1] 이는 다시 말해서 석정의 전사로 말미
암아 조선의용대가 중국공산당 산하로 흡수되어 갔음을 의미하는 것
이고, 그로 인해 조선의용대 화북지대와 약산과의 관계도 소원해 지

---

1) 『解放日報』1942年8月29日.

게 되어, 지난 세월동안 조선의용대가 역사학계로부터 제대로 평가를 받지 못하는 빌미가 되었던 것이다. 이런 점에서 보더라도 석정이라 는 한 위대한 독립운동가의 존재성은 독립운동사의 한 분기점을 가 를만한 중요한 인물이었음을 알 수 있다. 이러한 인물의 진정한 면모 를 이해하기 위해서는 그의 성장과정이나 독립운동의 길로 들어서는 행보와 활동 등에 대한 분석도 중요하지만, 본 논문에서는 독립운동 사에서 최대의 이론가 및 전략가로 평가되고 있는 그의 지략을 중심 으로 그의 진면목을 살펴보고자 한다. 그런 차원에서 석정의 항일투 쟁 노선의 기본정신은 어떤 것이었는지를 살펴보고, 그러한 그의 노 선이 얼마나 중요했고, 정확한 것이었나를 분석해 보며, 이러한 노선 이 역사상에서 어떻게 평가되어야 할 것인지를 논하고자 한다. 다시 말해서 자신의 노선을 지키고자 끝까지 항일투쟁을 전개하는 가운데 순국을 맞이해야 했던 진정한 독립투사로서의 진면목을 재조명해 보 고자 하는 것이다.

Ⅱ. 항일투쟁 노선의 특징

한 마디로 말해서 석정의 항일투쟁 노선은 매월 와세다대학(早稻田 大學) 학보(學報) 등을 구입해 공부하는 학문적 자세와 중국 중앙육 군군관학교 성자분교(星子分校)에서 배운 군사이론 및 학술연구, 또한 젊은 시절부터의 대일투쟁 경험이 바탕이 되어 그의 현실적이고 체계적인 노선이 정립되었다고 할 수 있을 것이다.[2] 그리고 이러한 노선이 바탕이 된 전략 전술은 이를 실행할 수 있는 인재들에 의해 뒷받침 되어야 효과적인 성과를 거둘 수 있었기에 그는 항상 인재 양성에 온 힘을 쏟았고, 더불어 자신이 몸담고 있는 단체의 조직화 및 내분요소를 사전에 방지하는 일에도 상당한 주의를 기울였던 것이다.[3] 이러한 석정의 항일투쟁 노선은 젊은 시절 3.1운동에서 느낀 비폭력적 운동에 대한 회의론에서 비롯됐다고 할 수 있다. 즉

> "무기 없는 항쟁으로 능히 강도와 같은 일본제국주의자들
> 을 우리 국토로부터 몰아낼 수 있을까? 독립만세 소리에
> 삼천리강산이 한 때나마 들썩이기는 했어도 과연 그것으로
> 주권을 회복할 수 있을까?"[4] 라고 하는 회의론에서 그러
> 한 면모를 읽을 수 있는 것이다.

이후 그는 무장투쟁의 효율적인 성과를 거두기 위한 방향으로 이론이 설정되어 갔다. 그리고 그의 이론의 궁극적인 대상은 당내 당원들에만 한하는 것이 아니라, 전민족의 총 단결을 이룩하고 그 전체적인 독립역량을 바탕으로 해서 조국의 해방을 이룩하자는 것이었다.[5]

이를 종합하면 그의 목표는 무장투쟁의 강화를 위해서 먼저 당내

2) 노경채, 「윤세주-실천적 '청년' 민족해방운동가」, 『내일을 여는 역사』 제5호, 2001, 215~222쪽
3) 金元鳳, 「석정 同志略史」, 『앞길』 제32기, 1943년 6월 15일(제2면), 朝鮮 앞길사(中國) 發行.
4) 金勝一, 『朝鮮義勇隊 석정 尹世冑 烈士』, 高句麗出版社, 2001. 56쪽.
5) 曺惠淑, 『윤세주의 민족통일전선 연구』, 고려대 사학과 석사학위논문, 1996 참조.

단결을 이룩하고, 이를 기반으로 전 독립단체의 통일과 전민족의 단결을 통해 일본제국주의에 대항하자는 것이었다. 그리고 이러한 일은 한민족의 해방만을 위한 것이 아니라 전 세계 피압박민족을 해방시켜 인류사회의 발전을 새로운 방향으로 추진시키는 일이라고도 생각하였던 것이다. 이처럼 한민족의 해방을 전 세계 피압박민족해방의 가장 전초적인 일로써 생각한 석정은, 무엇보다도 한민족의 단결을 가장 우선시했다. 이러한 단결을 추진하는데 필요한 이론적 설정을 위해 석정은 먼저 국제정세에 대한 분석과 향후 국제정세의 흐름에 대해 정확한 이해를 가지려 했고, 그리고 올바른 이론 정립의 방법으로서 먼저 과거의 잘못된 오류가 무엇인지를 분석하여 그 잘못이 어디에 있는가를 파악하고 반성하여 새로운 상황이 도래하더라도 그에 부합할 수 있는 대처능력을 키워야 한다고 생각했던 것이다. 따라서 그의 이론은 신비적이 아닌 한민족 내의 변화되어지는 과정을 명확히 파악하고, 인류사회 발전의 일반법칙을 척도로 하여 이를 검측(檢測)하면서 적절한 현실적 정치임무를 규명해 가는 식으로 정립되어 갔다. 그리고 이러한 이론에 입각해야 만이 혁명운동이 세계의 발전과정에서 역할을 해 나갈 수 있으며, 또 그 과정에서 자신이 해야 할 임무를 적절하게 그리고 충실히 실천해 갈 수 있다고 보았던 것이다. 이러한 이론을 실천하기 위한 직접적인 지표로서, 동시에 혁명의 성질과 이를 수행하기 위한 방법을 이해시키고 제시해 주기 위해, 그는 인류사회 발전과정의 현 단계와 이 단계에서 본 한민족의 특수적 지위에 대해 먼저 규정하였다. 즉 민족경제가 일제의 침략으로 인해 자생적으로 근대자본주의 단계에 들어가지는 못했으나, 그렇다고 일제에 의해 이식(移植)되어 진 자본주의가 한국이 가지고 있던 고유의 경제문제, 즉 빈부계층의 근본적 모순을 소멸시키지 못하고 있다고 보았던 것이다. 그렇기 때문에 이러한 전통적인 근본문제를 해결하기만 한다면 민족경제는 정상적으로 발전할 수 있고, 나아가 이식된 자본주의의 모순점을 동시에 해결해 나갈 수 있음으로 해서 한민족만이 아니라 전 세계 식민지 민족이 피식민지 민족에 대항하는 데로 적극적인 참여를 이끌어 갈 수 있다고 보았던 것이다.[6] 이러한 논리는 먼저 국내적 모순을 해결하고 나아가 국제적 연대를 통한 제국주의국가에 대한 대항이라는 구도인데, 이를 위해서는 먼저 선결되어야 할 문제로 국내적 모순 중 가장 첨예화 되어 있는 독립운동단체 간의 분열과 갈등을 봉합하여 일제에 효율적으로 대항할 수 있는 통일단체를 만들어야 한다는 점을 주장했던 것이다. 이를 위해 벌여야 할 통합운동을 위해 그는 조선민족의 실천적 정치임무로서 선행해야 할 의무에 대해 다음과 같이 말했다.

"세계적 신발전의 방향에 명예로운 추동력이 되기 위해서, 또 민족 내부의 죄악적 모순을 영원히 방지하기 위해, 민족경제의 모순을 제거하는 것을 전제로 하는 국가를 건설하지 않으면 안 된다. 이를 위해서는 어떤 방법을 실천해야 하는가? 조선을 해방시키기 위해 조선민족은 최대로 민족

---

6) 森川展昭,『尹世冑』,『朝鮮民族運動史研究』 8, 靑丘文庫, 1991, 참조.

적 역량을 주출(鑄出)해야 한다. 이를 위해서는 환경 여하를 막론하고, 지역적 차이를 막론하고 하나의 고리로써 조직되어야 한다. 그리고 일제와 대치하고 있는 모든 역량과 연계를 해야 한다. 이러한 총체적인 힘이 일제에 대처할 때 일제는 붕괴한다."[7]고 했다.

다시 말해서 진정한 민족주의 국가를 건설하기 위해서는 조선민족의 혁명역량이 경제평등의 구체적 설계를 위한 정치적 강령으로 훈련 통일되어 실천돼야 하고, 이를 구체적으로 실천하기 위해서는 관념적 자각에서만 머물러서는 안 되고 운동의 구체적 출발이 이루어지는 것으로부터 실천되어야 하는데, 결국 이러한 실천의 일환이 민족혁명당을 창립하는 근본적 계기가 되었던 것이다.[8] 그러나 석정의 안목은 통일단체를 만드는 데 있어서 가장 큰 걸림돌로써 사상적 차이를 무엇보다 심각하게 본 듯하였다. 그러한 그의 생각은 기존의 좌우익이 행하고 있는 활동을 비판하는 글에서 알 수 있다. 즉 "세계의 제 민족은 그 발전의 본질과 발전의 형태에서 각각 상이한 불균등의 현상을 갖고 있다. 완고한 사회주의자들과 보수적 민족주의자들도 이러한 불균등을 인정해서 서로 협조해야 한다"고 강조하였던

---

7) 尹世胄, 「우리 운동이 새 출발과 민족혁명당의 창립」, "이 글은 『민족혁명』 창간호(1936년 1월 20일 간행)에 실렸던 글로, 원문이 국문인지 중문인지는 분명하지 않으며, 여기서는 일본 정보기관이 압수하여 『사상정세시찰보고집(3)』 에 일본어로 번역 게재된 것을 다시 번역한 것이다.
8) 강만길, 「윤세주와 조선민족혁명당」 『순국선열 석정 윤세주 열사 탄신 100주년 기념 국제학술대회 논문집』 , 2001, 6, 참조.

것이다.[9] 이러한 그의 주장은 이들 양 계열을 설득하게 되어 마침내 자신의 의도대로 좌우 어느 쪽에도 치우치지 않는 진보적인 노선을 도출해 낼 수가 있었다. 그리하여 그는 이를 토대로 "전 민족적 혁명의 최고 지도체인 동시에 전 민족적 혁명의 선봉"이라는 구호에 걸 맞는 당을 건립하려고 하였다.[10] 그러나 실질적인 당과 당의 통합과정에서 또 다시 양 진영의 맞서는 국면이 나타나 완벽한 실현을 이루지는 못했으나, 석정의 이론 제시에 의한 통합단체의 결정체로서 조선민족혁명당이 탄생되었다는 점은 인정되어야 할 것이다. 석정의 기본적인 독립운동 노선을 설명해 본다면 다음과 같이 정리될 수 있을 것이다. 즉 최종단계에서 무력으로 일제를 궤멸시켜 민족의 해방을 이룩하고, 이러한 그의 노선을 실천하기 위해서는 먼저 뜻을 같이 하는 제 독립단체가 결합하여 핵심적 역할을 해야 하고, 이를 바탕으로 노선을 달리하는 단체까지도 뜻을 함께하도록 하여 전 국민적 역량을 키운 후에, 모든 제국주의에 반대하는 우방국들과 연계하는 가운데 일치하여 항전하는 분위기를 형성케 하자는 것이라고 하겠다. 이렇게 전 국민적 무장역량이 형성되어진 후에야 궁극적으로 일본제국주의를 타도할 수 있고, 이것이 바탕이 되어 모든 제국주의국가들을 타도하게 되어 모든 식민지국가들을 해방시킬 수 있을 것이라는 순차적인 투쟁이론이었던 것이다.

---

9) 金勝一, 앞의 책, 98쪽.
10) 강만길, 앞의 논문, 참조.

Ⅲ. 항일투쟁 노선에 대한 역사적 평가

이러한 이론의 실천과 가능성을 가져다 줄 수 있는 현실 지역으로 석정은 중국의 동북지방을 눈여겨보았던 것 같았다. 1940년 겨울, 조선의용대 제3지대가 명령에 의해 북상을 하게 되었을 때, 석정은 지대 지도위원 겸 민족혁명당 중앙위원 대표 자격으로 중책을 맡으며 이 지대를 이끌고 북상하였다. 열사는 충칭(重慶)을 떠나면서 "금년에는 화뻬이근거지(華北根據地)를 건설하고, 명년에는 동북 3성에 근거지를 건설하겠다. 그리고 내명년에는 조국에 진입할 것이다"라고 서약하면서 북상의 길에 올랐다.[11] 그렇다면 석정은 왜 동북지역을 독립운동의 중심지역으로써 목표하고 있었는지, 이러한 그의 관점이 정확한 것이었는지 아니었는지 등에 대한 시각을 분석해 볼 필요가 있다고 생각한다. 일반적으로 우리들의 인식 속에는 당시 중국의 동북지역이 개발이 덜 되었던 곳, 살기 어려운 곳, 멀리 떨어져 있어 독립투쟁을 하기에는 너무 외졌던 곳, 만주국을 세운 일제의 기세가 살기등등했던 곳이라 독립운동가들이 모두 떠났던 곳 등으로 각인되어 있다. 곧 같은 중국 땅이면서도 그 중요성에 대해서 눈여겨보지 않은 채 대수롭지 않은 지역으로 인식했던 것이 일반적인 인식이라고 하겠다. 그러나 이러한 인식은 중국현대사에 있어서 그 역사적 변화의 열쇠가 바로 이 지역에 있었다는 점을 본다면, 석정의 시각이 정확했었음을 간접적으로 이해할 수 있을 것이다. 그것은 1861년 잉커우항(營

---

11) 金勝一, 앞의 책, 103쪽

口港)의 개항에서 비롯된다. 이 지역의 경제적 여건을 충분히 감안한 제국주의자들의 야욕에서 개항이 되었고, 이후 이 지역은 열강들의 각축장이 되면서 개발이 시작되었다. 그 클라이맥스가 일본에 의한 만주국의 건립이다.[12] 중국공산당은 1938년까지 동북항일연군 3만여 명을 조직하여 일본군과 만주국에 대치하면서, 유격전을 실시하여 상당한 효과를 보고 있었다.[13] 그러다가 전쟁 승리 후 국공 양당은 다시 패권다툼을 전개하기 시작했다. 1946년 1월 공산당과 국민당은 총칭회담의 쌍십협정(雙十協定, 1945년 10월 10일)에서 합의된 대로 정치협상회의(政治協商會議)를 시작하여 휴전문제, 즉 내전의 중단문제와 새로운 정부, 즉 민주련합정부 수립을 중심으로 한 논의를 시작하였다.[14] 이는 바로 중국의 동북지역이 국민당의 영향 하로 들어갈 것인지, 아니면 공산당의 영향 하로 들어갈 것인지 하는 동북지역 운명의 기로에 서게 하였다. 당시 국민당은 발 빠르게 충칭(重慶)의 동뻬이(東北) 출신 중앙위원들을 동북지역에 보내 그곳에 해방구를 설립하려고 시도했지만, 공산당은 이미 8로군 계통의 동북인민자치군 27만을 포진시키고 있었던 데다, 1946년 1월에는 이를 동북민주연군으로 개편하여 린뱌오(林彪)를 총사령원(總司令員)으로 하고, 펑쩐(彭眞)을 정치위원(政治委員)으로 임명해 놓고 있었다. 그 외에도 막강한 공산당

---

12) 西村成雄,「滿洲地域とは何か」,『別冊歷史讀本』75號, 1988년 10월 참조.
13) 抗日聯軍의 숫자에 대해서는 中共中央黨史硏究室『中國共産黨歷史大事記(1919年 5月 - 1987年 12月)』人民出版社, 1989, 90쪽 참조.
14) 이 시기의 정치협상회의를 둘러싼 국제적 국내적 정치동향에 대해서는 西村成雄의『中國ナショナリズムと民主主義』, 硏文出版, 1991년, 제4장을 참조.

지도자들을 이곳으로 급파하여 공산당은 동뻬이해방구의 수립체제를 자기들의 것으로 취하는데 성공했다.[15] 이렇게 이 지역을 선점하면서 만주국시대에 축적된 경제적 기반을 해방구 정권하에서 토지정책과 광공업 생산을 기반으로 하는 전후 부흥정책을 기반으로 하여 재편성함으로서 현실화 한 것이라고 볼 수 있다. 즉 만주국의 멸망과 함께 근대적 생산설비가 가동되지 않아 엄청난 타격을 동북경제권에 주었던 것을, 토지개혁과 광공업부분에서의 계획경제 방식에 의해 생산력의 회복을 성공시킴으로서, 이후 국공내전에서 턱없이 부족했던 병참문제 등 경제문제를 해결해 낼 수 있었던 것이다. 즉 당시 동북부의 군사지휘관인 린뱌오는 제4야전군(野戰軍)을 지휘하면서 일부는 하이난도(海南道)까지 진군하였는데 그 군대의 병참부문을 담당했던 것이 동북해방구였다. 즉 무기, 탄약, 식량으로부터 모든 병참을 보급하였던 것이다. 이처럼 동북해방구가 군사력을 경제적으로 지원할 수 있었기에 소련과 미국으로부터 엄청난 지원을 받아 공산당보다 훨씬 유리한 경제적 조건을 지니고 있던 국민당에 대해 대처할 수 있는 능력을 갖출 수 있었음을 의미하는 것이었다. 다시 말해서 동북해방구의 정치적, 군사적, 경제적 역할이 신 중국을 건설하는데 매우 중요한 작용을 하는 근거지로서의 역할을 수행했다고 할 수 있는 것이

---

15) 範征明,「解放戰爭時期中共中央派到東北的委員和候補委員」『東北地方史研究』1990年 第2期(總 第23期), 95-95쪽에는 77인의 중앙위원(후보를 포함해서) 가운데 23명이 동북에 파견되었다고 했고, 그 인명을 열거해 놓고 있다.

다.[16] 이러한 사실들은 비록 한국의 독립운동과 직접적 관계는 없었다 할지라도, 얼마든지 이 지역을 독립운동의 근거지로서, 또 독립운동의 중심지로서 만들 수 있는 충분한 객관적 조건이 될 수 있었음을 의미해 주는 것이기도 하다.[17] 따라서 석정이 왜 처음부터 이 지역을 독립운동의 근거지로 선택했었는지에 대한 근거를 제공해 주는 동시에, 상해지역에서의 외교노선 보다 이 지역에서의 무장투쟁에 의한 독립운동이 보다 직접적이고 효과적이지 않았겠는가 하는 독립운동사의 역사적 전개과정에 대한 재평가도 할 수 있는 근거가 될 수 있는 것이다. 석정은 일찍부터 동북지역에서의 경험과 또한 국제정세의 동향, 그리고 중국 국공 양당 간의 움직임 등을 늘 분석하며 시대적 변화에 대처하는 시각을 가지고 있었기 때문에, 북상의 길에 오를 것을 결정하였던 것이다. 그리고 중국공산당의 간섭을 받지 않고, 또한 중국공산당의 보호를 받고 있던 한인 공산계열과도 거리를 두면서 그들의 휘하에 들어가지 않으려 했던 것도, 바로 이러한 동북지역의 우세한 조건을 충분히 인식하고 우리의 독립역량만으로 국내 진입작전을 진행하려는 포부가 있었기 때문이 아닌가 생각된다. 이처럼 석정은 타고난 지혜와 충분한 경험, 그리고 철저한 학습을 통한 전략 전술을 바탕으로 중국동북지방에서의 독립운동의 필요성을 일찌감치 느끼고 있었고, 또한 이를 구체적으로 실현하고자 조선의용대의

---

16) 동북해방구가 담당했던 구체적 역할에 대해서는 常城, 李鴻文, 朱建華, 『現代東北史』, 黑龍江省敎育出版社, 1986, 616-618쪽을 참조.
17) 金勝一, 「在韓國獨立運動史, 中國東北的再發見」, 『光復50周年紀念國際學術大會論文集』, 上海, 復旦大學 韓國硏究中心, 1995年 4月.

창설, 인재의 양성, 독립단체 간의 갈등 해소 및 이를 통한 통일운동 등을 위해 노력했었다는 점에서 그의 노선의 정확성을 엿볼 수 있다.

Ⅳ. 순국으로 승화된 그의 항일투쟁 노선

석정의 이러한 항일 노선은 바로 그의 성격과 인품에서 비롯되었음을 알 수 있다. 그러한 그의 성격과 인품을 잘 표현해 주는 것으로 김학철이 그의 자서전에서 회고한 말에서 엿볼 수 있다.

> "당시 석정 선생님은 30대 후반의 장년으로서 홀쭉한 얼굴, 호리호리한 몸집에 목소리까지도 잔잔해 도무지 용사 같아 보이지를 않았다. 사이토 마코토(齊藤實) 총독을 살해하려고 폭탄을 가지고 국내에 잠입했다가 발각돼 7년 동안 징역을 살고 나온 열혈한으로 도저히 보이지를 않았다. 나는 석정 선생님의 가르침을 받고 또 지도를 받는 몇 해 동안 그분이 역정 내는 걸 한 번도 못 봤다. 그분은 언제나 순순히 타이르는 식으로 우리를 설복하셨다…그러니 나 이 독립운동의 초년병이 그 분을 숭배하게 된 것은 당연한 일이 아니겠는가!"[18]

이처럼 석정의 성품은 아주 내성적이면서도 강인하였으며, 겸손하

---

18) 金學鐵: 『抗戰別曲』, 흑룡강, 조선민족출판사, 1984.

였다. 그러나 전 생애를 통해 나타난 그의 행동은 남에게 굽히지 않는 강한 불요불굴의 정신을 가지고 있어 불의와는 전혀 타협하지 않는 강인한 성격의 소유자였다. 이러한 성격이 그의 행동노선을 결정 짓는 밑바탕이 됐다. 이러한 그의 행동노선은 어린 시절에도 잘 나타났지만, 뚜렷한 행동노선의 특징이 나타나는 것은 그가 감옥에서 나와 다시 중국으로 망명할 때부터였다. 그가 다시 의열단 동지들과 재회했을 때 한 첫 일성이 "지난 과거에는 열정과 용기만을 갖고 독립을 위해 싸웠지만, 이제부터는 나의 혁명적 인생관·세계관 등 과학적 혁명이론으로 재무장하여 실천함으로서 정확한 혁명운동을 할 것이다"라는 것이었다.[19] 향후 그의 독립운동 방향은 이러한 자신의 뜻을 관철시키는 방향으로 일관되게 나아갔다. 그는 이러한 목적을 달성하기 위해 당시 공산당 토벌에만 관심을 집중시키던 국민당의 허점을 파악하여, 한중합작으로써 일제에 대항해야 한다는 건의서를 국민당측에 제출하게 되었고, 이를 타당하게 여긴 국민당측은 한국인 청년들에게 교육과 군사훈련을 시키도록 동의하여 조선민족혁명간부학교를 개설하게 되었다.[20] 그리고 그가 더 중요시했던 일은 독립단체간의 대립을 조율하여 통합시키는 일이었다. 그 결과 석정은 1932년 11월 10일 한국대일전선통일동맹을 결성하였다.[21] 이 단체는 "일체의 반일혁명세력의 단결과 통일"을 바탕으로 "직접적 군사행동"을 전개

---

19) 내일을 여는 역사,『나를 깨워라』, 서해역사책방, 2004, 223쪽.

20) 김호웅,『김학철 평전』, 실천문학사, 2007, 79쪽.

21) 華强,「한국독립운동시기 애국단체 고찰」, (상해 대한민국임시정부 옛청사 관리처 편, 김승일 역,『중국항일전쟁과 한국독립운동』, 시대의창, 2005) 146쪽.

하기 위해 조직된 초보적인 민족협동전선으로, 민족단일당으로서 결속된 역량을 가지고 일제에 대항해야 보다 효과적인 독립투쟁을 할 수 있다는 석정의 생각이 관철되어 조직된 단체로, 그 최종적인 결과로 나타난 것이 1935년 7월 5일에 탄생한 민족혁명당이었다.[22] 그러다가 1937년 중일전쟁이 일어나자 석정은 이 전쟁을 한국의 민족해방전쟁으로 발전시켜야 한다는 생각에, 청년당원 10여 명을 이끌고 상해로 가 중국의 민중과 한국의 민족해방운동 세력 간에 공동행동을 이끌어내고자 활동하기도 했다.[23] 그리고 1938년 2월부터는 장시성(江西省) 싱즈현(星子縣)에 있는 중앙육군군관학교 성자분교의 한국학생 독립중대에서 교관으로 임명되어 교육에 전념했다.[24] 그러던 중 성자분교에서 교육을 받기 시작한 한국 청년들이 중국 관내에서만의 활동은 잘못된 것이라는 반성과 동시에 한국인들이 많이 거주하고 있는 중국 동북지방으로 진출하여 그들과 직접 연계하여 투쟁해야 한다며 독자적으로 북상 항일 할 것을 결의하는 일이 벌어졌다. 그러나 이러한 문제는 모든 경비와 교육 등을 중국국민당으로부터 지원받고 있는 민족혁명당 형편에서는 현실적으로 이행되어서는 안 될 일이었다. 이에 민족혁명당의 실질적 영수였던 약산과 경험 많은 석정은 민족혁명당의 전력약화를 걱정하고 이들을 다시 포용하기 위한 방안으로 무장 대오를 당내에 건립하기로 했다. 그리하여 1938년 7월 7일 약

---

22) 강만길,『조선민족혁명당과 통일전선』, 역사비평사, 2003 참조.
23) 위의 책, 156쪽.
24) 김삼웅,『약산 김원봉 평전』, 시대의창, 2008 참조.

산은 조선의용대 건설 계획안을 중국 측에 제출하였고, 결과적으로
그들의 협조를 받아내어 북상하려는 일부 당원의 불만을 해소시키면
서 민족혁명당의 분열을 막을 수가 있었다.[25] 이러는 가운데 중일 양
국 간에 우한(武漢)대전이 일어나 중국 측이 패하자 국공 양당 간의
대일 전략이 달라지면서 내전으로까지 확대되려 하자, 조선의용대도
영향을 받아 20만 명의 교포가 거주하고 있는 화뻬이지대(華北地帶)로
이동하여 일본군 후방지역을 교란시키자는 계열과 국민당의 지원과
우파 독립단체와의 경쟁을 의식한 관망파 계열로 갈라지게 되었다.[26]
그러는 와중에서 조선의용대를 지원 하던 중국군사위원회의 냉소적
인 태도 변화, 임시정부 계열의 청년전지공작대가 화북으로 진출하여
타이항산(太行山)지구의 공작활동에 착수하니 적지공작의 주도권을
빼앗겼다는 불안감이 팽배한데다, 우파계열에서 광복군을 창설하니
조선의용대는 새로운 전략을 모색하지 않으면 안 되게 되었다. 그러
한 전략이란 다름 아닌 북상하는 일 뿐이었다.[27] 이 무렵 석정은 조
선의용대 제 1·3 혼성지대(混成支隊)의 정치위원으로 활동하고 있었는
데, 그는 제1선인 화뻬이전선에서 이미 활동하고 있는 제2지대 대원
들이 부럽기도 했으나, 오랜 친구이며 동지인 약산과 결별하고 중국
공산당 지구로 들어가 활동하는 것은 부담스런 일이었다. 그러나 석
정은 당시의 국제정세와 중국내의 정세를 정확히 판단하고는 북상하

---

25) 李貞浩,「朝鮮義勇隊之成立由來」,『朝鮮義勇隊通迅』, 第40期.

26) 葛赤峰,「朝鮮革命記」『傳記文學』, 第28卷 第5期, 58쪽.

27) 華强, 施洋,「한국독립운동과 국공 양당과의 관계에 대한 약론」,『중국항일전쟁과 한국독립운
동』, 앞의 책, 44쪽,

는 길이 엄청난 고행이라는 사실을 알면서도 북상하는 쪽으로 결론 내렸다. 그 배경에는 화뻬이지방에서의 공작활동이 성공적으로 이루어져 만주지방과도 연락이 취해지게 되면 총칭(重慶)에 남아 있던 본부임원들도 화북으로 이동한다는 김원봉과의 합의가 있었기 때문이었다.[28] 조선의용대는 북상 이후 나름대로의 활동을 전개할 생각으로 중국공산당 산하기관으로 들어가지 않으려 했고, 한인공산당 계열의 단체와도 관계를 갖지 않은 채 독자적인 활동을 펴려고 중경에 본부를 두고 있던 조선의용대 화북지대로 편성했으나, 당시의 상황은 오히려 정반대의 방향으로 나아가게 되었다. 결국 조선의용대 화뻬이지대는 화뻬이조선청년연합회와 연합하여 화뻬이조선청년연합회 진지위변구지회(晉冀豫邊區支會)를 결성하게 되었다.

1941년 8월 조선의용대 화뻬이지대는 화뻬이조선청년혁명학교로 확대되어 석정은 교사로 재직하면서 풍부한 경험을 바탕으로 간부 양성에 힘썼다. 석정은 모든 대원들 뿐 아니라 중국군으로부터도 훌륭한 지휘자 혹은 교사로서 존경을 받으며 모든 이들의 신뢰 속에서 조국의 독립을 위해 온갖 노력을 다하였다.[29] 그러던 중 1942년 3월부터 일본군 20개 사단 40만 병력이 타이항산구 북부지역으로 진공해오며 소탕전을 벌이게 되었는데,[30] 이러한 소탕군에 대응하는 조선의용군의 힘은 너무나 미력했다. 그러나 이들의 포위망을 뚫고 의용

28) 趙東杰, 「조선의용군 유적지 太行·山沿岸을 찾아서」 『歷史批評』 季刊 18號, 1992, 389-402쪽.
29) 華强, 施洋, 앞의 논문, 49-50쪽.
30) 강만길, 『통일운동시대의 역사인식』, 서해문집, 2008, 287쪽.

대 대원과 그 가족들을 피신시켜야만 한다고 생각했던 석정은 결국 그들을 피신케 하고 장렬한 죽음을 맞이해야 했다.[31] 이상에서 살펴본 것처럼 석정의 노선은 자신과 가족들의 안위는 돌보지 않고 오로지 조국의 광복을 위해 무장투쟁에 임하였고, 또한 보다 나은 독립투쟁의 수행을 위해 인재 양성에 힘을 기울였으며, 경험과 지혜를 통한 전략 전술을 구축하여 자신이 속한 단체의 분열을 막고 효율적인 독립투쟁을 수행할 수 있도록 노력했다. 그리고 최후에는 대원들의 활로를 만들어 주기 위해 자신의 목숨을 불사하는 희생정신을 몸으로 실천했던 지행합일 식 투쟁노선이었다고 할 수 있다.

V. 마치는 말

본문에서는 석정이 독립운동을 하면서 그가 걸어갔던 투쟁노선과 이를 실천하고자 노력하면서 마침내는 순국으로써 자신의 투쟁노선을 승화시켰던 그의 실천적 행동을 살펴보았다. 그리고 그러한 노선이 결국은 역사적으로 정확했다는 사실을 그의 사후에 진행된 역사적 전개과정을 통해 알 수 있음도 검토해 보았다. 이를 통해 석정의 항일투쟁 노선은 두 가지로 종합할 수 있을 것이다. 하나는 항일투쟁을 진행해 오면서 "모든 항일투쟁단체의 단결에 의한 독립역량의 응집이 무엇보다 중요하다"는 것을 알게 되었고, 이를 위해서는 사상적 차이의 폭을 최대한 줄이는 것이 중요하다고 여겨 "세계의 제 민족은

---

31) 윤세주 열사의 순국 장면은 김승일의 『조선의용대 석정 윤세주 열사』, 앞의 책을 참조.

그 발전의 본질과 발전의 형태에서 각각 상이한 불균등의 현상을 갖고 있게 마련이므로 완고한 사회주의자들과 보수적 민족주의자들도 이러한 불균등을 인정하고 협조해야 한다."[32]는 점을 늘 마음속에 담고 있었기에, 이를 위해 양 계열을 설득시키는데 중점을 두었다는 점이다. 이를 토대로 그는 좌우 어느 쪽에도 치우치지 않는 진보적인 노선을 도출해 내고자 노력하였는데, 그 결과로서 자신이 원하는 데까지는 이루지 못했지만 "전 민족적 혁명의 최고 지도체인 동시에 전 민족적 혁명의 선봉"이라는 의미에 걸 맞는 단체인 조선민족혁명당을 설립하는데 중요한 역할을 했으며, 이 당 또한 설립된 지 얼마 후에 분열상황에 이르자 다시 그런 상황을 추스르며 조선민족전선연맹을 성립케 하는데 최선을 다 했던 것이다. 동시에 그 산하에 무장대오인 조선의용대를 성립시키는 일에 매진하여 독립투쟁의 최종단계에서 무력으로 일제를 궤멸시켜 민족의 해방을 이룩하고자 했다는 점이다. 다시 말해서 석정은 먼저 뜻을 같이 하는 제 독립단체가 결합하여 핵심적인 역할을 하고, 이를 바탕으로 노선을 달리하는 단체까지도 뜻을 함께하도록 하여 전 국민적 역량을 키운 후에, 모든 제국주의에 반대하는 우방국들과 연계하며 일치 항전하는 분위기를 형성케 함으로써 대망의 독립을 실현하자는 노선이었고 할 수 있다.

둘째는 중국 동북지역에 독립운동의 최종 근거지를 구축하여 자의적으로 독립을 성취하자는 것이었는데, 그것은 본문에서도 설명한 바와 같이 동북지역이 가지고 있던 사회적, 군사적, 경제적 이점을 최

---

32) 尹世胄,「우리 운동이 새 출발과 민족혁명당의 창립」, 앞의 책.

대한 활용하여 자력으로 조국의 해방을 이루겠다는 대망의 노선이었다는 점이다. 그러나 비록 그의 항일투쟁 노선이 일제의 대 소탕작전에 의해 순국함으로 말미암아 미완의 노선으로 끝나고 말았지만, 석정 열사의 투쟁 노선과 실천적 행동에 대한 연구가 여전히 미진하다는 점에서 독립운동사 연구자들의 분발이 촉구된다. 비록 관계 사료가 적다는 문제가 있기는 하지만, 중국 역사학계와의 교류를 더욱 활성화 하여 자료 발굴에 더욱 매진한다면 자료 문제는 어느 정도 해결될 수 있을 것으로 발표자는 그동안의 경험을 통해 확신하는 바이다.[33]

---

33) 필자는 2006년 한말 의병인 『夢鶴·李命夏·先烈』 (耕慧社) 연구를 위해 동북지방에 산재해 있는 의병활동지역을 답사하며 당해지역 중국연구자들의 도움으로 새로운 여러 자료를 찾을 수 있었고, 답사를 하면서 많은 영감을 얻을 수 있었다. 독립운동의 공백기라고 할 수 있는 1910년 대의 의병 관계 자료는 거의 없는 실정이나 답사하는 과정에서 뜻하지 않은 여러 자료들을 접한 경험이 있었다.

제12장
안중근 의사의 동북아전쟁 목적에 대한 재검토 필연성

– 사사가와 노리가츠

제12장
안중근 의사의 동북아전쟁 목적에 대한 재검토 필연성

– 사사가와 노리가츠

I. 재검토가 필요한 원인에 대한 변

한일 양국에서는 그동안 미래지향적인 상호 발전이라는 전제하에 양국의 관계 개선을 위한 각 분야에서의 연구가 많이 진행되어 왔는데, 특히 역사인식의 차를 봉합시키기 위한 분야에서의 시도가 많았다.[1] 그러나 이러한 시도와는 달리 양국 모두가 긍정하는 결과를 도출하는 데에는 여전히 요원하기만 한 실정이다. 이러한 문제를 해결하기 위한 한 가지 연구 주제로써 안중근 의사(이하 '안중근'으로 통일함)의 동북아 평화를 위한 전쟁의 성격을 규명하는 것은, 일본인의 동북아 평화에 대한 가치관의 본질이 무엇이고, 이러한 본질의 문제점이 어디에 있는지를 점검할 수 있는 아주 좋은 대상이라고 볼 수 있다. 이러한 방법을 시도해 보고자 하는 것은, 평화는 상대의 의견을 이해하는 것으로부터 시작된다고 생각하기 때문이다. 이를 위해 안중근과 관계있는 문헌 4가지를 참고했다. 즉 "① 제1회, 제6회, 제8

---

1) 예를 들면, 2002년 3월 5일 한일 양국 정부에서 발표한 '한일역사공동연구위원회'가 대표적이다.

회, 제10회의 심문조서에서 보여지는 일본과 한국의 관계에 관한 것. ② 안중근 자전의 후반(1904년 러일전쟁 이후)의 서술. ③ 뤼쉰(旅順) 고등법원장에 대한 진술. ④ 안중근의 「동양평화론」 등이다.[2] 지면 상의 한계로 논의해야만 할 문제점을 확산시키지 않도록 하기 위해, "안중근의 평화론에 관계되는 것"만을 분석하고자 한다.

Ⅱ. 재검토 변

첫째, 안중근은 자서전 중에서 1904년이 인생의 가장 큰 전환점이었다고 다음과 같이 말했다.

> "러일전쟁이 인천 항만에서 행하여지자 홍 신부는 '러시아가 승리하면 러시아가 한국의 주인이 될 것이고, 역으로 일본이 승리하면 일본은 한국을 관할하게 될 것이다'라고 말하면서 한국이 정말로 위험하다고 했다. 그래서 나 자신은 신문, 잡지 및 각국의 역사 등을 읽고 과거, 현재, 미래에 대한 전망을 예측해 보았다."
>
> "러일전쟁의 강화를 체결한 후에 이르러 이토 히로부미가 한국에 와서 정부를 위협하여 5개 조의 조약(1905년의 한국보호조약)을 체결하자, 한국의 전토, 2천만에 이르는 한국민의 마음도 소연해져서 마치 바늘방석 위에 앉아 있는

---

2) 市川編,『安重根自傳新譯』, 520-532쪽

것과 같은 상태가 되었다"

"만일 신속하게 손을 쓰지 않으면 그 화는 점점 더 크게 될 것이다. 속수무책으로 오로지 앉아서 죽음을 기다리는 것이 어찌 가능하겠는가?"[3]

그런데도 이 국가의 존립이 무너지고 있는 사태에 대해서 고관들은 아무 것도 하지 않고 있다. "국가는 소수 고관들의 국가가 아니라 당당히 2천만 민족의 국가"이다. 여기서 그는 "국민이 국민으로서의 의무를 행하지 않는다면 어떻게 해서 자유민권의 권리를 얻을 수 있겠다는 것인가?"라고 자문하였다. 그리고 "하나는 교육의 발전, 둘은 사회의 확장, 셋은 민중 의지의 담합, 넷은 실력의 양성"에 의해서 2천만 동포의 결의를 반석 위에 놓아야만 할 것이라고 하는 곽 신부의 충고를 따랐다. 그리하여 그는 북간도로 가서 의병에 참가했다. 그 후 의병 참모중장이 되어 일본군과 전투를 하면서 2천만인의 「민족국가」를 지키고자 했다. 그리고 1909년 이토를 살해하고자 하는 것으로 향하게 되었다. 이상의 내용을 통해 안중근의 이토 살해 동기는 명확하게 이해할 수 있을 것이다.

둘째, 안중근의 동기는 검찰관 미조부시 다카오(溝淵孝雄)의 심문에 의해서 점점 더 정연해 져 간다. 평화론과의 관계에서 사항을 설명하면 다음과 같다.

---

3) 안중근의사기념사업회, 『안중근과 동양평화론』, 2010. 채륜출판사.

(1) 이토를 「적시(敵視)」한 이유

검찰관이 이토를 적시한 이유를 묻는 곳에서 안중근은 이토를 단죄하는 15가지 항목을 열거하고, 그 중 제12항에서 러일전쟁의 전쟁선언에 있어서 동양평화의 유지와 한국의 독립보장을 말했으면서도 실제로는 그렇게 하지 않았다고 하였다. 이러한 뜻은 심문조서에서 여러 번 말해지고 있다.

> "이토 씨는 동양의 평화를 교란했습니다. 그 이유를 말씀
> 드리자면 곧 러일전쟁 당시부터 동양평화를 유지하는 것이
> 라고 말했고, 한국의 황제를 폐위하여 당초의 선언과는 전
> 혀 반대의 결과를 보이기에 이르자 한국민 2천만 모두가
> 분개하고 있습니다."

그리고 검찰관이 이토를 살해한 후의 한국의 장래는 어찌될 것인지 마음에 두고 있는 것이 있느냐고 질문하자 안중근은 일본도 한국도 그리고 동양 각국이 평화롭게 될 것이라고 대답했다.

(2) 동양평화와 자주독립론

동양평화가 안중근의 동기 중심에 있었다는 것은 명확하다. 그런 점에서 그의 동양평화라는 것은 무엇인가 하고 검찰관이 물었다.

문 : 그대는 동양평화라고 말하는데, 동양이라는 것은 어떤 곳을

말하는가?

답 : 아세아주를 말합니다.

문 : 아세아주에는 몇 개의 나라가 있는가?

답 : 지나(支那, 중국), 일본, 한국, 샴(태국), 미얀마 등이 있습니다.

문 : 그대가 말하는 동양평화라고 하는 것은 어떤 의미인가?

답 : 나는 모두가 자주독립을 행하는 것이 가능하게 되는 것이 평화라고 봅니다.

문 : 그렇다면 그중의 나라에서 한 나라라도 자주독립이 되지 않는다면 동양평화가 이루어졌다고 할 수 없다고 그렇게 생각하는가?

답 : 그렇습니다.[4]

여기서 동양평화는 아시아 각국이 모두 자주독립을 할 수 있게 되는 것을 말하고 있다. 그렇다면 각국이 대등하지 않으면 자주독립은 보장 되지 않는 것이고, 역으로 자주독립이 아니라면 대등하게 되는 것을 유지할 수 없다는 것이 된다. 그렇지만 검찰관은 "한국이 「독립자력」이 없는 거의 어린아이 수준의 나라이기 때문에 일본이 부모처럼 되어 한국을 문명으로 인도해서 훌륭한 독립국 즉 한 사람으로서의 인간이 되는 것을 그대는 알지 못하는 것은 아닌가?"라고 반복해서 강조하고 있다. 여기서 "약소국은 강국의 보호를 받아야만 한다는 것인가"라는 의문이 생기게 된다. 이 의문에 대해서 안중근이 한

---

4) 각주 3) 참조.

국에 관해 세 가지 점으로 정리하여 말한 것이 참고가 될 수 있다.

(1) 그 나라가 독립할 수 없다고 하는 것은 제한되어 있는 것이 아니다.
(2) 당사국이 독립을 결정해야만 하는 것이다. 바꿔서 말하면
(3) 강국은 보호를 강제로 하거나 간섭하거나 해서는 안 된다는 것이다.

그렇기 때문에 동양평화의 핵심 부분은 자주독립이 되는 셈이다. 여기서 눈길을 끄는 것은 다음과 같은 법원장에 대한 진술에서 그 의지가 명확하게 나타나 있다.

(3) 뤼쉰고등법원장에 대한 진술
「청취서/살인범 피고인 안중근」이라고 하는 문서[5]는 안중근이 1910년 2월 17일에 뤼쉰지방법원장에게 「상신(上申)」하고 싶은 것이 있다는 뜻을 말하고, 통역을 통해서 인견(引見)한 진술이다. 그러는 가운데 법원장의 요구에 응해서 안중근은 평화론을 말했다. 이것은 매우 독창적이고 일청한(日淸韓) 3국의 우호를 보호하는 구체적인 정책을 잘 나타내고 있다. 아래에 일부만을 소개하고자 한다.

① 뤼쉰을 개방하여 일·청·한 3국의 군항으로 한다. 3국의 대표가

---

5) 『伊藤公爵滿洲視察一件別冊』 제3호에 『청취서/살인범 피고인 안중근』이라고 하는 문서(필사, 『관동도독부법원』의 종괘지 26쪽)가 있다(『청취서』).

이곳에서 회합하여 평화회의를 조직한다.

② 일본은 뤼쉰을 청국에 환부하여 평화의 근거지로 한다. 각국은 일본의 영단에 경탄해서 일본을 신뢰하여 일·청·한은 영구히 평화와 행복을 얻게 될 것이다.

③ 뤼쉰에 조직한 동양평화회의 회원을 모집한다. 회원 1명으로부터 1円을 회비로 징수한다. 일·청·한의 인민 수억 명이 이에 가입하고 공동화폐를 주조한다.

④ 뤼쉰을 경비하기 위해 일본의 군함 5, 6척을 계류시킨다.

⑤ 열강들에 대응하기 위해서 일·청·한 3국에서 강건한 청년을 모집하여 군단(軍團)을 구성한다. 그 청년들에게는 각각 두 나라의 말을 배우게 한다. 어학의 진보에 따라 형제국이라고 하는 관념이 공고해 질 것이다.[6]

안중근의 이러한 평화정책 구상은 자주독립의 내용으로 되어 있다. 이렇게 해야만 동양평화의 기초가 만들어진다는 것이다. 그것은 군사력에 의해서 구성국의 억압을 도모하고자 하는 것이 아니었다.

(4) 「동양평화론」은 미완적인 것이기는 하지만 그 「서(序)」는 매우 중요하다. 안중근은 「서양세력의 동양으로 침투한 화(禍)」에 대해서 "동양인종이 일치단결해서 극력으로 이를 방어한다"는 것이 중요한 것이라고 말한 것처럼, 그 동양평화론에는 아시아인종의 의식이 반영되

---

6) 각주 3) 참조.

고 있다. 그리고 「백인보다 앞서는 인종이 되어야 한다는 일본에 대해서 동양의 수억 명의 황색인종 중에 뜻 있는 자나 비분강개하는 남아가 동양전체가 멸망하는 것을 좌시해서는 안 된다고 말하고, 「동양의 평화를 위한 의로운 전쟁을 하얼빈에서 시작했다」고 했다. 그런 점에서 그는 제국주의와의 싸움에 대응하는 큰 논의를 구축하고자 했다고 말할 수 있다. 심문조서가 검찰관이 이끄는 대로 답해야 하는 규정에 대해서 「동양평화론」은 그러한 제약을 받지 않은 솔직한 논술이다.[7] 그 때문에 「동양평화론」은 심문조서에 나타난 자주독립론과 새로운 평화정책을 말한 「청취서」의 실천론을 능가할 정도의 격정을 생각나게 한다. 더구나 심문조서의 자주독립론은 검찰관의 질문을 뛰어넘는 강인한 법 논리를 전개하고 있기 때문에 장래 동양평화를 실천해야 하는 골격을 제기하였다고 할 수 있다. 이렇게 본다면 자주독립론, 평화정책, 제국주의와의 전쟁 등 그 모든 것이 그의 평화론을 구성하고 있는 것이라고 생각할 수 있다. 안중근은 뤼쉰지방법원에서 통상적인 형사사건인 살인죄를 저질렀다는 이유로 사형에 처해졌다. 이것은 일본의 침략에 대한 저항을 떠오르게 하지 않는 정치적인 선택에 기초한 재판이었다. 그 때문에 "안중근에 대해서 검토할 것인가?" "일본의 통치권력의 정당성에 기초해서 검토할 것인가?"하는 문제 사이에는 근본적인 가치관의 대립이 있는 것이다. 그 때문에 오늘날까지도 그 정당성이 물어지고 있는 것이라고 할 수 있다.

이상에서 제시한 의견은 안중근의 전쟁 목적이 어디에 있었는지에

---

7) 佐木隆三, 「安重根과 伊藤博文- 客觀的인 安重根 紹介」, 『문예춘추』, 1992

대한 검토를 철저히 해야 한다는 데 목적을 두고 있다. 안중근이 살았던 시대에는 할 수 없었던 일이었기에, 당연히 오늘날에 재검토 되어야만 할 필수적인 사항임을 강조한다.

제4편

한국독립운동과 단체

제13장

의열단의 암살을 통한 투쟁과
그 정당성에 대한 변론

– 김승일, 사사가와 노리가츠

제13장
의열단의 암살을 통한 투쟁과
그 정당성에 대한 변론

- 김승일, 사사가와 노리가츠

I. 머리말

　요즘 한중일 삼국 사이에서는 중국 하얼빈 역사에 설립된 「안중근 의사 기념관」을 두고 「침략자 살해」 문제에 대해 서로 '테러'와 '영웅적 결단'으로 규정하면서 설왕설래하고 있음을 매스컴을 통해 알 수 있다. 모두가 자국의 이해관계에 따른 자의적 해석이라고 불난 집 불구경 하듯 하는 이들도 있지만, 이러한 인식에는 엄격한 차이가 있고, 그 잘잘못을 가려내어 상대방에게 반성을 촉구할 필요가 있는 것이다. 이러한 문제의식을 갖고 이번 의열단 관련 보고에서는 의열단이 독립운동의 한 방법으로서 채택한 '암살투쟁'의 정당성을 이론적으로 증명하기 위해 소위 '암살' 즉 「침략자 살해」가 고대 로마에서부터 현대에 이르기까지 어떤 식으로 그 인식이 바뀌어져 왔고, 또한 그에 대한 궁극적인 해석은 어떻게 결말 되어 지고 있는지를, 유럽에서의 인식 변화를 중심으로 분석해 보고자 하였다. 이러한 접근은 제국주의에 대한 저항으로 '암살'을 택할 수밖에 없었던 약소국의 입장에 대한 변이 될 수도 있고, 의열단의 투쟁 수단으로서 암살방법을 선택한데 대한 변이 될 수도 있는 것으로, 최근 일본정부의 반역사적 언동에 대해 반성을 촉구하는데 그 목적이 있다고 하겠다. 다시 말해서 이러한 주제에 대한 접근은 "의열단이 택한 암살방법의 역사적 의의"를 대변할 수도 있는 것이며, 안중근 의사의 이토 히로부미 처결, 윤봉길 의사와 이봉창 의사의 폭탄투척 의거 등을 평가하는 일본의 위산적 법리(法理) 주장의 모순과 법적 처리 과정에서 보이는 무책임(無答責) 등에 대한 논리적 모순을 비판하는 계기를 만들어 보고자 하는데 있는 것이다. 김학철이 그의 자서전에서 회고한 "당시 석정 윤세주 선생님은 30대 후반의 장년으로서 홀쭉한 얼굴, 호리호리한 몸집에 목소리까지도 잔잔해 도무지 용사 같아 보이지를 않았다. 사이토 마코토(齊藤實) 총독을 살해하려고 폭탄을 가지고 국내에 잠입했다가 발각돼 7년 동안 징역을 살고 나온 열혈한으로 도저히 보이지를 않았다. 나는 석정 선생님의 가르침을 받고 또 지도를 받는 몇 해 동안 그분이 역정 내는 걸 한 번도 못 봤다. 그분은 언제나 순순히 타이르는 식으로 우리를 설복하셨다. 그러니 나 이 독립운동의 초년병이 그 분을 숭배하게 된 것은 당연한 일이 아니겠는가!"라고 한 말처럼 독립운동사상 최고의 지성과 이성을 갖춘 독립운동가 중 한 명인 윤세주 열사 같은 분조차 「침략자 살해」에 앞장섰다고 하는 사실에서, 이 문제가 가지고 있는(암살의 정당성에 대해) 역사적 실체는 반드시 해명되어야만 할 것이다. 이를 위해서 필자는 20여 년간 함께 연구 활동을 해온 일본 메이지대학 사사가와 노리가츠(笹川紀勝)

---

1) 金學鐵: 『抗戰別曲』에서 인용.

명예교수의 연구결과와 그와의 대화를 통해 얻은 이 방면에 대한 미진한 지식을 바탕으로, 본 회의 주제에 맞게 재구성하여 본 주제에 접근해 보고자 하는 것이다.

Ⅱ. 의열단의 창립과 암살투쟁

1909년 8월 29일 일제는 "한일병합조약"을 체결하여 수 천 년을 이어온 문명국을 단숨에 집어삼키고 한국인을 노예화시켰다. 이는 곧 한국을 인간지옥 화 시켰을 뿐만이 아니라 일본의 대륙정책을 완성하려는 기초 쌓기이기도 했다. 그러자 배은망덕한 일제의 행태를 그냥 보고만 있을 한국인은 하나도 없었다. 항일을 위한 무장투쟁의 길로 나서는 한국인과 항일단체는 그야말로 부지기수로 나타나기 시작했다. 그러한 여러 단체들 가운데 독자적인 이론과 노선을 가지고 한국독립운동의 한 줄기를 이끌었던 단체가 있었으니 바로 조선민족전선연맹(朝鮮民族戰線聯盟)의 중심 단체였던 조선민족혁명당(朝鮮民族革命黨)이 그것이었고, 이 당을 구성했던 여러 단체들 중 끝까지 그 노선을 이끌어 가고자 중추적인 역할을 했던 단체가 의열단(義烈團)이었다. 의열단의 단장은 김약산(金若山; 金元鳳, 陳國斌, 崔林 으로도 불림)으로, 그는 1897년에 경상남도 밀양에서 태어난 시대적 기린아였다. 그는 일찍이 1913년에 서울의 중앙학교에 입학하여 다니면서 연무단(練武團)을 조직하여 항일독립운동에 뛰어들었고, 그 후 중국 텐진(天津)에 있는 더화학당(德化學堂)과 난징(南京)의 진링대학(金陵大學)

에서 공부하면서 계속해서 독립운동에 종사했다. 그는 독립운동의 일환으로 파리평화회의에 참가하는 일본대표 이시이(石井)를 암살했고, 한국대표의 파리평화회의 참가를 반대하는 등 국제연맹에 대해 항의를 표시하면서 한국의 항일독립운동에 대한 국제사회의 관심을 유도하려 했으나, 대한민국임시정부 대표 김규식(金奎植)과 중국대표 꾸웨이쥔(顧維鈞)의 권고에 의해 그 뜻을 접고, 대신 무력으로써 일제를 응징하겠다는 의도 하에 1919년 11월 9일 길림에서 의열단을 창설했던 것이다. 초기의 구성원은 김원봉(金元鳳), 양건호(梁健浩), 한봉근(韓鳳根), 김옥(金玉), 윤세주(尹世冑), 서상락(徐相洛), 권준(權俊), 신철휴(申喆休), 곽재기(郭在驥), 깅세우(姜世宇), 이성우(李成宇), 양동선(梁東宣) 등 13명에 지나지 않았지만, 제국주의와 봉건주의를 반대하는 사상이 명확했던 진보적 단체였다. 이러한 점은 초기의 강령에 잘 나타나 있다. 즉 "왜구를 추출(抽出)하고, 조국을 되찾으며, 계급을 없애고, 토지의 소유권을 균등하게 한다"는 것이었다. 이후 의열단은 강령을 두 차례에 걸쳐 수정하여 반제 반봉건적인 색채를 더욱 명확히 하여 그 내용을 상세하게 구분했다. 즉 의열단의 항일독립운동 수행과 일제의 식민지통치에 대한 투쟁목표를 제시했을 뿐만이 아니라, 독립 이후 새로운 국가권력 구조의 시정(施政)강령을 더욱 명확하고 상세하게 했던 것이다. 이러한 강령을 실천하기 위해 단체 성원으로서의 규율을 매우 엄격히 했고, 그러한 실천방법은 일제 침략자에 대한 '암살'이었다. 그러한 '암살'의 대상은 일곱 부류로 나누었는데,

즉 1. 조선총독을 비롯한 고급관리 2. 군부의 수뇌 3. 대만총독

4. 매국역적의 가족 5. 친일파의 우두머리 6. 간첩 7. 민족을 배반한 토호 등이었다. 이를 실천하기 위해 행동했던 의열단원의 주요 암살활동은 다음과 같았다. 1920년 5월 13일 곽재기(郭在驥), 시성휴(李成携)가 폭탄을 휴대하고 서울에 잠입해서 조선총독과 일제관리를 암살하려고 했지만, 8월에 계획이 누설되어 20여 명이 체포되었다. 같은 해 9월 13일 박재혁(朴載赫)이 부산경찰서장 하시모토 슈헤이(橋本秀平)를 폭사시킨 후 체포되어 감옥에서 사망했다.

같은 해 12월 27일 최경학(崔敬鶴)이 폭탄을 가지고 밀양경찰서에 잠입하여 일본 관리를 암살하려고 했지만 불행히도 체포되고 말았다.

1921년 9월 12일 김익상(金益相)이 폭탄을 가지고 조선총독부에 들어가 암살을 기도했지만 성공하지 못했다.

1922년 3월 28일 오성윤(吳成崙), 김익상(金益相), 이종암(李鍾岩) 등이 상해에서 일본의 육군대장 다나카 기이치(田中義一)를 저격했지만, 성공하지 못했다.

1923년 1월 12일 김상옥(金相玉)이 종로경찰서 등의 지역에서 암살을 기도했지만 뜻을 이루지 못했다.

같은 해 3월 김시현(金始顯), 황옥(黃鈺) 등이 국내에서 폭동을 일으킬 것을 계획했지만 비밀이 누설되어 체포되고 말았다.

1925년 3월 30일 이인홍(李仁洪) 등이 중국 북평(北平)에서 밀정 김달하(金達河)를 처치했다.

1926년 12월 나석주(羅錫疇)가 서울에서 동양척식회사 요원을 암살코자 했지만 실패하고 말았다. 의열단은 이후 동북지역에서 관내로 이동하여 본부를 상해 남쪽 교외인 난샹(南翔)에다 일시적으로 설치했고, 후에 상해의 조계로 이전하여 암살활동을 지속했다.

의열단의 항일독립 의지는 매우 확고했기에 그들의 항일활동은 상당히 격렬했고 감격적이기까지 했다. 이러한 이들의 활동은 한국인의 항일의지를 더욱 고무시키는 데 큰 감명을 주었기에, 그 영향력은 국내외적으로 매우 컸다. 따라서 일제의 이들에 대한 검거는 매우 철저했고, 소수 인원으로 일제의 수뇌부를 암살한다고 하는 방법은 지극히 위험한 일이었기에 그 성공률은 매우 낮았으며, 대원들의 희생 또한 매우 컸다. 비록 암살활동에 의한 독립활동만으로 조국의 독립을 성취할 수 없다는 것을 느끼고는 청년 간부를 양성한다는 쪽으로 그 투쟁방법을 변화시켜, 의열단 단원들은 그 후 조선민족혁명당과 조선의용대의 핵심 성원이 되어 정신적인 지주로서 성장하게 되지만, 초기 독립활동 과정에서 그들이 수단으로 채택했던 암살활동은 비록 당시의 상황에서 어쩔 수 없이 빼든 카드이기는 했지만, 이를 통해 보여주었던 의열단 단원들의 처절한 독립활동은 한국의 독립운동사 상에서 지울 수 없는 역사의 한 페이지를 장식하는 위대한 공적을 남겼던 것이다. 이러한 암살에 의한 독립투쟁 방법은 오늘날 아베 신조 수상이 이끄는 일본 우익정부의 도발을 차단하기 위한 방법의 일환으로, 금년 초에 중국 하얼빈역사에 세워진 「안중근 의사 기념관」을 대하는 한중일 삼국의 평가에 의해 다시 한 번 조명되고 있다.

다음 장에서는 독립투쟁의 한 방법이었던 '암살투쟁'에 대해 최근 정부차원의 논평을 비교해 보면서, 의열단을 비롯한 여러 독립운동가들이 벌인 암살에 의한 침략자들의 처형방법이 인류사적으로 어떻게 평가되었고 정당화 되었는가를 살펴보고자 한다.

Ⅲ. 의열투쟁의 일환으로 택했던 암살방법에 대한 변

i) '침략자 살해'에 대한 한중일 삼국의 인식 비교

그동안 독립운동의 일환으로써 행해졌던 암살(침략자들에 대한 처형) 투쟁과 관련하여 일본 정계 및 학자들 가운데는, 이를 '테러'라고 규정하거나 그러한 활동에 참여했던 독립운동가들을 '테러리스트'로 규정하는 경우가 간혹 있기는 했었으나, 지난 1월 19일 「안중근 의사 기념관」이 하얼빈 역사에 낙성 개관되면서 일본은 공식적으로 자신들의 제국주의적 본색을 드러내는 반응을 보이기 시작했다. 이러한 반응은 실질적으로 산적해 있는 일본 국내의 문제들, 예를 들면 방사능 오염의 심각성에 비추어 이를 제거 하는데 드는 비용과 시간이 지나면서 엄습해오는 부작용에 대한 두려움, 아베노믹스의 불투명성에 따른 경제적 불안감, 계속되는 국가재정의 적자문제 등을 해결할 수 있는 뾰족한 방법이 나타나고 있지 않은 상황에서 일본국민의 관심을 대외적 문제로 돌리고자 획책하고 있는 아베 정부의 우경화 정책과 그러한 꼼수에 동조하는 일부 일본인들의 너무나 치졸한 반응은 분노보다도 오히려 측은한 동정심을 느끼게까지 하고 있다. 이러한 상황 하에서 지난 1월 대대적인 개막행사와 함께 「안중근 의사 기념관」의 설립이 중국정부의 전폭적인 지원 하에 세상에 알려지게 되자, 일본정부는 외교적 결례 등은 아랑곳 하지도 않고 한중 양국을 마치 척결의 대상인양 망발을 쏟아내고 있음은 주지의 사실이다. 이러한 일본 정부의 태도를 직접적으로 엿볼 수 있는 몇 가지 예를 들어보면 다음과 같다. 2012년 아베 신조 내각의 출범과 동시에 관방장관에 임명된 스가 요시히데(菅義偉)는 아베 총리의 오른팔로, 아베 정권의 우경화 정책의 최전방에 서 있는 것으로 평가받고 있는 인물인데, 지난 1월 20일 기자회견에서 "안중근은 일본의 초대 총리(이토 히로부미)를 살해하여 사형 판결을 받은 테러리스트."라고 지칭하면서 중국 하얼빈 역에 설립된 「안중근 의사 기념관」에 대해 유감을 표한다고 말했다. 앞서 그는 지난해 11월 박근혜 대통령이 당시 방한 중인 양제츠(楊潔篪) 중국 외교담당 국무위원에게 "지난 6월 한중 정상회담에서 논의된 안중근 의사 표지석 설치가 원만하게 진행되고 있다."고 발언한 것에 대해 "안 의사는 일본에서는 범죄자."라며 불쾌감을 표시하면서 "이러한 움직임은 한일관계에 도움이 되지 않는다."며 "일본의 주장을 분명히 한국에 전달하겠다."고 날을 세우기도 했다.

그는 또 1월 29일에는 TV도쿄 프로그램에 출연, 「안중근 의사 기념관」건립의 견해를 묻는 질문에 다시 한 번 "일본 초대 총리인 이토 히로부미를 암살한 사람은 일본에서는 말하자면 범죄자"라며 "(안중근 기념관은)테러리스트 기념관"이라고 말했고, 또 박근혜 대통령과 시진핑(習近平) 중국 국가주석이 최근 헤이그에서 가진 한중 정상회담서 「안중근 의사 기념관」 건립을 평가한 것을 두고 "(한중 양국이)헤이그 핵안보정상회의의 취지에서 벗어난 회담을 했다"고 비난했다. 그는 이어서 이날 오전 정례회견에서 "일방적인 평가를 토대로 한중 양국이 연대해 국제적인 움직임을 전개하는 것은 지역의 평화와 협력관계 구축에 도움이 안 되는 것으로 지극히 유감스러운 일이다"라고 하면서 비판했다. 이에 대해 중국정부는 안중근 의사를 테러리스트라고 주장한 일본 정부를 반어법을 써가며 강하게 비판했다. 즉 친깡(秦剛) 외교부 대변인은 2014년 1월 22일 정례브리핑에서 "안중근은 역사적으로 저명한 항일 의사"라며 "일본 측 주장대로 안중근이 테러리스트라면 야스쿠니(靖國) 신사에 합사된 14명의 A급 전범들은 누구냐?"고 반문했다. 친 대변인은 또 "안중근 기념관이 테러리스트를 예찬하기 위한 것이라면, 일본 지도자들이 제2차 세계대전 A급 전범들이 합사된 야스쿠니 신사를 참배하는 것은 무엇이냐"고 비판했다. 또한 홍레이(洪磊) 중국 외교부 대변인은 "안중근은 저명한 항일의사이며 중국 인민들의 존경을 받고 있다"며 "중국이 국내 관련규정에 따라 기념관을 설립한 것은 지극히 정당한 일이며 일본의 '항의'를 받아들일 수 없다"고 말했다. 또한 "최근 일본 지도층의 도행역시(倒行逆施: 순리를 거슬러 행동하다)하는 발언은 아시아와 국제사회의 강도 높은 경계와 비난을 불러일으키고 있다"며 "일본은 역사를 바로 보고 반성해야 하며, 올바른 자세로 과오를 바로잡아 아시아 인근국가와 국제사회의 신뢰를 찾아야 한다"고 충고했다. 한편 중국 네티즌들은 웨이보(微博, 중국판 트위터)를 통해 "반일인사는 존중받을 가치가 있다"거나 "안중근은 진정한 의사다." 라는 반응을 쏟아내면서 "한국 정부가 일본을 테러국이라고 한 건 지극히 정상이다." "일본은 테러리스트의 뜻을 알기는 아는가?" "몇 만 명을 학살한 일본이 민족의 영웅을 테러리스트라고 하는 건 정말 창피한 일이다." "아베야말로 테러리스트다." "이토 히로부미를 죽인 안중근이 테러리스트라면 몇 십 만 명을 죽인 일본의 전범들이야말로 테러리스트가 아니고 무엇인가?" "조만간 윤봉길 기념관도 지어야겠다."는 등의 뜨거운 반응을 보였다. 당연히 한국 측 입장도 이전과는 달리 확고한 자세를 보였다. 한국 정부는 "아베 신조(安倍晋三) 일본 총리가 지난 14일 국회에서 역대 내각의 역사인식을 계승한다고 공언한 지 며칠 안 돼 측근인 자민당 총재 보좌관과 문부과학대신에 이어 이제는 관방장관까지 나서 이처럼 몰상식한 발언을 하는 것을 보면서 우리는 아베 내각의 역사인식이 과연 무엇인지 반문하지 않을 수 없다"고 지적했다. 또 "무라야마 담화는 '식민지 지배와 침략으로 많은 나라들, 특히 아시아제국의 여러분에게 다대한 손해와 고통을 줬다'고 분명히 밝히고 있다"며 "이토 히로부미야말로 그런 식민지 지배와 침략을 총괄한 원흉이라는 점에서 안 의사의 의거를 비하하는 것은 무라야마 담화를 부정하는 것"이라고 강조했다. 한국 외교부는 "이토 히로부미는 일본 제국주의 시대 때 대한제국에 을사늑약을 강요하고 무력을 동원해 한반도에 대한 일본의 침탈을 주도했으며, 한반도와 동북아의 평화를 짓밟는 등 이루 말로 다할 수 없는 고통과 해악을 끼친 원흉"이라며 강력하게 반발했다. 이러한 「안중근 의사 기념관」 설립을 두고 벌어진 한중일 삼국의 논쟁을 보면 각국의 암살에 대한 인식이 어떤 것인지를 곧바로 알 수 있을 것이다. 즉 침략을 가했던 일본은 침략의 원흉인 이토 히로부미를 자신들의 영웅으로 받들며 안중근 의사를 테러리스트라고 폄하하는 대신, 한국과 중국은 그를 척결한 안중근 의사를 영웅으로 칭송하고 있는 것이다. 이러한 논쟁의 진실은 평가할 여지조차 없는 명백한 것임은 주지의 사실이다. 그러나 자신들이 침략자라는 부당한 처지를 이해 못하는 일본인들을 다시 한 번 각성시킨다는 차원에서, 또한 의열단이 선택한 암살이라는 투쟁수단이 왜 정당한 방법이었는지를 증명해 본다는 차원에서, 암살에 대한 역사적인 인식변화의 흐름과 시대에 따른 개념의 변화를 살펴보고자 한다.

ii) 「침략자 살해」에 대한 인식변화의 역사적 검토

먼저 암살에 대한 인식변화를 살피기 전에 이와 관련된 단어에 대한 인식을 명확히 할 필요가 있기에 소개하고자 한다. 즉 독일어로 (Tyrann)은 일반적으로 폭군(暴君)/참주(僣主)²라고 번역되고 있는데, 영어로는 (tyrant), 프랑스어로는(tyran), 라틴어로는(tyrannus)이다. 또 전제정치(專制政治)라는 의미로서의 정치체제에 상당하는 단어로는 독일어로(Tyrannei)와(Tyranni)가 있고, 영어로는 (tyranny), 프랑스어로는(tyrannie), 라틴어로는(tyrannis)가 사용되어 왔다. 그리고 우리는 「전제(專制)」와 「전정(專政)」을 같은 의미로 쓰고 있는데, 이들 단어는 모두 중국어에서 유래한 것이다. 이에 대해 「독재정치」와 「독재」는 중국어에서 유래한 것은 아니지만, '전제정

---

2) 폭군 : 다른 사람을 힘이나 권력으로 억누르며 사납고 악한 짓을 일삼는 군주. 참주 : 고대 그리스의 폴리스에서 비합법적으로 독재권을 확립한 지배자로 외람되게 스스로 왕이라고 칭하는 자.

치'와 '전제'라는 의미로서도 사용되고 있는데, 그렇지만 원래 이 두 가지 단어의 의미는 다른 것이다.[3] 또 그리스와 로마의 정치체제와 관련해서 볼 때, 「제(制)」는 '제도', 「정(政)」은 '실제(實際)'라는 의미를 가지는 것이지만, 구미에서는 같은 의미로 쓰여 지고 있다는 점도 염두에 두었으면 한다.[4]

(1) tyrannis(전제정치)에 대한 정의와 그 후의 변화

① 아리스토텔레스의 『정치학』 제4권 제10장[5]에 보면(tyrannis)에 관한 내용이 나온다. 이 책을 번역한 사람은 이(tyrannis)를 「참주제 (僭主制)」라고 번역하고 있다. 아리스토텔레스는 이(tyrannis)의 뜻을 크게 두 가지로 나누고 있다. 즉 하나는 「법률에 의한 것」이고, 다른 하나는 「자기 자신의 이익을 목적으로 하는 것」이라고 했다. 좀 더 자세히 살펴보면, 「법률에 의한 것」이란 「스스로 자신의 의지에 따라서 홀로 지배하는 것이기 때문에 자신의 입장에서는 왕제적(王制的)인 것이고, 또한 전제적으로 지배하는 것으로서, 자신의 판단에 따라서 지배하는 것이기 때문에 다른 사람에게 있어서는 참주제적인 것」이라는 뜻이다. 다른 하나인 「자신의 이익을 목적으로 하는 것」이란 「가

---

3) 독재정치 : 한 사람의 통치자가 민주적인 절차를 부정하고 국가의 통치 권력을 독단적으로 행사하는 정치. 전제정치 : 국가의 권력이 특정한 지배자에게 집중되어 국민의 뜻이나 법률의 제약을 받지 않고 실시되는 정치.

4) 이 章의 논술은 笹川紀勝, 「國際協力主義と歷史の反省」, (笹川紀勝編著, 『憲法國際協助主義の展開-ヨ『ロッパの動向と日本の課題』, 東京, 敬文堂, 2012)을 토대로 해서 본고의 주제에 맞게 일부 문장을 재구성하여 기술한 것임..

5) 아리스토텔레스, 『政治学』, 山本光雄訳, 岩波文庫, 1967/1961年, 201-202쪽

장 완벽한 참주제」이고, 절대왕제(絶對王制)로 「전혀 책임이 물어지지 않고 지배당하는 자들의 이익이 아닌 자기 자신의 이익을 목적으로 지배하는 독재자」이며, 「그것은 지배당하는 자들의 의지에 반(反) 하는 것」이라는 뜻이다. 아리스토텔레스의 이 의견에 대해 후세에 다시 해석한 사람으로 프렌츠 노이만(1900-1954)[6]이 있다. 그는 아리스토텔레스가 '폭군'을 두 부류의 종류로 설정하였다고 하면서, 이에 대해 자신은 「찬탈자(簒奪者, tyrant absque titulo)와 법률을 파괴한 자지만 정당한 지배자(tyrant quoad exercitio)」로 본다고 했다. 이런 노이만의 견해에 대해 일본학자 유우키(結城)는 아리스토텔레스의 견해는 「권원(權原)이 없는 폭군과 권원을 갖고는 있지만 불법을 행하는 폭군」으로 나눈 것이라고 재해석하면서 「후세의 폭군론의 원형을 제공했다」고 평가하였다.[7]

② 법률에 의해 전제적으로 지배하는(tyrannis)와 자신의 이익을 위해 지배하는(tyrannis)의 구별은 그 후 중세에서는 토마스 아퀴나스에게 계승되었다. 그러나 크게 이론적인 변화를 보여준 것은 이탈리아의 로마법 학자인 바르톨루스(Bartolus de Sassoferrato, 1313/1314-1357)였다. 그의 사망 후에 발표된 논문인 "De tyranno" (1562)에서 그는(tyrannus)와 (tyrannis)를 법적으로 고찰했다.[8] 바

---

6) 프란츠·노이만(Franz Leopold Neumann), 『政治權力と人間の自由』, 内山他訳河出書房新社 1971年 212-213쪽.
7) 結城光太郎, 「抵抗權」, 『日本国憲法体系』 第8巻, 「基本的人権II」, 宮沢俊義先生還暦記念, 有斐閣, 1966/1965年, 87쪽.
8) Bartolus of Sassoferrato, Traktatus de tyrannia, in: Emerton, Ephraim, Humanism and Tyranny, Studies in the Italian Trecento, Harvard University Press, 1925(=Emerton), pp. 126.

르톨루스는(tyrannis)를 「더 이상 왕정의 타락형태로서만 보지 말고, 특정의 형태로부터 독립된 나쁜 통치형태로서 파악해야 한다」[9]고 보았다. 이러한 그의 영향은 현대에 이르고 있다. 또한 바르톨루스는 라틴어(tyrannus 「폭군/참주」)의 의미를 후대에 이르러 「잔혹하고 사악한 지배를 인민들에게 펼친 왕 중에서도 가장 흉악한 자」라고 정의했다.[10] 그러면서 그는(tyrannus)를 「법에 의하지 않는(non jure)」 지배를 하는 자라고 정의했다. 그리고 여기에는 두 종류가 있는데, 즉 「행위에 의한(tyrannus: a tyrant by reason of his conduct)」와 「호칭을 갖지 않는(tyrannus: a tyrant by defect of title)」라고 했다.[11] 바르톨루스의 이러한 해석에 대해서 사사키 다케시(佐木毅)는 전자에 대해「집행 부문에 기초한」참주라고 했고, 후자에 대해서는 「권원이 결여된 바에 기초한」참주라고 했다.[12] 그리고 후자에 대해서는 첨부하기를 「정당한 권원(iustus titulus) 없이 명시적

9) 佐木有司, 「バルトルスの政治思想(3) 普遍的帝国と《civitas sibi princeps》」 国家学会雑誌第89巻第11·12号, 1976年, 653쪽.
10) Emerton, p. 126.
11) Ibid., p. 132.
12) 佐木有司, 앞의 책, 662쪽

(明示的)으로 지배하고 있는 자」라고 했다.[13] 즉 사사키는 전자 후자를 모두 「참주」로서 통일하여 보았던 것이다.

(2) tyrannus에 대한 의론이 부활된 종교개혁 시대

종교개혁시대에 이 논의를 부활시킨 대표적인 학자는 프랑스의 장 보댕(Jean Bodin, 15301596)이었다. 그는 바르톨루스가 두 개로 구별한(tyrannus)에 대해 명확한 견해를 나타내보이지는 않았으나 『국가 6편』(1583/1576)제2편 제5장의 란외 주에서 바르톨루스라는 이름을 들면서(tyran)을 정의했다. 즉(tyran)은 「선거 없이, 계승권 없이, 추천도 없이, 올바른 전쟁도 없이, 신의 특별한 부름에 의한 것도 아닌 채 '자신의 힘에 의해서(de sa propre auctorite)' 자신이 주권적

---

13) 바르톨루스 이후 이탈리아 인문주의자 코르쬬 사루타티(Coluccio Salutati, 133-1406)가 tyrannus (「僣主」) 는 「정권을 찬탈했기 때문에 지배를 위해 어떠한 정당한 칭호를 갖지 못한 자이든가, 아니면 오만하게 지배하거나 부정을 저지르거나, 법과 공정성을 지키지 않는 등 하는 자」라고 했다(코르쬬 사루타티, 「僣主論」, 米田潔弘訳 : 池上俊一監修, 『原典 イタリア・ルネッサンス人文主義』 名古屋大学出版会, 2010年, 104쪽) 그리고 그 예로서 「都市나, 属州나, 王国의 支配權을 찬탈하는 자에게 개개인이 반대할 수 있는 권리를 도대체 누가 부정할 수 있겠는가?」. 시민은 누구라도 정당한 칭호를 갖지 않고 있는 tyrannus (僣主) 에 대한 저항과 살해를 긍정한다. 그것에 반해서 주군이 tyrannus (僣主) 처럼 그 권력을 휘두른다고 하더라도 「反乱을 일으켜서는 안 된다」. 「主君 혹은 人民의 裁可를 얻어야 비로소 가능한 것이고 누구도 자신의 의사로서 함부로 행해서는 안 된다」(앞의 책, 105와 113쪽) . 따라서 사루타티에게 있어서 바루톨루스가 제시한 tyrannus에 대한 두 종류의 구별과 그것에 대한 대처 방법이 다르다는 것을 확실하게 보여주었다. Emerton, pp64의 해설은, a tyrant ex defectu tituli와 a tyrant exercitio or ex parte exercitii의 구별을 언급하고 있다.

군주로 된 자」[14]라고 했다. 그리고 이러한(tyran)은 살해될 수 있다고 했다.[15] 다음으로 보댕은『국가 6편』제2편 제4장에서(tyrannus ex parte exercitii 집행에 의한 전제군주=폭군)라고 하는 바르톨루스의 이론적인 테두리를 말하지 않은 채(monarchie tyrannique 전제군주)를 논했다.[16] 즉(monarchie tyrannique 곧(tyran)폭군/참주)인 군주는 결코 자신의 힘으로써 주권적 군주가 된 자가 아님에도,「자연법을 무시하고 노예처럼 프랑스 신민(臣民)의 자유를 짓밟고, 다른 사람의 재산을 자신의 것처럼 남용하는 자」라고 했다. 그러면서 그는 타도되는 것을 두려워하여 무력으로 자신의 신변을 공고히 하지만 결국은 파멸되고 말던가, 아내가 그를 살해하든가 등 여러 가지 것들이 그의 죽음을 앞당기게 한다고 했다. 그러나 보댕은 사람들에게 올바른 왕과 잔혹한(tyran)을 구별할 것을 요구했다. 그리고 신과 자연법에 의한 제약이 있고, 군주를(tyran)으로만 보아서는 안 되며 (tyran)의 신체에 공격을 가하는 것이 좋은 것인지 아닌지를 생각해 보라고 호소했다.[17] 그러자 쿠바리찌[18]는 자격이 결여된 바탕 위에 군림하는(tyran tyrannus ex defectu tituli: 칭호를 갖지 않은 군주

---

14) Bodin, Jean, Les six libres de la Rpublique, 1583, pp. 297. 영역 본 Jean Bodin, The six bookes of a commonweale, translated by Richard Knolles, 1606 [edited with an introduction by Kenneth Douglas MacRae, 1962] 참조할 것. 그리고 독일어역 본은 Jean Bodin, Sechs Bcher ber den Staat, Buch I-III, bersetzt von Bernd Wimmer, eingeleitet und herausgegeben von P. C. Mayer-Tasch, 1981를 참조할 것.

15) 보댕의 이러한 정의를 佐木毅,『主権·抵抗権·寛容』, 岩波書店, 1973年, 124쪽에서는 바르톨루스의「資格의 欠如에 기초한 티란(tyrannus ex defectu tituli)」라고 하였다.

16) 佐木毅, 앞의 책.

17) Bodin, p. 297.

18) Quaritsch, Helmut, Staat und Souvernitt, 1970, S. 321.

323

=참주)의 법학적 의의를(tyrannenmord 暴君殺害)로서 해석을 했지만, 그러나 「법적 칭호를 가진 주권자인(Tyrann ex parte exercitii 집행에 의한 전제군주=폭군)를 (Tyrannei 暴政)라고 하는 이유로써 살해하는 것이 좋은 것인가 나쁜 것인가」를 물었으며, 「칭호를 갖지 않은(Tyrann)을 살해하는 것은 허락되어야 한다」고 하는 경우와 마찬가지라고 하는 주권론적 입장에는 대답할 수 없다고 했다. 그러면서 「사람들이 그가 사악하고 잔혹하다」고 해서 그로부터 도망을 치는 것이나 복종을 거부하는 저항은 그를 「합법적으로 권력을 장악한 자로서 인정하는 것이 된다」고 했다.[19] 이렇게 보면 보댕과 나치스 시기의 사람들은[20] 비록 폭군/참주에 대한 비판적 시각을 갖고는 있었지만 '권력의 정당성'에 대해서는 거역할 수 없다는 인식을 하고 있었다는 것이 된다.

(2) 이에 비해 캘비니스트인 모나르코마키[21]들은 보댕의 애매한 (Tyrann ex parte exercitii 집행에 의한 전제군주=폭군)에 초점을 맞춰 말했는데, 즉 현실적으로는 신앙을 억압하는 자가(tyrannus) 속에 포함되는 것이고, 그들에게 어떻게 대처할 것인가를 문제시 했다.

---

19) Ibid., S. 332-333.
20) 대표적으로 본회퍼(Dietrich Bonhoeffer, 1906-1945, 독일의 목사, 신학자. 고백교회(告白教会)를 거점으로 반 나치투쟁을 전개하였고, 저서로는 『獄中書簡』 등이 있다)를 들 수 있는데, 1943년에 히틀러 암살에 가담하였다가 체포되어 사형 당함.
21) 모나르코마키란 16세기 정치학자 무리를 말하는데 소위 폭군방벌론(暴君放伐論, 근대 啓蒙主義時代에 기독교도들에 의해 주장된 革命理論 이론) 자들이었다.

① 브루투스(Brutus)는 1579년에 바르톨루스의 말을 바꿔서 (tyrannides sine titulo=tyrannus adsque titulo 칭호를 갖지 않은 전제군주=참주)와(tyrannides exercitio=tyrannus exercitio 집행에 의한 전제군주=폭군)라고 하는 두 가지로 구별해서 말했다.[22] 즉 브루투스는 왕국 전체 레벨에서 전 인민은 「왕국 협력자들의 다수파 혹은 그 한 사람 한 사람 모두에 의해서 세워진 (tyrannus)」는 모두 한 무리이기 때문에 필요하다면 이들에 대해 무기나 군사력을 사용하여 저항하는 것도 인정했다.[23]

② 브루투스, 캘비니스트, 모나르고마키의 영향을 받은 알투시우스(Johannes Althusius, 1557-1638)[24]는 (Tyrann)에 대해 지대한 관심을 갖고 있었다. 그러나 알투시우스는 당시 일반에게 퍼지고 있던 (Tyrann)를 두 가지로 나누었던 바르톨루스의 생각을 계속해서 받아들이고는 있었지만 보댕과는 뉘앙스를 달리했다. 이러한 알투시

---

22) 라틴어판의 Vindiciae Contra Tyrannos, 1579의 일본어 번역인 ステフアヌス・ユニウス・ブルトゥス,『僭主に対するウインデイキアエ』, 城戸由紀子訳, 東信堂, 1998年, (=『ウインデイキアエ』), 69, 165쪽 이하. 그리고 독일어 번역 Brutus, Stephanus Junius, Strafgericht gegen die Tyrannen, Die legitime Macht des Frsten ber das Volk und des Volkes ber den Frsten, in : Beza, Brutus, Hotmann, Calvinistische Monarchomachen, 1968, S. 95, 165ff. 독일어 번역에서는 Herrschaft ohne Titel과 Ausng der Herrschaft이라고 한다. tyrannides는 라틴어tyrannis의 複数形이다. 의미는 「独裁政治, 僭主政治, 専制政治」「暴君の 支配, 暴虐」이다 (田中,『増補改訂羅和辞典』, 研究社, 1966/1952年을 참조). 라틴어 tyrannus는 제도가 아니라 인간을 가리킨다. 부루투스의 tyrannus가 갖는 두 가지 개념에 대한 구별을 소개한 일본인의 논문으로는 野田良之,「基本的人権の思想史的背景とくに抵抗権理論をめぐって」, 東京大学社会科学研究所編,『基本的人権』第3巻「歴史II」, 東京大学出版会, 1968年, 54쪽이 있다.

23) 『ウインデイキアエ』282쪽의 역자 해설을 참조할 것.

24) 요하네스 알투시우스(Johannes Althusius, 1563-1638)는 독일의 법학자·정치철학자로 17세기 초에 신성국가를 내세웠던 절대군주제를 반대했던 인물로 침략자인 참주에 대해 살해하는 것을 긍정하였다. 笹川紀勝編,『憲法の国際協調主義の展開』, 同庚, 敬文堂, 2012, 259-260쪽.

우스의 특징에 대해 기르케[25]는 다음과 같이 말했다.[26] 그는 「법을 파괴하고 의무를 게을리 하는 정당한 지배자를 본래의(Tyrann)으로 본다」고 했고, 그리고(tyrannus quoad exercitium: tyrannus exercitio, 정당한 군주 등이 그 권한을 법에 위배되게 또한 잔혹하게 행사하는 자 혹은 집행하는 자=폭군)[27]과 비교해서 통설적(대부분 프로테스탄트 진영)으로는(tyrannus absque titulo 칭호를 갖지 않는 tyrannus)를 「좁은 범위로 한정」하려고 했던데 비해, 알투시우스는(tyrannus)를 「개인이 누구라도 공격할 수 있고 제거할 수 있는 공적(公敵)에 지나지 않는다」고 잘라 말했다. 즉 「제거해야 한다」 또는 「살해해야 한다」고 단언했던 것이다. 그런 점에서 알투시우스는 한편으로는 정당한 지배자의 독단을 억제하는 저항권을 근거로 내세움과 동시에, 다른 한편으로는 호칭을 갖고 있지 않은 「공적」으로부터 국가를 보호 내지 옹호하려고 했음을 알 수 있다. 이를 나타내 보이려 한 것이 알투시우스의 『정치학』(1614년) 제38장 제68절

---

25) 기르케(1841-1921) : 독일의 법철학자. 프리드리히 카를 폰 사비니 같은 로마니스텐 법이론가들과 반대 입장을 취하는 게르마니스텐 역사법학파의 지도자였다.

26) Gierke, Otto von, Johannes Althusius und die Entwicklung der naturrechtlichen Staatstheorien. Zugleich ein Beitrag zur Geschichte der Rechtssystematik, 7. unverndete Ausgabe, 1981 (Untersuchungen zur deutschen Staats- und Rechtsgeschichte, Alte Folge: Heft 7), S. 33f., 146, 305 und 307.

27) 정당한 군주 등이 그 권한을 법에 위배되게 또한 잔혹하게 행사하는 자 혹은 집행하는 자.

이다.[28] 이 제68절에 의해서 알투시우스는(Tyrannenmord 暴君殺害) 밖에는 생각하지 않았던 보댕보다도 더 넓게 생각했고 있었음을 알 수 있는데, 그가 보다 넓게 생각했던 특별한 점이란 바로 「오직 사적인 권위에 기초해서(privatae auctoritate) 모든 조국을 사랑하는 귀족과 개인은 국가를 침략하는(tyrannus absque titulo 호칭을 갖고 있지 않은 tyrannus)에 대해서 저항할 수 있다」고 말했다는 점이다(第11章, 歷代誌下第23章, 士師記第9章). 예를 들면 이러한 자가 외국의 (tyrannus)라고 한다면, "이 자에 대해서 인민은 어떠한 서약에 의거해서라도, 또한 어떠한 법에 의해서라도 의무를 지지 않는다고 하면서, 폭력을 가하는 개인이나, 침략자(aggressor 정당한 이유가 없는 공격자)라고 할 수 있는 사람에 대해서는 실로 국가의 시민이라고 한다면 누구라도 저항할 수 있다"고 말했던 것이다. 알투시우스에 이르러(tyrannus)를 둘러싼 두 개 개념의 구별은 따로 따로 전개되지 않았다. 특히(tyrannus absque titulo 호칭을 갖고 있지 않은 tyrannus)가 "외국으로부터의 침략자에게도 해당한다고 간주하면서 저항할 수 있다"고 한 것에 주목하지 않으면 안 되는 것이다. 이상에서 검토한 바에 의하면(tyrannus)는 두 개의 개념으로 구별할 수 있

---

28) Althusius, Johannes, Politica, methodice digesta atque exemplis sacris et profanes illustrate, 2. Neudruck der 3. Auflage, Herborn 1614 (1981, Scientia), p. 913.英訳の Johannes Althusius, Politica, an abridged translation of Politics methodically set forth and illustrated with sacred and profine examples, edited and translated, with an introduction by Frederick S. Carney, 1995/1964, p. 196-197는 第68節 부분을 번역하고 있다. 이에 비해서 독어 번역의 Johannes Althusius, Politik, bersetzt von Heinrich Janssen, In Auswahl herausgegeben, berarbeitet und eingeleitet von Dieter Wydeuckel, 2003, S. 403쪽은 第68節을 자세하게 번역하고 있다. 그리고 라틴어의 aggressor를 그대로인 Aggressor로 번역하였다.

지만, 그 두 개념 사이에 혼동은 없다는 것을 알 수 있다. 가끔 씩 구미에서는 어원이 같기 때문에 그 두 개의 개념이(tyrannus quoad exercitium/tyrannus exercitio와 tyrannus absque titulo)으로 볼 수 있다는 점을 고려해서 차이가 나게 표현되곤 하였지만, 궁극적으로는 동일 개념으로 해석하기에 이르렀던 것이다. 그러면 Tyrann에 대해서 동양에서는 어떻게 번역 사용해야 할 것인가에 대한 과제가 남는다. 그리스·로마문명처럼 세상에 자신들의 문화를 자랑하고 있는 중국문명에 유럽과 같은 그러한 사태가 일어나지 않을 수 없다는 점에서, 중국에서도 거의 같은 개념의 단어가 나타났을 것이라고 생각된다.(tyrannus quoad exercitium)은 "정당한 군주 등이 그 권한을 법에 위배되게 또한 잔혹하게 행사하는 자 혹은 집행하는 자"라는 의미이다. 이러한 자에 상당하는 한자는 「폭군」이다. 「폭군」이라는 말은 맹자에서 유래하는데 「무도(無道)한 군주」라고 했다.[29] 또 다른 해석도 역시 「폭군」이라고 말한 맹자에서 유래하는데, 「무도한 군주. 백성을 학대하는 군주. 포학한 자」라고 했다.[30] 다음으로 (tyrannus absque titulo)는 자신의 힘으로써 그 지위에 오른 자로 군(君)이라고 하는 칭호를 갖지 않고 있는 자이다. 이러한 자에 상당하는 한자는 「참호(僭号)」이다. 핫토리 우노키치(服部宇之吉) 등이 펴낸 『수정증보상해한와(詳解漢和)대자전』[31]에 의하면 「참주」라고 하는 항목은 없지만 「참호」는 출전을 밝히면서 「원하는 대로 제왕이라는 명

29) 服部宇之吉·小柳司気太, 『修訂增補詳解漢和大字典』, 冨山房, 1953/1915年, 915쪽.
30) 諸橋轍次, 『大漢和辞典』, 第5卷, 大修館, 1976/1957年, 929쪽.
31) 服部·小柳, 前出, 170쪽.

의를 스스로 칭한다. 또한 그 명의를 참칭(僭稱)하는 것」이라고 했다. 모로하시 데쓰지(橋諸橋轍次)가 펴낸 『대한와사전』[32]에 의하면 「참호」는 한자에서 유래한 것으로 「신분을 넘어선 명호(名號)로서 왕호(王號) 또는 제호(帝號)를 범한 칭호이다(僭称)」라고 했다. 모로하시에게는 「참주」라는 항목도 있는데, 다음과 같이 해설은 하고 있으나 출전은 밝히지 않고 있다. 즉 「참칭하게 된 군주 힘을 가지고 찬탈해서 군위에 나아간 자. 고대 그리스의 집정전권자(執政專權者)를 말한다」고 했다. 그렇다고 했을 때, 오늘날 한국과 일본에서 사용되고 있는 「참주」를 「참호」「참칭」과 같은 개념으로 파악하게 된다면, 「폭군」과 「참주」는 개념을 달리하는 것이 되고, 라틴어의(tyrannus)에 대한 두 가지 구별과 거의 합치되게 되는 것이다. 그럼에도 한일 양국에서는 언제인가 「폭군」과 「참주」의 한자 의미가 다르다는 것을 간과한 채 혼용해서 쓰고 있는데, 이에 대한 구별 사용이 요구되는 것이다.

iii) 「저항권」 차원에서 본 암살투쟁의 정당성

현대에서 가장 가까운 시기에 이러한 문제에 관심을 가졌던 인물은 칸트가 유일했다. 그러나 칸트는 그 이전에 이 문제를 가장 적절하게 해석했던 알투시우스와는 의견을 달리했다. 그는 『영원한 평화를 위하여』라는 책 속에서 많은 사람이 대답하기가 곤란한 문제를 소개하

---

32) 앞의 책, 第1卷, 934쪽.

고 있다.[33] 바로 라틴어로 된 「소위 전제군주인 (Tyrann: non titulo sed exercitio talis : 칭호를 갖지 않으면서 칭호를 가진 자처럼 집행하는 자)의 억압적인 권력을 타도하기 위해 일으킨 혁명(반란)이란 국민에게 있어서 올바른 수단이라고 할 수 있을까?」라는 질문에 대해서 그는 부정적으로 답했던 것이다. 즉「국민의 권리가 침해되고 있다고 한다면, 폭군은 퇴위시키더라도 폭군에게 부정한 짓을 행해서는 안 된다. 이것은 의심할 여지도 없는 일이다. 그럼에도 국민이 이러한 방법으로 스스로의 권리를 주장하는 것은 부정한 일이다」[34]라고 했다. 이는 명확히 그가 저항권을 국민이 가져서는 안 된다는 것을 인정하고 있음을 잘 알게 해주는 내용이다.[35] 그런 점에서 「소위 Tyrann (non titulo sed exercitio: 칭호를 갖지 않은 자가 칭호를 가진 자처럼 집행하는 자=폭군)의 억압적인 권력을 타도하기 위해 일으킨 혁명(반란)이란 국민에게 있어서 올바른 수단이라고 할 수 있을까?」 라는 라틴어구가 의미하는 진정한 내용은 어떤 것일까를 생각해 보지 않을 수 없는 것이다. 앞에서 살펴본(tyrannus)에 대한 두 가지 개념은 결코 같은 가치이념을 갖는 것은 아니고 서로가 대체할 수도 없는 것이었다. 물론 때로는 어느 쪽으론가 그 의미가 기울어지는 경우는 있었을지 몰라도, 그 개념은 동일시 될 수 없는 것이다. 그렇다고 한다면 칸트는(Tyrann)과 관련해서 "(non titulo 칭호를 갖지 않은

---

33) Ist Aufruhr ein rechtmβiges Mittel fr ein Volk, die drckende Gewalt eines so genannten Tyrannen (non titulo sed exercitio talis) aufzuwerfen ? ", in: Werke, S. 245.

34) 中山訳, 242쪽.

35) 「抵抗権」: 『カント事典』, 有福孝岳他編, 弘文堂, 1997年, 354-355쪽.

자), (sed exercitio 칭호를 가진 자)"중 (titulo)를 부정적으로 파악하고, (exercitio)를 긍정적으로 선택하였다는 것이 된다. 그 때문에, 관심은(Tyrann)의 두 가지 개념을 소위 알트시우스처럼 균등하게 전개하지 않았음을 알 수 있다. 따라서, 『영원한 평화를 위하여』에는 (Tyrann)을 통치권력을 정당하게 가지고 있는 자와 연계시키면서 논하고 있음을 알 수 있다. 그러면 그가 논하고 있는 상대는(titulo)와의 관계에서(Tyrann)을 말할 때에는 「참주」를 말하고 있는 것이고, 이에 대해서(exercitio)와의 관계에서(Tyrann)을 말할 때에는 「폭군」을 말하고 있음을 알 수 있다. 따라서 관심은 "국가 통치 권력의 담당자를 「폭군」이라고 전제하였을 경우 국민은 어떻게 해야만 하는가?" 하는 문제에 있었던 것임을 알 수 있다. 그리고 그는 이러한 「폭군」이 된 통치 권력에 대해서 저항하는 것을 인정하지 않았다. 이러한 칸트에 대해 미국의 철학자로서 칸트 연구에 대해 권위자인 베크(Beck, Lewis White, 1913~1997)의 견해를 소개하고자 한다. 그는 칸트가 '혁명'을 부정했다고 하면서 다음과 같이 말하고 있다. 즉 칸트는 「몇천 몇 만의 사람들이 생명을 지키기 위해서 폭군(a tyrant)을 살해하는 것은 정당화 될 수 없지만, 권력 남용을 폭로하는 일은 어떤 방법을 써서라도 해야 한다」고 했다는 것이다. 그러나 그 「폭로하는 방법이 부도덕한 것임에도 나에게 그것을 하라고 명해진다면, 차라리 순교하는 것이 낫다」고 칸트를 해석했던 것이다. 그의 견해에서는 칸트가 폭군 살해를 긍정하고 있지는 않지만, 폭군의 권력 남용에 대해 폭로할 때는 "비판, 불복종, 순교" 등의 말이 보여 진다. 그렇다면 그

331

것은 칸트가 "폭군의 권력이 존재했음을 강하게 비판하는 것이 되고, 그에게 복종하는 것을 거부해야 한다는 것을 말하고 있다"는 것이 된다. 다시 말해서 권력의 요구에 반대하는 행위가 고려되고 있음을 말해주는 것이다. 그런 점에서 '순교'라는 말까지 시사되고 있는 것이다. 이것은 권력에 대한 소극적인 태도가 아니라 오히려 적극적인 도덕성이 필요하다는 것을 의미하는 것이라고 할 수 있다. 이처럼 개인을 기초 단위로 한, 도덕적 다이내미즘에는 "폭군 살해를 부정"하는 말이 들어 있다는 점을 명확히 이해해야 한다는 것이다. 다시 말해서 칸트는 혁명=저항에 이르지 않는 범위 내에서 개혁을 지향하는 영역에 대해서만 긍정하고 있는 것이다. 이에 대해 안중근 의사는 자신의 자전에서 한국정부의 부패와 타락에 대해 개혁을 요구하고 있다. 그런 점에서 한국이라는 한 나라를 대상으로 할 경우에는 칸트와 마찬가지의 폭군에 대한 의견을 가지고 있다고 볼 수 있다. 그렇지만 안중근 의사는 국가에 있어서 군주와 정부의 구별을 명확히 하고 있다. 즉 안중근 의사에게 있어서 군주는 폭군으로 보지를 않고 정부(관료 신하)를 폭군으로 보았던 것이다. 실제로 안중근 의사의 행동을 보는 한에서는 「폭군」으로서의 정부 비판이 매우 신랄했다. 그런 점에서 안중근 의사는 혁명이나 저항에 도달하지 않는 범위에서 개혁해야 한다는 견해를 엿볼 수가 있는 것이다. 이는 칸트와 중첩되는 견해로서 볼 수 있다. 그러나 자전의 후반부에서는 한국정부의 부패와 타락을 어떻게 개혁할 것인가라는 과제가 아니라, 한국이라는 국가가 일본이라는 국가에 침략을 받고 있다는 사실에 대해 명확하게 인식하고 있다는 점이다. 그러면서 이에 대한 행동의 필요성을 논하고 있다. 따라서 칸트가 논하지 않았던(tyrannus absque titulo) 칭호를 갖지 않은(tyrannus) 즉 (non titulo 칭호를 갖지 않은 자=참주)가 안중근에게는 대단한 관심사였음을 알 수가 있는 것이다. 이는 알투시우스가 논한 침략자(aggressor)에 대한 인식이 안중근의 행동 전체를 해명하는 데 중요하다는 점을 시사해 주고 있는 것이다. 그런 점에서는 칸트는 안중근과 비교 대상이 될 수 없는 것이다. 다시 말해서 안중근에게는 있었던 것이 칸트에게는 없었다는 것을 알게 된다는 것이다. 그렇다면 칸트를(non titulo, sed exercitio)라는 구조 속에서 논하는 것이 그의 사상을 이해하는 데 충분하다고 할 수 있는 것일까? 왜냐하면 칸트도 침략전쟁에 대해서 말한 내용이 있기 때문이다. 칸트는 상비군(常備軍)의 폐지를 제안하고 있는데, 그 제안 내용 중에 「국민이 스스로 조국을 방위하기 위해 외적으로부터의 공격에 대해 자발적으로 무기를 가지고 정기적으로 훈련을 행하는 것은 상비군과는 전혀 다른 일이다」[36]라고 했다. 이 문장은 「국민이 스스로 조국을 방위하기 위해 외적으로부터의 공격」에 대해 준비해야 한다는 것으로, "국민은 외적과 전쟁을 해도 된다"고 하는 내용을 포

---

36) 中山訳, 153쪽.

함하고 있는 것이다.[37] 그렇다고 한다면 여기에는 국내의 「폭군」은 문제가 되지 않는 다는 것이고, 타국으로부터 침략해 온 「참주」는 문제가 되는 것이다. 즉 알투시우스가 말한 것처럼 침략에 대한 경우에는 「참주」에 대한 저항이 이루어지지 않으면 안 된다는 것이다. 이런 점에서 칸트를 전반적 차원에서 말한다면, 칸트는 명확히 저항권을 인정하지는 않았지만, 그것은 폭군과의 관계에만 해당하는 것이었고, 참주와의 관계에 대해서는 해당되지 않는 견해였음을 알 수 있다. 따라서 칸트에게도 안중근과 같은 극적인 저항을 긍정할 수 있는 여지는 있다는 것을 알게 된다. 지금까지(tyrannus)에 대해 논의한 것을 다시 정리해 보면, 식민지 지배에 대한 저항(=침략에 대한 저항)과 통치 권력에 대한 자국민의 저항(=「압제에 대한 저항」)이 구별된다는 것은 쉽게 알 수 있을 것이다. 그런 점에서 안중근 의사가 행한 이토 히로부미에 대한 살해는 「침략에 대한 저항(僭主 에 대한 저항)」이었던 것이지, 「압제에 대한 저항(폭군에 대한 저항)」은 아니었던 것임을 알 수 있다.

---

37) 칸트를 「絶対平和主義者」로 규정한 것은 深瀬忠一, 『戦争放棄と平和的生存権』 岩波書店 1987年, 38쪽에 나오는 의견이다. 이 의견은 「終局目的」의 실현을 향해서 부단한 개혁을 통해 전쟁을 없애려고 하는 것을 실현해야 한다고 주장했던 것이다. 이런 점을 보면 칸트는 확실히 「종국목적」에 이르기 위한 개혁의 실천적인 중간단계에서, '폭군'에 대한 개념에만 집중하고 있음을 볼 수 있다. 그렇기 때문에 칸트는 침략전쟁을 사실문제로서 부정했던 것인지도 모른다. 그런 점에서 칸트가 침략전쟁을 어떻게 보았는지에 대한 의문은 앞으로 연구되어야 할 과제라고 본다.

Ⅳ. 맺음말

본고에서 말하고자 하는 의열단이 택한 암살방법에 의한 독립운동은 오늘날 일어나고 있는 종교적, 민족적, 영토적 갈등에 의해 일어나고 있는 테러와는 다른 개념이다. 즉 자신의 목적 달성을 위해 무차별적으로 행해지고 있는 테러까지 인정해야 한다는 것이 아니라는 말이다. 본고에서 말하고자 하는 의열단의 테러는 앞에서 살펴본 것처럼 "침략자에 대한 살해"라는 점에서 정당성을 갖는다는 점을 강조하려는 것임을 주지해 주었으면 한다. 고대 아리스토텔레스로부터 시작된 '폭군'과 '참주'에 대한 인식은 두 가지 개념으로 인식되어 오다가, 17세기 알투지우스에 이르러 '참주'에 대한 인식이 국내에서의 존재만이 아닌 외국으로부터 침략해 온 '참주'로까지 확대 해석하게 되어, 「오직 사적인 권위에 기초해서(privatae auctoritate) 모든 조국을 사랑하는 귀족과 개인은 국가를 침략하는(tyrannus absque titulo 호칭을 갖고 있지 않은(tyrannus)에 대해서 저항할 수 있다」고 하였고, 이러한 자가 외국의tyrannus)라고 한다면, 이 자에 대해서 인민은 어떠한 서약에 의거해서라도, 또한 어떠한 법에 의해서라도 의무를 지지 않는다고 했던 것이다. 다시 말해서 「폭력을 가하는 개인이나, 침략자(aggressor)라고 할 수 있는 사람에 대해서 실로 국가의 시민이라고 한다면 누구라도 저항할 수 있다」고 말했던 것이다. 이러한 저항은 단지 침략을 가해온 우두머리에게만 해당하는 것 아니라 그에게 동조하는 모든 침략자에 해당하는 것이라고 하면서 그들에 대해 저항해야 한다고 강조하였고, 궁극적으로 살해할 수 있음을 천명했던 것이다. 물론 로마시기의 인식에서 시대적 전개에 따라 많은 변화를 가져 오기는 했지만, 그것은 역사의 필연적 결과라고 할 수 있다. 그런 차원에서 17세기 알투지우스의 견해에 따른다면, 의열단의 암살을 비롯한 한국독립운동사에서 나타난 모든 "침략자에 대한 살해"는 그 역사적 정당성을 반드시 갖는 것이라고 할 수 있고, 동시에 이에 대한 연구가 지속적으로 이루어져 일본의 잘못된 역사인식을 바로 잡아주는 결과로 이어지도록 해야 하는 것이 독립운동사를 연구하는 우리들의 책임이 아닌가 하는 것이다.

제14장

조소앙(趙素昻)의 '민국(民國)'
인식에 대한 연원 탐색

– 김승일

제14장
조소앙(趙素昻)의 '민국(民國)' 인식에 대한 연원 탐색

- 김승일

I. 머리말

상해임시정부가 채택한 '대한민국'이라는 국호를 처음 사용한 것은 왕정(王政)에서 공화제로 이행하는 중요한 첫걸음이었다. 1919년 4월 10일 중국 상하이 조계(租界)지에서 임시의정원(臨時議政院, 현재의 국회)이 열려 정부 수립에 필요한 여러 문제를 의원 29명이 논의했는데, 그중에서도 나라의 이름을 정하는 문제가 가장 중대한 안건이었다. 이날 신석우(申錫雨·1895~1953) 선생이 '대한민국'을 국호로 하자고 제안했고, 다수결 표결 끝에 대한민국이 국호로 채택되었다. 그러나 신석우 선생이 '대한민국'이라는 국호를 제안하기 전, 이 국호를 만든 사람은 독립운동가 조소앙(趙素昻·1887~1958·이하 '소앙'이라 약칭함) 선생이었다. 소앙은 "사신이 쓴 「자전(自傳)」과 「회고(回顧)」에서 임시의정원을 만들고, 10조 헌장(임시헌장)을 썼으며, '대한민국'이란 국호를 만들었다"고 밝혔다.[1] 소앙이 기초위원으로 참여하여 제정한 『대한민국 임시헌장』 제1조에 "대한민국은 민주공화제로 한다"고 기

---

1) 조소앙, 「자전」·「회고」『소앙선생문집』하, 157-166쪽.

초한 데서 '대한민국' 국호가 비롯됐다는 점은 이제는 누구나 인정하고 있는 사실이다. 그런데 여기에 나타난 '민국'이라는 개념이 서구의 공화제 개념을 받아들인 것인지, 아니면 쑨원(孫文)이 창도한 '중화민국'이라는 개념의 영향을 받아서 기초한 것인지, 아니면 18세기 탕평군주(蕩平君主)들의 이념을 계승한 것인지에 대한 문제는 여전히 풀리지 않고 있는 숙제이다. 그러나 이 문제를 푸는 것은 우리 민족의 정체성을 확보하는데 아주 중요한 키워드라 할 수 있다. 왜냐하면 이는 법제사적인 차원의 문제이기도 하지만, 특히 중요한 것은 우리의 민족사와 직결되는 문제이기 때문이다. 나아가 3.1운동 100주년을 맞이해야 하는 우리에게 있어서 3.1운동이 바탕이 되어 성립된 대한민국 임시정부의 성격을 보다 확고히 하는데 도움이 될 수 있는 문제이기 때문이기도 하다. 그러나 사실 이러한 문제에 접근하는 것은 소앙 자신이 밝히지 않은 이상 매우 어려운 작업이다. 그렇기 때문에 한계는 있지만, 그가 겪은 경험과 활동, 그리고 그가 남긴 기록 및 다른 학자들의 견해 등을 비교분석하면서 간접적이나마 해결점 가까이까지 도달해 보려는 것이 본 논문의 목적이다. 그동안 본 논문의 주제와 관련해서 한국학계에서는 두 가지 관점이 서로 대치해 왔다. 하나는 '민국'을 국호로 사용하게 된 배경으로, 조선왕조의 통치이념 특히 탕평군주들이 제시한 '민국²'이라는 전통 관념을 계승한 것으로 보는 관점이고, 다른 하나는 이러한 관점을 부정적으로 보는 견해이다. 먼

---

2) '민국' 개념의 일반적 의미는 "주권이 국민에게 있고, 국민의 의사에 따라 직접 또는 간접으로 정치가 운용되는 국가, 즉 민주국가를 말한다.

저 전자의 경우에 해당하는 대표적인 주장으로는 다음과 같은 예를 들 수 있다. 먼저 이완범(李完範)은 '대한민국' 국호를 조소앙이 명명 (命名)했다고 주장하면서 '조선'이라는 말은 원래 한자어가 아니며, "아침 해가 뜨는 나라"라는 뜻이 있다는 가설(假說)이 유력하게 받아들여진다고 하였고, '대한'이라는 말의 '한'도 어원적으로는 원래 한자어가 아니었다는 견해가 우세하며, '우두머리' '크다' '많다' '높다' '밝다' 등의 의미를 갖고 있다고 설명하였다. 또 '조선'에서 '대한'으로 국호를 바꾼 것은 대한제국부터였다고 하면서, "대한제국은 조선왕국과 대한민국을 이어준 징검다리(岩橋)였으며, 그 사이에 역시 징검다리로써 대한민국임시정부가 있었다"고 분석하였다. 대한민국임시정부 헌법기초위원회는 신 국가의 국호로 "조선공화국(조소앙이 「임시헌장」을 기초하기 전 기초한 「조선공화국가(假)헌법」에서 말해짐)"을 준비했었는데, 고종 황제 붕어 후에 나타난 국민들의 충성심을 보면서 대한제국을 승계해야 한다는 인식하에 '대한민국'국호가 탄생했다고 설명하였다.[3] 이태진(李泰鎭)은 '민국'이라는 이념이 영조(英祖)가 "군이민위천 (君以民爲天, 군주은 백성을 하늘로 삼는다)"[4]고 하는 국왕과 백성과의 관계를 천명한 유교적 민본의식(民本意識)의 표현이고, 이는 부왕인 숙종(肅宗) 때부터 있었다고 분석하였다. 그러면서 이러한 표현의 대두는 붕당정치가 한계에 도달한 시점인 18세기에 탕평군주들이 소민(小民) 보호를 외치면서 '민'을 '왕'과 함께 국가의 주체로 인식하는

---

3) 『매일경제』 2012. 8. 1.
4) 司馬遷,『史記·役生陸賈列傳』

정치이념이 등장하기 시작하면서 나타나게 된 것이라고 분석했다. 그리고 이러한 민국이념의 대두는 '왕'과 '민'을 국가의 주체로 규정해 사대부 양반의 특권을 부정함으로써 신분제 사회에서 벗어나게 하는 역사적 계기를 가져오게 한 매우 중요한 대사건이었다고 평가하였다. 그는 민국이념이 19세기 서민 대중사회에 뿌리내린 증거로써 춘향전을 예로 들기도 했다.[5] 이러한 이태진의 주장에 대해 동조하는 경우는 한영우(韓永愚)로, 그는 "민본보다(up grade)된 민국은 정조(正祖)의 정치이상이었다"[6]라고 하여 대한민국의 '민국'은 탕평군주들이 가지고 있는 이념을 계승한 것이라는 주장에 무게를 실어 주었다. 황태연(黃台淵)은 "1897년 고종이 선포한 대한제국의 공식 국호가 '대한제국' 또는 '대한국'이었던 점, 그와는 별개로 조선 후기의 탕평군주였던 영·정조 때부터 '민국'이라는 용어가 널리 쓰였던 점 등을 고려할 때, 자연발생적으로 대한민국이라는 나라 이름이 생겨났을 수도 있다고 하였고, 실제로 찾아보니 그 사실들을 발견할 수 있었다"고 하면서 이태진의 주장을 뒷받침 해주었다.[7] 김백철(Paek Chol Kim)도 "어쩌다 한번 '민국'을 쓴 것이 아니었다. 이 용어는 영조 즉위년(1724)부터 나온다. 조선왕조실록을 보면 영조 대에 31건, 정조 대에 43건, 순조 대에 59건 등이 발견된다. 영조 대를 경계로 일종의 시대정신이 변화하고 있다고 추정해볼 수 있는데, 이는 일반 백성의 존재가 특별히

---

5) 이태진, 「18세기 탕평정치와 소민보호정책」, 『개정신판 한국사특강』, 2008, 서울대학교출판문화연구원, 107-108쪽.
6) 한영우, 『다시 찾는 우리역사』 제2권 '조선편', 2004, 경세원, 179-185쪽.
7) 「'대한민국' 네 글자, 1899년 독립신문 논설에 있다」, 『중앙일보』 2015.12.11.

부각되기 시작했다는 점에서 알 수 있다. 또 영조 때부터 실시된 탕평정치의 궁극적 목적이 '민국'에 있음을 강조하기도 했다. 이는 19세기말 동학·독립협회로도 이어져 사용됐고, 대한민국임시정부에까지 계승되었다"[8]고 주장했다. 이들에 대해 반대하는 주장의 목소리도 높았는데, 예를 들면 다음과 같다.

김인걸(金仁杰)은 "탕평군주들이 민국을 강조하고 관심을 가진 것은 사실이나, '민국정치론' 입장에서의 의미보다는 본래 심화되고 있던 당대의 정치적 갈등 속에서 조정 신료들이 상호 비방만 하고 '백성의 근심과 국가의 생활(民憂國計)'에 대해서는 도외시하는 지경에 이르자 이를 경계하는 차원에서 제시된 것"이라고 보았다.[9]

주진오(朱鎮五)는 "민국이념은 수사학에 불과하다. 고종이 정조의 민국이념을 계승해 통치했다는 것은 인정하기 어렵다. 그것은 완전한 권력유지를 위한 미사여구(rhetoric)일 뿐이며, 군주의 이념적 기반은 아니라고 주장했다.[10]

김재호(金載昊)는 "18세기 '탕평군주'의 '민국정치'를 계승한 '대한제국국제(大韓帝國國制)'가 근대적이었다고 하는 주장은 왕정의 극복에 대한 문제의식을 결여한 것이다"라고 하면서 18세기의 민국정치 이념이 국왕을 양반의 우두머리에서 백성(국민) 전체에 대한 통치자로 새롭게 규정하고 있다는 점에서 근대(지향)적인 것일 뿐이라는 점을 강

8) 김백철,『영조-민국을 꿈꾼 탕평군주』, 2011, 태학사.
9) 김인걸,「19세기 '세도정치기' 의 求言敎와 應旨疏 - '탕평정치기' 와의 비교를 중심으로」,『한국문화』, vol.54, pp. 71-97.
10)『역사비평』 1997년 여름호. 『역사와 현실』 제26호, 1997, 12.

조했다. 또한 "정치이념이 근대적이려면, 국왕의 권력을 우주의 질서로부터 도출하는 것을 그만두고 현실정치로 내려와야 한다고 생각한다."고도 했다. 따라서 "태극도를 재해석하는 방식의 권력이론과 마키아벨리의 군주론을 대비시켜볼 필요가 있다."고 제기했다. 한편 "18세기에 들어와 노비제도가 완화되고 있었다는 점은 인정할 수는 있지만, 1894년의 갑오개혁에 의해서 신분제도가 혁파될 때까지 조선왕조는 제도적으로 신분제 사회였으며, 사람을 팔고 사는 인신매매가 관행적으로 이루어지던 사회였기에, 이러한 사회에서 동질적인 국민(또는 민족)을 말할 수 없다'"고도 하였다. 이상에서 살펴본 것처럼 탕평시대에 제기된 '민국'을 해석하는 견해가 양분되어 소앙이 제정한 '대한민국'국호 속의 '민국'이라는 용어의 출처가 어디에서 비롯된 것인지에 대한 의견이 분분한 실정이다. 따라서 본 논문에서는 3.1독립운동으로 태동된 '대한민국임시정부' 속의 '민국'이라는 용어에 대해, 어떤 주장이 그 연원에 가장 가까이 근접해 있는지를, 「대한민국임시헌장」을 기초한소앙의 활동시기를 일본유학 이전과 이후, 그리고 중국 망명초기 등 세 시기로 구분하여, 그의 학습 과정, 활동 상황, 사상 형성 등에 대한 분석을 통해 접근해보고자 하는 것이다.

Ⅱ. 조선 후기에서 대한제국으로 이어진 '민국' 이념에 대한 검토

조선의 건국이념의 하나는 '민본(民本)'이었다. 고려 말부터 급격히

---

11) 『교수신문』 제321호.

논의되었던 『서경』의 "백성이 나라의 근본이다(民惟邦本)"가 민본사상의 출처다. '민국'의 뿌리는 이 '민유방본'으로 연결된다. '민유방본'을 줄인 '민방'의 또 다른 압축 표현이 '민국'이었다. '방'과 '국'은 같은 뜻이다. '민유방본' 혹은 '민위국본(民爲國本)' 같은 표현이 『조선왕조실록』에 658회, 『승정원일기』에 446회 등장한다. 이 중 세종 때 21회, 중종 때 29회, 명종 17회, 선조 14회 사용되던 '민유방본'의 빈도수는 숙종 때 37회에 이어 영조 때 무려 124회로 급증한다. 정조 때 34회, 순조 때 118회, 고종 때 98회였다. '민국'이란 말이 영조 때부터 급증하는 것과 일치한다.[12] 18세기 영·정조 시대에는 '민국', 또는 '미눅사(民國事)'라는 용어가 국가이념으로서 사용되었다. 이는 군주들의 소민 보호의식을 반영하는 용어로서 이 용어들이 사용된 용례는 다음과 같다. 먼저 '민국사'의 용례에 대해 알아보면, 『비변사등록(備邊司謄錄)』에는 "애석하다! 근일의 헤아려 도모함이 '민국사'를 크게 소홀히 하였으니 조정의 기강(紀綱)이 있다고 어찌 할 수 있겠는가? 어찌 민은(民隱, 민의 고충)을 중히 여긴다고 할 수 있겠는가?"[13]라고 하였다. 또한 "근래 더위로 머리의 부스럼이 아파오지만 '민국사'는 감히 한가히 쉴 수가 없다"[14]고도 말했다. 『정조실록』에는 "교왈(敎曰), 국(國)에 이롭고 민에 이롭다면 살갗이라도 무엇이 아까우리오. 선왕께서 과인에게 곡진하게 타이르신 바이다. 국용(國用)이 떨어지고 민산(民産)

---

12) 『중앙선데이』 2018, 5, 19.
13) 『備邊司謄錄』 181冊, 正祖17年2月18日條, 國編刊行本 18冊, 89面 라.
14) 『備邊司謄錄』 위의 책, 171面 라.

이 다하여, 민국을 말하고 걱정하면서 한밤중에도 의자에 둘러앉았다. 궁방(宮房) 전결(田結)에 이르러, 법 외로 더 받은 것, 전용하고 거두지 못한 것은 국용(國用)을 크게 손상할 뿐만 아니라 소민(小民)을 크게 해침으로, 유사(有司)로 하여금 사정(査正)하도록 하고 이어 온빈(溫嬪) 이하 여러 궁방의 전결 중 전용한 것 및 더 받은 것들을 모두 호조(戶曹)에 속하게 하였다."[15] 여기서 우리가 알 수 있는 점은, '국'과 '민'의 상호 의지관계를 강조함으로써 민이 단순한 피치의 대상이 아니라 나라의 본체로서의 중요성을 강조하고 있다는 것이다. 이처럼 '민'과 '상(上)', 즉 백성과 군주의 상호 의지 관계를 밝히고 바로 그 양자가 국체를 이룬다는 의미는, 종래 왕실과 사대부만의 관계를 강조하던 형태에서, 사대부가 빠지고 그 자리에 백성들이 들어갔다는 가히 혁명적인 이념의 변화라고 할 수 있는 것이다. 이처럼 영·성조대를 거치면서 정립되어진 민국이념은 한 시대에서 그치는 것이 아니라 순조 대에 그대로 이어졌다. 특히 순조 때의 기록을 보면 '민국'의 '실(實)'을 거론하는 대목이 나오는데, '민국'이라는 말이 실제 사실과 부합되는 지의 여부를 논한 것으로, 이때 '민국'을 '백성과 나라'로 본다면 어색하기 마련이다. '나라'에 '실'이 없다는 말은 가능해도, '백성'이 '실'이 없다는 말은 성립하기 어색하기 때문이다. 따라서 이런 경우에는 '백성의 나라'로 풀어야 자연스러워 진다. 이처럼 순조 대에 이르러서는 소민보호의식인 민국론(民國論)이 오히려 더 명확하게 그 의미를

---

15) 『正祖實錄』, 附錄 行狀 ; 國編刊行本 朝鮮王朝實錄 47冊 298面.

규정하려는 움직임이 있었음을 엿볼 수 있다.[16] 이러한 조선에서의 '민국론'의 특징을 더욱 명확하게 보려면 중국에서의 '민국론'과 비교해 볼 필요가 있다. 중국에서의 민본사상(民本思想)은 중국의 전통문화 속에서 줄곧 거대한 영향력을 지니며 전해내려 왔는데, 민본사상을 제일 먼저 거론한 『상서(尙書)』의 경우, "백성은 국가의 뿌리이다. 뿌리가 견고해야 국가가 평안하다(民惟邦本, 本固邦)"고 했고, 孟子 는 "백성이 존귀하고, 사직은 그 다음이니, 군주는 사소한 것이다(民爲貴, 社稷次之, 君爲輕)"라고 말했으며, 淸初 의 王夫之 "군주는 백성을 근간으로 한다(君以民爲基)"고 했다. 이러한 사상개념은 "백성이 없으면 군주도 존립할 수 없다(無民而君不立)", "국가의 근본은 백성에 있다(國家根本在百姓)"[17]는 등의 말에 이르기까지 한 계통으로 계승되어 전해져 왔다. 그러나 이러한 중국의 민본사상은 비록 그 역사적 기반이 아주 오래되기는 했으나 그러한 사상은 봉건시대 내내 '존군(尊君)' 관념과 함께 정치문명 속에서 왕정체제를 옹호하기 위한 명분론에 지나지 않았던 것이다. 그러다가 신해혁명을 전후해서 쑨원(孫文)이 서방 자본주의국가의 국가정체에 대한 10여 년간의 연구결과에 기초하여, 공화정체(共和政體)가 비록 당시 구미 각국에서 성행하는 대의정치(代議政治)이긴 했지만 여전히 폐단이 있다고 보아, 중국에서는 직접민권(直接民權)을 실시하여 "인민이 국가의 주인"이라는데 중점을 두었기에, 그가 창건한 '공화국'이지만 '중화공화국' 대신 '중화민국'으로 정했던 것

---

16) 이영재, 『근대와 민』, 2018, 도서출판 모시는 사람들, 155쪽.
17) 喬立君 主編, 『官箴』, 北京, 九州出版社.

이다.[18] 그러나 조선에서는 중국의 고대 봉건정권 체제를 옹호하기 위한 민권사상이나 서양적 요소가 가미된 손문의 '민국'개념과는 달리, 자생적인 '민국관'이 형성됐다는데 중시할 필요가 있다. 이러한 자생적 '민국관'을 엿볼 수 있는 용례로써 다음과 같은 것들이 있다.

"'국'은 '민'으로서 '본(本)'을 삼는다. 그 때문에 '국'은 '민'에 의지하고, '민'은 '국'에 의지한다. 옛말에 이르기를, '본'이 튼튼해야 나라가 평안하다고 했는데, 이는 참으로 왕정(王政)이 앞세워야 할 바이다."[19] "민은 국에 의지하고 국은 민에 의지한다. 민이 족하면 군(君, 임금)도 족하다."[20] "'민'은 '상'에게 의지하고, '상'께서는 '민'에 의지하여 둘이 서로 의뢰하여 '국체(國體)'를 이룬다."[21] 이러한 민본·민국에 대한 개념을 정리하면, '민본'은 백성을 위한 통치라 할 수 있고, '민국'은 백성에 의한 통치였음을 알 수 있다. 즉 '국'과 '민'의 상호 의지관계를 강조함으로써 '민'이 단순한 피치(被治)의 대상이 아니라, 국가의 본체(本體)로서의 중요성을 강조하고 있음을 알 수 있는 것이다. 이처럼 '민'과 '군주'의 상호 의지관계를 밝히고 바로 그 양자가 국체를 이룬다는 의미는, 종래 왕실과 사대부만의 관계를 강조하던 형태에서, 사대부가 빠지고 그 자리에 백성들이 들어갔다는 이념의 변화라고 할 수 있다. 이처럼 영·정조 대를 거치면서 정립되어진 '민국' 이념은 한 시대에서 끝나지 않고 조선말까지 이어지는데, '민' 보호의식을 나타낸 민

18) 胡明華, 《江蘇社會科學》 2012年 第10期 參照
19) 備邊司謄錄, 英祖 1年 4月 24日條, 國編刊行本 7冊.
20) 正祖實錄, 附錄 行狀; 국사편찬위원회 간행본 47책, 295면 다.
21) 明南樓叢書, 仁政 권 20.

국이념을 계승한 고종시대에는 '민국', '민국사'란 용어가 거의 상용되다시피 하였다. 그것은 다음과 같은 사료에서 엿볼 수 있다.

"우의정 박규수(朴珪壽)가 말하길, 錢(돈)과 物(재물)은 경중 귀천이 반드시 공평함을 얻어야 한다. 그래야만 '민국'의 해가 되지 않는다. 청나라 돈(전淸錢)의 폐단이 근일에 극심했는데 대개 여기에 원인이 있었다."[22] "지금 '민국사계(民國事計)'를 돌아보니 원(圓)의 둘레가 터질 듯이 위험한 것, 물이 새는 배가 물 가운데 있는 것 등과 같으니, 장백(將伯)의 도움과 부수(副手)의 책임을 경(卿)이 아니고 누가 맡을 것인가?"[23] "지금 정부의 산림(山林)과 현회(縣會)의 좌수(座首)는 모두 유교에서 비롯하였으니 민망(民望, 백성이 바라는 바)에 따라 선발하여 '민국사'를 협의하면 본조(조선왕조)도 역시 군민공치(君民共治, 군주와 백성이 함께 다스려 나감)의 풍(風)이 있게 될 것이다."" 보상(輔相, 보부상)이 종사안위(宗社安危)에는 조금도 우려하지 않고, 다만 사사로이 봉록(奉祿)만 흠모하며… 하찮은 무리가 어찌 때를 타서 나아감을 도모하고 아첨하여 즐겁게 해주는 풍습으로써 총명을 가리니 '민국'을 해치지 아니하오릿가?[24] 이렇게 '민국' 용어 사용의 급증은 대중화로 이어져 동학 집회와 독립협회의 관민공동결의문에도 사용되었고, 『독립신문』『매일신문』『황성신문』『대한매일신보』 등 일간지, 『대한자강회월보』『대한협회회보』『대동학회월보』 같은 잡지, 황현

---

22) 高宗實錄, 卷11, 高宗 11년 정월 13일조, 439면.
23) 高宗實錄, 卷15 高宗15年 10月 5日條. 582面.
24) 高宗實錄 卷 37, 光武 2년 7월 7일조, 국편간행본 중권 46-47.

(黃玹)의 『매천야록(梅泉野錄)』, 김윤식(金允植)의 『음청사(陰晴史)』, 정교 (鄭喬)의 『대한계년사(大韓季年史)』 등 각종 서책에도 두루 쓰이며 일상 화되었다. 그 의미는 '백성과 나라'를 넘어 '백성의 나라'로 확장되었 다. 독립협회 기관지 『대조선독립협회회보』(1896)는 서울주재 각국 외 교관을 소개하며 '불란서민국'이라는 표현을 쓰기도 했다. 다른 나라 는 '제국' '왕국' '합중국'이라고 하면서, 유독 프랑스만 '민국'이라고 한 것은 프랑스 혁명 이후 신분·인종 차별이 폐지된 사실을 반영한 표 기로 보인다. 이런 과정을 거치며 대한제국 시기에는 '대한'과 '민국'이 어우러져 '대한민국'이란 국호가 자연발생적으로 불리어 지고 그렇게 언론에 보도되기도 했다.[25] 이처럼 '민국', '민국사'라는 용어는 고종의 친정(親政)부터 대한제국이 출범한 시기에 이르기까지 군신 어디에서 나 모두 국가통치이념으로 사용되었다는 것을 알 수 있다. 이러한 민 국이념은 백성 즉 소민 보호가 우선시되는 당시의 발전된 정치의식을 증명해주는 것으로서, 이는 우리 역사에서도 얼마든지 자생적 민주 주의가 발전할 수 있는 토대가 있었음을 말해주는 것이라고 볼 수 있 다. 이러한 조선의 자생적 민국관이 오늘날 한국인의 공화주의에 대 한 이해로 이어지고 있음을 최장집(崔章集)이 정의한 한국적 '공화주 의' 개념을 통해서 알 수 있다.

"서구에서 공화주의라는 말은 한국인의 심성 속에 깊이 자 리 잡은 공동체 전체에 대한 애정, 향토애, 민족애와 크게

25) 『중앙선데이』 2018, 5, 19.

다를 바 없는 내용으로 민주주의가 일련의 절차적·제도적 장치만으로는 제대로 작동하고 발전하기 어렵다는 문제의식에서 그 의미가 발생한다. 공화주의는 공공선(公共善)에 대한 헌신, 공적 결정에 대한 적극적인 참여와 모든 시민이 공동체로부터 배제되지 않고 권리와 혜택을 누리는 시민권의 원리, 시민적 덕에 대한 강조를 핵심 내용으로 한다. 즉, 그것은 적극적 시민으로서 정치에 대한 참여와 선출된 공직자의 시민에 대한 사회적·도덕적 책임성의 윤리를 함축한다."[26]

Ⅲ. 시기별 조소앙의 사상관념 추이

i) 일본류학 이전의 사상관념(가학[家學]~1904)

조소앙은 1887년 경기도 교하군(현재 파주)에서 선비의 가풍이 있는 사대부 집안의 차남으로 태어났다.[27] 그가 태어난 시기는 조선왕조가 쇠락의 길로 접어든 상황에 처해 있었다. 그런 가운데 그는 조부에게 5세부터 15세까지 한학을 배우기 시작하여 '4서5경'과 '제자백가서'를 모두 십렵하였다고 한다. 소앙은 이처럼 자신을 가르친 조부

---

26) 최장집,『민주화 이후의 민주주의』, 2010, 후마니타스, 227쪽.

27) 소앙의 가문은 조선조 절의파와 생육신의 후손으로 노론 기호학파 가문이었다. 가풍은 의리와 절개를 중시했고, 가통의 계승의식이 철저했다.「증조 도정공 제58주년 기진」『素昻先生文集』하, 164쪽.

로부터 받은 영향은 매우 컸다고 스스로 밝히고 있다.[28] 조부의 가르침은 단순한 지식교육에만 그친 것이 아니라 학문의 자세, 삶의 방향 등 청년기 소앙의 사상 형성에 중요한 영향을 미쳤던 것이다. 의리와 절개를 중시한 가풍 속에서 교육을 받은 소앙이 나라가 쇠망으로 치닫는 상황에서 조부로부터의 민족교육이 이루어졌던 것은 자명한 일이고, 특히 역사와 시사에 대해 특별한 관심을 가졌던 소앙의 글 속에서 충분히 엿볼 수 있는 것이다.[29] 16세가 되던 1902년에 그는 당시 대한제국이 표방한 '구본신참(舊本新參)' 정책에 관심을 갖고 관료가 되는 길을 택하였다. 그러나 그것은 신학문과 신지식을 통해 관료가 되는 길이 아닌 유학 공부를 본격적으로 해서 관료가 되는 길이었다. 1902년 7월에 성균관 경학과(經學科)에 들어가 3년 동안 수학하면서 전통 한학 교육을 받았다. 그런 면에서 그의 성장과정은 한학교육 일변도였던 것이다. 성균관 경학과는 1895년 새롭게 개편된 최고 교육기관이었다. 목적이 신학문의 유입에 대응하고 유교를 진흥시키기 위해 설립되었기에 제도상으로는 전통적 학제와 근대적 학제가 절충된 교육기관이었으나 유학자 관료 양성기관으로의 성격을 띠고 있었기에 시대 흐름에 맞는 교육기관은 아니었다고 할 수 있었다. 하지만 교육과정을 보면 만물역사, 지지, 산술 등을 통합하여 교육하게 되어 있어서 서양에 관한 신지식을 배울 수도 있었다. 특히 '본국사'와 '본국

28) 『동유약초(東游略抄)』 1906년 8월13일조 및 1911년 2월 9일조.
29) "조소앙의 글에서 나타나는 특징은 모든 문제의식이 민족의 역사에 기초하고 있고, 문제 해결을 민족의 역사 속에서 찾고 있다는 점이다." 한시준, 「『소앙집』 상의 해제」, 한국정신문화연구원, 『한국독립운동사사료집 - 조소앙편(1)』, 1995, 22-23쪽.

지지'는 독립적으로 편제되어 자국에 대한 인식을 고도화할 수 있도록 되어 있었다. 따라서 조선조 대표적 군왕인 탕평군주들과 당대의 대한제국 역사에 대해 자세하고 명확한 인식을 가지고 있었다고 충분히 예상할 수가 있다. 이러한 점은 그가 일본으로 건너간 지 얼마 안 되어 쓴 각종 문장에서 "신한국인·민권·헌정"[30] 등의 용어를 자주 쓰고 있다는 점에서도 알 수 있다. 특히 황태연의 조사에 의하면 "대한민국이라는 국호가 사용된 사례 중 가장 오래된 것은 독립신문 1899년 4월 4일자에 실린 논설 '대한전정(大韓錢政)'이다. 당장 눈앞의 이익만 생각해 동전을 과도하게 찍어낸 결과 대한제국 재정에 부담을 주게 됐음을 안타까워하는 내용이다. '이렇게 된 것은 대한민국 대계를 위하야 대단히 애석히 여기노라'라는 구절도 있다. 대한민국 국호는 심지어 1903년 주한 일본공사관이 본국 외무성에 보낸 '한국조정(朝廷)의 태환권 발행 계획'에 관한 보고문에도 등장한다. 일본 외교관들이 공식 보고서에 사용할 만큼 대한민국이라는 국호가 일정하게 사용됐다"는 설명이다."[31] 이처럼 당시 시대적으로 민감한 사항을 논한 논설을 성균관 생인 소앙이 못 볼 리 없고, 또한 불안한 시국을 근심어린 눈으로 지켜보던 소앙이 국가 안위에 대해 소홀히 할 리가 없었다는 점에서 볼 때, 이미 그는 '민국'이라는 개념에 대해 인식하고 있었을 것이라고 볼 수 있는 것이다. 이러한 상황에서 향후 자신들이 헤쳐 나가야 할 문제점들을 생각할 때 "신학(新學)이 중요한가, 구학

---

30) 『소앙집』 상, 앞의 책, 「논설」 부분 참고.
31) 「'대한민국' 네 글자, 1899년 독립신문 논설에 있다」, 『중앙일보』 2015.12.11.

(舊學)이 중요한가?"에 대한 선택은 당연히 젊은 유생들에게 있어서는 커다란 관심꺼리가 아닐 수 없었다. 그 대표적인 예가 신채호와 유인식(柳仁植)과의 토론인데, 이들 토론을 통해서 신학의 필요성을 공감하게 된 유생들은 서양을 소개하는 신서적을 두루 섭력하여 후에 그들의 애국계몽사상을 형성하는 바탕이 되게 되었던 것이다.[32] 그들 중에는 신서적에 의거한 신지식만으로는 쇠망해 가는 조국의 현실을 돌려세울 수 없다고 여기는 이들도 나타나게 되었으니, 소앙 또한 그러한 사람들 중 한사람이었다. 그리하여 18세가 되던 1904년 2월에 『황성신문』에서 1904년 2월 한일의정서가 체결되었다는 소식을 듣고는 "구학을 버리고 신학을 배우겠다"[33]고 하면서 성균관 경학과를 2년만에 마치고 황실유학생 선발시험에 응시하게 되었던 것이다.

 ii) 일본 유학 이후의 사상관념(1904~1912)

  소앙의 일본유학은 그를 근대적 지식인으로 변모시키는 계기를 가져다주었다. 이러한 모습은 그의 견문록(見聞錄), 독서 상황, 일기 등 속의 단상(斷想)을 보면 쉽게 알 수 있다. 이러한 그의 노력은 근대사상을 체계적으로 습득하는 일과 전통사상에 대한 지속적 연구라는 양자를 통합시킬 수 있느냐 하는 당시의 문제의식에 대한 해결점을 찾는데 있었다. 그러한 과정을 시기별로 보면 다음과 같다. 1904에서 1907년까지는 동경부립 제일중학교(東京府立第一中學校)를 다녔는

32) 김기승, 『조소앙이 꿈꾼세계』 지영사, 2003, 25쪽.
33) 『회고』 『소앙선생문집』 하, 166쪽.

데, 그는 이 학교에서 민족차별적 실용 위주의 교육과 군대식 권위주의, 보호조약 체결에 대한 울분, 그리고 한국인 유학생에 대한 학력을 무시하는 일본 교육인사들의 발언에 대한 불만 등을 이유로 동맹퇴학을 했고, 그 후 소앙은 명치대 법률과에 들어갔으나 대학강의를 소화할만한 일본어 능력 등의 원인 때문에 거의 학교에 가지를 못했다. 그러던 중에 동경부립제일중학교로부터 퇴학이 정식으로 통고되자 관비 유학자금을 받을 수 없게 되었는데, 양국 정부의 타협으로 23세 이상만 전문학교에 진할 수 있다는 결정으로 19세인 소앙은 다시 중학교로 복교하지 않으면 안 되었다.[34] 이러한 소용돌이 속에서 일본 학계의 영향을 아직 충분히 받을 수 없었던 그가 국가구성의 3요소로 "민기(民氣), 국권(國權), 정부의 인재"를 제시하면서, 이중 '민기'가 입국의 첫 번째 요결이라고 주장하였다는 점은,[35] 그가 일본으로 유학하기 전 조선에서 익혀온 전통학문에 바탕을 둔 발상임을 알게 해주는 근거임을 엿볼 수 있다. 더구나 10대 후반인 약관의 나이에 아직 자신의 사상체제를 확고히 하지 못한 상태에서 이러한 제시를 했다는 것은, 비록 일본에 와서 1년 전후의 경험이 있었다 할지라도 이러한 제시는 일본에 오기 전에 이미 이러한 의식이 내재되어 있었다는 점을 도외시 할 수 없게 하는 것이다. 특히 '민기'를 입국의 첫 번째 요결이라고 주장했다는 점은 이후 '대한민국' 국호를 초안하는 그에게 있어서 제일 큰 영향을 주었던 요인이 되지 않았나 하는 점

---

34) 『東游略抄』, 1906년 5월 1일 - 4일조.
35) 조소앙, 「일진회평론기」 『대한매일신보』 1906, 8, 30-31 『소앙선생문집』 하, 207쪽.

을 의미해 준다는 점에서 주목할 필요가 있는 것이다. 이러한 의식을 잠재적으로 지니고 있던 그가 1908년에서 1912년까지 메이지(明治) 대학 법학부를 다니면서 일어, 영어, 독어, 중국어를 배웠고, 유교경전, 한국 역사와 지리, 세계역사와 지리, 법학이론, 일본법 등을 학습했다. 당시 메이지대 법학부의 학풍은 프랑스 법학파의 자유주의적 학풍이 매우 강했다. 이러한 것은 소앙에게 큰 영향을 주었는데, 이러한 점은 신해혁명 후 제정된 중국헌법이 메이지헌법보다 민주적이라고 평가한 데서도 엿볼 수 있다.[36] 당시 명치대학 법학부에는 바바 다쓰이(馬場辰猪, 1850~1888) 교수가 있었는데, 그는 메이지대의 민권론적 법학 학풍을 수립하는데 매우 큰 공을 세운 인물이었다. 특히 그가 저술한 『천부인권론(天賦人權論)』은 소앙이 사회진화론의 양면성을 알게 하는데 큰 뒷받침이 되어주었다. 당시 일본 법학계에서 명치대학 법학부와 쌍벽을 이루던 동경대 법학부에는 국권주의적 학풍을 수립한 가토 히로유키(加藤弘之, 1836~1916) 교수가 있었다. 그는 강자의 약자에 대한 지배를 합리화하여 열강의 제국주의적 침략과 국가의 인권탄압을 합리화하는 논리로, 민권운동을 억압하는 도구로 사용하게 하는 이론을 주장하였는데, 이런 주장을 하는 그에 대해 바바 다쓰이 교수는 맹렬히 비판하였던 것이다. 바바 다쓰이 교수는 자연법적으로 부여된 자유와 평등한 권리를 신장시키는 이론을 가지고 사회진화론에 대한 객관적 이해를 가능케 하였다. 이러한 논리가 담겨 있는 그의 『천부인권론』을 소앙은 1097년(19세)에 번역하면

36) 『東游略抄』, 1911년 11월 4일조.

서 완전히 그의 사상으로 받아들였고, 그에게 더 많은 것을 배우기 위해 1908년에 명치대학에 입학하였다. 그리고 그 다음해인 1909년에 는 민권을 강화하기 위한 정치운동의 필요성을 주장하기에 이른 것이 다. 즉 "세계변화의 대세는 전제군주제가 몰락하고 입헌체제가 발달 하면서 민권이 신장될 것"[37]이라고 파악했던 것이다. 이러한 민권 강 화를 주장한 소앙의 의식 속에는 이미 '민국'을 수립해야 한다는 의지 가 가슴속에 품어져 있었음을 또한 엿볼 수 있는 것이다. 이러한 자 신의 사상과 의지를 대화를 통해 확인하고 또한 전파시키기 위해 소 앙은 여러 단체에 참여하고, 조직하고, 이끌어 가는데 매우 적극적이 었다.[38] 이러한 활동을 통해 소앙은 민족의식 형성과 민족운동 전개 에 직접적으로 영향을 미치게 되었는데, 특히 소앙이 관심을 가졌던 분야는 "일본의 자유민권운동(일본 정치 관련 행사 견문 31회)"과 재 일중국인 민족운동(집회 및 강연회에 참석)이었다. 특히 중국 유학생 들의 정치사상이 발달한 점과 학생활동을 높이 평가하여 중국인들 과의 교류를 활발하게 했고, 이는 소앙이 이후 중국으로 망명하는 동 기가 되었다. 한편 이러한 활동을 통해 소앙은 세계적인 대세에 대한

---

37) 趙素昂, 「甲辰 以後 列國 大勢의 變動을 論함」, 『大韓興學報』 10號, 1910, 2. 『素昂先生文
集』 하, 228-235쪽. 「會員諸君」 『大韓興學報』 7호, 1909, 11. 『素昂先生文集』 하, 220-226쪽
38) 소앙이 유학 초기부터 유학생 단체의 조직 결성에 힘썼는데, 그 상황은 그이 일본 유학시기 일
기인 『東遊略抄』에서 다음과 같이 확인할 수 있다. '進修會' (1905, 6) : 독서회 성격이었는데
공동으로 학습하고 토론에 참여함. '留學生俱樂部' (1905, 12) : 書記로 참여함. '大韓共修會'
(1906) : 官費留學生들의 조직으로, 書記, 評議員으로 참여함, 여기서 간행하는 『共修學報』
의 主筆로서 토론회 개최함. '大韓興學會' (1909) : 평의원이면서 『大韓興學報』의 編纂部長으
로 활동하였고, 이 학보를 통해 韓日倂呑을 반대함. '基督敎靑年會' (1910) : 編輯部와 敎育部
의 임원으로 연설회·토론회를 주관함. '官費留學生會' (1911, 2) : 議長으로 활동함. '朝鮮留學
生親睦會' (1911, 5) : 회장으로 활동함.

자신의 견해도 갖추게 되었는데, 즉 전제군주제가 무너지고 민권이 신장되면서 입헌체제가 수립되어 가고 있다고 보았고, 조국의 억압된 민권 신장에 대한 관심 하에서 일본과 중국의 정치발전에 주목하였다. 또 헌법과 법률 제정을 통해 '군주권'을 제한하고 '민권'을 신장해야 한다는 방향으로 생각이 전환하게 되었다.[39] 소앙은 또 일본 유학 기간 동안에 많은 독서를 통해 자신의 사상체계를 확립하게 되었다. 이는 그의 유학일기인 『동유약초』에 구입한 책, 읽은 책, 독후감 등이 소상히 기록되어 있어 한 눈에 독서가 그의 사상 형성에 미친 점을 확인할 수 있다. 당시 그의 독서 특징을 종합해 보면 먼저 문사철을 중심으로 한 사회과학 및 자연과학 등 여러 분야에 걸쳐 광범위하게 독서했음을 알 수 있다. 둘째로는 전통적인 동양고전과 서양의 신서적을 고루 포함하여 독서를 했다는 점이다. 동양고전은 원전 중심으로 독서를 했고, 서양서적은 주로 일본어 번역서를 통해 독서했기 때문에 서양에 대한 이해는 간접적으로 이루어졌다고 할 수 있다. 시기별로 보면 1910년 이전에는 "동서양 역사, 지리, 영웅전기, 정치학"등을 위주로 독서를 했고, 1910년 이후에는 종교와 철학서를 위주로 해서 독서하였으며, 1911년 이후부터는"소앙 왈"이라는 형식으로 독후감을 써나감으로써 서서히 자기 자신의 사상체계를 확립해 나가기 시작했음을 보여주고 있다. 그러나 무엇보다도 중요한 것은 1910년을 전후로 하여 학교생활 및 사회활동을 통해 근대적 지식인으로 변모해 나갔다는 점이다. 그는 강의를 들으며 여러 학설을 비판적으로 종합

---

39) 『東遊略抄』 1911년 5월 15일조. 「孝의 觀念 變遷에 對하어」, 『大韓興學報』 9(1910. 1) 43-48쪽.

해 가는 방법을 습득하여, 경전에 대한 주석을 다는 전통적 방법을 탈피하고, 스스로를 4명의 성인인 공자, 석가모니, 예수, 소크라테스 등과 동등한 반열에 위치시키면서 사고하기 시작하였다. 이러한 점은 소앙이 근대적 자아에 대한 주체 인식에 도달했음을 의미하는 행동 이었다고 할 수 있다. 이러한 행동양식은 일본 지식계의 풍토 속에서 이루어지게 되는 것이기는 하지만, 그들의 풍토를 그대로 추종하지는 않았다. 즉 일본 철학계의 동서양 철학의 통합을 통해 기존 종교의 절대성을 부정하는 사고는, 천황제를 축으로 하는 국수주의 전통과 무관하지 않다고 보았던 것이다.

다시 말해서 일본 지식계가 서양 기독교문화의 전통 속에서 주장 하는 것과는 차이가 있다는 사실을 갈파했기 때문에 가능했던 것이 다. 이처럼 일본 유학기간에 그는 자신의 사상체계를 확립할 수 있었 는데, 이는 일본어 강의를 통해, 일본어로 번역된 책을 통해 얻어질 수밖에 없었지만, 그것을 그대로 받아들이지 않고 어릴 때부터 내재 화된 국내학을 기반으로 서양학 및 일본학을 비판적으로 수용하면서 자신의 사상체계를 체계화 시켰던 것임을 그의 활동과 문장을 통해 서 확인할 수 있는 것이다

iii) 중국 망명 초기의 사상관념(1913~1918)

소앙은 1904년 독일에서 외교관으로 있던 (伯兄)이 보내온 『쑨원전 (孫文傳)』을 읽을 수 있었다.[40] 그는 이 책을 읽으면서 중국혁명의 형

---

40) 『自傳』『趙素昻先生文集』(下), 157쪽.『年譜』『趙素昻先生文集』(下), 484쪽.

세에 대해 더욱 많은 관심을 갖게 되었고, 일본유학시기 중국유학생들의 활동을 주시하게 되었으며, 나아가 한국유학생은 중국유학생의 애국활동을 배워야 한다고까지 주장할 정도로 그들의 활동에 매료되었던 것이다. 그들의 활동을 보면서 조국의 향후 행로의 모델로 삼아야겠다고 생각한 소앙은 그들과 빈번한 교류를 하기 시작하였다.[41] 그의 마음속에는 "민권을 주창하는 시대가 곧 올 것이다.

입헌하는 날이 멀지 않았다"며[42] 조국의 미래에 대해 희망의 끈을 놓지 않으려 했다. 이는 또한 일본유학초기인 1904년에 이미 그의 사상 속에는 '민권'에 대한 관념이 확고히 자리 잡고 있었음을 알게 해준다. 이 시기는 아직 일본에서의 활동 및 학습, 독서 등이 본격적으로 시작되지 않았던 시기였으므로 이미 고국에서부터 내재되어 있던 민국 개념이 일본에 오자마자 위에서 말한 여러 경험들과 혼효(混淆) 되면서 소앙의 의식 속에 확고히 자리 잡게 되었음을 말해준다고 하겠다.[43] 이처럼 확고히 내재된 의식을 갖고 일본유학시기를 보낼 수 있었기에, 그의 행보는 그의 의식 속에 그려져 있는 계획대로 착착 진행되어 갔음을 알 수 있다. 이러한 점은 이전 절에서 이미 확인할 수 있었다.

---

41) 『東游略抄』369, 395, 420, 449-472쪽.

42) 「會員諸君」『大韓興學報』제7호, 1909, 11.

43) 배경한은 조소앙이 공화주의를 받아들이는 시기를 단정하기 어렵다면서 일본유학시기 손문의 영향과 중국유학생과의 교류를 통해 공화주의를 받아들였을 가능성이 크다고 했다. 그러나 확실하게 공화주의를 받아들이는 시기는 중국으로 망명한 후 신해혁명 즉 공화혁명의 성과를 친히 목도하면서 1913년 혹은 1914년 경 완전하게 받아들였다고 하였다. 裵京漢,「從韓國看的中華民國史」, 2004, 社會科學文獻出版社, 72쪽.

일본유학 초기에 손문의 사상을 접한 소앙의 마음속에는 이미 자신의 활동무대를 중국으로 옮겨야겠다고 하는 의지가 확고하게 자리잡게 되었고, 그러한 마음이 중국유학생들과의 빈번한 교류를 갖게하는 동기가 되었으며, 결국 그들과의 활동에서 많은 영향을 받은 그는 1912년 일본 유학을 마치고 귀국한 후 교사로 활동하다가 다음 해인 1913년에 북경을 거쳐 상해로 망명하게 되는 것이다. 망명 후 소앙의 사상에 미친 두 개의 방향은 공화주의를 대표로 한 중국혁명과 사회주의였다. 이는 소앙이 「임시헌장(臨時憲章)」을 기초하기 전에 기초한 「조선공화국가(假)헌법」[44]에서 왕실을 우대하지 않겠다는 조항을 제시하고 있다는 점에서 확인할 수 있다. 또한 소앙은 임시정부를 성립할 때 어떤 정체를 설립할 것인가에 대한 논쟁이 일어났을 때, 소앙이 적극적으로 공화제를 채택할 것을 주장했다는 점에서도 확인할 수 있다.[45] 이처럼 소앙이 1919년 4월 11일 「임시헌장」에 '민주공화국'을 명문화할 수 있었던 것은 개인적인 확고한 신념이 내재화 되어 있었기 때문이기도 했지만, 최소한 본인의 인식이 체계화 되어가기 시작한 성균관 입학을 전후한 이래 일본 유학, 중국망명 속에서 민주와 공화의 원리가 '민'의 영역에서 경험되고 체득되었음을 명확히 했기 때문이라고 할 수 있는 것이다.[46] 18세기 말부터 빠른 속도로 확대된 '민국이념'은, 1850년대 무렵이면 확장된 평민공론장에서 서구적

44) 金正明編, 朝鮮獨立運動 II, 동경, 原書房, 1967, 34-35쪽.
45) 「自專」, 『素昂先生文集』 하, 앞의 책, 157쪽.
46) 이영재, 『근대와 민』, 앞의 책, 6쪽.

함의의 '공화'와 '민주' 개념과 접촉이 시작되었을 것이고, 또한 이 개념이 우리의 정치적 전통에서 전적으로 이질적이고 생경한 것이 아니었기 때문에 대한제국기에는 능동적으로(習合) 시켜 나갈 수 있었던 것이다.[47] 다시 말해서 '민주공화국' 대한민국은 서구로부터 이식된 수입산이 아니고, 우리의 정치사상적 전통 속에서 자생한 정체(政體)라는 사실을 소앙은 학습과 경험을 통해 간파하고 있었다고 말할 수 있는 것이다.[48]

IV. 마치는 말

소앙의 '민국'에 대한 인식이 어디로부터 영향을 받았는지에 대해서는 소앙의 글 어디에서도 나타나지 않았다. 그러나 그가 발표한 일련의 선언문이나, 임시정부헌법초안을 기초할 때 '민국'을 표시했다는 점은, 결국 그의 의식 속에는 '민국'에 대한 개념이 잠재해 있었다는 점을 확인시켜 주는 것이라 하지 않을 수 없다. 다만 그런 인식이 언제 태동했고, 언제 의식화 되어 사상관념으로까지 체계화 되었는지에 대해서 확언할 수 없을 뿐이다. 그렇지만 지금까지 살펴보았듯이, 집안의 내력, 조부로부터 받은 한학교육, 그리고 '구본신참'을 표방한 성균관에서의 교육과정 및 교육환경, 그리고 이후 그의 글에서 보여 지

---

47) 이 점은 1917년 7월 申圭植, 朴殷植, 申采浩 등이 상해에서 「大同團結宣言」을 발표하며 '主權不滅論' · '主權民有論' · '최고기관의 건립'을 주장했다는 점에서도 확인할 수 있다.
48) 사회주의에 대한 영향은 그가 제창하는 삼균주의 속에서 엿볼 수 있는데, 이에 대한 논의는 생략하고자 한다.

는 역사의식 등을 보면 충분히 한국의 역사를 고대부터 당대까지 잘 알고 있었음을 확인할 수 있었다. 그런 점에서 이 논문의 목적인 조선의 탕평군주들이 주창했던 '민국'개념을 그가 알고 있었는지, 그리고 과연 그가 이러한 '민국'개념을 바탕으로 '대한민국'이라는 국호를 제정한 것인지에 대한 답을 확실하게 확인할 수는 없지만, 그럴 가능성이 있다는 점은 본 논문에서 충분히 설명했다고 본다. 다만 '대한민국'이라는 국호를 제정한 소앙의 의식 속에는 단지 탕평군주들이 제시했던 '민국' 개념만이 아니라, 일본에서의 유학을 통해 자신의 사상을 체계화 하는 중에 서양에서의'공화'개념을 비판적으로 받아들임으로서 더욱'민국'에 대한 관념을 풍부히 했음을 알 수 있었다. 거기에 더해서 소앙은 중국에 망명한 이후 중국혁명의 실질적 성과를 직접 보고 느낄 수 있었고, 손문이 '민국' 개념을 정립하면서 중국에 맞지 않는 서양적 요소는 빼고 중국식 요소를 가미하여 이념의 자기화를 하는 모습을 보면서 소앙 또한 한국화한 이념을 내재화 했고, 이를 토대로 대한민국임시정부 초안을 기초하였음을 갈파할 수 있었다. 그러한 결과로써 소앙은 군주정인 '대한제국'이라는 국호를 배제하고, 공화정인 '대한민국'으로 국호를 정하게 되었던 것이다.

마치는말적으로 말한다면, 소앙의 의식 속에 내재되어 있던 '민국' 개념은 탕평군주 이래 제기되어온 전통적 '민국' 이념, 일본 유학시기를 통해 비판적으로 수용한 서구적 공화사상, 그리고 중국혁명을 통해 성립된 중국식 '민국'을 융합한 종합사상이었다고 할 수 있다. 이렇게 해서 정해진 '대한민국' 국호를 기준으로 해서 본다면, '민국' 이념의 민족사적 계승이라는 차원에서, 한국화 된 '민국' 이념의 정립이라는 차원에서, 대한민국정부의 수립시기는 당연히 대한민국임시정부로 봐야할 당위성이 있음을 알 수 있는 것이다.

제15장

1920년대 한·중 양국 통일전선운동의 역사적 성격 비교
- 신간회(新幹會)와 중국국민당(中國國民黨)을 중심으로 -

- 김승일

제15장

1920년대 한·중 양국 통일전선운동의 역사적 성격 비교
- 신간회(新幹會)와 중국국민당(中國國民黨)을 중심으로 -

- 김승일

I. 머리말

세계 어느 민족이고 국가적 위기에 처하게 되면, 전 민족이 일치단결하여 그 위기를 극복하려 하는 노력은 어느 나라나 동질성을 띠고 있다고 하겠다. 그럼에도 불구하고 종종 파벌간의 세력 다툼으로 그러한 민족적 염원을 그르치게 하는 경우도 왕왕 있어 왔다. 그러한 예는 20세기초 제국 열강에게 식민지 혹은 반식민지 상황에 처해 있던 한국이나 중국에서도 마찬 가지로 볼 수 있었다. 그러한 계파간의 대립을 일으킨 데에는 여러 가지 원인이 있었는데, 즉 각 당파간의 이데올로기 차이·투쟁방식의 차이·당시 정국의 주도권 장악문제·자금의 확보 문제와 그 운용방식의 문제 등 여러 가지 요인에 의해서 나타났던 것이다. 따리서 이리한 문제를 일소하고 거국적 차원에서의 단결을 유도한다는 것은 그야말로 어려운 문제였다. 그러나 그러한 어려운 문제도 시대적 요구에 따라 일시적이나마 통일전선을 구축하여 공동으로 적에 저항하는 모습을 보이는 시기가 있었다. 대체로 이러한 시기는 서로 간에 추구하는 목적이 시대적 환경변화에 따라 일치되는 경우나, 시기적으로 자파의 세력 유지가 어려웠을 때 상대에게 자신의 약점을 감추며 협조한다는 구실로 시간을 끌어 재기를 도모하는 경우였다. 따라서 이러한 협조는 일시적일 수밖에 없었고, 어느 정도 안정되면 다시 자신의 이해관계에 의해 이합집산을 거듭하게 되는 것이었다. 그럼에도 불구하고 이러한 통일전선운동은 독립운동 선상에서 아주 중요한 의의를 갖는다. 그것은 이들 통일전선이 이루어졌을 때의 역사적 의의가 그렇지 않았을 때의 역사적 의의보다 후에 전개되는 역사적 상황에 대해 그 미치는 영향이 명확히 다르기 때문이다. 즉 민족의 대단결을 통해 일치된 힘으로 독립운동을 추진할 때의 민족공동체 역량은 그 시기 독립운동의 성패를 떠나 민족사에 하나의 획기적인 선을 그을 수 있는 민족적 자부심을 회복해 주고, 또한 그것이 바탕이 되어 최종적으로 독립을 이루어 낼 수 있는 가능성의 기초를 만들어 주기 때문이다. 따라서 통일전선의 실패 및 그 과정을 추적해 보는 그런 연구 시각보다는,[1] 짧은 기간 동안이더라도 통일전선을 형성했던 시기의 역사적 성격을 조망해 보는 것은 그

---

1) 金喜坤 등편,『大韓民國臨時政府의 左右合作運動』, 한울아카데미, 1995. 秋憲樹,『韓國臨政下 左右合作에 關한 硏究, 國土統一院, 1974. 노경채,『국외 민족운동의 노선과 이념의 변화과정 : 1920년대 중국지역을 중심으로』, 한국역사연구회 역사문제연구소 공편,『3.1민족해방운동연구』, 청년사, 1989. 金榮範,『1920년대 후반기의 민족유일당운동에 대한 재검토 : 중국 關內지역에서의 경과와 귀추를 중심으로』,『한국근현대사연구』제1집, 1994. 등은 그 연구의 깊이와 합리적 논술에도 불구하고 통일전선의 성립과정이나 양자간의 대립 양상 등에 초점을 맞추었기 때문에, 그동안의 노력만큼 통일전선운동이 가지고 있는 역사적 성격이나 의의를 규명해 내는 데는 한계가 있었다고 보여진다. 이러한 경향은 이후의 연구에도 영향을 미쳐 통일전선운동에 대한 연구가 한쪽으로 치우치고 있는 상황이므로, 앞으로 이 분야에 대한 재평가가 기대된다. 본 논문은 그러한 일환으로 앞으로 이러한 시각으로의 연구 방향을 유도하는 데 일조했으면 싶다.

만큼 상당한 의미를 갖는 것이라고 하겠다. 동시에 이러한 성격을 조명하기 위해서는 한 나라에서만의 성격을 살피기보다는 같은 운명에 처해 있던 두 나라간의 성격을 비교하여 보면 이러한 통일전선에 의한 대적투쟁이 얼마나 중요한 의의를 가지고 있는가를 엿볼 수 있을 것으로 생각된다. 한편 중국국민당은 당시의 중국 정국을 이끌어 가던 큰 세력이었는데 비해, 신간회는 비록 규모가 컸다 할지라도 정국을 주도했다고는 할 수 없기에 단순 비교를 하기에는 약간의 모순은 있다고 생각되나, 국내에서 독립투쟁을 주도하던 단체이고 오랜 시간 동안 통일전선을 이룩하고 있었다는 점에서 통일전선의 형성이 갖는 역사적 성격에 대해서는 얼마든지 조망해 볼 수 있다고 본다. 이러한 시각과 방법을 통해 이 논문에서는 한국과 중국에서의 통일전선운동이 이루어지게 된 배경과 그 전개과정을 비교하여,[2] 양국에서 주도권을 형성하고 있던 각 진영의 통일전선운동에 대한 시각에는 어떤 차이가 있으며, 그러한 운동이 갖고 있던 한계성은 어떤 것이었는지를 비교하여, 양국에서 통일전선운동이 가지고 있던 역사적 성격을 비교 고찰해 보고자 한다.

---

2) 중국과 한국에서의 통일전선운동에 대한 규명은 나름대로 이루어지긴 했으나, 양국의 통일전선 운동을 비교하며 그 성격과 역사적 의의의 차이점을 논한 논문은 찾아보기 힘들다. 중국의 통일 전선문제에 대한 연구로는 다음과 같은 것이 대표적이다. 李雲漢,『從容共到淸黨』台北, 1966. 崔書琴,『孫中山與共產主義』, 香港, 1954. 郭華倫,『中共史論』, 台北, 1969. 陳功甫,『中國革命史』, 上海, 1930.

Ⅱ. 신간회 통일전선운동의 성립배경과 민주·공산 양 계열의 시각 비교

식민지통치를 받고 있던 한국인들의 대 일본투쟁을 위한 통일전선운동은, 정권탈환과 이데올로기의 정립이라는 국공 양당 각자의 명제(命題)를 실현시키기 위해 통일전선운동에 노력하던 중국과는 그 사정이 완전히 달랐다. 민족주의 진영이건 사회주의 진영이건 모두다 한국인들의 국권회복에 대해 노력했기 때문에, 비록 후에 자기 계파에 대한 이해관계로 말미암아 서로 치열한 투쟁을 벌이기는 하지만, 초기에 있어서는 이념과 방식에서의 차이를 극복하면서 나라의 독립을 추구하는데 온 힘을 다 기울였다고 하겠다.[3] 당시 이러한 한중 양국내의 통일전선운동에 대한 인식의 차이는 완전히 다른 것이었다. 즉 중국내에서의 통일전선운동은 전 국민과의 유대가 반드시 필요하지 않았던 반면, 한국에서의 이 운동은 모든 국민과 연계되어야 했기 때문에, 이러한 통일전선운동은 전국민의 사활(死活) 과도 연계되는 문제였다. 이러한 국민적 정서는 3·1독립운동을 통해 이미 표출되었기 때문에 어느 정도 이해가 가능하다고 할 수 있고, 동시에 이런 정신을 바탕으로 국내외에서의 독립운동 단체가 우후죽순처럼 생겨났으면서도 그 목적의식이 같았던 것도 그 때문이었다. 그러는 가운데 1920년대에 들게 되면서 다채로운 민족운동이 전개되는데, 그 중에서도 많은 지식인과 청년들에게 영향을 주었던 것은 사회주의 사상과 그 사상을 매개로 하여 만들어진 단체들에 의한 운동이

---

3) 朝鮮史研究會編『朝鮮の歷史』, 東京, 三省堂, 1995, 285-286쪽.

었다.[4] 당시 한국인들에 의해 만들어진 사회주의 정당으로는 1918년 하바로프스크에 있던 이동휘(李東輝) 등이 한인사회당(韓人社會黨)을 조직하고 있었고(후에 상해파), 1919년에는 이루크츠크에 있던 김철훈(金哲勳) 등이 전로고려공산당(全露高麗共産黨, 후에 이루크츠크파)을 결성하고 있었는데, 이들은 한인 사회주의 결성의 선구자들이었다. 이처럼 소련에서 각 조직을 구축하고 있던 이들 양파는 노선 대립이라는 염려 속에서도 자파세력의 확대를 위해 국내에 연락원을 파견하여 조직 설립을 서두르고 있었다. 그 결과 이루크츠크파 계열인 김재봉(金在鳳)·박헌영(朴憲永) 등을 중심으로 한 화요회(火曜會, 火曜派 불림)와 상하이파 계열의 이영(李英)·김사국(金思國) 등이 중심이 된 서울청년회, 동경유학생 중심의 김약수(金若水)·김종범(金鍾範) 등을 중심으로 한 북풍회(北風會, 北風派=ML派) 등 사회주의 운동단체가 성립하게 되었던 것이다.[5] 이들 각 단체는 내분을 반복하면서도 민중운동을 하는 다른 모든 단체들과 접촉하였다. 그러한 노력을 통해 어느 정도 대중적 기반을 다진 이들 단체들은 1925년 조선공산당과 고려공산청년회를 합법적인 허락을 받지 않은 채 조직하였다.[6] 이러한 비합법적인 정당의 설립은 당연히 관헌의 억압을 받게 되어 간부들이 체포당하는 등 많은 수난을 당해야 했다. 그리하여 그들은 네 차례나 해산되고 조직되고 하는 반복을 거치며 존재하려고 애는 썼지만,

---

4) 徐大肅著, 金進譯, 『朝鮮共産主義運動史 1918-1948』 東京, コリア評論社, 1970, 132쪽.

5) 金承學編 『韓國獨立運動史』 서울, 愛國同志後援會, 1956, 285-288쪽

6) 朝鮮共産黨 설립문제와 관련해서 그 經過와 背景을 이해하고자 할 경우에는 徐大肅, 앞의 책 5), 56-75쪽을 참조할 것.

370 방법으로서의 한국독립운동사 연구

결국 3년 만에 코민테른으로부터 승인을 취소받기에 이르렀다.[7] 그러는 가운데서도 그들은 자신들이 의도했던 노농단체(勞農團體)를 지도하고 그 조직을 확대하는 기본정책의 실천 외에도, 1926년의 6·10만세운동과 같은 전국 형의 독립운동을 통일전선 형식으로 시도하려 하였다. 즉 그들은 순종(純宗)의 국장을 계기로 천도교도들과 연합하여 전국적으로 3·1독립운동과 같은 대규모 독립운동을 기획했던 것이다. 비록 사전에 일경에 발각되어 실패하고는 말았지만,[8] 이러한 움직임을 인정한 민족주의 세력은 이들을 받아들여 1920년대 민족독립운동의 결실이라고 할 수 있는 '신간회'를 결성하게 되는 것이다.

당시 이들 사회주의 운동단체를 지도해간 활동적인 간부들 가운데는 계속해서 자신들의 목적을 지향하기 위해 일본공산당이나 중국공산당에 가입하여 기회를 보아 다시 조선공산당을 창립하려고 힘을 기울이려는 무리도 있었으나, 실질적인 상황은 그러한 기회를 제공해주지 않았다. 그러한 시대적 상황을 재빨리 인식한 대부분의 사회주의 진영 인사들은 민족주의자들과의 타협을 통해 자신들의 의도를 계속적으로 추구해나가려 하였다. 이러한 그들의 의도와 이들이 활동했던 3년 동안의 기간 중 대중을 확보하는 정책이나 대중을 활용하는 정책이 나름대로 당시 지식계층 및 청년들에게 깊은 인식을 심어주는 것을 본 민족주의 진영 인사들은, 전국민에 대한 홍보 및 그들과의 연계를 통한 효과적인 독립운동을 추진하기 위해 이들 사회

---

7) 徐大肅, 앞의 책, 5), 94-127쪽 참조.
8) 金鍾鳴 外, 『朝鮮新民主主義革命史』, 東京, 五月書房, 1953, 54-58 參照.

주의 진영 인사들을 포용하려는 인식을 갖게 되었다. 이처럼 서로간의 이해관계에서 타협점을 찾게 된 양 진영은 많은 우여곡절을 겪은 끝에 마침내 신간회를 발족하게 되었는데, 그 시기는 1927년 2월이었다. 우여곡절이란 한마디로 사회주의 진영들의 활동결과를 인정은 하면서도 그들 자체를 인정하지 않으려는 민족주의 세력 자체의 분열로 인해 의견이 일치되지 않았기 때문이었다.[9] 그러나 이러한 상황은 코민테른의 반제통일전선(反帝統一戰線) 방침의 선언과 중국의 제1차 국공합작이 이루어지면서 반전되어 갔다. 즉 ML파의 안광천(安光泉)이「정우회선언(正友會宣言)」을 발표하면서 통일전선에 대해 적극적으로 제의를 하자,[10] 민족주의자들 측에서도 이에 동의하는 형세로 돌아갔던 것이다. 그 결과 서울파 사회주의자들과 물산장려운동계의 민족주의자들의 모임인 민흥회(民興會)가 이에 협조하게 되면서 신간회가 발족하게 된 것이다.[11] 신간회는 결성과 동시에 이상재(李商在)를 회장으로 하고「민족협동전선(民族協同戰線)」을 부르 짖었다. 당시 신간회를 결성하게 된 민족진영의 의도는 이 회의 강령 속에서 잘 볼 수 있는데, 그것은 "정치적·경제적 각성을 촉구하고, 단결을 강고히 하며, 기회주의를 일체 부인한다."는 것이었다. 이에 동조한 노동자·농민·지식인·종교인 등 각계각층의 사람들이 참여하게 되어 극성기 때는 140개 지회와 회원 4만이라고 하는 전국적인 조직위용을 가지게

---

9) 이러한 民族主義 勢力內의 분열은 李光洙의『民族改良論』에 대한 평가와 견해의 차이에서 비롯되었다.
10) 徐大肅, 앞의 책 4), 85-92쪽.
11) 徐大肅, 앞의 책 4), 85-89쪽.

되기도 하였다. 그리고 이에 동조한 여성운동의 통일전선이랄 수 있는 근우회(槿友會)가 창립되어 70여 개의 지회를 두었는데, 이들 두 단체는 자매관계가 되어 공동적인 목적 하에 독립투쟁을 전개하였다.[12] 이에 대해 사회주의 진영의 통일전선 의도는 달랐다. 당시 M.L파의 지도자 한위건(韓偉健)이 같은 사회주의 진영내의 통일전선 청산론자에 대항하여 주장한 논조를 보면, 이들 사회주의 진영의 통일전선 주창 의도가 어디에 있는지를 잘 엿볼 수 있다. 즉

"통일전선의 목적은 공산주의의 대의를 일본의 감시하에서 자치를 얻어내려고 하는 민족주의자들의 원망(願望)에 종속시키는 것이라고 할지는 몰라도, 공산주의의 원리를 왜곡시키려는 억압자들과 타협하려는 것은 아니다. 오히려 이것은 공산당으로 하여금 정치투쟁을 확대시켜 대중운동을 활성화시키고, 노동자와 농민에게 그들의 계급투쟁을 각성시켜주는 기회를 주는 것이다. 이 목적을 보다 유효하게 달성시키기 위해서는 많은 노동자·농민을 포함하는 통일전선을 형성시킬 필요가 있다."[13]

이러한 의도는 한국의 프로레타리아들에게 궁극적인 승리를 얻기

---

12) 朝鮮史研究會, 앞의 책 3), 285쪽.
13) 韓偉健, "朝鮮革命의 特質과 勞動階級前衛의 當面問題" 『階級鬪爭』 第1號. 日本內務省 警保局文書 第13卷. 第3部, 3, 98-99쪽. 서대숙, 앞의 책 4), 93쪽에서 인용.

위해 공산주의 운동에 새로운 전기를 마련해야 한다고 하는 그런 논리였다. 이러한 주장은 노동자·농민들에게 큰 반향을 일으켰고, 이에 응하기 위해 공산당의 조직을 개편하기에 이르기도 했다. 그러나 이러한 양 진영의 내면적 의도가 서로 달라 극한 대결까지 갈 듯이 보였지만, 민족주의 진영 보다는 사회주의 진영 내에서 통일전선 노선에 대해 반대하는 간부들이 있어 지도부에서 사퇴하는 바람에 신간회 내에서의 주도권은 민족주의 진영으로 넘어가고 말았다. 결국 공산당이 의도한대로 신간회의 활동은 이루어지지 않았다. 그러나 그들이 기본적으로 견지하는 활동방향과 방법은 어느 정도 받아들여져 전국적인 조직망을 가지고 있었음에도 전국대회를 개최하는 허락을 받지 못해 활동방침 조차도 정하지 못하고 있던 신간회의 활동에 많은 활력을 불어넣어 주었다. 그것은 그들의 군중노선 정책을 실행하여 지방 지회의 조직과 활성화를 지도하고, 이들 지부활동을 서로 연결시켜 전국적인 활동으로 연계시킨다고 하는 전략이었다. 즉 각 지방 지회에서는 그동안의 경험과 연륜으로 축적된 노련한 민족주의자들과 새로운 의욕에 불타고 있던 사회주의들이 서로 협력하여 노동조합·농민조합·청년동맹 등과 제휴하면서 식민지정책에 반대하는 투쟁을 전개해 나갔던 것이다. 이러한 이들의 활동은 각 지역에 큰 영향을 주어 어떤 일에든 행동적인 연대를 형성할 수 있는 공감대를 이루게 되었다. 그러한 과정에서 일어난 대표적인 운동이 광주학생운동이었다. 그들은 광주학생운동이 시작되자 전국적인 조직망을 이용해 「식민지 노예교육 반대」라는 요구를 주장하며 전국적인 운동으로 발전시키려고 하였다. 그러한 일환으로 민중대회를 개최하려 했으나 일제 당국에 의해 사전에 봉쇄되는 바람에 많은 간부들이 체포됨으로써 실행되지는 못했다. 그러나 이러한 활동의 영향은 대단하여 이후에도 광주학생운동은 전국적으로 확대되어 나가 3·1독립운동 이후 최대의 독립투쟁으로 발전해 나갔다.[14] 그러나 이러한 성과에 대한 반대급부로 신간회의 조직은 쉽게 와해되어 갔다. 그 원인은 기회만 있으면 계급을 초월하려는 사회주의자들의 협동전선 책략을 민족주의자들이 이해할 리가 없었고,[15] 일제의 탄압이 심해지는데도 더욱 강렬한 투쟁만을 강조하는 사회주의자들에 대한 무모한 전술, 그리고 이러한 주장에 상대적으로 온건하게 대처하려 했던 김병로(金炳魯)를 위시한 집행부의 태도에 대한 사회주의 진영의 반발 및 불신감에서 비롯되었다.[16] 그리고 그러한 분열의 결정은, 관헌들의 강압에 거의 활동을 할 수 없게 되어 돌파구를 찾던 사회주의 진영에 대해 실망한 코민테른이 통일전선 전술을 철회하라는 주장이 나오자, 이에 동조하는 형식으로 신간회를 탈퇴하니 마침내 신간회는 1931년에 해산되고 만 것이다.[17] 비록 신간회는 그들이 가지고 있던 역량만큼 그에 걸 맞는 활동을 제대로 수행하지는 못했지만, 다양한 인물과

14) 朝鮮史研究會編, 앞의 책 3), 285-286쪽.
15) 해산에 찬동했던 의론에는 다음과 같은 논술들이 있다.
　　權承眞『民族運動과 社會運動』『彗星』I, 제4호, 1931, 7, 52-55쪽. .
　　尹亨植,『朝鮮社會運動의 槪觀』『彗星』I, 제9호, 1931, 12, 56-60쪽.
　　秋汀,『辛未(1931)의 思想運動』『新東亞』I, 제2호, 1931, 12, 40-45쪽.
　　北岳山人(匿名)『現下의 社會運動과 結社』『三千里』III, 제5호, 1931, 5, 18-31쪽.
16) 徐大肅著, 앞의 책 4), 129쪽.
17) 新幹會利原支會,『我等의 運動과 新幹會』, 『三千里』III, 第4號, 1931年 4月, 8-13쪽.

사상을 가진 인물들이 결집하여 이룩한 최초의 통일전선 단체였다는 점에서 민족운동사의 커다란 획을 그었다고 할 수 있을 것이다.

Ⅲ. 제1차 국공합작의 성립배경과 국공 양파의 시각 비교

1911년 신해혁명에 성공한 중국은 새로운 중국의 탄생에 대한 희망과 기대로 들떠 있었다. 그리하여 전통적인 봉건왕조 정책을 버리고 근대 민주공화정을 수립하여 초대 임시대통령에 쑨원이 추대되는 등 민초 정국은 그야말로 새로운 시대의 도래를 맞이한 듯 전 중국이 술렁이고 있었다. 그러나 수천 년을 지속해온 왕권정치에 물들어 있던 중국인들에게 새로이 나타난 민주공화정제(民主共和政制)는 매우 낯선 제도였다. 그저 청조의 무능에 대한 불만으로 신해혁명에 참가했던 많은 군인과 정객들조차 민주공화제가 어떤 것인지 채 감도 잡지 못하는 사이에 시대가 바뀌자, 이런 시기를 이용해 자신이 권력을 새로 잡거나 자신의 권력기반을 강화 확충하는 데에 이용하려는 분위기가 팽배하게 되었다. 그리하여 소위 민국초기의 정국은 수많은 당파가 새로 성립되게 되었고,[18] 이합집산을 거듭하며 오히려 청조통치 때보다 더욱 혼란된 정국으로 이어져 내려갔다.[19] 이러한 상황은 신해혁명을 이끌어 임시대총통이 된 쑨원에게 있어서도 그 통치력의 한계

---

18) 白蕉, 『袁世凱與中華民國』, 上海, 人文月刊出版社, 1936. 參照.
19) Hsi-Sheng Ch`i, Warlord Politics in China, 1916-1928, Leland Stanford Junior University, 1976.

를 맛보지 않으면 안 되게 되어, 결국 3개월 만에 중도하차 하고, 대신 대표적 군벌세력인 원세개가 총통에 임명되는 시대적 반동현상을 가져왔다.[20] 이렇게 되자 동맹회(同盟會)가 모태가 된 국민당은 위안스카이(袁世凱) 정부와 대립되는 경향이 되어 견제를 더욱 많이 받게 되는 가운데, 국민당의 세력과 정치적 위치는 더욱 소외되어 갔고, 그 바람에 더 이상 정국을 주도해 나갈 능력을 잃고 말았다. 이후 정당이 난립하면서 각 당파간의 투쟁은 도를 넘어섰고, 이들 각 정당이 기초가 된 각 지역에서의 군벌 난립은 마치 하나의 중국이 여러 개의 나라로 독립되어 가는 듯한 형국으로 치닫게 되었다. 그리하여 이들 각 군벌들은 자신의 세력 기반 확충을 위해 사회경제적으로 약탈과 기만을 일삼게 되었고, 이를 통한 재정 확보를 이용해 군사력을 보강해 감으로서, 더 이상 새로운 중국에 대한 희망을 추구하지 못하고 포기하는 사태로 몰고 갔던 것이다.[21] 이러한 시대적 절망감은 지식계층들의 정신적 방황을 가져오게 되었고, 그러한 방황 속에서 새로운 정신적 추구를 위해 새로운 사조(思潮)들을 막무가내로 받아들이기 시작했다. 그리하여 1910년대 중반이후가 되면 각종 이데올로기가 서방으로부터 마구 받아들여져 정신적 공황사태가 일어나게 되었다. 이에 당혹감을 느낀 참 지식계층들은 신문화운동을 일으켜 사회의 정신적 공황을 극복하려 하였으니, 이러한 동향은 이후 중국사회

---

20) Jerome Che`n, Yuan Shih-K`ai, Stanford University Press, 1961.
21) 張玉法, 『中國現代史』上冊, 臺北, 東華書局, 民國71年, 174-252쪽.

전환의 한 획을 긋는 계기로 발전했다.[22] 즉 「5·4운동」으로 대변되는 일부 격진적 지식분자들은 파리강화회의에서 중국이 소외당하자 격분하던 중, 마침 이 시기에 중국의 변화에 우호적 태도를 보인 소련의 「카라한선언」에 고무되어 소련의 혁명방식에 주의를 기울이기 시작하였던 것이다.[23] 당시 소련은 반제국주의·반 군벌 정책을 강조하며 이들을 부추기었기에 이에 동조하는 지식계층들의 급격한 인식변화는 지금까지 추구해오던 쑨원을 중심한 국민당의 정치 혁명적 방식에 일대 도전하는 형상으로 변화해 갔던 것이다. 그러나 이러한 사회적 변화와는 달리 정치적 분란은 더욱 치열해져 점점 동떨어진 방향으로 발전하고 있었으니, 이러한 정치적 상황과 사회적 상황과의 배치된 국면은 이제 새로운 중국으로의 전개를 예고하는 것이었다. 이러한 사회적 동향에 예의 주시하고 있던 쑨원은 이미 약화된 자신의 세력기반을 새롭게 정비할 필요성에서, 오직 시대적 요구에 부응하는 융통성 있는 의식형태의 변화를 통해 현실 극복에 필요한 새로운 세력과의 연합을 도모하는 쪽으로 의식이 전환되어 갔던 것이다. 이를 이해하기 위해 먼저 1910년대 말 쑨원 진영의 상황을 살펴보면 다음과 같다. 1918년 5월 쑨원은 광뚱군정부(廣東軍政府) 원수 직을 사퇴하면서 그가 이끌던 중화혁명당(中華革命黨)의 존재는 사실상 유명무실하게 되었고, 1922년 6월 천쩡밍(陳炯明)의 배반으로 「호법지역(護法之役)」이

---

22) 郭沫若 『革命與文學』, (『創造月刊』 民國15年 4月)
23) H.G.W.Woodhead, ed,, The China Year Book, 1924-5(Tjentsin, n, d.) 868-870,에 『카라한 선언』 전문이 실려 있고, 이 선언을 분석하여 소련의 중국에 대한 정책을 분석한 논문에는 Whiding, Soviet Policies in China, 1917-1924(New York, 1954) 236-247쪽이 있다.

실패하자 일반 정객들의 동정과 관심을 잃고 말았다. 그러한 상황은 당연히 군중들에 대해서도 그동안의 호소력이 없어지게 되었다. 이러한 쑨원의 정치적 실패는 그로하여금 새로운 방향에서의 정치적 재기를 도모케 하지 않으면 안 되었던 것이다. 그러한 재기란 바로 소련의 「10월혁명」이 모델로 비쳐지면서 시작되었다. 당시 소련은 쑨원의 실패에 동정을 표시하였고, 동시에 원조할 의사를 표하니 군사력도, 물자도 모두 잃은 상태의 쑨원에게는 유리한 지원자로서 소련이 비추어지게 되었던 것이다. 그 결과 발표된 것이 1923년 1월 쑨원과 아돌프 요페(Adolph Joffe) 사이에 있은 공동선언이었다.[24] 즉 쑨원은 지금까지의 전진사상(前進思想) 옹호자라는 자신의 소신을 과감히 포기하고 소련의 도움을 받아 국민당을 개조하여 국공합작을 통한 혁명대업으로의 희망을 갖게 되었다는 점이다.[25] 사실 이 선언은 상징적인 의의밖에는 없었지만, 이것이 계기가 되어 수개월 후에는 국민당과 소련이 협조관계가 될 수 있도록 하는데 촉진 역할을 할 수 있

---

24) 1917년이후 쑨원은 비록 정치상에서 밀려나긴 했지만 전국을 통일해야겠다는 신념은 조금도 동요되지 않았고, 사회의 변화를 주시하면서 자신의 이념을 국민들에게 관철시킬 수 있는 『啓發國民』을 위한 저술에 주력하고 있었다. 中國國民党史史料編纂委員會編『國父全集』第2卷, 臺北, 1965, 70쪽. 『孫文이 1919년 6월 18일 蔡冰若에게 보낸 편지 참조』

25) 이러한 쑨원의 정치적 변신에 대해 학자들은 두 개의 견해로써 평가하고 있다. 하나는 정치상의 權宜를 기도한 정략적 발상에서 容共을 하게되었다는 설과, 다른 하나는 쑨원이 당시 소련이야말로 자신을 이해해주고 지지해주는 유일한 지지자로 인식하여 그들의 협조를 급히 원했기 때문이라는 주장이다. 이들 두 개의 주장 중 어느 것이 옳고 그르다고 평가하기 이전에 먼저 1918년부터 1923년사이에 정치적으로 혹은 이데올로기적으로 변화되고 있는 당시 중국 사회의 전반적 동향을 쑨원이 파악한 위에 결정되어졌음을 이해한 위에 이에 대한 검토가 필요하다고 본다.

었다.[26] 그렇다고 쑨원이 마르크스 레닌주의를 받아들였다는 의미
는 아니고, 다만 쑨원은 소련의 「10월 혁명」에서 많은 교훈을 받아들
여 국민당을 개조하여 연아용공(聯俄容共)을 하게 되는데 이것도 소련
의 방식을 참고한 깃이지, 그들의 빙식대로 그대로 좇아간 것은 아니
라고 할 수 있다. 쑨원은 이미 5·4운동 시기에 중국이 정치적·문화
적으로 변해가는 모습과 그에 대한 현실적 반응을 보고, 이에 대한
대책을 벌써 강구하고 있었던 것으로, 그 결과로 나타난 것이 용공정
책이었다.[27] 이처럼 자신의 세력 회복을 위해 대안을 강구하던 중 많
은 지식인들이 소련 쪽으로 향하고 있음을 안 쑨원은 그들을 혁명진
영으로 포용하지 않으면 안 된다는 사실을 알았다. 또 쑨원 자신이
소련의 혁명방식에 관심을 가지고 그들의 방식을 연구하는 중에 당
시 막 창립된 중국공산당의 속성에 대해서도 잘 알게 되었다. 그것은
그들의 활동을 그대로 방치하다가는 소련의 원조마저도 그들에 의해
방해받아 혁명진영에 막대한 지장을 초래할 것을 알고 사전에 그들
의 그런 점을 차단하기 위해 용공정책을 추진하게 되었던 것이다. 그
러한 또 하나의 원인은 원래 국민당 혁명진영의 당원들이 이데올로기
에 대해 배타적이지 않았다는 점이다. 그들 중에는 무정부주의자 혹
은 사회주의자들이 이미 상당수 안고 있었던 것이다. 따라서 공산당

---

26) 사실 이 선언으로 소련이 국민당에 물질적 원조를 해 준다는 것을 명확히 승낙하는 문구는 없
　　었다. 이 선언문의 원문은 다음 문헌에 있다. Woodhead, ed., The China Year Book, 1924-5,
　　863쪽.
27) 陳福霖, 『孫中山与中國國民黨改造的起源』(張玉法主編 『中國現代史論集』 第10輯, 臺北,
　　聯經出版事業公司, 民國71年), 83쪽.

원들이 국민당에 들어온다 해도 국민당이 지향하는 이상에 대해 그리 손해를 끼칠 것으로 생각하지 않은 점도 있었다.[28] 다른 또 하나의 원인은 혁명과정 중에서 너무 급진적 투쟁정책을 쓰다보니까 국민들의 정서상 많은 흡인력을 가져오지 못했다고 하는 반성적인 측면도 있었다.[29] 그리하여 공산당과의 합작은 이러한 당시 상황을 충족시키는 한편 그동안 국민당 스스로가 가지고 있던 여러 모순을 한꺼번에 해결할 수도 있었다는 계산이 깔려 있었던 것이다. 이에 대해 중국공산당측은 무산자계급 정당의 기초가 되는 노동자·부녀자 들을 중심으로 한 계층 속으로 파고들어가는 전략을 세웠지만, 그러한 책략은 소련이 주도하는 제3국제의 획책아래 이루어진 것이었다. 그러한 책략은 당연히 중국의 상황을 이해하지 못한 상태에서 계획된 것이었기에 노동자계층이 엷은 중국에서 중공이 세력을 확대해 나가는 데는 한계가 있었던 것이다. 그 결과 군벌과 제국주의 세력에 저항하는 데는 엄청난 한계를 느껴야 했다. 이에 소련은 모스크바에서 「원동노동자대회(遠東勞動者大會)」를 거행하고 중공과 국민당이 연합해야 한다는 정책을 결정하기에 이르렀다.[30] 그리고 이를 관철하기 위해 국민당에 호감을 보이기 시작하였다. 그러나 쑨원을 비롯한 국민당 측에서

---

28) 吳學明, 『孫中山與蘇俄』, 앞의 책 27), 88-90쪽.
29) 쑨원은 大衆들을 혁명진영으로 끌어들이기 위해서 공산당의 혁명기술인 宣傳, 組織, 群衆에 대한 확대 전술 등을 이용하려고 한 측면도 있었다. 그러나 쑨원의 기본 정책은 정당정치로써 국가통일을 완성하려고 했기 때문에, 당시 국민당이 가지고 있지 못하던 이런 요소들을 배워 국민당을 改進할 필요를 느끼고 있었다. 吳學明, 『孫中山과 蘇俄』(張玉法主編, 『中國現代史論集』第10輯, 臺北, 聯經出版事業公私, 民國 71年), 95쪽.
30) 李雲漢, 『從容共到淸黨』 台北, 1966, 95-96쪽.

는 이들의 이런 내면을 간파하고는 양당의 연합은 불허하고 대신 개인자격으로 국민당에 가입하는 것은 허락하였다. 그러자 공산당 내부에서는 국민당과의 연합을 고려해야 한다는 주장이 팽배했고, 이에 당황한 공산국제에서는 바링을 파견하여 국민당 가입을 촉구하는 제안을 통과시키게 되었다. 그 주요 목적은 국민당의 엄호아래 공농(工農)운동을 더욱 활발히 추구하여 국민혁명을 성공시키자는 의도에 서였다.[31] 이러한 양자의 이해관계가 타협점을 이루는 가운데 제1차 연합전선운동은 마침내 이루어져 중국 정국을 새로운 방향으로 전개시키게 되었던 것이다. 그러나 이러한 연합전선의 형성은 1925년 쑨원의 사망과 더불어 내부투쟁의 악화로 끝나게 되는데, 양당의 기초 세력이 서로 약한 가운데 서로에게 의지하려는 차원에서 이루어졌고, 동시에 반 군벌·반제국주의라는 공통 목표를 가지고 있었지만, 국민당은 정치적 승리를, 공산당은 이데올로기적 승리를 추구했다는 점에서 전 민족적 합작으로까지는 연계될 수 없었다는 모순을 가지고 있었기에, 협동전선은 곧바로 무너지고 말았던 것이다.

Ⅳ. 한중 양국 통일전선운동의 역사적 성격 비교

이상에서처럼 초기 통일전선의 형성 배경과 그 경위를 설명할 때, 한국에서의 통일전선 문제는 사회주의자들의 이해관계를 중심으로 분석하였고, 중국의 경우는 국민당의 이해관계를 중심으로 분석하

---

31) 孫福坤,『共産國際騒亂中國記』台北, 1954, 14쪽,

였다. 그 이유는 한국의 경우 사회주의 정당이 비합법적 상황하에서 조직되었기 때문에 자신들의 존속을 위해서라도 민족주의 진영보다는 훨씬 강하게 통일전선 형성에 애착심을 가지며 적극적으로 활동했다고 볼 수 있기 때문이고, 따라서 보다 적극적 자세를 띠고 있는 측의 행동을 통해 그 성격을 파악하는 것이 순리적이라고 생각했기 때문이다. 중국에서의 경우는 국민당이 자신의 실력기반이 거의 소멸된 상황에서 중국공산당을 포용해야 소련의 지원을 받을 수 있었고, 그러한 지원에 기초하여 정국의 주도권을 재탈취할 수 있었기 때문에 국민당 스스로가 용공정책을 주도해 갔던 것이다. 이러한 점이 양측이 갖고 있는 역사적 성격의 포괄적 범위거 아닌가 생각되는데, 그 구체적 성격을 비교하면 다음과 같다. 먼저 한국에서의 초기 협동전선의 역사적 성격에 대해 논한다면 대체로 3가지 점으로 요약할 수가 있다. 첫째는, 신간회의 조직이 전국적으로 되어 있어서 이들 지방조직을 통해 전 국민의 시국에 대한 인식을 공유하는 계기를 만들어 주어, 3·1독립운동이후 의기소침해 있던 국내의 독립운동에 새로운 결집의 계기를 불어넣어 주었다는 점이다. 그러한 일환에서 해외에서의 독립운동을 위해 자금지원 등 간접적 대일투쟁이 지속적으로 전개될 수 있는 계기가 되었다고 할 수 있다. 둘째는, 이 때의 정치적 참여 기회를 통해 당시까지는 경험하지 못했던 근대적 정치에 경험을 갖게 되어, 이후 한국인의 정치의식 구조를 형성하는데 큰 역할을 하였다고 할 수 있다. 셋째는, 민족주의 진영의 독립투쟁 방식과 사회주의 진영의 투쟁방식에 상당한 차이를 느낀 민족주의 진영이 사회주의자들에 대한 경각심을 한층 깊이 갖게되었다는 점이다. 비록 사회주의자들이 자신들의 혁명을 이룩하기 위해 희생을 무릅쓰는 모습을 보여 노동자·농민·부녀·청년·지식계층에 이르는 동조자들을 얻어내기는 했지만, 이에 대해 민족주의 진영은 내부조직의 확대나 군중노선 등에 집착하지 않고 대외적 투쟁에 관심을 두게 되었던 것이다. 따라서 대내적인 공감대 형성을 목적으로 한 사회주의 진영의 투쟁목표와 대외적으로 민족독립의 메시지를 전하려는 투쟁방식과는 많은 차이를 가져왔고, 이를 보는 민족주의 진영에서는 차츰 사회주의 진영이 추구하는 바에 대한 이해를 점차 명확히 해갈 수 있음으로 해서, 후일 독립운동단체 간 통일전선이 형성되지 못한 하나의 계기가 됐다고도 볼 수 있다. 한편, 중국에서의 초기 통일전선 형성의 역사적 의의도 대체로 3가지로 요약될 수 있다. 첫째는, 국민당 당 조직이 하나의 정치집단에서 대중을 기반으로 하는 군중의 당으로 변화해 갔다는 점이다. 이는 중국공산당원들이 국민당에 들어오지 국민당 측에서는 공산당의 주된 운동 방식인 대중 중심의 정책수단을 받아들여 그대로 이용함으로써 대중에 뿌리를 둔 정당으로 확대 발전시킬 수 있었다는 점이다. 둘째는, 공산당원을 개인자격으로 받아들이는 형식을 취함으로서 전국당으로서의 포용력을 보여주었고, 동시에 소련으로부터 금전·무기·고문 등을 원조 받게 되어 재정적 확충을 통한 황푸(黃埔)군관학교의 설립 등에 의해 혁명 무력을 강화시켜 자력으로 전국을 통일시킬 수 있다는 자신감을 가질 수가 있었다. 셋째는, 국민당의 삼민주의에 입각한 혁명노선을 명실공이 대내외적으로 인정받을 수 있게 되어, 장차 공산주의 혁명노선을 극복할 수 있는 이념적 전기를 가져올 수가 있었다. 이처럼 중국에서의 통일전선 형성은 이후 국민당이 중국의 전반적 형국을 주도해 나가는 중심당이 되게 하는 전기가 되었고, 동시에 대내외적으로 인정을 받는 계기가 되었던 것이다. 그러나 이러한 좋은 조건을 가진 국민당이었지만, 쑨원의 죽음과 그로 인한 국공 양파의 내부 갈등은 결국 중국공산당의 이탈과 함께 자신들의 중국적 사정에 맞는 노선을 찾는 동기를 부여했고, 그에 의한 공산주의적 중국혁명을 이룩하게 되었다. 즉 공산당측이 통일전선의 경험을 더욱 잘 살려낸데 대해 국민당은 그러한 경험을 도외시 하고 연합국 측의 재정적 지원에만 의지하며 대중과의 연계를 너무 소홀히 하는 바람에 중국공산당에 대륙을 넘겨주어야 하는 비운을 맞게 된 것이니, 1920년대 초기 통일전선은 이후 중국에서 전개되는 역사적 사건의 운명을 좌우한 중요한 출발점이었다고 할 수 있다. 종합적으로 말해서 한국에서의 초기 통일전선 형성은, 사회주의 세력이 공식적으로 인정되지 않은 상태에서 생존 그 자체가 어려웠던 사회주의 진영이 스스로 민족주의 진영에 강력히 통일전선의 성립을 주장하지 않을 수 없었고, 이에 대해 민족주의 진영은 어떤 필요성에 의해서라기보다는 조국의 독립을 위해 민족의 대단결이 중요했고, 또 이러한 협동전선의 형성은 국민들의 주목을 끌 수가 있어 독립투쟁의 저변을 확보할 수 있었기 때문에 이들과 제휴한 것이기에, 경제적·군사적·정치적 이해관계에 의한 타협적 성격은 없었다. 따라서 상황의 변화에 의해 협동전선이 분열되더라도 그것은 민족공동체의 분해 내지 해체였고, 그에 따라 분리돼 나온 사회주의 진영은 여전히 자신들의 기반 구축 배경이 변화되지 않았던 관계로 자신들의 노선을 계속 추구해 나갈 수 가 없었다. 이러한 한계성의 돌파구를 찾기 위해 민족진영의 인사들처럼 해외에서 기반 구축 및 활동 근거지를 찾으려 했지만, 민족진영에 맞설 수 있는 세력을 확보하지 못함으로서 중국공산당이나 소련의 사주를 받아야 하는 비자립적 태도를 취하지 않으면 안 되었다. 그러한 상황은 결국 한국전쟁의 불씨가 되었고, 결과적으로 민족과 국토의 분단을 가져오는 직접적인 계기가 되었던 것이다. 이처럼 한국에서의 초기 협동전선의 영향은 현대에까지 미치는 것으로, 이 사건이 갖는 역사적 성격이 어디에 있는지를 이해할 수 있을 것이다. 이에 비해 중국의 경우는 국민당 자신의 세력기반이 없어 자신들의 생존 자체가 위협을 받게되자 당시 공산국제의 주체인 소련의 지원을 받기 위해서는 중국공산당을 인정해 주어야 했다. 그러나 이들에 대한 사회전반적인 이해가 아직 충분하지 못한 상태여서 이들을 인정하게 되면 국민당내의 내부적인 분열을 일으켜 오히려 분해될 조짐마저 있었기에, 쑨원을 위시한 국민당 지도부는 공산주의자들을 개인적 신분으로 받아들이는 합리적 방법을 찾았던 것이다. 그러나 결과적으로 쑨원의 서거와 동시에 불거지기 시작한 국공 양파의 내부 투쟁은 급기야 협동전선을 붕괴시켰고, 이미 협동전선을 통해 정치적·사상적·군사적으로 상당한 기반을 다지게 된 공산주의 진영이, 이후 실력 그 자체는 엄청난 차이를 보이긴 했지만 끝까지 자신들의 세력을 확충해 갈 수 있는 기반을 이 시기에 닦을 수 있었기 때문에, 어려운 상황에서도 국민당과 대처해 나갈 수 있었던 것이다. 이러한 상황은 한국에서의 상황과 완전히 다른 것으로, 후에 국민당의 타락과 분열을 틈탄 공산당이 대중적 인기를 모으며 경험으로 얻은 전략전술을 이용해 전세를 역전시키면서 1949년 중국혁명을 성공시키는 계기를 가져다 준 것이다. 이러한 현대 중국의 흐름을 거슬러 올라가면 그 역사적 결과의 출발점이 바로 이 초기 협동전선에서 비롯됐다는 사실을 이해할 수 있다는데서, 이 사건의 역사적 성격이 어디에 있는가를 알 수 있는 것이다.

V. 마치는 말

한국에서의 사회주의자들의 행동은 중국이나 일본 등과 같이 자연스럽게 뿌리를 내릴 수 있는 그런 환경은 아니었다. 즉 나라를 잃은 상태에서 먼저 나라의 독립을 생각해야 했지 사회주의 혁명을 위한 행동이나 사상을 보다 강화시킬 수 있는 그런 여지와 기회는 없었던 것이다. 다시 말해서 사회주의 이데올로기라 할지라도 그것은 사회주의 혁명을 목표로 활동하기 보다는 먼저 나라의 독립을 되찾는 하나의 이념으로서 당대인들은 보았던 것이다. 그렇기 때문에 사회주의자들이 노동자·농민 등 대중을 향해서 온갖 탄압과 감시를 받으면서 자신을 희생하는 모습이 국민들에게 어필이 되었고, 동시에 그런 모습에 충격을 받은 지식인 청년들이 대거 이들에 협조 내지 동조하게 되었던 것이다. 그러나 이러한 특별한 상황이 사회주의자들을 인정하는 그런 것은 아니었고, 다만 독립투쟁을 진행해 나가는데 있어서 하나의 방법으로서 받아들였던 것으로 볼 수 있다. 더구나 한국에 들어와 활동하던 사회주의 진영 단체들은 여러 개 분파로 나뉘어져 분파주의가 성행하는 바람에 공동적인 활동이나 사회적 입벽에 공동으로 대처하지를 못했다. 특히 이들의 분파적 경향의 원인이 이데올로기에 있었던 것이 아니라, 지연적 원인에 의해 분파가 생겨났다는 것이 이들로 하여금 애매모호한 행동을 취하게 했던 것이다. 따라서 이들 지도자들이 강력한 이론적 근거를 제대로 제공하지도 못하므로 해서 그들은 제대로 자신들의 운동을 해보지도 못하고 분열되고 말았던 것이다. 그러한 상황은 이들이 제창한 통일전선을 이룩해 나가는 과정이나 혹은 통일전선이 형성된 이후에 자신들이 해야 할 역할이나 의무를 충분히 설명하지 못한 채 민족주의자들에게 끌려다녀야 하는 상황으로까지 연계되어갔다. 이러한 지도부의 무능과 그에 따른 분파주의는 결국 통일전선에서 민족주의자들과 잠정적으로 협력해야 할 이유를 충분히 피력할 수 없게 되어 그들의 추종세력이 어떤 행동을 취해야 할지를 몰라 우왕좌왕하게 했고, 그 결과 발전적이지 못하고 경제적·대외적 이미지·타국에서의 활동 등 면에서 공산국제에게 오히려 피해를 주는 결과만이 나타나자 결국 해체시키는 과정으로 치닫게 되는 것이다. 결국 이러한 상황은 한국에서의 특수한 상황에서 비롯된 것이라 할 수 있지만, 반대로 이러한 상황은 끝까지 민족주의 진영이 독립운동의 주도권을 장악해 나갈 수 있게 되는 하나의 배경이 되었던 것이므로, 한국 현대사의 하나의 아이러니라라고 하지 않을 수 없을 것 같다. 이에 대해 중국국민당이 주도한 중국에서의 통일전선은 한국에서의 그것과 상당히 성격이 다름을 알 수 있다. 아직 독립을 유지하고 있었기에 제3국의 간섭이나 방해를 받지 않을 수 있었고, 공산국제의 적극적인 지원에 힘입어 뿌리를 내릴 수 있었던 데다, 초기 안정화 과정에서 나타나는 노선 대립이나 지역분파 주의를 그때 강력하게 차단해 감으로서 통일전선을 형성하는데 주체적 의지를 보일 수가 있었던 것이다. 거기에 상대인 국민당 스스로가 소련의 지원 필요성을 느끼고 자발적으로 다가옴에 따라 쉽게 통일전선을 형성함으로써 보다 합법화된 상황에서 자신들의 조직 확대 및 이론적 완성을 도모할 수 있었던 것이다. 비록 이러한 통일전선은 쑨원의 서거와 함께 3년 만에 막을 내리고 말지만 공산당의 세력은 점점 확대되어 갔고 일본의 대륙 침략이라는 위기상황에서 다시금 통일전선을 형성하게 되면서 이미 확립된 중국식 사회주의 노선을 바탕으로 대중에 뿌리를 내려 1949년 공산혁명을 성공적으로 이끌 수 있게 되었던 것이다. 이처럼 초기 통일전선의 성립 배경 및 과정, 그리고 그 역사적 전개는 오늘날 한중 양국 모두에게 민주주의사회와 공산주의사회로 양극화 하는 극단적인 결과를 가져오게 한 근본 원인이 되었다는 점에서 그 역사적 성격을 엿볼 수 있을 것이다.

제16장

식민통치시기 중국 하이난도(海南島)로 강제 연행된 한국인의 참상
- 조선보국대(朝鮮報國隊)를 중심으로 -

– 김승일

제16장
식민통치시기 중국 하이난도(海南島)로 강제 연행된 한국인의 참상
- 조선보국대(朝鮮報國隊)를 중심으로 -

- 김승일

I. 머리말

지금까지 일제시기 강제연행과 관련한 연구는 많이 있다. 그러나 강제연행과 관련해서 연구가 안 된 지역도 있으니 바로 중국의 하이난도(海南島)이다. 그러한 원인은 연구할만한 자료가 없거나 미 발굴된 상황 때문이라고도 볼 수 있지만, 하이난도 자체가 작은 섬에 불과하고, 이 분야 연구자들의 주목을 끌만한 큰 사건이 일어났던 지역도 아니었기에 나타난 결과가 아닐까 한다. 필자 자신도 하이난도 라는 말은 관광지로서만 들었을 뿐 강제연행 지역으로는 꿈에도 생각하지 못했던 지역이라는 점을 고백하지 않을 수 없다. 그러다가 학술회의를 통해 몇 번 대면했던 "하이난도근현대사연구회"를 담당하고 있는 일본의 역사연구자 사토 쇼닝(佐藤正人) 선생과 재일교포 연구자 김정미(金貞美) 씨를 알게 되면서 하이난도에서 펼쳐졌던 일제의 만행을 알게 되었다. 그리하여 국민대 한국학연구소의 지원 하에 2000년에 처음으로 그 두 분과 함께 하이난도에 생존하고 있는 피해자들의 증언청취 및 비극적 행위가 아직도 많이 남아 있는 참상지역에 대한 조사에 참여하게 된 것이 그 계기였다. 실질적으로 조사에 참가하면서 내심 놀라움을 금치 못했다. 그것은 강제연행의 과정, 강제 연행되었던 사람들의 신분, 그들에 대한 일본의 만행, 하이난도에서의 이들 노동자들의 생활실태 및 노동 상황, 그리고 그들이 이룩해 놓아야 했던 유적의 흔적들을 실질적으로 볼 수 있었고, 생존해 있는 현지인들의 증언을 들으면서 그 참상을 알게 되었기 때문이었다. 이러한 사실들은 귀국하면서 곧바로 종합 정리하여 학술잡지에 발표하였고,[1] 수집해온 일련의 자료들을 전문적으로 소개하기도 하였다.[2] 이러한 조사는 한국에서는 처음 있는 일이었고, 그 결과물에 대한 보고도 처음이었기에 학계에 많은 관심을 이끌어 냈다고 자부한다. 본 논문은 이러한 조사보고서를 바탕으로 작성한 것이다.

Ⅱ. 하이난도로의 강제연행을 위한 일본정부의 군부와 민간기업의 이용정황

일본이 하이난도를 침략했던 시기는 1936년에서 종전의 해인 1945년까지였다. 이 당시 하이난도에 거주하던 인구는 약 150만 명가량이었고, 그중 약 4분의 1에 해당하는 40만 명이 일제에 의해 피해를 받

---

1) 金勝一,「海南島의 朝鮮報國隊와 韓國人慰安婦의 強制連行經緯와 暴行慘狀」獨立紀念館 韓國獨立運動史硏究所,『日帝強占下,國外韓人被害實態照查報告書Ⅰ』, 獨立紀念館, 2005.

2) 金勝一,「中國 廣東·海南島地域所藏韓國歷史資料目錄 및 槪況」, 國史編纂委員會,『中國所在韓國資料照查報告Ⅰ』2004.

았다. 이곳의 민족구성은 여족(黎族), 묘족(苗族), 한족(漢族) 등 세 개의 민족으로 구성되어 있었는데, 그중에서도 가장 큰 피해를 입은 민족은 여족이었다. 그 원인은 아마도 이들이 거주하던 지역에 일본군대가 가까이 주둔해 있었고, 다른 민족에 비해 상대적으로 많은 인구가 존재했기 때문이 아니었나 생각된다. 일본이 하이난도를 침략하게 된 원인에는 크게 두 가지로 압축할 수 있다. 하나는 태평양전쟁이 폭발하기 이전에는 하이난도를 전략적 기지로 활용하는데 그 가치가 대단히 높다고 보았다는 점이다. 즉 동남아지역을 침략하는데 있어서 그 지역적 위치가 상당히 좋았기 때문이었는데, 특히 월남과 버마를 침략하기 위해서는 지리적으로 매우 가까웠기 때문에 중요한 거점기지로써 활용할 수 있었기 때문이었다. 또한 연합군의 주요 물자공급기지였던 광동성 서남단의 뇌주반도(雷州半島)와 동남아의 노선을 차단시킬 수 있는 전략적 요충지가 될 수 있었기 때문이었다. 다른 하나는 1941년 12월 8일 태평양전쟁이 폭발하자 물자공급루트를 단절시키겠다는 전략에서 거꾸로 물자를 공급하는 병참기지로 활용할 수 있었기 때문이었다. 그것은 전쟁이 막바지로 치 달으면서 일본 본토 및 주변 식민지국가로부터의 물자조달이 어려워지자 하이난도의 풍부한 자원을 약탈하여 동남아 각 지역 및 중국본토에서 벌어지고 있는 전장으로 이들 자원을 보낼 수 있었기 때문이었다. 이러한 물자를 조달하기 위해서는 이들 자원을 발굴하고 생산하는데 많은 노동력이 필요하게 되었고, 또한 열대 우림지역인 만큼 도로나 운송수단, 그리고 이들을 생산하기 위한 전력이 필요했기 때문에 식민지하의 국가들로부터 많은 노동력을 강제로 연행할 필요가 생겼던 것이다. 이를 위해 일제 당국은 1938년 2월 26일 조선총독부에게 "육군특별지원병제도 (陸軍特別志願兵制度)"를 발포하게 하였다. 그리고 1938년 9월에는 대만 총독부에게 "하이난도 처리방침"을 작성케 하여 하이난도를 일제의 남방정책을 실시하는데 있어서 전진기지의 거점으로 만들기 위한 준비를 하게 하였다. 그러자 일본천황은 1939년 1월 17일 하이난도에 대한 공격을 결정하기에 이르렀다. 그리하여 1939년 2월 10일 에는 하이난도를 점령하였고, 하이난도 최남단에 위치하고 있는 제2의 도시 산야(三亞)에 해군 제5함대 사령부를 설치하고 군정(軍政)을 실시하는 책임을 지게 하였다. 이로부터 하이난도는 군사기지화가 시작되었던 것이다. 그러나 일본정부는 자신들의 이러한 죄행을 감추고자 이러한 군정 및 군사기지화를 일본 정부가 직접 나서서 건설하는 게 아님을 알리기 위해 민간 기업들에게 공사권을 주어 비행장, 부두, 도로 등을 건설하게 하였다. 그러자 민간 기업들은 하이난도 주민을 비롯해 조선인, 중국인, 타이완인, 동남아인들을 대량으로 하이난도에 강제 연행하여 건설공사에 투입시키게 되었던 것이다. 더구나 일본 외무성과 해군성·육군성 등은 공동으로 민간 기업의 공사가 신속하고 효과적으로 실행할 수 있도록 1939년 4월 21일 하이커우연락회의(海口連絡會議)를 만들어 지원하도록 했고, 전쟁 상황이 더욱 치열해지자 이 회의를 확대하여 "삼성연락회의(三省連絡會議)" "치안유지회(治安維持會)"를 잇달아 발족시켰다. 그리고는 7월 8일에 한국에서 "국민징용령(國民徵用令)"을 공포하였고, 7월 28일에는 "조선인 노동자의 내지(日本領

土) 이주방침"과 조선인 노무자 모집 요강과 방법(朝鮮人勞務者招募要綱 與方法)"을 공포하기에 이르렀다. 이는 곧 한국인 노무자들을 합법적 으로 모집하겠다는 의도를 가장하기 위함이었다. 더구나 모집하여 강 제연행 된 이들을 관리 감독하기 위해 1941년 4월 1일에는 "하이난경 비부(海南警備部)"를 "치안유지회"와 통합시켜 "칭아이임시정부(瓊崖臨 時政府)"를 설립하게 했고, 하이난경비부 소속 인사들에게는 하이난에 서의 군정 실시를 지휘하도록 했으며, 하이커우특부(海口特務部)는 군 정사무를 책임지도록 했다. 이렇게 행정적으로 업무분담이 이루어지 자 1942년 2월 일본정부는 "조선 노무자를 활용하는 방책(活用朝鮮人 勞務者的方策)"을 결정하고 조선인 노무자들을 모집하여 강제연행하기 시작했던 것이다.[3] 이렇게 일본정부와 군부에 협조하여 노무자들을 모집하고 강제연행시켜 공사현장에 뛰어들게 한 대표적인 일본 기업 으로는 이시하라산업(石原産業), 니혼질소(日本窒素), 미츠비시광업(三菱 鑛業), 아사노시멘트(淺野水泥) 등이 있었다. 이들은 일본정부가 강제 연행이라는 혐의에서 벗어날 수 있도록 민간기업 차원에서 이러한 강 제연행을 진두지휘했는데, 그 방법은 거액의 임금을 준다는 방식이었 다. 이처럼 이들의 속임수에 걸려들어 모집에 참여한 각국의 노동자 들은 하이난도로 강제연행 되어 혹독한 노동에 시달리게 되었던 것 이다. 이들 민간 기업의 죄상은 다음과 같다. 이시하라산업(石原産業)

---

3) 본은 전쟁이 막바지에 이르러 전세가 불리하자 노무자 모집에서 군인들까지 징병하기 위한 조례 를 발표하기 시작했는데, 1943년 3월 2일 공포한 "개선병역법"이 그 시작이었다. 그 후 1944년 4 월에는 한국에서 "징병검사"를 시작했고, 1944년 9월에는 "한국이 노무자의 이입에 관한 건(有關 移入半島人[韓國人]勞務者件)"을 결정하여 징용 및 강제연행을 시작했던 것이다.

은 1939년 2월부터 하이난도에 있는 자원을 조사하기 시작하여 산야시에 있는 텐두(田獨) 광산에서 철광석을 채굴한 후 일본 내지에 있는 야하다(八幡) 제철소로 보내 무기를 만드는 재료로 쓰게 했고, 니혼질소는 스루(石碌) 철광산의 광석을 채굴하여 내지로 운송했다. 미쓰비시광업은 나따(那大) 주석광산과 양자우령(羊角嶺) 수정(水晶)광산에서 채광하였고, 아사노시멘트는 석탄을 채굴하여 운송하기 위해 산야(三亞), 황류(黃流), 스촌(石村), 따퍼촌(大坡村) 등지에다 비행장을 건설하였고, 빠쉬(八所)에 항구를 건설하였으며, 산야에서 빠쉬까지 철로를 놓았다.[4]

Ⅲ. 조선보국대의 하이난도로의 강제연행과 생활실태 및 박해상황

'조선보국대'의 원래 명칭은 '남방파견대'였으나, 1943년 8월 31일 조선총독부 법무국장이 조선의 각 형무소 소장에게 명칭을 "남방파견보국대"로 고치라고 명을 내렸다. 그러자 일본해군에서는 조선보국대를 하이난도로 파견해 달라고 하면서 남방으로 파견하는 보국대원은 전원 모두 "형무소 수감자"로 해 줄 것을 요구하였다. 이들을 요구한 원인은 이들이 범죄자이기 때문에 힘든 노동을 강제로 시킬 수가 있고, 그러면서도 노임을 줄 필요가 없는데다, 더구나 그들이 일을 하다가 죽든지 말든지 상관할 필요도 없었기 때문이었다. 이는 바로 일본 입장에서 볼 때, 조선인에게 집행하는 형벌 방식 중 가장 좋은 방법

---

4) 김승일, 「海南島의 朝鮮報國隊와 韓國人慰安婦의 强制連行經緯와 暴行慘狀」, 앞의 논문.

이라고 생각했기 생각했던 것이다. 더구나 이들을 선정하는 기준으로 형기가 1년 반에서 3년이 안 되는 비교적 가벼운 범죄자이면서 나이는 20세 이상에서 40세 미만으로 했고, 특히 성격상 선동적이지 않고 광폭하지 않은 자로 정치범이 아닌 신체가 건강한 자에 한해달라고까지 요구하였다. 그러면서 이들의 지원을 이끌어내고, 반발을 무마시키기 위해서 보국대에 들어갈 경우 형기를 단축시켜주거나 죄를 면제해 주겠다고까지 하였다. 이렇게 해서 1943년 3월 30일 서대문형무소에 수감되어 있던 수형자들 중 보국대에 지원한 자들이 제1차로 파견되었다. 제2차는 1943년 5월 9일에 경성, 서대문, 평양, 신의주, 진남포 등의 형무소에 있던 수감자들이 파견되었다. 제3차는 시기가 명확하지 않으나 해주(海州), 대구, 대전, 청주, 광주, 원산 등 13개 형무소의 수형자들이 파견되었다. 제4차에서 제6차까지는 파견날짜 등의 기록이 전혀 없어 알 수가 없고, 제7차는 1943년 10월에 파견되었다고 하는 기록이 있고, 마지막 제8차는 1944년 2월 15일에 파견되었다고 하는 간단한 기록만 있어 그 자세한 내용은 알 수가 없다. 이렇게 총 8차례에 걸쳐 강제 연행된 수형자 숫자는 정확한 기록만 없어 확실하게 단정할 수는 없지만 각종 기록을 통해 추측해 볼 때 약 2,500명에서 3,000명 정도에 달하는 것으로 알려지고 있다.[5] 하이난도에 강제 연행된 이들 수형자들은 아열대기후와 지형조건에 적응하지 못한 관계로 온갖 고생을 하지 않으면 안 되었다. 당시 이들의 생활실태를 보았던 현지인들의 증언에 의하면 옷과 신발이 없어 거의 벌거숭이 상

---

5) 『治刑』 等日本雜誌 참조.

태로 노역을 했다고 하면서 그들에게 가해지는 폭행 등 가혹한 행위
는 눈뜨고 볼 수 없을 정도였다고 했다. 더구나 항상 감시를 당하고
있어 숙소에서 거의 출입을 자유스럽게 할 수 없었는데, 그것은 그들
이 도망을 치지 못하게 하기 위함이었다. 그러나 더욱 비통한 것은 경
험해보지 않은 아열대기후에다 전혀 보지 못하던 벌레 등에 의해 옮
겨지는 전염병 때문에 거의 대부분이 사망하지 않을 수 없었고, 장
시간에 걸친 혹독한 노동 때문에 또한 희생되는 사람이 많았다고 했
다.[6] 이러한 결과를 증명하고 있는 것이 현재까지 하이난도 제일 남
부 도시인 산야(三亞)에 남아 있는 소위 조선촌의 '천인갱(千人坑)'이다.
현재까지도 중국에는 '만인갱', '천인갱'으로 불리고 대학살장소가 전
해지고 있는데, 이는 곧 살아 있는 사람들을 생매장했거나 사망자들
을 묻은 곳으로 숫자가 많으면 '만인갱', 적으면 '천인갱'으로 불려고
있는 것이다.[7]

Ⅳ. 마치는 말

2000년 처음으로 하이난도를 방문한 이래 여러 차례에 걸쳐 전 지
역을 찾아다니며 증언을 청취하고 현장답사를 통해 국내에 하이난도
에 연행된 한국인들의 참상을 알리게 되면서 국사편찬위원회에서는

---

6) 日帝官方報告書,『海南島視察記』및『三亞文史』등 참조.
7) 김승일,「中國地域의 萬人坑分布狀況과 韓國人의 犧牲」, 국민대학교 한국학연구소,『韓國學
論叢』32輯, 2009, 8, 참조.

하이난도와 관련된 자료를 수집하기 시작했고, 독립기념관 독립운동 사연구소에서는 직접 조사팀을 꾸려 답사팀을 보내기도 함으로써 국내 연구자들의 시야에 하이난도가 들어오기 시작하였다. 그동안의 연구경험에 의해 느낀 향후 하이난도에 대한 연구 과제를 든다면 다음과 같은 점을 들 수 있다.

첫째는 강제연행 당한 사람들에 대한 숫자 파악이 매우 절실하다는 점이다. 자료에 나와 있는 명단만으로는 정확한 수를 헤아릴 수 없으므로 정부기관의 동원을 통한 전국적인 조사를 비롯한 여러 방법을 동원하여 그 숫자를 헤아려보는 것이 매우 중요하다고 본다. 둘째는 강제연행 된 사람들의 노역의 실태, 노역현장, 그들에 의해 건설된 유적지 등을 좀 더 정확히 파악하여 노역의 정도를 파악해 보는 것이 중요하다고 본다. 셋째는 조선촌이라고 지금도 불려지고 있는 산야 (三亞)의 난띵촌(南丁村)에 있는 천인갱(千人坑)의 발굴을 통해 학살상황 및 학살의 원인이 어디에 있었는지를 파악하는 일이다. 넷째는 강제연행에서 무사히 귀국할 수 있었던 사람들을 찾아 그들이 어떻게 해서 돌아올 수 있었는지, 그들이 귀국할 수 있었던 원인과 배경, 귀로의 루트를 조사하여 당시의 국제관계의 막후를 이해하는 것도 중요하다. 그래야만 일본·미국·중국국민당의 시각을 비교해 보고 향후 국제관계를 위해 귀감으로 삼아야 할 것이기 때문이다. 다섯째는 한국 외무부 보고서에 의하면 하이난도로 강제 연행되어 간 2,500에서 3,000여 명이 수형자 중 귀국한 사람이 200여 명으로 알려지고 있는데, 생존해 있더라도 몇 명밖에 없을 것이므로 이들을 찾아 증언 청취를 반드시 해야 한다는 점이다. 여섯째는 한중일 학자들을 중심으로 한 공동조사와 공동연구가 이루어져야 한다는 점이다. 그래야만 일제의 만행을 정확히 파악할 수 있을 것이라고 여겨지기 때문이다. 하지만 이러한 문제를 해결하기 위해서는 많은 문제점이 놓여 있다. 먼저 이에 대한 연구자들의 관심과 협조가 필요하다는 점이다. 왜냐하면 필자가 처음 논문을 발표한지 20년이 지났어도 아직까지 하이난도에 대한 논문이 나오고 있지 않고 있다는 것이 이를 증명해준다.

아무래도 자료 부족이거나 자료 발굴을 위한 경비가 큰 문제가 아닌가 사료된다. 또 언어상의 문제도 그 주요 원인이 아닐까 한다. 이에 반해 다행스러운 일은 양심 있는 일본인들로 구성된 "하이난도근현대사연구회"에서 자신의 주머니를 털어 매년 팀을 조직하여 하이난도에 가서 자료 발굴 및 증언 청취를 통해 얻은 결과물을 가지고 연구발표회를 이어가고 있고, 매년 2회에 걸쳐『하이난도근현대사회지(海南島近現代史會誌)』를 발간하고 있다는 점이다. 그런 점에서 당사자인 우리는 이러한 일본인 연구자들의 태도를 보면서 반성해야 할 여지는 없는지 생각해보아야 할 것이다.

부록

동북공정 이후 중국역사학계의
한국사 연구동향 분석

- 김승일

I. 머리말

'동북공정'은 중국사회과학원(中國社會科學院)에 소속된 변강사지연구중심(邊疆史地研究中心)에서 2002년 2월부터 2007년 1월말까지 5년간 실시한 연구사업을 말한다. 원래는 '동북변구 역사와 현상계열연구공정(東北邊疆歷史與現狀系列研究工程)이라는 긴 이름인데, 줄여서 '동북공정'이라고 불렀다. 이것은 중국의 동북 3성 지역의 역사, 지리, 민족에 관련된 여러 문제들을 집중적으로 연구하는 국가적인 사업이었다. 여기서 말하는 동북 3성이란 중국 영토의 동북 지역에 해당하는 랴오닝성(遼寧省), 지린성(吉林省), 헤이룽장성(黑龍江省) 등 3성을 가리킨다. 곧 이 지역에서 일어났던 과거의 역사와 앞으로 일어날 수 있는 일들에 대해 체계적으로 연구하려고 실시한 사업이 동북공정이었음을 재론할 필요도 없을 것이다.[1] 동북공정 과제 수행의 지침에는 고대 중국의 강역에 대한 이론 연구, 동북 지방사 연구, 동북 민족사 연

) 王景澤, 高福順, 「中國東北史研究面任着理論考險」 『北華大學學報(社會科學版)』 第9卷 第4期), 2008년 8월, 참조.

구, 고조선·고구려·발해사 연구, 한중 관계사 연구, 중국 동북변강과 러시아 극동지역의 정치 경제 관계사 연구, 동북변경의 사회 안정에 대한 전략적 연구, 한반도 형세 변화가 중국 동북변경의 안정에 미치는 영향에 대한 연구 등 우리의 고대사에서부터 현재와 미래에 관계된 모든 문제들이 총 망라되어 있다.[2] 그런데 그 결과물이 하나 둘씩 발표되면서 한중 양국 사이에 갈등이 일어나게 되었다. 그러자 2004년 8월에 한중 두 나라의 외교부 대표가 만나 이 문제를 학문적인 차원에서만 한정하고 더 이상 확산시키지 않는다는 약속을 포함한 구두양해 각서를 주고받기에 이르렀다. 이로 인해 동북공정은 최초의 계획대로 진행되지는 못하게 되었으나 동북공정식 인식을 담은 연구와 논리는 여전히 오늘날까지 이어지고 있는 상황이다.[3] 본 논문은 그동안의 동북공정에 의해 이루어 졌던 연구결과에 대해 중국학계는 자체적으로 어떻게 평가하고 있는지, 그리고 이러한 연구 시각은 현재 어떤 상황으로 이어지고 있는지, 동북공정이 끝난 2007년 이후 발표된 동북공정 주제 관련 논문 중 우리의 역사와 직접적으로 연관된 5가지 주제의 논문들을 분석하여 살펴보고, 나아가 중국학자들은 한국 역사학계의 연구시각에 대해서 어떤 견해를 가지고 있는지 등

---

2) 동북아역사재단 『스트래티지21』 (2006년 겨울호)에서 밝힌 '중국의 동북공정과 한국의 대응'

3) 勵聲, 「改革開放30年來中國邊疆史地研究學科的繁榮與發展-兼述中國邊疆史地研究的第三次研究高潮」 (『中國邊疆史地研究』 제18권 제4기), 2008년 12월. 劉信君, 『改革開放30年來中國邊疆史』 (『社會科學專線』 제8기) 2008년. 楊雨舒, 「2009年東北邊疆歷史與文化學術研討會綜述」 (『東北史地』 제6기) 2009년. 陳尙勝, 「近16年來中國學術界關于淸朝與朝鮮關係史研究述評」 (『當代韓國』 秋季號), 2009년. 耿鐵華, 「改革開放三十年高句麗研究成果統計與說明」 (『東北史地』 第2期) 2009년. 등 참조.

을 고찰해 보고자 한다. 이를 위해서 2007년 이후 현재까지 중국학자들에 의해 발표된 동북공정의 시각과 연계되어 발표된 논문들[4]을 중심으로 분석해 보고, 이로 인해 다시 불거질 수 있는 한중 양국 간의 논쟁을 미연에 방지하기 위해 우리 학계에서는 어떤 자세와 사고를 가지고 연구를 해야 하는지에 대한 의견을 제시해 보고자 한다.

Ⅱ. '동북공정'의 결과에 대한 중국학자들의 자평과 제안

'동북공정'에서 과제로 삼은 항목은 연구류가 73항, 당안 문헌류가 8항, 번역류가(동북변강과 관계된 한, 러, 일의 저작물) 18항, 자료정보수집 2항목 등으로 되어 있었다. 이러한 항목별 연구 성과에 대해 중국 학계에서는 "많은 자금과 정력을 동북 3성과 국외 유관 연구 성과 자료를 모으는데 각 부분별로 많은 성과를 이루었고, 국민들과 이와 관련 있는 부문의 인력들에게 동북변강의 역사와 현황을 일층 이해시키기 위한 편집과 이들 출판물의 보급을 위해 노력하고 있다"고 보고하고 있다.[5] 이러한 보고의 구체적 내용을 종합해 보면 아래와 같다.

(1) 학술성과 방면: 아주 수준 높은 연구 저작물이 많이 완성 되었

---

4) 한중관계 논문으로 여러 분야의 것들, 즉 중세, 근세, 근대에 있어서의 중국인의 한국관, 宗藩問題, 獨立運動問題, 儒佛思想의 영향 등에 관한 논문도 있었으나, 본 논문의 제목과 일치하는 다섯 분야의 주요 논문들 40여 편을 중심으로 분석하였다.
5) 勵聲, 앞의 논문, 9쪽.

다. 그 다음에는 많은 진귀한 자료 및 문헌, 그리고 이와 유관한 외국 저작물들의 번역물이 정리 출판되어 일반에 많이 보급되었으며, 마지막으로 일정한 규모의 자료와 정보 데이터가 구축되었다.[6]

(2) 인재배양 방면: 100여 개에 대한 항목의 연구가 완성됨에 따라서 청장년 연구원들이 대거 출현하게 되었고, 이들이 향후 동북아변강사(東北亞邊疆史) 연구의 후계자가 되어 그동안 이 분야의 인재 부재 문제를 해결할 수 있게 되었고, 또한 중국 내에서 이 분야에 대한 연구가 중시 되어 오지 않았는데, 이 문제 또한 일거에 해결할 수 있게 되었다.[7]

(3) 이 분야에 대한 전문 연구기관 및 중점 학과의 설치: '동북공정'의 연구과제를 위하여 랴오닝대학, 랴오닝성사회과학원, 둥뻬이사범대학, 지린성사회과학원, 옌볜대학, 창첸사범대학, 헤이롱장대학 등 동북3성의 대학 및 연구소 등에 이와 관련된 연구기관이 많이 설립되어 이와 관련된 연구 과제를 중점적으로 연구하게 되었다.[8]

(4) 동북변강역사와 동북민족관계학사 연구가 현저하게 강화되었고, 이와 관련한 학과 체계가 형성되게 되었다. 동시에 동북변강 현

---

6) 付百臣,「改革開放以來中國高句麗史研究述評」(『東北史地』第2期), 2009년, 참조.
7) 耿鐵華, 앞의 논문, 19-20쪽.
8) 耿鐵華, 앞의 논문, 18쪽.

상의 안정과 발전적 연구가 한 계열을 형성하게 되어 공산당과 정부의 정책을 결정하는데 중요한 참고 의견으로써 기여할 수 있게 되었다고 자평하고 있다.[9] 그러나 이러한 성과에 만족하지 못하고 있는 중국학계는 또한 향후 이 방면에 대해 지속적으로 연구하기 위한 제반 의견을 제시하고 있는데, 이러한 의견을 한 눈에 볼 수 있었던 회의가 2009년 7월 24일에서 25일까지 이틀간 지린성 창춘(長春)에서 열린 "2009년동북변강역사와 문화 학술포럼(東北邊疆歷史與文化學術研討會)였다." 이 회의는 중국사회과학원과 지린림성사회과학원이 연합하여 주최했고, 랴오닝성사회과학원, 헤이롱장성사회과학원이 협조하여 거행되었다. 참가자들 중에는 정계의 고위층 인사 및 중국사회과학원 부원장 등 최고위 계층이 참석했다는 점에서 중국 정계 학계 전체의 의견을 반영해 주는 회의였음을 알 수 있고, 여기서 제안된 향후 관심사에 대해 살펴보면 앞으로 중국학계에서는 계속해서 '동북공정'과 같은 시각에 바탕을 둔 연구가 계속 진행될 수 있음을 엿보게 해준다. 이 회의에서 제시된 고구려와 발해 분야의 연구 풍토에 대해 제시된 문제 시각은 다음과 같다.

(1) 동북변강문제는 장기적으로 중시되지 못해왔던 문제로 연구방법이 단일하고, 당안 자료의 발굴 및 정리와 이용이 아직 멀었는데, 그것은 정치 및 국제관계의 영향 때문이었다. 따라서 동북변강역사와 문화연구의 영역이 백화제방 및 백가쟁명이 안 되는 분위기를 만들

---

9) 勵聲, 앞의 논문, 10쪽.

어 주었다. 다시 말해서 이 문제는 여러 가지 중대한 쟁의를 일으킬 수 있는 뜨거운 감자가 될 수도 있고, 또한 해결이 어려운 문제이기 때문에 이 문제를 건드리는 것에 대해 '금지구역'이라는 전제가 있었다고 하면서 현재 중국정부에서 취하고 있는 이 분야에서의 부자연스러운 연구 환경을 토로하고 있다.

(2) 여러 전문가 연구자들이 연구할 수 있는 영역으로서 열세한 분야라는 인식이 강하게 작용하고 있고, 심지어는 이로 인해 연구의 공백 분야로까지 인식되어 있다.[10]

이러한 문제점을 제시한 다음 이들 문제점을 해결하기 위한 방법으로서 다음과 같이 제언하고 있다. 이들 제언 중에서 특별히 한반도 역사와 관련된 부분을 요약하여 살펴보면 아래와 같다.

① 고구려에 대한 문제: 고구려에 대한 문제는 민족의 귀속문제로서, 이는 민족문제인 동시에 국가문제라는 관점으로 보아야 한다.[11] 그러나 민족문제인 민족 귀속과 문화 성질은 고대민족의 귀속을 판단하는 것이 핵심문제가 아니라 정치관계와 정치 통치형식을 연구하는 것이 핵심문제가 되어야 한다. 따라서 국가문제를 연구하는 쪽에

---

10) 楊雨舒, 앞의 논문, 89쪽.
11) 付百臣은 고구려의 族源, 族屬 문제를 5가지 관점, 즉 高夷說, 濊貊說, 夫餘說, 炎帝族系說, 商人說 등 5가지 관점으로 정리했다. 앞의 논문, 11-12쪽.

더 많은 관심을 기울여야 한다. 그 예로써 고구려 민족 및 그 역사의 귀속문제를 들고 있다. 이 문제에 대해서는 세 가지 측면에서의 관점이 말해졌다.

ⓐ 고구려 정권의 귀속 상에서 고대국가의 정치경제문화 중심이 판단의 표준이 되어야 한다. 427년에 고구려 정치, 경제, 문화 중심이 한반도 쪽으로 옮겨졌기에 고구려가 멸망하기까지의 대략 240여 년간은 전체 고구려 역사 중의 3/1에 해당하므로, 고구려사는 중국동북지방사에 속할 수도 있고, 또한 조선사에도 귀속된다. 따라서 '일사양용(一史兩用)'[12]으로 보는 것이 실질 역사에 부합된다.

ⓑ '일사양용'의 견해에는 동의하지만 고구려의 역사를 중국역사와 조선역사에 동시에 넣어서 기술해야 한다. 바로 중원(中原)왕조와 고구려 사이의 번속관계(藩屬關係)를 써나가는 것이 역사를 존중하고 중국역사 중에서 고구려사의 역사적 위치에 영향을 주지 않는 역사 그대로의 사실을 기록하는 방법이기 때문이다.[13]

ⓒ '일사양용' 관점의 실질적인 의미는 '절충주의'에 불과하다. 즉 고구려의 역사는 실질적으로 처음부터 끝까지 중국사이다. 427년에 평

---

12) 姜孟山,「高句麗史的歸屬問題」『東北民族與疆域研究動態』第3期, 1999년. 張碧波,『東北民族與疆域論稿(上)』, 黑龍江教育出版社, 哈爾濱, 2002年 등 참조.
13) 劉子敏,「古代高句麗同中原王朝的關係」(『東疆學刊』第3期) 1996년. 付百臣, 앞의 논문, 12쪽 참조.

양으로 천도한 후에도, 평양 또한 중국의 역사 강역에 포함되는 곳이기에 그 정치적 속성은 변함이 없다. 따라서 '일사양용'은 고구려 역사 문제에 부합되지 않는다.[14]는 등의 견해들로 논의되어지고 있는데, 아직 중국학계에서는 고구려사 문제에 대한 시각이 확고하게 정립되어 있지 않고 있음을 말해주고 있다. 이는 또한 스스로 고구려사를 중국역사 속으로 편입시키는데 있어서 그 역사적 해석에 한계성이 있음을 보여주는 것이라고도 할 수 있을 것이다.

② 고구려와 발해사의 문제: 동북공정 개시 후 고구려와 발해사 연구[15]는 매우 민감한 문제가 되어 국외학자 및 유관 국가의 정계, 매스컴 등에 오르내렸고, 나아가 역사연구를 벗어난 범주에서의 문제가 야기됐으며, 영토문제로까지 확대되어 국가와 국가 간의 갈등 관계를 상승시켜, 국외 학계에서는 함부로 말하기에 이르러 중국내 학술계의 정상적인 연구 활동이 국외학술계 및 정계, 심지어는 대중의 시위와 항의를 받는 지경에까지 이르게 되었다. 이는 바로 학술계의 문제가 정치화 한 것이고, 역사문제가 현실화 되게 된 것이다. 이런 상황에서 최근 몇 년간 고구려와 발해사 연구는 중국 동북지방사 연구계의 하나의 중대하고도 곤혹스런 문제가 되었다. 이로 인해 현재 중국학술계는 개별적으로 고구려, 발해사 논문 외에 저작물(열점문

---

14) 楊雨舒, 앞의 논문, 90쪽.
15) 魏國忠,『渤海國史』, 北京, 中國社會科學出版社, 2006年, 孫進己,『東北民族史研究(一)』, 鄭州, 中州古籍出版社, 1994年 등 참조.

제[熱點問題], 난점문제[難點問題], 민감문제[敏感問題])도 간행할 수 없
는 상황에 있다. 따라서 이 문제를 일찍 해결하지 않으면 인재 배양
은 물론이고 현재의 인재마저 끊어지게 될 것이며, 또한 현재의 상황
을 개선해 갈 수 있는 여지조차 없어질 것이므로, 이는 중국학술계의
고구려, 발해사 연구에 있어서 하나의 재앙이다.[16] 이렇게 말하면서
이 분야의 연구 풍토에 대한 위기의식을 나타내고 있다.

  ③ '간도문제(間島問題)' 및 '도문강중한계무조관(圖們江中韓界務條款)'
    문제: '간도문제'는 중국과 한국과의 문제도 아니고, 변계문제(邊
    界問題)도 아니며, 곧 중국과 일본 간의 문제이다. '간도문제'는
    러일전쟁 후 일본의 중국에 대한 하나의 사기적 외교의 산물이
    다. 그리고 '도문강중한계무조관'은 특정한 역사조건의 산물로서
    비록 여러 방면에서 불평등성을 가지고는 있지만, 여전히 합법
    적인 외교문헌으로서 기본적으로 국제조약적 성질을 가지고 있
    다.[17]

  이러한 관점을 제시하며 이들 현실적 문제를 해결하기 위해서는 국
내외 정부 및 학계에 대해서 다음과 같은 의견을 제창했다.
  먼저 중국내 관계기관에 대한 제안으로는,[18]

---

16) 楊雨舒, 앞의 논문, 90-91쪽.
17) 楊雨舒, 앞의 논문, 91쪽.
18) 黃松筠, 「2009年東北邊疆歷史與文化學術硏討會 '綜述'」(『中國邊疆史地硏究』第19卷
    第4期) 2009년 12월 참조.

① 중국내 학술계의 고구려 역사 연구의 주류 관점을 충분히 체현
　해 낼 수 있도록 고구려사 연구를 더욱 강화해야 한다.

② 어떤 장소, 어떤 시기에라도 중국학자의 관점과 소리를 발표할
　수 있게 해야 한다.

③ 중국학자들에게 학술연구를 할 수 있는 정당한 권리를 주어서
　고구려사 방면을 연구하는데 적극성을 가질 수 있도록 보호해
　주어야 한다.

④ 고구려사 연구 성과를 받아들일 수 있는 정상적인 학술궤도로
　올려놓아야 한다. 비교적 자유로운 출판환경을 창조해 주어야
　한다.[19] 고 했다.

이에 대해 국외학자들에 대한 요구는 다음과 같다.

① 고구려 문제는 이미 역사문제로 현안이 되어 있기 때문에 고구
　려사의 전반적인 문제를 포괄적으로 고려하며 연구해야 한다.

② '구동존이(求同存異 다른 것은 일단 제쳐 놓고 같은 것부터 뜻을
　모아간다)'할 것을 요구하며, 고구려사 연구 상 각자의 서로 다
　른 학술관점을 허락토록 해야 한다.

③ 학술방면에서 상호간에 신뢰감을 간직하고 학술의 평등성을 견
　지하여 학술연구를 통한 공통된 인식을 이루도록 점진적으로
　추구해 나가도록 하자.[20] 는 것 등이었다. 이러한 견해를 살펴보

---

19) 劉信君, 앞의 논문, 15쪽.
20) 楊雨舒, 앞의 논문, 91쪽.

면 상당히 객관적이고 합리적인 것처럼 보이지만, 다음 장에서 보여 지는 현재 진행되고 있는 일련의 연구내용을 살펴보면, 이러한 의견들이 상당히 가식적이라는 것을 알게 될 것이다.

Ⅲ. '동북공정'의 연속선상에 서있는 중국학자들의 연구경향

동북공정 이후 중국연구자들의 한국관계 방면의 연구시각을 부문별로 정리하면 다음과 같다. 단 모든 발표된 논문을 모두 정리하는데는 지면상의 문제가 있기 때문에 비교적 명확한 관점을 보이고 있는 논문을 선별하여 분석하였다. 중국학자들의 한국관계 연구부문을 크게 민족기원 부문, 고구려 부문, 발해 부문, 영토문제 부문, 조선족 부문 등 총 5개 부문으로 나누어 고찰 분석하였다.

첫째, 민족기원 부문의 연구로서 예맥족(鄭紅英)은 「朝鮮民族的起源與原初文化」(2008년 7월)에서 "한민족의 형성 시작을(濊貊族)으로 보았는데, 그 이유는 이들이 살던 지역에 남아 있는 문화들이, 이곳에서 먼저 살던 주민과 그들의 문화가 완전히 다르기 때문이다. 예를 들면 무문토기, 거석문화, 청동기문화(無紋土器, 巨石文化, 靑銅器文化)의 형태가 전연 다르고, 그것이 위만조선까지 연계되어 있기 때문이다"[21]라고 주장하였다(孫衛國). 「傳說, 歷史與認同: 檀君朝鮮與箕子朝鮮歷史之塑造與演變」(2008년)에서는 "서방과 일본세력의 충격 하에서 중화세계

---

21) 『安徽文學』, 제7기. 347쪽.

가 해체되자 한국과 중국의 종번관계(宗藩關係)가 소멸되었고, 열강의 침략으로 인해 민족의 처지가 위급해지게 되자 단군을 민족시조로 만들어 대한민족의 단결을 강화시키고 민족정신의 영혼을 응집시키기 위해 최대로 존중을 하게 되었으며, 기자에 대해서는 도외시 하며 배척을 하다가 결국에는 말살해 버리게 되었다. 따라서 현재 한국에서는 민족동질설을 만들어 내는데 있어서 고대사를 해석하는 중요한 동기로써 의식되고 있다"[22]고 마치는말지었다. 이에 대해 林堅「朝鮮(韓)民族源流與民族意識淺見」(2010년)에서 "조선朝鮮(韓) 민족(民族) 은 여러 계통이 복합된 민족으로 그 내원은 범 동이계통(東夷系統 선사시기의 유문토기시대에 영향 줌), 범 백월계통(百越系統 무문토기시대, 청동기시대 전후에 영향 줌), 범 북적계통(北狄系統 원나라 시대에 영향 줌)이 수천 년간에 걸쳐 중국대륙으로부터 한반도로 이주해 온 헤아릴 수 없는 수많은 각 민족의 융합체가 한민족의 기초이다"라고 보았다.[23] 趙炳林「箕氏朝鮮及相關問題再考證」(2010년 3월)에서 "기자조선은 객관적으로 존재했다. 기자조선은 800여 년간 존속했지만, 그 절대 다수 시간에 대한 역사적 기재가 없는데, 이는 우연적 현상이고, 또한 그에 대한 이유가 있다.

그 이유란
○ 서주(西周) 의 사관(史官) 들이 변방지역의 제후국에 관한 기재가

---

22) 『復旦學報』(社會科學版) 5기, 32쪽.
23) 『延邊大學學報(社會科學版)』第43卷 第2期, 80쪽.

상당히 적었기 때문이다. 이러한 점은점은 『죽서기년(竹書紀年)』에서 암시되고 있다.

○ 기자조선과 서주(西)周 의 내왕이 극히 적었기 때문이다.

○ 서주시기의 제후국은 독자적으로 자기의 역사를 기록할 수 없었다.

○ 서주시기의 역사서인 『일주서기자해(逸周書箕子解)』가 진대(秦代) 이전에 소실되어 이후의 역사서에서 누락되었다. 전국시기 기자조선의 국력은 극성기로서 그 영토가 매우 넓었고, 서쪽으로는 청천강(淸川江)어 이남, 동쪽으로는 현 러시아 연해지역 이남, 남쪽은 진국(辰國)을 이웃으로 하는 광대한 지역이었다. 그러나 대외정책을 잘못하는 바람에 연(燕) 나라의 치명적인 공격을 받아 국력이 쇠퇴한 가운데 연나라로부터 도망 나온 위만에게 멸망한 것이니, 위만조선이 기자조선을 대신하게 되어 800년의 역사가 끝난 것이다"[24]라고 설명하고 있다. 이처럼 한민족 단일민족설을 부정하거나 고조선을 만들어낸 역사로 간주하고 있으며, 기자조선을 긍정하여 중국과의 연계성을 부각시키고 있다.

둘째, 고구려 부문을 보면, 何海波 「國內高句麗族源研究綜述」 (2008년 7월)에서 "고구려의 기원에 관한 중국학자들의 주장에는 7종설이 있으나 이들 설도 비록 약간의 차이는 있지만, 모두가 고구려족의 기원이 중국 경내의 고로민족(古老民族) 이라는 점에 서는 상통하고 있다. 따라서 이들 연구는 고구려 민족 및 그 국가의 역사와 영토 귀속 등의

---

24) 『黑龍江史地』 第220期, 169-170쪽.

문제에 대한 연구 시에 매우 중요한 의의를 갖는다"[25]라고 주장하였다. 王成國 「略論高句麗與中原王朝的關係」(2007년)에서 "고구려는 중국 동북 고대의 중요한 민족의 하나로 그 민족 및 그 정권이 존재하는 기간 동안 중원왕조의 영향 하에서 고구려는 발전하였고, 동북의 제 민족 가운데 중원왕조와 가장 활발한 교류관계를 가졌던 주류였다"[26]고 했다. 楊軍 「高句麗朱蒙神話研究」(2009년)에서 "고구려의 주몽신화는 5세기에 이르면 다른 판본이 존재하게 되는데, 그의 신화적 색채가 없어진 채 주몽의 신분내력, 남쪽으로 내려왔다는 사실과 관련한 모호한 기사들이 포함되어 있다. 주몽의 생부는 우부루(于夫婁) 가 세상을 떠난 후 부여(夫余)의 내란기에 사망했을 가능성이 있고, 주몽은 그의 유복자로서 금와(金蛙)의 양아들이 되었으며, 주몽의 모친은 당지의 토호대족(土豪大族) 출신일 것으로 보이는데, 이는 주몽이 남으로 내려올 때 그 모친의 부족들에게 도움을 받았다는 데서 알 수 있다. 주몽에 관한 여러 기사에서 처음에는 부여인과 고구려인의 이름이 나오지만, 후에 모친이 있는 지역으로 내려와서는 많은 한어(漢語) 이름이 나타나는 것이 그 증거이다. 즉 이러한 것은 그가 이미 한문화의 영향을 많이 받았다는 사실을 증명해 준다. 다만 고구려 왕실에서 공개적으로 주몽 신화를 선전하면서 이런 내용을 포함시키지 않았던 것이다. 이러한 사실들을 종합해 보면 주몽은 그 주체가 부여인이 아니라 토착(濊人) 과의 혼혈아였음을 알 수 있다. 이로부터 그

---

25) 『長春師範學院學報(人文社會科學版)』第27卷 第4期, 37-40쪽.
26) 『東北史地』 제1기, 14쪽.

가 건립한 고구려는 족원(族源) 상에서 볼 때 부여와는 명확히 구별되는 것이다. 이러한 것은 그가 먼저 칭했던 졸본부여(卒本夫余)를 고구려로 개칭하는 원인의 하나였다"[27]고 주장했다. 이대룡(李大龍)은 「『三國史記·高句麗本紀』史料價値辨析—以高句麗和中原王朝關係記載爲中心」에서 "『三國史記·高句麗本紀』의 기사에는 많은 문제가 있다. 이 부분은 비록 중국사서의 기록을 대량으로 인용하고 있지만, 본기 제1-5는 중국의 역사서와 모순되는 것이 너무 많고, 본기 제6-10까지의 상황은 중국의 『자치통감(自治通鑑)』을 위주로 한 중국의 역사서 기록을 대량으로 초록하였다. 그렇지만 이 초록에는 새로운 내용들이 많이 결핍되어 있고, 또한 뜻을 개변시키거나 뺀 것이 많아 기사 내용이 불완정하거나 심지어는 사람들에게 고구려사의 새로운 문제를 일으킬 수 있게 한다는 인식을 주기도 한다. 그런 점에서 이 본기의 반 이상의 내용은 사료적 가치가 매우 낮은 것으로 볼 수 있다"[28]며 고구려사 연구의 기본적인 틀마저 깨고 있다. 이상에서처럼 고구려 민족은 중국 경내에 살던 오래된 민족이거나, 타부족과의 혼혈족으로 평가하는가 하면, 중국동북의 한 부족이며 중국문화 아래서 발전한 나라라고 보고 있다. 나아가 고구려사 연구의 기본사료인 『三國史記·高句麗本紀』의 사료적 가치를 극히 폄하하고 있기도 하다.

셋째, 발해 부문을 보면, 鄭永振 「論渤海國的種族構成與主體民族」(2009년 2월)에서 "발해 건국에 참여한 집단은 주로 백산말갈인(白山靺鞨

---

27) 『동북사지』 제6기, 54-58쪽.
28) 『東北史地』 第2期, 11-20쪽.

人), 속말말갈인(粟末靺鞨人), 고구려 유민(高句麗遺民)등이다. 건국 후 발전하는 가운데 여러 종족들이 흡수 통합되면서 다종족 국가로 되었다. 발해사회 중기 통치 지위에 있던 종족은 말갈족이었고, 피통치층도 말갈족 중심이었다. 그런 점에서 말갈족은 발해국의 주체민족이었다. 발해국의 역사발전 중에는 소위 발해족이라는 것이 형성되지를 않았기 때문에 발해국의 주체민족을 발해족이라고 하는 것은 불가능한 일이다"[29]고 주장했다. 騰紅岩「渤海史研究的新思考」(2007년 1월)에서 중국에서의 발해사 연구가 현재 면하고 있는 문제를 세 가지로 분석하고 있다. 즉

○ 연구 대오를 수립하는 문제로서 현재 연구인 수가 적고 이를 이어서 연구할 인재가 없다.

○ 여러 방면에서 많은 지지와 지원이 필요하다. 특히 연구 경비에 대한 지지와 정책적인 지원이 필요하다.

○ 연구역량을 한 곳으로 모으고 전반적인 계획 하에서 연구를 진행시켜야 한다. 이러한 것이 필요하게 되는 것은 현재 국제형세의 발전 추세가 이 문제의 중요성을 부각시켜 주고 있기 때문이다. 따라서 먼저 비교적 논점이 큰 쟁의점에 대해서 이를 돌파할수 있도록 발해사 연구를 더욱 촉진시켜 이로써 강역을 보호하는 사업, 중화민족의 정신문화를 보위하는 사업에 매진토록 해야

---

29) 『北方文物』71-77쪽.

한다"[30]며 현재 이들 문제를 연구하는데 자유스럽지 못하고, 또한 지원조차 유보되고 있는 현실에 대해 불만을 토로하고 있다.

넷째, 영토문제 부문을 보면, 李聰 「長白山民族起源神話解讀」(2009년 7월)에서는 "장백산은 만족(滿族)과 조선(朝鮮) 양 민족의 공동적 민족발원지이다. 만족의 장백산 기원 신화는 모계씨족인 원시사회 조기로, 여진인은 가장 일찍이 장백산에 거주한 민족임을 잘 보여준다. 신화전설 중 '만족의 시조가 강 연안 하류로 내려와 3성(三姓)의 땅에 이르렀다'고 하는 내용은 여진인들(女眞人)이 조기에 거주했던 장백산 지역으로부터 멀리 이전해 왔음을 말해준다. 이처럼 신화 내용에 반영된 원시사회의 단계별 시기구분에서 볼 때, 조선민족의 단군신화는 만족의 신화보다 훨씬 늦은 뒤에 나타났음을 명확히 알 수 있다. 또한 곰이 사람으로 되어 웅녀와 환웅제(桓雄帝)가 결합한다는 것은 조선민족이 역사상 중국의 천조상국봉공(天朝上國封貢) 해 온 체계를 존중해 왔다는 것을 의미하며, 이는 또한 조선의 공주가 장기적으로 중국의 역대 황실과 혼인의 연을 맺어왔다는 사실을 매우 상징적으로 보여주고 있는 의의를 가진 신화라 할 수 있다. 이처럼 장백산 신화전설은 만족과 조선민족의 민족발원이 매우 가까운 연분이 있음을 잘 설명해 주고 있다고 하겠다"[31]고 했으며, 苗威 「'長白山'考辨」(2009년 12월)에서는 백두산의 명칭을 분석하여 백두산을 중국의 것

---

30) 『通化師範學院學報』第28卷 第1期, 1-4쪽.
31) 『吉林省敎育學院學報』, 第25卷 第7期, 76-77쪽.

이라 밝히고 있다. 즉 "불함산(不咸山 [禹益時期])"이라는 명칭이 장백산의 가장 오래된 명칭이다. 그 이름이 포함하고 있는 의미는 색깔이 흰색이나 염기를 포함하고 있지 않다는 의미이다. 도태산(徒太山 [南北朝時期]), 태백산(太白山 [唐代]) 등은 장백산(長白山, 金나라 이후)의 별칭이다. 단단대령(盖馬大山, 單單大嶺)등은 다른 산맥을 가리키는 말로 장백산과는 무관한 말이다. 『삼국사기』 중의 태백산(太白山)과 『삼국유사』 중의 태백산이 가리키는 것은 모두 장백산(長白山) 이 아니다. 백두산(白頭山) 과 장백산(長白山) 은 '조선 문헌 중 비교적 복잡한 의미를 포함하고 있다. 다만 중국 경내의 장백산을 지칭한다고 할 때는 그다지 구별이 없다'[32]면서 백두산이라는 명칭 자체를 부정하고 있다. 이러한 관점들은 모두가 백두산이 원래부터 중국영토 내에 있었다는 식의 주장으로 백두산을 중국의 산으로 인정하는 논술이었다.

다섯째, 조선족 문제 부문을 보면, 劉智文「'間島問題'與朝鮮族 '中華' 認同意識的萌發」(2007년)에서는 "근대 일본의 식민 침략에 의해 발생한 간도문제는 조선족들에게 '중화'라는 정체성을 갖게 하는 맹아적 계기가 되었다. 그리하여 이 사건 이후로부터 조선족은 이민을 온 타민족이라는 관념에서 중국 국민이라는 관념을 갖게 되는 방향으로 전환되게 되었다. 이후 여러 역사적 전변과정을 거치면서 조선족은 서서히 스스로의 의지에 의해 또한 스스로의 자각에 의해 중화민족이라는 의식을 갖게 되었다. 그러한 관념을 처음 인식하게 된 시초가

32) 『中國邊疆史地研究』第19卷 第4期, 109-116쪽.

간민(墾民) 들의 자각에서 비롯되었다. 즉 간도 문제가 일어나자 간도의 땅은 중화의 땅이고, 간도의 민중은 중화의 민중이라는 애국정신이 넘치는 구호가 넘쳐흘렀고, 이후 반제국주의 투쟁과정에서 조선족의 진보 인사는 공개적으로 자신의 신분을 중화(中華)라는 정체성으로 표명하게 되었다"[33]고 했다. 또한 그는 「邊疆民族關係範例解讀－中國朝鮮族聚居區民族和睦成因探析」(2007년 6월)에서 "조선족이 그들 집거 지역에서 화목하게 사는 것은 국가와 민족이라는 두 방면의 차원에서 스스로 동질성을 갖게 되었기 때문이다. 즉 중국 조선족은 자신들의 국가는 중국이라는 정체성을 갖게 되었는데, 이는 중국에 들어와 사는 동안 자연스럽게 형성된 인식이며, 나아가 조선족은 중국의 하나의 소수민족이라는 인식을 갖게 되어, 조선족은 자연스럽게 한국과 중국 사이에서 두 방면에 대한 정체성을 스스로 부여하게 되었다"고 하였다.[34] 朴婷姬 「試論誇國民族的多重認同－以對中國朝鮮族認同研究爲中心」(2008년 7월)에서 "조선족의 의식 중에는 국가에 대한 동질성, 민족에 대한 동질성, 족군(族群)에 대한 동질성 등 다양한 동질성을 갖는 구조가 되었다. 이러한 세 가지 동질성을 분석해 보면 조선족은 자신들이 중국인이라는 동질성을 내재하고 있다는 것을 명확히 알 수 있고, 동시에 여러 나라에 흩어져 있는 조선족들도 이러한 세 가지 계통의 동질성을 공통적으로 갖고 있어 당지화(當地化) 되고 있다는 점에서도 이러한 사실을 확인할 수가 있다. 국제화가 진행되면서 조선

---

33) 『學報 大連民族學院』 第6期(總第41期), 84-86쪽.
34) 『中國邊疆史地研究』 第17卷 第2期, 99-106쪽.

족은 점점 더 명백히 중국사회에 동화 되었다. 이러한 상황은 다른 지역에 살고 있는 한민족들에게도 공통적으로 보이고 있는 기본적인 현상이라 할 수 있다."[35]는 식으로 조선족이 한민족의 후예라는 인식에서 떨쳐내게 하려는 주장을 펴고 있다. 이상에서와 같이 동북공정 결속 이후, 동북공정의 주제 중 우리 역사와 직접적으로 관계되어 있는 분야의 연구내용을 보면, 결국은 동북공정 하에서의 역사적 시각을 벗어나지 못하고 있으며, 스스로 자신들의 연구가 과학적이고 정확하다고 말하고 있고 상대적으로 한국학계의 시각은 비과학적이거나 무시하는 차원에서의 연구가 이어지고 있음을 알 수 있다. 물론 나름대로의 사료 분석을 통해 해석하는 경우도 있으나, 이는 한마디로 말해서 그것은 상대방의 사료 분석방법 및 해석, 객관적 논리성 등을 전혀 고려하지 않고 자국의 입장만을 고수하는 일방적인 연구 태도라고밖에 할 수 없다. 따라서 이러한 시각을 불식시키기 위해서는 연구자 자신이 스스로 자유로운 학문을 할 수 있는 연구 환경이 조성되어야 하고, 특히 정부 지원 하에서의 연구를 해서는 안 된다는 점을 상기시킬 필요가 있다고 본다.

---

35) 『東疆學刊』 第25卷 第3期, 37-43쪽.

Ⅳ. 한국학계의 한중관계사 연구시각에 대한 중국학자들의 비판

중국학자들[36]은 자신들의 이러한 연구시각 내지 태도 등에 대한 자성은 전혀 하지 않고 오히려 한국연구자들의 중한 관계 기술 시각에 대해서 철저히 비판하고 있다. 이러한 비판 가운데 가장 신랄한 비판은 한국학자들이 '선택성 기술'을 하고 있다는 지적이다. 그리고 그러한 기술로 인해 오늘날 국제외교시대에서 민족심리가 일종의 내재적인 의식형태로 인식되어 국제관계 시에 점점 더 큰 작용과 영향을 주고 있다고 비난하고 있다. 이러한 견해 차이로 인해 한중간에 벌어지고 있는 역사 및 문화에 대한 론쟁은 쉽게 수그러들지 않을 것으로 보인다. 중국학자들은 일반적으로 한국학자들이 역사를 서술하는데 있어서 선택성 기술을 하게 되는 원인으로 '역사영웅주의'와 '역사비정(悲情)주의'(Historical Sentimentalism)에 빠져 있기 때문이라고 했다. 역사영웅주의란 역사상 민족영웅 및 그들이 창조한 위대한 공적을 집중적으로 서술하는 것으로서 스스로 자호감(自豪感) 을 갖도록 하기 위한 서술 방법이라고 하였고, 역사비정주의란, 역사상 한민족에게는 불행한 일이 많이 발생하여 비극적이고 굴욕적인 문제에 대하여 감정이 상해 비이성적인 집체적 기억에서 비롯된 것이라고 하

---

36) 본 장에서는 北京大學 國際關係學院 부교수인 李揚帆의 논문 「韓中對中韓歷史的選擇性 敍述與中韓關係」(『國際政治研究』 2009년 第1期)를 중심으로 한국학자들의 동북공정에 관한 시각에 대해 중국학자들은 이를 어떻게 보고 있는지를 살펴보고자 한다. 비록 한 편의 논문이지만 여러 연구자들의 시각을 종합하고 있다는 점에서 우리에게 시사하는 바가 크다고 볼 수 있다.

였다.[37] 이를 이용해 민족의 심리를 조성하고 민족정신을 발양케 하는 교육을 진행시키게 되는데, 비단 이것은 근대사의 불행을 겪었던 동아시아지역 여러 나라에서 일어난 현상이기도 하지만, 특히 한국의 역사연구에 대해 강조하면서 이러한 교육이 가져오는 가장 중요한 문제는 일단 집체적으로 이러한 의식이 공유되게 되면 국가의 대외관계 상에서 중대한 작용을 하게 된다고 경고하였다. 즉 집체정서를 갖게 되면 역사문제를 단편적으로 보게 되고, 선택적인 기억에만 의지하여 전면적인 과거의 사실을 볼 수 없다고 하면서, 자신의 불행한 역사를 보면서 현재 자신의 위치에 민감하게 됨으로, 이로 말미암아 다른 사람의 시각에 대해 항상 자신의 인식과는 반대적인 시각으로 보게 되며, 이러한 인식 하에서 현실적 측면의 많은 문제들에 대해 자기 나름의 견해대로 마치는말을 맺게 된다고 충고까지 하고 있다. 이러한 한국학자들의 '역사비정주의'는 한국과 중국의 특수한 역사관계 및 지연정치상(地緣政治上)의 협심적(夾心的) 위치 및 일본식민지 역사에서 비롯되었다고 분석하고 있다. 그렇기 때문에 향후 한반도와의 관계사를 연구할 때는 이 문제에 대해 중국연구자들은 직시할 필요가 있다고주위를 환기시키고 있다.[38] 그러면 이러한 비판적 시각을 갖고 있는 중국학자들의 논리적 근거는 무엇인지 몇가지 예를 들어 살펴보고자 한다.

첫째로, 한민족의 국가형성 및 발전과정에서 중요한 작용을 한 중

---

37) 郁達夫, 『沈淪』, 上海, 秦東書局 1921년, 48쪽.
38) 李揚帆, 앞의 논문, 46쪽.

국역사의 연계성을 매우 약하게 서술하고 있기 때문이라는 점이다. 즉 대다수 중국이나 한국인은 단군조선, 기자조선, 위만조선, 삼한, 고구려, 백제, 조선 간의 관계를 명확히 밝히지 않은 상태에서 한국 학자들은 자기 입맛에 맞는 부분만을 선택하여 역사를 서술하는데 있다고 했다. 한국학자들은 단군신화를 자기 민족의 래원(來源)으로 만들어 놓고 중국 역사서에 명확히 기록되어 있는 기자조선을 무시 하고 있다고 하면서, 이는 민족국가형성기에 있어서 다른 나라의 요 소를 제외시키고 오로지 민족의 주체성만을 부각시키려 하였기 때문 이라고 했다.[39]

이들은 또 단군신화는 『제왕운기(帝王韻紀)』와 『삼국유사』에 실린 구 비설화로서 사료라고는 할 수 없는 것이며, 그렇기 때문에 정사인 『삼 국사기』에 기술되어 있지 않고 있다면서, 단군은 단지 민족정신을 현 창(顯彰) 하고 민족의 단결을 위해 만들어진 이야기에 불과하다고 했 다.[40] 그리고 단군신화설이 만들어지는 과정을 시기별로 지적하면서 진정한 역사기록이 있는 것은 기자조선뿐이라고 강조했다. 따라서 중 국이 기자조선을 동북공정의 중요한 과제로 선택했던 것이라고 강조 했다.

---

39) 王志國, 「檀君神話和弘益人間思想」 『吉林華僑外國語學院學報』, 2005년 제1기. 趙楊, 「寒 國和朝鮮神話研究之比較」 『東疆學刊』, 2005년 제3기. 張瑋瑰, 「檀君與政治」 『中共中央黨 校學報』, 1997년 제3기 등 참조.
40) 鄭成宏, 「檀君神話成事實」 『世界知識』 2007년 제11기.

"일본학계와 조선반도학계가 기자에 대하여 실존하지 않은 인물이라며 부정적 태도를 보이고 기자조선을 단지 하나의 역사전설로 생각하며 그 역사적 존재를 인정하지 않고 있다. 어떤 학자는 모종의 정치적 필요성에 의해서 기자와 기자조선은 한나라 왕조가 날조한 것이라고 주장하고 있으나 역사적 존재라는 사실을 도외시 할 수는 없는 일이다. 조선의 역사 중에서는 기자조선을 인정하지 않고 오히려 기자조선과 관련한 역사내용을 고조선으로 대체하고 있다. 또한『삼국유사』에 기록된 고조선이 신화전설로서 그의 역사를 사실화 하여 단군조선을 만들어내었기에 고조선사 연구에 혼란을 조성하고 있다.…기자조선이 있었기에 위만조선이 있는 것이고, 그러므로 또한 한사군이 있는 것이며, 고구려사, 발해사가 있어 동북 고대사, 동북민족과 강역사 (疆域史) 의 기본 계열이 구성되는 것이니 기자조선은 중국 동북사의 시작인 것이다"[41]라는 입장이었고,

둘째로, 고구려와 고려의 역사를 뒤섞어 놓아 민족국가 내원의 연속성을 확립했다는 설이다. 그러면서 고구려에 대해 다음과 같이 정의하였다.

---

41) 張碧波,『箕子與箕子朝鮮硏究』(『東北工程6號』, 中國社會科學院中國邊疆史地硏究中
心, (http://chinaborderland.cass. cn/show-Neus.aspid=6891)

"한나라에서 당나라까지 있던 고구려의 발원은 중국 한나라 치하의 동북지구였다. 기원전 194년 한고조가 봉한 연나라에서 도망간 흉노족의 그 부장인 위만이 왕검성(지금의 평양남쪽)을 점령하여 스스로 왕이 되어 국호를 조선이라 칭하였으니 이를 역사상에서 위만조선이라 한다. 이것이 기원전 108년 한무제(漢武帝)에 의해 궤멸되어 이곳에 한사군을 두었다. 이곳을 지키는 장관은 한나라 중앙에서 파견하여 통치하였다. 한무제는 위씨조선을 멸망시킨 후 고구려를 현으로 하여 현토군(玄免郡)에 예속토록 했다. 고구려가 국호를 정한 것은 기원전 37년 부여국왕의 서자 주몽이 건국하기 시작하면서부터이다. 현재(遼寧省新賓縣滿族自治縣吉林省集安市) 일대에서 시작하여 후에 조선반도 북부로 통치지역을 확대하였다. 따라서 이 나라의 역사에 대해서 중국학자들은 중국사의 한 부분으로 여기고 있으나 한국학자는 이를 인정하고 있지 않다."[42]

이런 식으로 고구려의 역사를 소개하면서 동북공정의 결과를 근거로 한국학자들이 고려를 고구려의 계승국(繼承國)이라고 말하는 것은 모순이라고 했다. 즉 고구려 역사 700여 년 동안 427년 평양으로 천도하기 전까지의 고구려는 중국 고대 강역에 있던 하나의 소수민족 정권이라 하고 있다. 그 증거로 고구려의 발원지는 중국 길림 집안이

---

42) 李揚帆, 앞의 논문, 49쪽.

고 주요 역사도 중국 경내에서 이루어졌으며, 집안의 고구려 왕성, 왕릉, 귀족 분묘 유적지 등이 세계문화유산에 등록되어 있으므로 중국 강역의 나라였다고 보아야 한다는 것이다. 그러면서 고구려와 고려의 역사시기 차이가 250년인데 한국 학자들은 이를 섞어서 고려가 고구려의 계승국이라는 설을 억지로 만들어 내고 있다고 비난했다.

그 한 예로 고려라는 이름은 고산여수(高山麗水)라는 의미이고, 고구려는 한문의 음역으로 만들어진 명칭이라는 점에서 두 나라는 근본적으로 다른 나라이고, 서로 상속한 나라가 아니라고 보고 있다. 즉 고려와 고구려는 95%이상이 중복되는 점이 없고, 언어가 다르며,[43] 역사적 기간이 250년이라는 큰 거리가 있으므로 고구려는 중국 역사상 하나의 지방정권으로 보아야 한다고 강조하고 있다. 그럼에도 불구하고 한국에서는 중국의 고구려사를 중국역사에 편입시키려는 연구를 즉각 중지하라고 요구하고 있다며 한국 측을 공격할 정도다.

이상 간단하게 중국학자들이 동북공정 결속 이후에 한국연구자들의 시각에는 전혀 관심조차 두지 않고 자신들만의 주장을 어떤 식으로 고집하고 있는지를 두 가지 예로써 살펴보았다. 물론 그들이 지적하는 선택성 연구라는 비방에 대해서 경청할 만한 소지가 없는 것은 아니나 자신들만의 시각에 의해 논리를 전개하면서도 한국학자들의 과학적인 연구 방법 및 객관적 역사 인식 등에 대해서는 거의 언급하

---

43) 고구려의 언어는 구미와 일본의 언어학자들에 의해 많은 연구가 이루어졌는데, 고구려와 백제는 그들의 언어가 일본어에 가깝고 신라의 언어와는 매우 큰 차이가 있다고 했다. Christopher I. Beckwith,『日本·高句麗語系的民族和早期中國』참조.

지 않고 있다는 것은, 자신의 얼굴에 침을 뱉는 격이 아닐까 한다. 하지만 이러한 점을 통해서 보더라도 동북공정이 중국학계에 미친 영향은 대단히 크다고 볼 수 있으며, 앞으로 이러한 중국학자들의 연구 태도 및 인식에 대해서 우리가 어떻게 대처해 가야 할지를 이번 기회에 다시 한 번 생각해 볼 필요가 있다고 본다.

V. 마치는 말

이상에서 살펴보았듯이 중국에서 5년간 추진했던 동북공정은 중국학자들의 역사연구 방법, 태도, 인식 등에 엄청난 영향을 주었음을 알 수 있었다. 비록 정치적 협상에 의해 잠시 위축되고 있는 것은 사실이나, 여전히 그 시각에 의한 연구가 지속되고 있다는 사실을 확인할 수 있었다.

중국학계가 역사연구에 있어서 점점 형식적인 요건을 갖추어 나가고는 있으나, 아직은 그 기간이 짧은 관계로 그동안 구미 각 국 및 한국 일본 등지에서 연구된 연구결과나 연구시각, 연구방법 등에 대해서는 충분히 이해를 하지 못하고 있는 수준이다. 따라서 자신들의 시각에 의해 쓰여 진 연구가 객관적이고 입증적인 합리적 결과라고 착각을 하고 있는 학자들이 거의 대부분이라고 할 수 있다.

물론 구미(歐美)나 일본(日本)등에 거주하면서 활동하고 있는 중국계, 대만계 학자들의 연구 태도와 시각은 대륙학자들과는 확실히 다르다고 할 수 있다. 그러나 이들에 비해 대륙학자들의 주장에 대한 학술적인 경쟁은 아직은 여유가 있는 편이라 할 수 있다. 따라서 우리가 그들의 연구에 대해서 감정적으로 대처할 필요도 없고, 일일이 대꾸할 필요까지도 없다고 본다. 그리고 그들이 학문의 진정성을 알게 된다면 그러한 주장도 많이 절제될 것으로 믿어 의심치 않는다.

다만 우리 학계에서는 언제라도 그들과의 진정한 대화를 위한 지속적인 연구가 필요하겠고, 이를 위한 제도적 뒷받침이 필요하다고 생각된다. 필자는 수많은 중국학자들과의 교류를 가졌었고 지금도 활발하게 교류 중이다. 특히 동북공정 같은 연구는 정부의 지원 하에서 이루어진 데다 아직까지 사회주의 노선을 표방하고 있는 나라이기 때문에 우리처럼 자유스런 학문적 분위기는 없고, 정부나 상급자들의 눈치를 보지 않으면 안 되는 부적절한 환경에서 연구가 이루어지고 있다. 그렇기 때문에 그들의 주장은 당연히 일방적인 논리로 이어질 수밖에 없는 것이고, 국가 이익 및 정부의 요구에 부합하는 차원에서의 연구가 될 수밖에 없음은 어쩌면 당연한 것이라 할 수 있다. 특히 중국학자들의 약점은 한글문헌을 읽을 수가 없기에 한국학자들의 구체적인 시각에 대해서는 잘 이해하지 못하고 있다.

물론 향후 교류가 빈번하게 되고 여러 인재들이 속출해 나오면서 이런 문제점이 해결될 것으로 보이지만, 일단은 우리의 연구결과물을 지속적으로 번역하여 그들에게 주지시킬 필요가 있고, 그들과의 교류를 통해 역사인식 및 역사관에 대한 사상적 공유를 도모할 필요가 있으며, 궁극적으로는 보다 수준 높고 더욱 많은 관심을 기울일 수 있는 공동연구 및 학술교류가 지속될 수 있는 환경을 조성해 나갈 필

요가 있다고 본다.[44]

---

44) 최근 한중 학계의 교류가 활발해지고, 양국 유학생들의 증가는 미래지향적으로 양국 간의 역사
인식을 좁혀나갈 수 있는 발판이 될 것이라고 보이지만, 아직까지는 한국에서의 사회생활 혹은
학교생활의 경험이 오히려 한국에 대한 안티적 심리를 유발시키는 반대급부적 결과로 나타나는
듯하다. 즉 한국에서의 생활경험이 있던 유학생이나 중국학자들의 논문에서도 일반적인 중국학
자들의 인식과 별다른 차이를 보이지 않고 있다는 점이다. 오히려 더 비판적 시각을 가지고 있
다는 생각까지도 들게하는 논문도 있다. 따라서 한국에서 생활하는 중국 유학생이나 학자들에
대한 지원과 협력, 그들과의 교류 등에 대해 한국학계의 관심과 반성이 더욱 필요하다고 본다.